제2판

재정학의 이해

하연섭 지음

다산출판사

제2판 머리말

이 책이 「재정학의 기초」란 이름으로 세상에 선을 보인 지도 올해로 꼭 20년이 된다. 20년 전 대학에서 처음 재정학을 강의하게 되었을 때, 내 수업에 대한 학생들의 반응이 조금은 뜻밖이었다. “선생님 수업을 이해하기는 별로 어렵지 않은데 오히려 예습 · 복습을 하려면 책이 어려워요.” “재정학이 필요한 과목이라고는 생각이 되는데, 왠지 어려울 것 같아 피하게 돼요.” 막 교수로 임용된 상태라 교과서를 쓰는 일 자체가 그리 편하지 만은 않은 시기였지만, 수업을 제대로 진행하기 위해서는 학부생의 눈높이에 맞는 책이 꼭 필요하겠다는 생각에 쓴 책이 이 책의 초판이었다.

이번 개정판에도 이 책의 기본 방향은 동일하다. 경제원론에 해당하는 지식만 있으면 재정학의 기본 내용을 이해하는 데 어려움이 없도록 책의 내용을 구성하였다. 특히, 제1장과 제2장의 내용을 독자들이 더욱 쉽게 이해할 수 있도록 바꾸었으며, 다른 부분에서는 최근의 제도 변화 등을 고려하여 내용을 일부 수정하였다.

이번 개정판을 준비하는 과정에서도 여러 사람들의 도움이 있었다. 먼저, 책의 교정을 보아준 연세대학교 행정학과 박사과정의 임유미, 석사과정의 신가희와 강혜원에게 감사의 인사를 전한다. 개정판의 출판을 허락해 주신 다산출판사 강희일 사장님, 책을 준비하는 데 여러모로 도움을 주신 이상호 과장님, 그리고 편집을 맡아준 다산출판사 직원들께도 감사의 말씀을 전한다. 늘 큰 힘이 되어주시는 부모님, 아내 영미, 그리고 두 아들 태호와 민호에게도 사랑과 고마움을 전한다.

2015년 2월

저자 씀

재정학의 이해를 내며

이 책은 「재정학의 기초」의 두 번째 개정판에 해당한다. 다만, 이 책을 사용했던 독자들과 출판사의 간곡한 요청이 있어 책의 제목을 바꾸기로 한 것이다. 처음 「재정학의 기초」를 출간하게 된 동기는 비교적 단순했다. 재정현상에 대한 이해가 필요하다고는 느끼지만 지레 어렵다고 생각해서 재정학을 공부하기 주저하는 사람들을 위해 재정현상을 쉽게 이해하는 데 도움을 줄 수 있는 조그만 책을 하나 만들기 위한 것이었다. 그래서 책의 제목에도 일부러 '기초'라는 표현을 쓴 것이었다. 그런데 책의 내용과 양의 측면에서 보면 초보적인 수준 이상이었고, 개정을 할수록 책의 내용이 초보적인 수준을 넘어서게 되었다. 독자들의 입장에서도 책의 내용에 더 잘 부합하는 제목이었으면 한다는 요청이 출판사를 통해 꽤 오랫동안 저자에게 전달되어 왔다. 이런 저런 이유로 이번에 개정판을 준비하면서 아예 책의 제목을 「재정학의 이해」로 바꾸게 된 것이다.

책의 제목을 바꾸었지만, 책의 기본적인 집필 방향은 재정학의 기초와 동일하다. 무엇보다도 독자들이 쉽게 재정현상을 이해할 수 있도록 책의 내용을 구성하는 것이 가장 중요한 목표였다. 미국 유학을 가서 첫 학기에 들었던 공공관리경제학 담당 교수님의 말씀은 매우 인상적이었다. "정책은 미적분을 통해 만드는 것이 아니다." 그리고 몇 년 전 정부에 들어가 직접 정책을 만들고 집행하면서 그 교수님이 하신 말씀의 현실 적합성을 다시 한번 확인할 수 있었다. 이에 따라 이 책에서는 가능한 한 수식은 생략하고 개념적으로만 재정학의 내용을 설명하고자 노력하였으며, 독자들의 이해를 돕기 위해 그림을 주로 이용하였다. 또한 이 책은 재정학의 기본 개념과 이론을 응용해서 사회현상을 이해하고 한 걸음 더 나아가 정책을 만드는 데 응용할 수 있도록 하는 데 주안점을 두었다.

이 책을 출판하면서 감사의 인사를 드려야 할 분들이 많다. 무엇보다도 먼저 연세대학교에서 저자의 재정학과 정부예산론 등을 수강한 학부생과 대학원생들에게 고마움을 전한다. 또한 늘 큰 힘이 되어 주고 있는 연세대 행정학과의 동료 교수님들, 특히 같은 분야를 연구하고 강의하고 있는 엄태호 교수님께는 특별한 감사의 말씀을 표하고 싶다. 교정 작업에 참여해 준 연세대학교 행정학과 대학원의 이제경과 박지현에게도 고마움을 표한다. 재정학의 기초를 처음 출판한 지 12년, 그리고 개정판을 낸 지 6년이 지났다. 처음 책을 만들 때 교정 작업에 참여하면서 서로 눈이 맞아 결혼에까지 이르게 된 부경대학교 행정학과의 이남국 교수 부부는 이 책의 의도하지 않은 선물이다. 또한 12년 전 재정학의 기초 교정 작업에 참여했던 여섯 명의 학부생 중 세 명이 행정고시에 합격해서 이제는 고참 사무관으로 일하고 있고, 또 다른 세 명도 우리 사회에서 중추적인 역할을 하고 있음은 저자의 커다란 자랑거리이다. 「재정학의 이해」의 출판을 허락해 주신 다산출판사 강희일 사장님, 책을 준비하는 데 여러모로 도움을 주신 박재인 상무님, 그리고 편집을 맡아준 다산출판사 직원들께도 심심한 감사의 말씀을 전한다.

사랑하는 아내 영미와 훌쩍 커버린 두 아들 태호와 민호의 사랑과 격려가 없었다면 책의 출판은 엄두도 내기 어려웠을 것이다. 가족들에게 사랑과 고마움을 전한다.

2008년 8월

저자 씀

Understanding Public Finance

차 례

제 I 편 서 론

제Ⅱ편　정부지출의 분석

제Ⅲ편 조 세 론

제Ⅳ편 재정학의 다른 문제들

제 I 편 서 론

Understanding Public Finance

- 제1장 재정의 본질과 재정의 기능
- 제2장 시장의 실패와 정부의 개입

제 1 장
재정의 본질과 재정의 기능

1. 재정현상과 재정학

오늘날 우리가 살고 있는 사회는 '시장'과 '정부'라는 두 가지 상이한 기본적인 제도에 의하여 경제적 행위가 조직화되고 있다고 할 수 있다. 무엇을 누가 어떻게 생산하고 소비할 것인가에 관련된 중요한 경제적 결정의 많은 부분이 '보이지 않는 손'이라는 가격기제에 의해서 이루어지고 있지만, 이와 동시에 희소한 자원의 배분과 관련된 많은 결정들이 정부에 의해서 이루어지고 있는 것 또한 사실이다. 시장이라는 기제에 의해 조직화되어 있는 경제부문을 '민간부문'이라고 부르며, 이와는 달리 정부에 의해 직접적인 영향을 받는 경제부문을 '공공부문'이라고 부른다.

이렇게 '시장'과 '정부'라는 두 가지 제도에 의해서 조직화되고 있는 경제, 즉 민간부문과 공공부문으로 구성되어 있는 경제를 가격기제에만 의존하여 자원을 배분하는 '순수시장경제'와 구분하여 '혼합경제'라고 부른다. 혼합경제에서는 정부가 한 사회에 존재하는 자원의 상당한 부분을 직접 배분할 뿐만 아니라 민간부문의 경제활동에 대해서도 간접적으로 대단히 큰 영향력을 행사한다. 사실 오늘날 거의 모든 나라의 경제체제는 혼합경제라고 해도 과언이 아니며, 이러한 측면에서 정부의 경제적 활동에 대한 이해 없이 우리가 살고 있는 사회를 제대로 이해하기는 대단히 힘들다고 할 수 있다.

이러한 정부의 경제적 활동을 연구하는 분야가 바로 재정학이다. 즉, 재정학은 경제학의 원리를 응용하여 정부의 조세 및 지출 정책이 필요한 이론적 근거를 밝히고, 이러한 정부 재정활동의 구체적인 특징을 기술하는 동시에, 정부의 조세 및 지출 정책이 자원배분과 소득분배에 어떤 영향을 미치는가를 분석하는 데 그 목적이 있다.

재정학은 정부의 경제적 행위를 연구하는 학문분야라는 점에서 가계나 기업의 경제적 행위를 연구하는 미시경제학과는 구분되는 분야이다. 또한 재정학은 정부의 조세나 지출활동이 자원의 배분 및 소득의 분배에 미치는 영향을 경제학의 원리를 응용하여 분석한다는 점에서 정부예산론이나 재무행정론 등과도 구분되는 분야라고 할 수 있다.

사실, 정부의 재정활동은 정치적, 관리적 그리고 경제적 측면을 동시에 지니는 복합적인 성격을 띠고 있다.[1] 정치를 '사회적 가치의 권위적 배분'이라고 정의할 경우, 정부의 재정활동을 위한 부담을 누가 지며 그 혜택은 누가 받을 것인가 하는 문제는 본질적으로 정치적인 문제이다. 이러한 측면에서 재정학은 예산의 정치적 결정과정에 초점을 맞추는[2] 정부예산론

1) 재정의 세 가지 측면에 관한 보다 자세한 논의는 하연섭(2014). 「정부예산과 재무행정」 제2판(서울: 다산출판사), pp. 5-11을 참고할 것.

2) 예산의 정치적 결정과정에 초점을 맞추어 재정을 분석한 대표적인 학자로는 윌다브스키를 들 수 있다. 그의 대표적인 저작으로는 Aaron Wildavsky.(1964).

과 공통의 관심사를 다소간 지니지만 분명히 구별되는 분야라고 할 수 있다. 또한 정부의 조세 및 지출 활동은 이를 구체화시키는 관리행위가 필요한데, 이러한 재정의 관리적 측면에 초점을 맞추는 재무행정론과도 재정학은 구분되어야 할 것이다. 왜냐하면 재정학은 정부의 재정활동을 그 연구대상으로 하지만, 재정의 관리적 측면보다는 경제적 측면에 주된 관심을 갖기 때문이다.

2. 재정학 연구의 주요 내용

재정학은 정부의 재정활동을 이해하고 설명하고자 하는 데에 목적을 두고 있다. 정부의 재정활동이란 기본적으로 정부가 국민으로부터 세금을 걷고 이를 바탕으로 국민을 위해 예산을 사용하는 일련의 활동을 일컫는다.

이에 따라 재정학에서는 첫째, 왜 그리고 언제 정부가 시장에 개입하여야 하는가라는 문제에 대해 관심을 갖는다. 시장에 의한 자원배분이 가장 효율적으로 이루어질 수 있고 또 시장 메커니즘을 통해 소득과 부가 공평하게 분배될 수만 있다면 정부의 역할은 최소한도에 머무를 수도 있을 것이다. 그러나 시장에 의한 자원배분이 항상 효율적인 결과를 낳지 못할 수도 있으며, 공평한 소득분배를 이룰 수 없는 경우도 많이 발생한다. 이럴 경우에는 정부가 시장에 개입할 필요성이 커지게 된다. 물론 이 경우에도 정부의 개입이 시장에 의한 자원배분이나 소득분배보다 더 좋은 결과를 낳을 수 있다는 보장은 어디에도 없다. 이에 따라 시장에 의한 자원배분과 소

The Politics of the Budgetary Process. Boston : Little, Brown ; Aaron Wildavsky.(1992). *The New Politics of the Budgetary Process*. 2nd ed., New York : Harper Collins 등을 들 수 있다.

득분배, 그리고 정부에 의한 자원배분과 소득분배의 비교를 통해 언제 정부가 시장에 개입해야 하는가에 대한 판단 근거를 제공해 주는 데 재정학은 관심을 갖는 것이다.

둘째, 재정학은 정부가 어떻게 시장에 개입해야 하는가라는 문제에 대해 관심을 갖는다.[3] 정부가 더 나은 사회적 결과를 만들기 위해 시장에 개입하기로 결정한 이후에도 정부가 선택할 수 있는 정책수단은 매우 많다. 정부가 판단하기에 특정한 소비활동이나 생산활동을 줄이는 것이 필요하다고 판단되면 세금을 부과할 수도 있으며, 반대로 특정한 활동을 촉진하기를 원한다면 보조금을 지급할 수도 있을 것이다. 혹은 규제를 통해 어떤 활동을 아예 금지시키거나 대폭 줄일 수도 있을 것이다. 또 다른 경우에는 정부가 국민들에게 재화나 서비스를 직접 공급해 줄 수도 있을 것이다. 이외에도 정부가 시장에 개입할 수 있는 정책수단은 매우 많다. 그런데 정부가 어떻게 시장에 개입할 것인지를 정하기 위해서는 각 대안이 어떤 결과를 낳게 될 것인지를 비교 분석하고 그중 최적의 대안을 선택하는 작업이 이루어지지 않으면 안 된다. 이에 따라 다음과 같은 세 번째 문제에 재정학은 관심을 갖는 것이다.

셋째, 재정학은 정부의 경제적 활동이 어떤 결과를 낳는가를 이해하고 동시에 그 결과를 예측하는 데 관심을 갖는다. 정부의 활동은 민간부문의 경제활동에 어떤 형태로든지 영향을 미치게 마련이며, 이에 따라 재정학은 정부의 재정활동이 민간부문에 대하여 어떤 영향을 주는지를 분석하는 데 관심을 갖는다. 이러한 정부활동의 결과에 대한 분석을 통해 정책대안을 비교 평가하고 이에 기반하여 최적의 대안을 선택하는 데 재정학은 관심을

---

3) Jonathan Gruber.(2005). *Public Finance and Public Policy*. New York : Worth Publishers, pp. 2-7.

갖는 것이다. 그런데 정부의 활동이 항상 의도한 결과만을 낳는 것은 아니기 때문에 정부활동의 결과를 정확하게 분석하기 위해서는 정부활동의 의도하지 않은 결과까지도 예측하고 분석할 수 있어야 한다. 이러한 총체적인 정부활동의 결과를 평가함으로써 최적의 대안을 선택하는 것 또한 재정학의 관심분야이다.

3. 재정학과 선택의 문제

경제학은 희소한 자원의 배분 및 개개인의 경제적 선택에 대하여 관심을 갖는 학문분야이다. 그렇다면 경제학의 원리를 응용하여 정부의 재정활동을 분석하는 재정학은 과연 어떠한 선택의 문제에 대하여 관심을 갖는가? 재정학이 관심을 갖는 선택의 문제는 다음의 네 가지라고 할 수 있다.[4)]

첫째, 재정학은 무엇을 생산할 것인가에 관련된 선택의 문제에 관심을 갖는다. 이는 곧 한 나라 경제에 있어서 민간부문과 공공부문의 상대적 비중을 선택하는 문제라고 할 수 있다. 다시 말해서, 과연 공공부문에 의해서 생산되거나 소비되는 재화나 서비스의 크기를 어느 정도로 할 것이며, 민간부문에서 생산되거나 소비되는 재화나 서비스의 크기는 어느 정도로 할 것인가를 선택하는 문제라고 할 수 있다.

다음의 [그림 1-1]은 생산가능곡선(production-possibility curve)의 개념을 이용하여 이러한 선택의 문제를 나타내고 있다. 생산가능곡선은 한 사회에 존재하는 자원과 기술을 효율적으로 결합하여 생산해 낼 수 있는

4) Joseph E. Stiglitz.(2000). *Economics of the Public Sector*. 3rd ed., New York : W.W. Norton & Co., pp. 14-16.

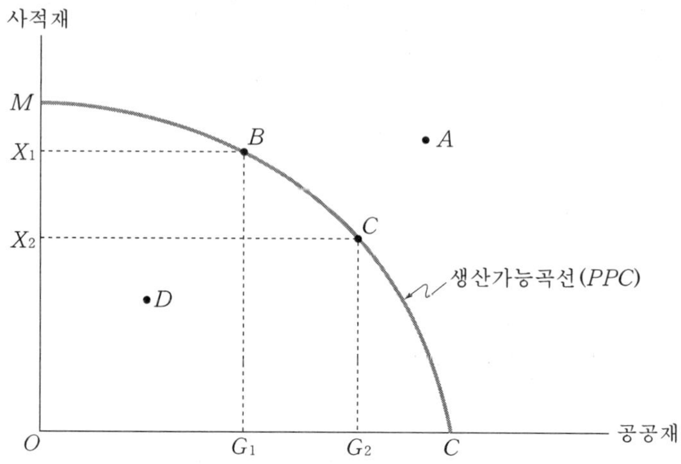

‖ 그림 1-1 ‖ 생산가능곡선 및 사적재와 공공재의 선택문제

특정한 두 재화의 최대량을 나타내는 것이다.

[그림 1-1]에서 두 재화는 국방이나 고속도로와 같은 '공공재'(public goods)와 자동차, 컴퓨터 등과 같은 '사적재'(private goods)로 구성되어 있다. 생산가능곡선의 바깥에 위치하고 있는 A점은 한 사회에 존재하는 노동, 자본 및 기술로 도달할 수 없는 점을 나타내며, 생산가능곡선 내에 존재하는 D점은 자원 및 기술이 비효율적으로 결합되어 있는 상태를 나타낸다. 다시 말해서, D점에서는 공공재와 사적재의 양을 동시에 증가시킬 수 있는 가능성이 존재하는 것이다.

그런데 한 사회의 자원과 기술이 가장 효율적으로 결합되어 생산가능곡선상에서 생산이 이루어지는 경우, 한 재화의 생산을 늘리기 위해서는 다른 재화의 생산을 줄여야만 한다는 선택의 문제에 봉착하게 된다. 정부가 재화나 서비스를 공급하기 위해서는 민간부문으로부터 정부로 자원이 이전되어야 하며, [그림 1-1]에서 B점은 OG_1만큼의 공공재가 생산되기 위해서는 MX_1에 해당하는 사적재의 생산이 포기되어야 함을 나타내고 있다. 또한 B점에서 C점으로의 이동은 OG_1에서 OG_2로 공공재의 양을 늘리기 위하여 사적재의 생산이 OX_1에서 OX_2로 줄어들지 않으면 안 된다는 선택의 문제를 나타낸다. 이처럼 재정학은 한 사회에서 무엇을 생산할 것인가, 혹은 공공부문과 민간부문의 상대적 크기를 어떻게 정해야 할 것인가의 선택의 문제에 관심을 기울인다.

둘째, 재정학은 어떻게 생산할 것인가에 관련된 선택의 문제에 관심을 갖는다. 공공부문과 민간부문의 상대적 크기를 정한 다음 해결해야 할 문제는 정부가 공급하는 재화를 정부가 직접 생산할 것인가, 아니면 민간기업에서 생산하게 하고 정부는 이를 구매해서 사용할 것인가 하는 선택의 문제라고 할 것이다. 공공재의 가장 대표적인 예로 들 수 있는 것이 국방인데, 국방이라는 공공재를 정부가 공급한다고 하더라도 국방에 관련된 모든 재화를 정부가 직접 생산하는 것은 아니다. 예를 들어 전투화, 군복, 심지어 전차까지도 정부가 직접 생산하는 것이 아니라 민간기업에서 생산하고 정부는 단지 이를 구매해서 사용하는 것이 일반적이다. 이와 같이 정부가 공급하는 재화와 서비스를 어떻게 생산할 것인가에 관련된 결정은 어떤 방법이 가장 효율적인가 하는 기준에 의해서 이루어져야 할 것이다.

또한 정부가 직접 재화나 서비스를 생산할 경우에도 정부의 어떤 부처에서 혹은 어떤 수준의 정부에서 이를 직접 생산할 것인가를 선택하는 것이 필요하다. 예를 들면 교육이라는 서비스를 생산하고 공급하는 데 있어서 중앙정부가 이를 관할할 것인가 아니면 지방정부가 이를 관할할 것인가에 관한 선택이 필요한 것이다.

그리고 정부의 재정활동은 민간기업이 재화나 서비스를 어떻게 생산할 것인가에도 커다란 영향을 미치게 된다. 예를 들어 정부가 환경오염을 줄이기 위해 공해유발업체에 무거운 세금이나 벌금을 부과할 경우 이는 해당 민간기업의 생산방식에 영향을 주게 된다.

셋째, 재정학은 누구를 위한 재정활동이어야 하는가에 관련된 선택의 문제에 대해서도 관심을 갖는다. 즉, 정부의 어떤 활동에 얼마만큼의 예산을 배분할 것인가 그리고 이러한 정부활동을 위해 누가 얼마만큼의 세금을 부담할 것인가 하는 선택의 문제에 관심을 갖는다는 것이다. 정부활동을 위한 세금을 누구로부터 얼마나 거두어들이며 또한 정부지출을 누구를 위하여 할 것인가에 관련된 선택은 정부활동에 의하여 사회구성원들 중 누가 얼마나 잃을 것이냐 누가 얼마나 얻을 것인가에 대하여 대단히 큰 영향을 미칠 수밖에 없는 것이다.

넷째, 재정학은 이상의 문제와 관련된 의사결정방식의 선택문제에 대해서도 관심을 갖는다. 공공부문의 크기를 어떻게 정하고, 정부가 무엇을 어떻게 생산할 것이며, 누구를 위하여 재정을 운용할 것인가에 관련된 의사결정은 가격이라는 '보이지 않는 손'에 의하여 이루어지지 않는다. 가격에 의하여 이러한 중요한 선택의 문제가 모두 해결된다면 사실 정부의 역할은 미미할 수밖에 없을 것이다. 그러나 현실적으로 이상의 선택에 관련된 문제는 사회구성원의 집합적 의사결정(collective decision-making)에 의존할 수밖에 없는데, 이러한 집합적 의사결정이 과연 어떻게 이루어지며 또한 어떻게 이루어져야 할 것인가에 대해서도 재정학은 관심을 갖는다.

4. 정부의 본질적 특징

앞에서 우리는 재정학을 정부의 경제적 행위에 대해서 연구하는 분야라고 정의하였다. 그렇다면 과연 정부는 민간부문과 비교해서 어떤 특징을 가지고 있으며, 그리고 이러한 정부의 특징은 정부의 역할에 대해서 어떤 의미를 가지는 것인가?

정부와 민간부문을 구별할 수 있는 여러 가지 특징들이 거론될 수 있겠지만, 정부는 다음과 같은 두 가지 본질적인 특징을 지니고 있다. 사실 정부와 민간부문과의 다른 차이점들은 이 두 가지 특징으로부터 나오는 것이라고도 할 수 있다.

첫째, 정부는 사회의 많은 조직 중 유일하게 합법적으로 강제력을 소유하고 있는 조직이다. 이러한 정부의 강제력이 가장 뚜렷하게 부각되는 재정활동의 예가 바로 정부가 세금을 걷는 일이다. 많은 사람들이 정부에 세금을 납부하는 이유는 정부가 필요하다고 믿고 있을 뿐만 아니라 세금을 납부함으로써 국민의 의무를 다하는 것이라고 믿고 있기 때문이라고도 할 수 있다. 그러나 보다 근본적인 이유는 세금을 납부하지 않을 경우 궁극적으로 정부로부터 처벌을 받는 것을 두려워하기 때문이며, 바로 처벌에 대한 이러한 두려움은 정부가 필요에 따라서 잠재적으로 사용할 수 있는 강제력을 합법적으로 소유하고 있음에 기인하는 것이다.

둘째, 정부의 활동은 한 사회의 구성원 누구에게나 적용되는 보편성을 지니고 있다. 민간조직의 구성원들은 얼마든지 조직을 탈퇴할 수 있는 자유가 있으나 국가의 구성원으로서의 개인은 그가 사망하거나 혹은 국적을 바꾸지 않는 한 정부의 영향력으로부터 벗어날 수 없다. 그리고 민간의 거래행위에 있어서는 교환의 상대방이 제시하는 조건이 마음에 들지 않는다면 얼마든지 거래의 상대방을 바꿀 수 있다. 그러나 한 나라 국민으로서의 개인은 정부가 마음에 들지 않더라도 세금을 납부해야 하며, 또한 정부가 제공하는 서비스가 마음에 들지 않더라도 그것을 받아들여야 한다. 예를 들어, 어떤 개인이 평화주의자여서 국방이 필요없다고 생각하더라도 정부가 국방이라는 서비스를 제공하는 이상 그는 국방이라는 서비스의 혜택을 받을 수밖에 없는 것이다.

정부활동의 보편성 때문에 정부의 잠재적 강제성은 더 큰 의미가 있다고 할 수 있다. 따라서 정부는 개인이 원하지 않는 일도 하게끔 하는 보편적 강제성을 지니고 있으며, 이로 인해 사회에 대한 정부의 영향력은 막강할 수밖에 없는 것이다. 그런데 보다 중요한 사실은 이러한 보편적 강제성을 지닌 정부의 행위가 항상 국민들을 위하여 이루어진다는 보장이 어디에도 없다는 점이다. 따라서 정부의 활동을 이해하고 또 이를 개선시킬 수 있는 지식의 축적은 정부의 활동이 국민들을 위하여 이루어지게끔 하는 데 있어서 필수적인 요건이 될 것이며, 바로 이 점이 정부의 재정활동을 연구하는 재정학이 필요한 이유이기도 하다.

5. 정부의 개입 이유

자본주의 경제체제는 개인 간의 자발적 교환행위를 전제로 하는데, 이러한 자발적 교환행위가 가능하기 위해서는 소유권이 확립되어 있어야만 한다. 만약 각 개인이 가지고 있는 재산이나 재화에 대한 소유권이 확립되어 있지 않다면, 개인 간의 자발적 교환행위를 기대할 수 없을 것이다. 그런데 사회 내에 법과 질서가 유지되지 않는다면 소유권의 확립과 보호는 거의 불가능하다. 이러한 이유로 '보이지 않는 손'에 의해 움직이는 순수시장경제체제에 있어서도 정부는 법과 질서의 유지, 곧 소유권의 확립 및 보호라는 기본적인 역할을 수행해야 한다. 따라서 정부가 없는 시장이란 하나의 허상에 불과한 것이다.

그런데 법과 질서의 유지라는 야경국가적인 역할만을 담당하는 국가는 오늘날 세계 어디에서도 찾아보기 힘들다. 정도의 차이는 있지만 오늘날 거의 모든 정부는 경제에 깊숙이, 그리고 광범위하게 개입하고 있는 것이 사실이다. 그렇다면 왜 오늘날의 정부는 시장에 개입하고 있는 것인가? 이 의문에 대한 답변을 재정학은 '시장의 실패'(market failure)라는 개념에서 찾고 있다. 그렇다면 시장의 실패란 무엇인가?

첫째, 시장이 사람들이 필요로 하는 재화나 서비스를 모두 공급해 줄 수 없을 뿐만 아니라 자원을 가장 효율적으로 배분하여 사회의 후생을 극대화시켜 줄 수 없는 경우가 있다. 시장이 자원을 가장 효율적으로 배분하여 소비자들이 가장 원하는 재화나 서비스를 가장 값싸게 생산해 내기 위해서는 요소시장과 생산물시장이 완전경쟁상태에 있고, 자원의 완벽한 이동성이 존재하며, 생산자와 소비자가 완전한 정보를 소유하고 있어야 한다는 등과 같은 대단히 엄격한 조건을 필요로 한다. 그러나 현실의 경제는 이러한 조건을 만족시키지 못하는 경우가 많은데, 이렇게 되면 시장에 의한 자원의 효율적인 배분은 기대하기 어렵다. 따라서 정부는 자원배분의 효율성 제고를 통한 사회적 후생의 극대화를 유도하기 위해 경제에 개입하게 되는 것이다.

둘째, 시장에 의한 자원의 배분이 사회의 구성원들이 바람직하다고 생각하는 것과는 다른 소득분배상태를 낳을 수 있다. 비록 시장이 자원을 효율적으로 배분한다고 하더라도 사회 내의 소득분배가 대단히 불평등하게 이루어질 가능성은 얼마든지 있다. 왜냐하면 시장경제에 있어서 개인이 향유할 수 있는 소득의 크기는 각 개인이 소유하고 있는 노동이나 자본의 양과 이러한 생산요소가 시장에서 받는 가격에 의해서 결정되기 때문이다. 따라서 생산요소의 분배상태가 애당초 균등하게 되어 있지 않거나 혹은 각 생산요소에 대한 가격의 결정이 불균등하게 이루어지고 있다면, 자원이 효율적으로 배분된다 하더라도 각 개인이 향유하는 소득에는 대단히 큰 격차가 나타날 수밖에 없다. 결국 생산요소가 불균등하게 배분되어 있는 상태에서 가격기제의 자유로운 작동은 소득분배의 불평등 상태를 더욱 증폭시킬 수밖에 없다. 이러한 이유로 시장은 분배의 문제를 해결하는 데 실패할 수 있으며, 이를 해결하기 위해 정부가 경제에 개입하게 되는 것이다.

셋째, 시장은 사람들이 원하는 소득, 물가 및 고용의 안정성을 유지하는 데 실패할 수 있다. 순수시장경제에 있어서는 주기적인 경기변동에 따라 물가가 급격히 상승하거나 실업이 대량으로 발생할 가능성이 대단히 높다. 따라서 높은 고용상태를 유지하고 물가를 안정시키며 국민소득을 지속적으로 증가시키기 위해서는 시장의 '보이지 않는 손' 에만 의지할 수 없으며, 이에 따라 정부가 경제에 개입하게 된다.

6. 정부의 경제적 기능

앞에서 시장의 실패가 일어날 수 있는 유형을 살펴보았는데, 정부의 경제적 기능이란 바로 이러한 시장의 실패를 방지하려는 데서 찾을 수 있다. 머스그레이브(Musgrave)는 정부의 3대 경제적 기능을 자원배분기능, 소득분배기능, 그리고 경제안정 및 성장기능으로 나누어 설명하고 있다.[5]

5) 정부의 3대 경제적 기능에 관한 머스그레이브의 대표적인 저작으로는 다음을 들 수 있다. Richard A. Musgrave.(1959). *The Theory of Public Finance : A Study in Public Economy*. New York : McGraw-Hill ; Richard A.

(1) 자원배분기능

자원배분기능(Resource Allocation)이란 가격기제에 의한 자원의 효율적 배분이 불가능할 경우 정부가 경제에 개입하여 사회후생을 극대화시키는 방향으로 자원을 배분하는 기능을 의미한다. 이러한 정부의 자원배분기능은 다양한 형태로 나타날 수 있는데, 정부가 어떤 재화나 서비스를 직접 공급하는 역할을 담당할 수도 있고 혹은 정부가 직접 재화나 서비스를 공급하지 않는다 할지라도 민간의 자원배분과정에 영향력을 행사하여 자원배분의 효율성을 높이는 역할을 담당할 수도 있다. 정부가 재화나 서비스를 직접 공급하는 예로는 국방의 유지, 고속도로의 건설, 혹은 동사무소에서 민원서류의 발급 등을 들 수 있으며, 정부가 민간의 자원배분과정에 간접적으로 영향을 미치는 예로는 무거운 공해세나 벌금을 부과함으로써 공해유발업체의 생산방식에 변화를 유도하는 것 등을 들 수 있다.

그런데 시장의 실패에 따라 정부가 자원배분기능을 담당할 경우, 우리는 두 가지 사실에 주의할 필요가 있다. 첫째, 자원배분에 있어서 시장의 실패가 발생한다는 사실이 정부개입을 위한 필요조건은 될지언정 충분조건은 되지 못한다는 사실이다. 다시 말해서, 완전경쟁이 존재할 수 없는 여러 가지 상황 때문에 시장이 자원을 효율적으로 배분하는 데 실패했다고 해서 정부가 시장보다 훨씬 더 효율적으로 자원을 배분하리라는 보장은 없다.

제2장에서 보다 자세하게 논의하게 되겠지만 정부도 자원을 효율적으로 배분하는 데 있어서 실패할 수 있으며, 이에 따라 자원배분기능을 시장 혹은 정부가 맡을 것이냐의 선택문제는 완전한 시장과 불완전한 정부의 선

Musgrave and Peggy B. Musgrave.(1989). *Public Finance in Theory and Practice*. 5th ed., New York : McGraw-Hill.

택, 혹은 불완전한 시장과 완전한 정부의 선택문제가 아니라 불완전한 시장과 불완전한 정부 간의 선택문제라는 것이다. 따라서 재정학 연구에 있어서 중요한 과제 중의 하나는 과연 어떤 상황에서 시장과 정부 중 어떤 자원배분의 기제가 보다 효율적으로 자원을 배분할 수 있는가를 분석하는 것이라고 할 수 있다.

둘째, 정부가 재화나 서비스를 공급한다는 사실과 정부가 이들 재화나 서비스를 직접 생산한다는 것은 엄연히 구별해야 한다는 점이다. 다음의 두 가지 경제를 예로 들어보자. A라는 경제에서는 정부가 사회에서 필요로 하는 모든 재화와 서비스를 생산하지만 이를 모두 시장에서 소비자에게 판매한다. B라는 경제에서는 사회에서 필요로 하는 모든 재화와 서비스를 민간기업이 생산하지만 정부가 국민들로부터 거두어들인 세금을 이용하여 이 모두를 사들여 국민들에게 공짜로 나누어 준다. 이때 B라는 경제는 정부가 전혀 생산활동에 참여하고 있지는 않지만, 정부가 국민들이 필요로 하는 재화와 서비스를 비가격기제(non-price mechanism)를 통하여 공급하는 체제이고, A라는 경제는 정부가 전적으로 생산활동에 참여하고 있지만 순전히 가격기제에 의하여 운용되는 경제라고 할 수 있다. 결국 시장의 실패에 따라 정부가 자원배분기능을 맡는다는 의미는 정부가 직접 생산을 한다는 의미가 아니라 단지 정부가 재화나 서비스를 공급한다는 것을 의미하며, 이때 정부에 의한 재원조달(government financing)이야말로 정부의 자원배분기능에 있어서 가장 핵심적인 요소가 된다고 할 것이다.[6)]

한편, 시장에 의해서 자원이 효율적으로 배분되고 있음에도 불구하고 정부개입이 필요한 경우가 있다. 사람들이 자신을 위한 최선의 선택이 무

6) Joseph E. Stiglitz.(1989). *The Economic Role of the State*. Cambridge : Basil Blackwell, p. 40.

엇인지를 모르는 경우가 있는데, 이때 정부가 나서서 단순히 정보를 제공해 주는 차원을 넘어서서 사람들로 하여금 특정한 재화의 소비를 강제하는 수가 있다. 안전벨트 착용의 의무화나 마약금지 등이 대표적인 예이다. 이렇게 정부가 소비를 강제하는 재화를 일컬어 가치재(merit goods)라고 부른다.

(2) 소득분배기능

머스그레이브가 이야기하는 정부의 두 번째 경제적 기능은 공평한 소득 및 부의 분배(Distribution)를 실현하는 기능이다. 조세정책이나 지출정책을 통하여 정부는 각 개인이 향유하게 되는 소득의 양을 직접적으로 변화시킬 수도 있고, 최저임금제 등을 통하여 시장에서 각 생산요소가 갖게 될 상대적 가격을 변화시킬 수도 있으며, 혹은 교육기회의 확대 등을 통하여 각 개인이 가지게 될 생산요소의 질을 향상시킴으로써 소득분배상태를 변화시킬 수도 있다.

그런데 재정학은 소득 및 부의 분배가 어떻게 이루어지고 또 정부의 경제적 활동이 소득 및 부의 분배에 어떤 영향을 미치는가를 분석할 수 있는 도구를 제공할 수는 있어도 어떤 소득분배상태가 가장 공평하고 정당한가라는 근본적인 질문에 대한 해답을 줄 수는 없다. 이 문제는 인류가 공동체를 형성하면서부터 지속적으로 제기되어 온 질문이지만 이에 대해 쉽사리 어떤 단일한 기준을 제시할 수는 없을 것이다. 그렇지만 정부의 분배적 기능은 현재의 소득 및 부의 분배상태가 공평하다거나 혹은 정당하다고 인정하지 않는 사람들의 비율이 많아질수록 그 중요성이 커질 수밖에 없다고 할 것이다.

정부의 분배적 기능을 논의함에 있어서 또 하나 주목해야 할 사실은 공평한 소득의 분배와 자원의 효율적 배분 및 그에 따른 사회후생의 극대화가 상충관계(trade-off relationship)를 가질 수도 있다는 점이다. 즉, 공평한 분배를 실현하기 위한 정부의 정책이 자칫 경제의 효율성을 저해함으로써 경제의 지속적인 성장에 걸림돌이 될 수도 있다는 것이다. 그러나 이러한 우려가 정부의 분배적 기능이 필요없음을 의미하는 것은 결코 아니다. 오히려 이러한 상충관계가 의미하는 바는 가능한 한 경제의 효율성을 최소한으로 희생시키면서 정부의 분배적 기능이 수행되어야 한다는 당위적인 사실을 일깨워 주는 것이다.

(3) 경제안정 및 성장기능

머스그레이브가 이야기하는 정부의 세 번째 경제적 기능은 경제안정 및 성장기능(Economic Stabilization and Growth)이다. 이 기능은 물가의 안정, 생산자원의 완전고용, 국제수지의 균형, 그리고 경제의 지속적인 성장을 목표로 하여 정부가 경제에 개입하여야 한다는 것으로서, 위의 두 가지 기능과는 달리 거시경제적인 목표를 달성하기 위하여 정부가 경제에 개입하는 경우이다.

결론적으로 정부의 3대 경제적 기능이란 위에서 제시한 세 가지 시장의 실패를 보완하기 위한 정부의 역할을 의미하는 것이다. 그런데 오늘날의 재정학은 첫 번째와 두 번째 기능에 대해서 보다 많은 관심을 가지고 있으며, 특히 정부의 자원배분기능에 대한 분석이 재정학의 주요 관심영역이라고 해도 과언이 아니다. 이에 따라 제2장에서는 자원배분에 있어서 시장의 실패에 초점을 맞추어 정부개입의 논리적 근거를 보다 자세히 살펴보고, 시장의 실패와 정부의 실패를 비교분석하여 보고자 한다.

참 / 고 / 문 / 헌

Arrow, Kenneth J.(1983). "The Organization of Economic Activity : Issues Pertinent to the Choice of Market versus Nonmarket Allocation." in Robert H. Haveman and Julius Margolis(eds.), *Public Expenditure and Policy Analysis*. 3rd ed., Boston : Houghton Mifflin Co.

Buchanan, James M. and Richard A. Musgrave.(1999). *Public Finance and Public Choice : Two Contrasting Visions of the State*. Cambridge, MA : The MIT Press.

Caiden, Naomi.(1990). "Public Budgeting in the United States : The State of the Discipline." in Naomi B. Lynn and Aaron Wildavsky(eds.), *Public Administration : The State of the Discipline*. Chatham : Chatham House.

Gruber, Jonathan.(2005). *Public Finance and Public Policy*. New York : Worth Publishers.

International Monetary Fund. *Government Finance Statistics Yearbook*. various years.

Musgrave, Richard A.(1959). *The Theory of Public Finance : A Study in Public Economy*. New York : McGraw-Hill, ch. 1.

______ **and Peggy B. Musgrave.**(1989). *Public Finance in Theory and Practice*. 5th ed., New York : McGraw-Hill, ch. 1.

OECD. *OECD Economic Outlook 83*.

_____. *OECD Factbook 2008*.

_____. *OECD in Figures*.

_____. *Revenue Statistics 1965–2006.*

Stiglitz, Joseph E.(1989). *The Economics Role of the State*. Cambridge : Basil Blackwell.

_____. (2000). *Economics of the Public Sector*. 3rd ed., New York : W.W. Norton & Co., ch. 1.

Wagner, Adolf.(1958). "Three Extracts on Public Finance." in Richard A. Musgrave and Alan T. Peacock(eds.), *Classics in the Theory of Public Finance*. New York : Macmillan.

제 2 장
시장의 실패와 정부의 개입

1. 완전경쟁시장과 파레토 효율성

제1장에서 우리는 정부가 경제에 개입하는 이유가 시장의 실패에 있음을 보았다. 그런데 현대 재정학에서는 시장의 실패를 보다 좁게 규정하여 효율적인 자원배분을 저해하는 시장의 실패만을 의미하는 경우가 많다. 이에 따라 이 장에서는 효율성의 개념을 중심으로 하여 시장의 실패 및 정부 개입의 논리적 근거를 보다 구체적으로 살펴보고자 한다.

경제학에서는 시장 — 보다 정확하게는 완전경쟁시장 — 이 자원을 효율적으로 배분할 수 있다는 것을 기본원리로 삼고 있는데, 그렇다면 자원배분이 '효율적'이라는 것은 도대체 무엇을 의미하는 것인가? 이 물음에 답하기 위해 경제학에서는 파레토 최적(Pareto optimum) 혹은 파레토 효율성(Pareto efficiency)의 개념을 이용한다. 파레토 최적의 자원배분이란 적어도 한 사람의 후생을 감소시키지 않고서는 다른 한 사람의 후생을 증가시킬 수 없도록 자원이 배분된 상태를 의미한다. 그러므로 다른 사람의 후생을 감소시킴이 없이 적어도 한 사람의 후생을 증가시킬 수 있는 가능성이 존재한다면, 이는 현재 자원이 낭비되고 있음을 의미하는 것이다.

파레토 최적과 연관된 개념으로서 파레토 개선(Pareto improvement)이라는 개념을 들 수 있는데, 이는 어느 누구의 후생을 감소시키지 않고서도 적어도 한 사람의 후생을 증가시킬 수 있는 자원배분상태의 변화를 의미한다. 따라서 파레토 최적이란 더 이상 파레토 개선이 불가능한 자원배분의 상태라고도 할 수 있다. 우리가 파레토 최적이라는 개념에 대해서 관심을 갖는 이유는 바로 이 개념이 자원배분상태를 평가할 수 있는 기준이 되기 때문이며, 시장의 '보이지 않는 손'에 의하여 자원이 효율적으로 배분된다는 것은 곧 완전경쟁시장이 파레토 최적상태를 가능케 한다는 의미이다. 따라서 시장의 실패란 곧 시장이 파레토 최적의 자원배분을 달성할 수 없는 상태를 의미하는 것이라고 할 수 있다.

시장의 '보이지 않는 손'이 파레토 최적의 자원배분상태를 가능하게 한다면 그 구체적인 의미는 무엇인가? 완전경쟁시장에서의 효율성이란 사람들이 어떤 특정한 재화를 소비하면서 얻게 되는 한계편익(marginal benefit : MB)이 그 재화를 생산하는 데 필요한 한계비용(marginal cost : MC)과 동등해지는 현상을 의미하며, 다음의 [그림 2-1]은 이를 나타내고 있다.

[그림 2-1]에서 수요곡선은 사람들이 어떤 특정 재화나 서비스의 마지막 단위를 소비하면서 얻게 되는 한계편익을 나타내고 있다. 우하향하는 수요곡선은 소비자들이 어떤 특정 재화를 더 많이 소비하게 될수록 그 재화의 마지막 단위로부터 얻게 되는 한계편익이 점점 더 작아지게 됨을 의미한다. 그리하여 균형점 E에서 사람들이 어떤 특정 재화를 소비하면서 얻게 되는 한계편익은 그 재화를 구입하는 데 필요한 비용과 동일하게 되

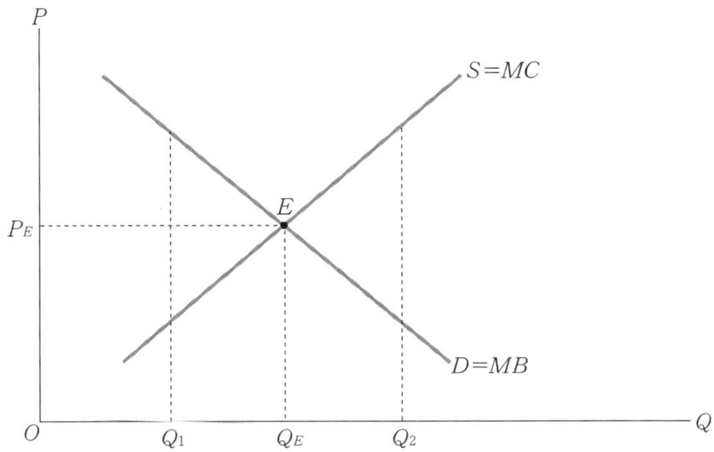

‖ 그림 2-1 ‖ 수요 및 공급 곡선과 자원배분의 효율성

는 것이다. 여기서 재화의 구입에 필요한 비용이란 곧 그 재화의 가격을 의미하는 것으로서, 균형점 E에서

가격＝한계편익

$$(P_E = MB)$$

라는 등식이 성립한다.

[그림 2-1]에서 공급곡선은 기업이 재화나 서비스의 마지막 단위를 생산하는 데 소요되는 자원의 한계적 가치를 나타내고 있다. 우상향하는 공급곡선은 재화를 더 많이 생산하면 할수록 그 재화의 생산에 필요한 한계비용이 점점 더 커지게 됨을 의미한다. 그리하여 균형점 E에서 생산자가 어떤 재화의 마지막 단위를 생산하는 데 필요한 한계비용이 그 재화를 팔아서 얻게 되는 수입과 동일하게 되는 것이다. 여기서 재화를 팔면서 얻게 되는 수입이란 곧 그 재화의 가격을 의미하는 것으로서, 균형점 E에서

$$\text{가격} = \text{한계비용}$$
$$(P_E = MC)$$

라는 등식이 성립한다.

따라서 완전경쟁시장에서는 균형점 E에서 한 재화를 소비하면서 얻게 되는 한계편익과 그 재화를 생산하는 데 소요되는 한계비용이 동일하게 됨으로써, 자원배분의 효율성을 달성하게 되는 것이다. 즉, 균형점 E에서

$$\text{한계편익} = \text{가격} = \text{한계비용}$$
$$(MB = P_E = MC)$$

라는 등식이 성립한다.

만약 한계편익이 한계비용보다 크다면(그림에서 Q_1에서 생산 및 소비 행위가 이루어진다면) 사회는 그 재화를 더 많이 생산함으로써 후생을 증가시킬 수 있으며, 반대로 한계편익이 한계비용보다 작다면(그림에서 Q_2에서 생산 및 소비 행위가 이루어진다면) 사회는 그 재화의 생산을 줄임으로써 후생을 증가시킬 수 있다.

사람들이 어떤 재화를 얼마나 구입할 것인가를 결정할 때 고려하는 것은 자신들이 스스로 경험하게 되는 사적인 한계편익(marginal private benefit : MPB)이며, 기업들이 이윤을 극대화하기 위한 생산수준을 결정할 때 가격과 함께 고려하는 것은 자신들이 직접 부담하게 되는 사적인 한계비용(marginal private cost : MPC)이다. 이에 따라 자원배분의 효율성이 달성되는 균형점 E에서는

$$\text{사적인 한계편익} = \text{가격} = \text{사적인 한계비용}$$
$$(MPB = P_E = MPC)$$

이라는 등식이 성립하는 것이다.

그런데 여기서 주목해야 할 것은 어떤 개인이 특정 재화를 소비하면서 다른 사람의 후생에 전혀 영향을 미치지 않는다면 이 재화의 소비로부터 얻게 되는 사적인 한계편익이 사회적 한계편익(marginal social benefit : *MSB*)과 일치하며, 어떤 기업이 특정 재화를 생산하면서도 다른 사람에게는 혜택을 주거나 손해를 입히는 일이 없다면 이 재화를 생산하는 데 소요되는 사적인 한계비용이 사회적 한계비용(marginal social cost : *MSC*)과 일치한다는 점이다. 따라서 균형점 E에서 이루어지는 효율적인 자원배분이란 곧

사회적 한계편익＝가격＝사회적 한계비용

$$(MSB = P_E = MSC)$$

을 의미하는 것이다.

2. 시장에서의 효율적인 자원배분을 위한 조건

시장에서의 자원배분이 파레토 최적상태를 달성하기 위해서는 대단히 엄격한 몇 가지 조건을 필요로 한다. 이러한 조건들이 만족되지 않는다면 가격기제에 의한 자원의 배분이 효율적일 수 없으며, 이에 따라 정부개입의 필요성이 제기되는 것이다. 그렇다면 어떤 조건들이 만족되어야 시장에 의한 자원의 배분이 효율적일 수 있는 것일까?[1)]

---

1) 아래의 논의는 Robert H. Haveman(1970). *The Economics of the Public Sector*. New York : John Wiley & Sons, ch. 2를 주로 참조했음을 밝힌다.

첫째, 모든 시장이 완전경쟁상태에 있어야 한다. 즉, 생산물시장과 요소시장을 포함한 모든 시장이 수많은 생산자와 소비자로 구성되어 있어서 어떤 생산자나 소비자도 교환되는 재화나 서비스의 가격에 영향을 미칠 수 없어야 한다. 다시 말해서, 모든 생산자와 소비자가 가격순응자(price takers)로서만 시장에 참여하여야 한다는 것이다.

둘째, 모는 산업이 비용증가산업(increasing-cost industry)이어야 한다. 비용증가산업이라는 의미는 일정한 생산수준 이상에서는 기업의 단위당 생산비가 증가하여야 한다는 것이다. 만약 어떤 산업부문에 처음 참여한 기업이 생산량을 늘릴수록 그 기업의 단위당 생산비가 줄어든다면, 그 산업에 새로이 참여하는 기업들의 단위당 생산비는 처음 참여한 기업의 단위당 생산비보다 높을 수밖에 없다. 이렇게 규모의 경제(economies of scale)가 존재하는 경우 그 산업은 맨 처음에 참여한 생산자에 의해서 지배될 가능성이 커지게 되며, 이는 수많은 생산자가 존재해야 한다는 완전경쟁의 기본적인 조건이 만족되지 않음을 의미하는 것이다.

셋째, 공공재와 외부효과가 존재하지 않아야 한다. 어떤 재화를 구입하는데 우리는 왜 대가를 지불하는가? 그 이유는 두 가지로 나누어 볼 수 있다. 하나는 내가 그 재화를 소비하면 다른 사람이 그 재화를 소비할 수 있는 양이 줄어들기 때문이며, 또 다른 하나는 가격을 지불하지 않을 경우에는 그 재화로부터 발생하는 소비의 혜택을 전혀 받을 수 없기 때문이다. 우리가 시장에서 구입하는 모든 재화는 이러한 성격을 지니고 있으며, 이러한 재화를 사적재(private goods)라고 한다.

그런데 다른 사람이 소비에 참여한다고 해서 내가 소비할 수 있는 양이 줄어들지 않으며, 또한 다른 사람이 가격을 지불하지 않았다고 해서 그 사람을 소비의 혜택으로부터 배제할 수 없는 재화가 있다. 이러한 재화를 사적재와 구분해서 공공재(public goods)라고 하는데, 어떤 재화가 공공재일 경우에는 시장에서의 거래가 성립할 수 없다.

또한 시장기제가 제대로 작동하기 위해서는 다른 사람에게 혜택을 줄 경우에는 대가를 받아야 하며, 또한 다른 사람에게 손해를 줄 경우에는 대가를 지불해야 할 것이다. 그런데 다른 사람에게 혜택이나 손해를 가져다주면서도 이에 대한 대가를 받지도 주지도 않는 경우가 있다. 이 경우 외부효과(externalities)가 존재한다고 하는데, 외부효과가 존재하는 경우 시장에서 형성된 가격을 통해 자원이 효율적으로 배분된다는 보장이 없다.

넷째, 완전한 정보가 존재하여야 한다. 시장기제가 제대로 작동하기 위해서는 모든 소비자와 공급자가 모든 대안에 대해서 완벽한 지식을 가지고 있어야 한다. 만약 이러한 정보가 완벽하지 않다면, 소비자와 공급자 모두 그릇된 선택을 할 수 있으며, 이럴 경우 자원의 효율적인 배분은 기대할 수 없다.

다섯째, 완전한 이동성이 존재하여야 한다. 완전한 이동성이란 가격이 변화함에 따라 생산자와 소비자 모두 자신들의 생산 및 소비 행태를 자유롭게 변화시킬 수 있다는 것을 의미한다. 사실 우하향하는 수요곡선이나 우상향하는 공급곡선은 모두 이러한 완전한 이동성을 전제로 하는 것이다. 즉, 어떤 재화의 가격이 하락할 때 소비자는 더 많은 재화를 구입하기를 원할 것이며 생산자는 공급을 줄이려 할 것인데, 완전한 이동성이 전제되지 않는 상태에서는 수요와 공급에 따라 결정되는 가격이 완벽한 정보를 제공해 줄 수 없는 것이다.

3. 후생경제학의 기본정리

어떤 경제적인 상태가 가장 바람직한 상태인가를 평가하는 데에 초점을 맞추는 경제학의 한 분야가 이른바 후생경제학(welfare economics)이다. 후생경제학의 이론들은 사회적으로 바람직한 결과를 시장이 창출할 수 있는 경우와 그렇지 못한 경우를 구별할 수 있는 판단의 기준을 제공한다.

후생경제학의 기본적인 결론은 위의 제2 절에서 열거한 조건이 모두 만족될 경우 시장보다 더 효율적으로 자원을 배분할 수 있는 방법은 존재하지 않는다는 것이다. 보다 구체적으로, 모든 생산자와 소비자가 시장지배력을 갖지 않는 가격순응자로서 시장에 참여하고 모든 상품에 대해 시장이 존재할 경우, 시장에 의해서 파레토 효율적인 자원의 배분이 가능하다는 것으로서, 이를 후생경제학의 제 1 정리(The First Fundamental Theorem of Welfare Economics)라고 부른다. 이는 곧 정부개입 없이도 시장이 '자동적으로' 자원을 효율적으로 배분할 수 있음을 의미하는 것이다.

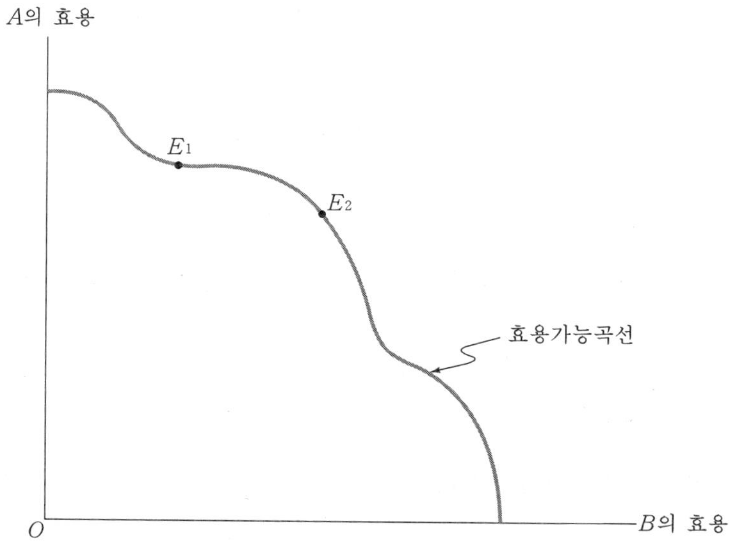

Ⅰ 그림 2-2 Ⅰ 효용가능곡선

앞의 [그림 2-2]는 효용가능곡선(utility possibilities curve)의 개념을 이용하여 파레토 효율적인 자원배분상태를 나타내고 있다. 다른 사람들의 효용수준이 고정되어 있는 상태에서 어느 한 사람이 극대화할 수 있는 효용수준을 나타내 주는 곡선을 효용가능곡선이라고 한다. 예를 들어 E_1점과 같이 효용가능곡선상의 어느 한 점에서 A와 B 두 사람의 효용수준이 결합될 수 있도록 자원이 배분될 경우, 다른 사람의 효용을 감소시키지 않고서는 A나 B의 효용을 증가시킬 수 있는 방법은 없다. 따라서 효용가능곡선상의 점들은 자원이 효율적으로 배분된 상태를 나타내는 것이다. 후생경제학의 제1 정리는 앞에서 제시한 모든 조건들이 만족될 경우 완전경쟁시장에 의한 자원의 배분이 효용가능곡선상의 어느 한 점에서 이루어질 수 있음을 의미하는 것이다.

후생경제학의 제2 정리(The Second Fundamental Theorem of Welfare Economics)는 소득을 적절히 분배한다면 효용가능곡선상의 어느 점이건 완전경쟁시장에 의해서 도달될 수 있다는 것이다. 다시 말해서, 후생경제학의 제2 정리는 한 사람으로부터 다른 사람에게로 자원을 재배분함으로써 효용가능곡선상의 어느 점이든지(예를 들면 E_2) 도달할 수 있음을 의미한다.

비록 완전경쟁시장에 의해 자원의 배분이 효용가능곡선상의 어느 한 점에서 이루어진다 하더라도 그러한 자원배분이 반드시 사회후생을 극대화한다는 보장은 없다. 그렇다면 사회후생을 극대화하기 위해서는 정부가 시장에 직접 개입할 필요가 있지 않을까? 후생경제학의 제2 정리에 의하면 '그렇지 않다' 는 것이다. 만약 시장에 의한 소득의 분배가 사회적으로 바람직한 상태가 아니라 할지라도 정부가 할 수 있는 일이란 오직 자원의 초기 분배상태만을 변화시키는 일이며, 일단 이것이 달성되면 정부란 불필요하며 오로지 시장만이 효율적인 자원배분을 가능케 한다는 것이다. 결국 후생경제학의 제2 정리는 정부의 역할이 매우 제한적일 수밖에 없을 뿐만 아니라 경제적 효율성과 분배의 문제가 쉽게 분리될 수 있음을 의미하는 것이다.[2)]

그렇다면 과연 정부의 역할은 최소한에 머물러 있어야 하는가? 꼭 그렇지만은 않다. 왜냐하면 후생경제학의 기본정리가 충족되기 위해서는 위에서 열거한 대단히 엄격한 소건들이 모두 만족되어야 하기 때문이다. 위의 조건들이 하나라도 만족되지 않는다면 시장에 의한 자원의 배분이 파레토 효율적일 수 없으며, 이에 따라 경제에 대한 정부의 개입이 필요하게 되는 것이다. 그렇다면 자원배분에 있어서 시장실패의 구체적인 유형과 그 의미는 무엇일까? 다음 절은 이 물음에 답하고 있다.

4. 시장실패의 유형

(1) 불완전경쟁

앞에서 우리는 '보이지 않는 손'에 의한 자원의 배분이 효율적이기 위해서는 시장이 완전경쟁상태에 있어야 하며, 시장이 완전경쟁상태에 있기 위해서는 가격순응자로서 기능하는 수많은 생산자와 소비자가 존재해야 함을 보았다. 또한 수많은 생산자가 한 산업에 존재하기 위해서는 그 산업

---

2) Harvey S. Rosen and Ted Gayer.(2008). *Public Finance*. 8th ed., Boston : McGraw-Hill, pp. 40–45 ; Joseph E. Stiglitz.(1989). *The Economic Role of the State*. Cambrige : Basil Blackwell, pp. 39–40 ; Joseph E. Stiglitz.(1994). *Whither Socialism?* Cambridge, MA : The MIT Press, chs. 3 & 4.

에 대한 신규진입이 자유로워야 하며, 이것이 가능하기 위해서는 그 산업이 비용증가산업이어야 한다는 것을 보았다. 그렇지만 어떤 재화를 생산하는 기업이 단 하나밖에 없는 독점(monopoly)이거나 시장이 소수의 기업에 의해 지배되는 과점(oligopoly)의 경우 혹은 동종이지만 이질적인 재화를 생산하는 공급자가 다수인 독점적 경쟁(monopolistic competition)이 존재하는 경우, 개별 기업이 가격설정에 영향력을 행사할 수 있기 때문에 시장은 완전경쟁상태로부터 멀어지게 된다.

불완전경쟁의 특수한 형태로서 자연독점(natural monopoly)을 들 수 있다. 규모의 경제가 존재하여 생산량이 증가함에 따라 단위당 생산비가 감소하는 경우에는 상대적으로 낮은 수준에서 생산활동을 할 수밖에 없는 새로운 기업의 단위당 생산비가 대규모의 생산수준을 갖고 있는 기존의 기업에 비해서 높을 수밖에 없을 것이다. 이럴 경우 그 산업에 대한 신규진입은 자연히 제한될 수밖에 없다. 어떤 기업이 생산량을 늘릴수록 평균생산비가 줄어들게 되어 독점적 지위를 차지하게 될 경우 이를 자연독점이라고

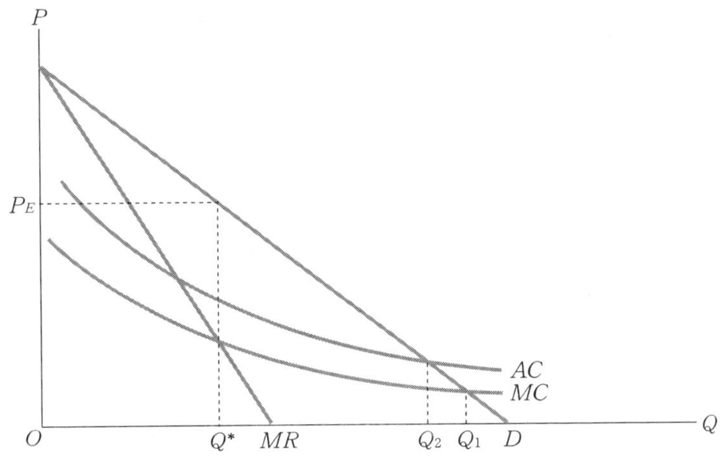

| 그림 2-3 | 독점과 비효율성

한다. [그림 2-3]은 이를 나타내고 있다.

기업이 이윤극대화를 목표로 하는 것은 너무나 당연하며, 이윤을 극대화하기 위해서는 어느 기업이든지 마지막 한 단위를 생산함으로써 얻게 되는 한계수입(marginal revenue)과 마지막 한 단위를 생산하는 데 소요되는 한계비용(marginal cost)이 일치되는 점에서 생산수준을 결정한다. 수많은 생산자가 존재함으로써 각 생산자가 가격순응자로서 시장에 참여하는 완전경쟁하에서는 개별기업의 한계수입과 가격은 일치하게 마련이다. 즉, $P=MR$의 관계가 성립한다.

그러나 독점기업의 경우에는 한계수입이 가격보다 낮을 수밖에 없다. 왜냐하면 독점기업의 경우 그 기업의 생산물에 대한 수요곡선이 곧 그 시장 전체의 수요곡선이기 때문에 더 많은 재화를 판매하기 위해서는 가격을 낮출 수밖에 없기 때문이다. 따라서 판매량의 증가를 위해 인하한 가격이 이전에 생산된 재화에도 적용되어서 이전의 생산물도 인하된 가격으로 판매되어야 하기 때문에 마지막 재화를 판매함으로써 얻는 한계수입이 가격보다 낮아질 수밖에 없는 것이다. 이러한 이유로 [그림 2-3]에서 볼 수 있는 바와 같이 독점기업의 한계수입곡선은 수요곡선보다 아래에 위치하게 된다.

그리하여 이윤극대화를 추구하는 독점기업의 경우에는 최적생산량이 한계수입과 한계비용이 일치하는 Q^*에서 결정된다. Q^*에서의 생산량은 가격이 한계비용과 일치하는 Q_1에서의 생산량보다 적다. 그런데 Q^*에서의 가격, 즉 소비자가 재화로부터 얻게 되는 한계편익은 한계비용보다 크다. 즉, 독점이 존재할 경우에는 $MB=P_E>MC$가 되어 $MB=P_E=MC$라는 파레토 효율적인 자원배분이 달성될 수 없는 것이다. 결국 독점이 형성되어 있을 경우에는 첫째, 가격이 한계비용보다 높게 형성되며 둘째, 생산이 이상적인 수준보다 낮은 수준에서 이루어지고 셋째, 독점적으로 생산되는 재화에 대해서 자원이 불충분하게 배분되는 현상이 나타나게 되는 것이다.

그렇지만 비록 규모의 경제가 존재한다 할지라도 이론적으로는 한계수입과 한계비용이 일치하는 점이 아니라 가격과 한계비용이 일치하는 점에서 생산이 이루어지도록 한다면 파레토 최적의 자원배분이 가능해진다고 할 수 있다. 그러나 독점이 존재하는 경우 현실적으로 정부의 개입 없이 시장기구 자체만으로 한계비용과 가격이 일치하도록 유도하는 것이 불가능하다. 왜냐하면 생산수준을 늘릴수록 한계비용이 하락하게 되면 기업의 평균생산비용 또한 계속해서 하락하게 되어, [그림 2-3]에서 볼 수 있는 바와 같이 기업의 한계비용은 계속해서 평균비용보다 낮을 수밖에 없기 때문이다. 이러한 상황에서 한계비용과 가격을 일치시킬 경우 재화의 가격이 재화를 생산하는 데 소요되는 평균비용보다 자연히 낮게 된다. 이렇게 되면 기업은 계속적으로 손해를 감수할 수밖에 없다.

이러한 문제를 해결할 수 있는 방법은 크게 세 가지로 나누어 볼 수 있다. 하나는 기업으로 하여금 한계비용과 가격이 일치하는 점에서 생산을 하도록 하고 기업의 손실에 해당하는 만큼 정부가 보조금을 지급하는 방법이다. 또 다른 하나는 정부가 그 산업을 국유화하여 한계비용과 가격이 일치하는 점에서 생산활동을 하는 방법이다. 그렇지만 이 경우에도 그 기업의 손실에 대해서는 정부가 보조금을 지급하여야 할 것이다. 첫 번째 방법은 일반적으로 규제에 의한 방법이라고 할 수 있으며, 두 번째 방법은 정부가 공기업을 설립하는 방법이라고 할 수 있다. 그렇지만 두 경우 모두 정부의 개입 없이는 파레토 효율적인 자원배분을 달성할 수 없다는 점에서는 동일하다고 할 것이다.[3)]

---

3) C.V. Brown and P.M. Jackson.(1990). *Public Sector Economics*. 4th ed.,

또한 두 방법 모두 가격과 한계비용을 일치시킨다는 점에서는 동일하다고 할 수 있는데, 이러한 가격설정방법을 일컬어 한계비용가격설정(marginal cost pricing)이라고 한다. 그렇지만 두 방법 모두 보조금을 지급하기 위해서는 세금에 의존할 수밖에 없는데 세금을 걷게 되면 추가적인 사회적 비용이 발생할 수 있다는 것이 문제이다.

이러한 문제를 해결할 수 있는 방법은 자연독점상태에 있는 기업으로 하여금 수요곡선과 평균비용곡선이 만나는 점에서 생산활동을 영위하도록 하는 것이다. 즉, [그림 2-3]에서 Q_2 수준에서 생산을 하는 것인데, 이 경우 이 기업의 이윤은 '0'이 된다. 이를 평균비용가격설정(average cost pricing)이라고 부른다. 그런데 이 경우 자연독점상태에 있는 기업의 생산량은 Q_2에 머물러 사회적으로 최적의 생산량인 Q_1에 미치지 못한다는 문제가 남게 된다.

자연독점의 위치를 향유하고 있는 기업의 경우 완전경쟁상태에 있는 기업처럼 생산비를 낮추려는 노력을 제대로 기울이지 않기 때문에 또 다른 비효율이 발생할 수 있다. 완전경쟁시장의 장점 중 하나는 치열한 경쟁이 기업들로 하여금 평균비용과 한계비용을 최저수준으로 유지하도록 만든다는 데 있다. 그러나 기업 간 경쟁이 없다면 최저비용보다 높은 수준에서 생산활동을 영위하더라도 기업이 생존하는 데는 지장이 없을 것이다. 독점기업이 기술적으로 가능한 최저비용을 달성하지 않음으로써 발생하는 비효율을 X-비효율성(X-inefficiency)이라고 부른다.[4)]

Oxford : Blackwell, pp. 43–44.

4) Harvey Leibenstein.(1966). "Allocative Efficiency vs. 'X-Efficiency'." *American Economic Review*. vol. 56, pp. 392–415 ; David L. Weimer and Aidan R. Vining.(1999). *Policy Analysis : Concepts and Practice*. 3rd ed., Upper Saddle River, NJ : Prentice-Hall, pp. 100–107.

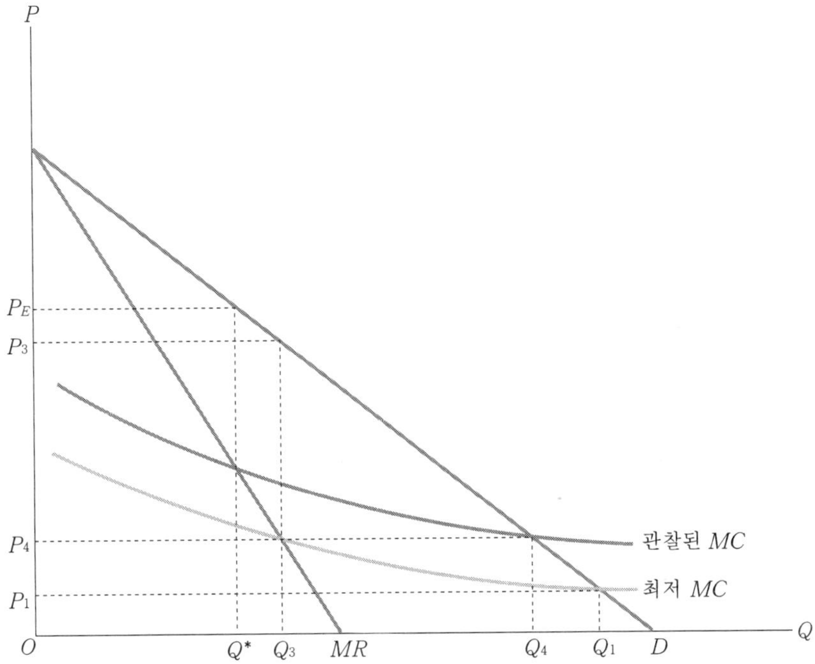

| 그림 2-4 | 자연독점하의 X-비효율성

[그림 2-4]에서 독점기업이 생산비를 낮추려는 노력을 제대로 기울이고 있지 않기 때문에 관찰된 한계비용이 기술적으로 달성 가능한 최저한계비용보다 높게 나타나고 있다. 자연독점에서 나타나는 비효율을 교정하기 위해 정부가 개입하기 이전의 경우 이 기업의 생산량은 Q^*이며 이때 가격은 P_E이다. 이때의 생산량 Q^*는 기술적으로 가능한 최저한계비용을 달성했을 경우 나타날 수 있는 생산량 Q_3보다 낮은 수준이며, 가격 P_E는 생산량 Q_3에 대응하는 P_3보다 높은 수준이다. 한계비용가격설정을 통해 자연독점에서 발생하는 비효율을 교정하는 경우에도 X-비효율성의 문제는 여전히 남아 있다. 즉, 한계비용에 가격을 일치시킨다 하더라도, 가격의 기준이 되는 한계비용이 비효율성을 포함하는 관찰된 한계비용일 경우 생산

량은 Q_4이며 가격은 P_4로 나타나게 된다. 이때의 생산량 Q_4는 기술적으로 가능한 최저한계비용을 달성했을 경우 나타날 수 있는 생산량 Q_1보다 낮은 수준이며, 가격 P_4는 생산량 Q_1에 대응하는 P_1보다 높은 수준이다. 자연독점산업에 대한 정부의 개입이 있는 경우이건 그렇지 않은 경우이건 생산비용의 최소화라는 자연독점기업 운영에 있어서의 효율성이 전제되지 않는 이상 사회적으로 바람직한 수준보다 낮은 수준에서 생산이 이루어지고 생산물의 가격 또한 높게 형성되어 있음을 알 수 있다.

(2) 공 공 재[5)]

공공재는 사적재와 비교해서 다음과 같은 두 가지 특성 때문에 시장의 실패를 초래한다.

첫째, 공공재는 소비에 있어서의 비경합성(nonrivalness in consumption)을 특징으로 한다. 빵과 같은 사적재의 경우에는 하나뿐인 빵을 내가 먹게 되면 다른 사람이 그 빵을 먹을 수 없게 된다. 이를 소비에 있어서의 경합성(rivalness of consumption)이라 한다. 반면 공공재의 경우에는 추가적으로 한 사람이 더 소비행위에 참여한다고 해서 다른 사람의 소비가능성이 전혀 줄어들지 않는다. 예를 들어 오늘 100명이 더 태어났다고 해서 내가 국방으로부터 받는 혜택이 줄어들지는 않는 것이다. 소비에 있어서의 비경합성이란 특징 때문에 일단 공공재가 공급되었을 경우 추가적으로 다른 한 사람이 공공재의 소비에 참여하는 데 드는 한계비용은 '0'이 된다. 다시 말해서, 공공재가 일단 공급되었을 경우 공공재의 서비스를 추가적으로 다른 사람에게 제공하는 데 소요되는 비용이 '0'이라는 것이다.

5) 공공재에 관한 보다 자세한 논의는 다음 장을 참조할 것.

이와는 달리 빵과 같은 사적재를 다른 사람들이 추가적으로 소비하는 데 소요되는 한계비용은 '0' 보다 크다. 한 사람이라도 더 빵을 먹기를 원한다면, 이를 위해 추가적으로 자원이 사용되어야 하기 때문이다.

둘째, 공공재는 배제불가능성(nonexcludability)을 특징으로 한다. 빵과 같은 사적재의 경우 그 빵에 대한 가격을 지불하지 않는 사람은 빵을 소비할 수 없다. 이를 배제가능성(excludability)이라 한다. 반면 공공재의 경우에는 소비를 위하여 대가를 지불하지 않은 사람이라도 소비에서 배제할 수 없다. 예를 들어 어떤 사람이 세금을 내지 않았다고 해서 그 사람이 우리나라 국민인 이상 국방의 혜택으로부터 그 사람을 배제할 수 있는 방법은 존재하지 않는다. 또한 공공재의 경우에는 설령 배제가 가능하다 하더라도 그것이 바람직하지 않다. 왜냐하면 배제할 수 있는 방법이 있다 하더라도 추가적으로 한 사람을 더 소비행위에 참여시키는 데 소요되는 비용이 '0' 이고 오히려 배제시키는 데 많은 비용이 소요될 수밖에 없으므로 대가를 지불하지 않은 사람을 구태여 배제시킬 이유가 없기 때문이다.

이러한 두 가지 특성으로 인해 공공재는 시장에서 아예 공급이 되지 않거나 공급이 된다 하더라도 그 양이 불충분할 수밖에 없다. 무엇보다도 시장이 제대로 기능하기 위해서는 가격이 존재해야 하는데 공공재의 경우에는 가격을 매기기가 불가능하며 또한 바람직하지도 않다. 앞에서 언급한 것처럼 소비에 있어서의 비경합성으로 인하여 추가적으로 한 사람이 더 공공재의 소비에 참여하는 데 드는 한계비용은 '0' 이다. 자원이 효율적으로 배분되기 위해서는 가격이 한계비용과 일치해야 하지만, 공공재의 경우에는 한계비용이 '0' 이므로 가격도 '0' 이 되어야 한다. 이는 곧 공공재에 대해서는 가격을 매기지 않아야 함을 의미하는 것이다. 그런데 공공재에 대해 가격을 매기지 않을 경우, 기업의 입장에서는 공공재를 공급할 하등의 이유가 없게 된다. 이렇게 되면 공공재의 과소공급(undersupply)이라는 문제가 발생하게 되는 것이다. 이 문제를 해결하기 위해 공공재에 대해 가격을 매기게 되면 공공재로부터 얻는 한계편익이 설정된 가격보다 낮은 사람들은 공공재를 소비하지 않게 된다. 즉, 공공재의 과소소비(underconsumption)라는 문제가 발생한다. 이 사람들이 공공재를 소비하는 데 소요되는 한계비용은 '0' 이면서 공공재의 소비로부터 얻는 한계편익은 '+' 이므로 이 사람들을 소비로부터 배제하는 것은 비효율적일 수밖에 없다. 결국 공공재가 갖는 비경합성이라는 특성으로 말미암아 공공재에 가격을 매겨 사람들을 공공재의 소비로부터 배제하게 되면 과소소비라는 문제가 발생하고, 이와는 반대로 공공재를 공짜로 공급하게 되면 공공재가 과소공급된다는 문제가 발생하게 되는 것이다.[6)]

또한 배제불가능성이라는 공공재의 특성으로 인하여 개별 소비자의 입장에서 보면 대가를 지불하지 않고서도 공공재로부터 나오는 혜택을 향유할 수 있기 때문에 구태여 공공재에 대한 자신의 선호 혹은 수요를 드러내어 공공재의 공급에 필요한 비용을 부담할 하등의 이유가 없게 된다. 공공재에 대한 수요를 드러내지 않고 일단 공급된 공공재를 소비하고자 하는 현상을 무임승차자의 문제(free rider problem)라고 한다. 그러나 모든 사람들이 무임승차자가 되려고 한다면 공공재는 아예 공급될 수 없을 것이다. 또한 생산자의 입장에서도 공공재를 공급한 후에 대가를 지불하지 않는 사람을 배제시킬 수 있는 방법이 없기 때문에 공공재에 대한 가격을 매기는 것 자체가 불가능하다. 따라서 이윤극대화를 추구하는 기업은 공공재를 공급하지 않으려 할 것이다.

이러한 이유로 공공재는 시장에 의해서가 아니라 집합적인 의사결정과

---

6) Michael L. Marlow.(1995). *Public Finance : Theory and Practice*. Fort Worth : The Dryden Press, p. 122 ; Joseph E. Stiglitz.(2000). *Economics of the Public Sector*. 3rd ed., New York : W.W. Norton & Co., p. 129.

정을 통해서만 공급될 수 있다. 공공재의 소비에 관련된 집단이 소규모라면 개인 간의 자발적인 협력에 의해서 공공재가 공급될 수도 있을 것이다. 예를 들어 단지 몇 가구만 모여 사는 동네의 골목길에 가로등이 필요하다면 몇 사람이 모여 가로등에 대한 비용을 어떻게 분담할 것인지를 결정하기란 그렇게 어렵지 않을 것이다. 그러나 공공재의 소비에 관련된 집단의 규모가 커지면 커질수록 무임승차자가 나타날 가능성은 커질 수밖에 없고, 이에 따라 공공재가 공급될 가능성은 그만큼 줄어들게 되는 것이다.

결국 대규모 집단의 경우 공공재의 공급은 정부에 의존할 수밖에 없는데, 공공재의 공급을 정부가 담당할 수 있는 중요한 이유는 정부의 강제력에 근거하여 공공재 공급을 위한 비용을 분담시킬 수 있기 때문이다. 정부가 공공재를 공급하는 경우 공공재에 대한 선호 혹은 수요의 파악은 정치적인 과정을 통해서 이루어지게 된다. 그러나 정부가 공공재를 공급한다 하더라도 각 개인은 공공재에 대한 자신의 수요를 드러내어 더 큰 부담을 지는 것을 원치 않기 때문에 무임승차자의 문제가 완전하게 해결되는 것은 아니다.

(3) 외부효과[7)]

시장이 자원을 효율적으로 배분할 수 있기 위해서는 사람들 사이의 거래행위가 모두 가격을 매개로 하여 이루어져야 한다. 그러나 다른 사람에게 혜택이나 손해를 입히는 행위가 가격에 반영되지 않고 이루어지는 경우가 있다. 즉, 다른 사람에게 혜택을 주거나 손해를 입히면서도 대가를 받거나 혹은 대가를 주지도 않는 경우가 있는데, 이러한 행위를 두고 시장기구

---

7) 외부효과에 관한 보다 자세한 논의는 제4장을 참조할 것.

밖에서 이루어진다는 뜻으로 외부효과(externalities)라고 부른다. 외부효과가 존재하는 경우 시장은 효율적으로 자원을 배분하는 데 실패한다.

외부효과는 크게 두 가지 종류가 있다. 하나는 다른 사람에게 혜택을 주면서도 대가를 받지 못하는 경우로서, 이를 외부경제(external economy) 혹은 이로운 외부효과(positive externalities)라고 한다. 예를 들어 사과를 재배하는 과수원 옆에 꿀벌을 키우는 양봉업자가 있다고 하자. 과수원의 주인이 사과나무를 열심히 돌보아 사과의 생산이 늘어나면 자신의 소득도 증가하겠지만, 이와 동시에 꿀벌에게 좋은 서식처를 제공하여 양봉업자가 생산하는 꿀의 양도 늘어나는 결과가 나타날 것이다. 그렇지만 과수원의 주인이 양봉업자로부터 이에 대한 대가를 지불받는 경우란 거의 없다. 이럴 경우 이로운 외부효과가 존재한다고 한다.

다른 하나는 다른 사람에게 손해를 입히면서도 대가를 지불하지 않는 경우로서, 이를 외부비경제(external diseconomy) 혹은 해로운 외부효과(negative externalities)라고 한다. 예를 들어 어떤 공장이 폐수를 배출하여 하천이나 바다를 오염시켰다고 가정하자. 하천이나 바다가 오염되면 물고기를 양식하는 사람들의 소득이 줄어들 수밖에 없지만 폐수를 배출한 공장은 그에 대해 어떠한 대가도 지불하지 않는다. 이럴 경우 해로운 외부효과가 존재한다고 한다.

이로운 외부효과가 존재하는 경우에는 사회 전체적인 시각에서의 편익이 사적인 편익보다 커지게 되는데, 이때 경제행위의 주체는 다른 사람이 향유하는 혜택에 대해서 대가를 받을 방법이 없기 때문에 경제적 행위의 수준을 결정함에 있어서 다른 사람에게 귀속되는 혜택을 고려하지 않게 된다. 경제행위의 주체는 오직 사적인 한계비용과 사적인 한계편익이 일치하는 점에서 경제행위를 영위하기 때문에 사회 전체적인 시각에서 볼 때는 불충분한 자원이 그 경제적 행위로 배분되게 되는 것이다.

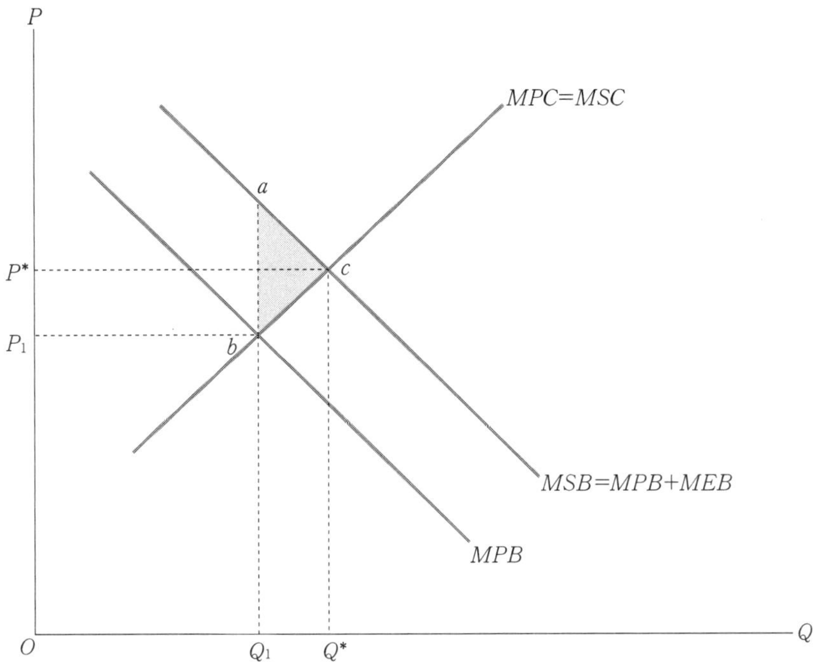

| 그림 2-5 | 이로운 외부효과

[그림 2-5]에서 MPC는 어떤 재화를 생산하는 데 소요되는 사적인 한계비용(marginal private cost)을, MPB는 어떤 재화의 소비로부터 얻게 되는 사적인 한계편익(marginal private benefit)을 의미하며, MEB는 소비의 주체가 아닌 다른 사람들이 경험하는 이로운 외부효과, 즉 외부적 한계편익(marginal external benefit)을 의미한다. 그리고 이때 생산과정에서 해로운 외부효과가 발생하지 않아 사적인 한계비용(MPC)이 사회적 한계비용과 동일하다고 가정하자. 이로운 외부효과가 존재하고 있기 때문에 사회적 한계편익은 사적인 한계편익보다 크다. 그러나 재화의 소비량을 결정함에 있어 이 사람은 다른 사람들이 경험하는 혜택을 고려할 하등의 이유가 없기 때문에 $MPB=MPC$인 Q_1에서 소비량을 결정하게 된다.

앞에서도 살펴보았듯이 사회 전체적인 시각에서 보았을 때 효율적인 자원배분이란 $MSB = MSC$인 점에서 생산과 소비 활동의 수준이 결정되는 것을 의미한다. 그러므로 사회 전체적인 시각에서 볼 때 자원배분의 효율성이 달성되는 생산 및 소비의 수준은 $MSB = MPC$인 Q^*가 되는 것이다. 결국 사회적으로 가장 바람직한 수준보다 낮은 수준에서 생산 및 소비 활동이 이루어지고 있고 이에 따라 이 경제적 행위로 불충분한 자원이 배분되고 있음을 알 수 있다. Q^*가 아니라 Q_1에서 생산이 이루어짐으로써 발생하는 사회적 손실은 빗금친 abc만큼이 된다.

해로운 외부효과가 존재하는 경우에는 사회 전체적인 비용이 사적인 비용보다 커지게 되는데, 이때 경제행위의 주체는 다른 사람에게 미친 손해에 대해서 대가를 지불할 이유가 없기 때문에 경제적 행위의 수준을 결정함에 있어서 다른 사람에 미친 손해를 고려할 이유가 없다. 그러므로 생산량은 사적인 한계비용과 사적인 한계편익이 일치하는 점에서 결정된다. 이에 따라 사회 전체적인 시각에서 볼 때 지나치게 많은 양의 자원이 그 경제적 행위로 배분되게 되는 것이다.

[그림 2-6]에서 MEC는 생산과정에서 발생하는 해로운 외부효과, 즉 외부적 한계비용(marginal external cost)을 의미한다. 그리고 이때 이 재화의 소비로부터는 이로운 외부효과가 발생하지 않아 사적인 한계편익(MPB)이 사회적 한계편익(MSB)과 동일하다고 가정하자. 해로운 외부효과가 발생하고 있기 때문에 사회적 한계비용(MSC)은 사적인 한계비용(MPC)보다 크다. 그러나 생산수준을 결정함에 있어 이 사람은 다른 사람들이 경험하는 손실이나 고통을 고려할 하등의 이유가 없기 때문에 $MPB = MPC$인 Q_1에서 생산활동을 영위하게 된다. 앞에서도 살펴보았듯이 사회 전체적인 시각에서 보았을 때 효율적인 자원배분이란 $MSB = MSC$인 점에서 생산과 소비 활동의 수준이 결정되는 것을 의미한다. 그

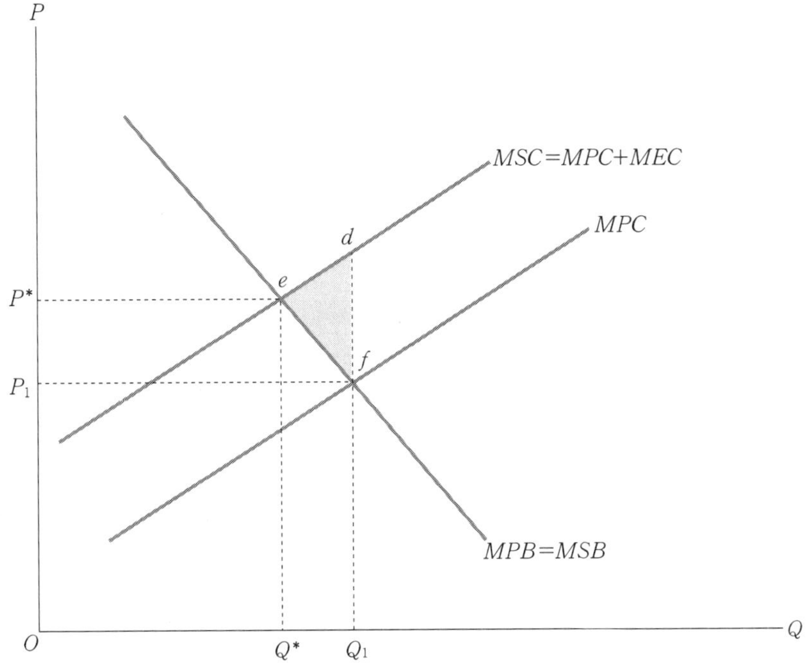

Ⅰ 그림 2-6 Ⅰ 해로운 외부효과

러므로 사회 전체적인 시각에서 볼 때 자원배분의 효율성이 달성되는 생산 및 소비의 수준은 $MSC=MPB$인 Q^*가 되는 것이다. 결국 사회적으로 가장 바람직한 수준보다 높은 수준에서 생산 및 소비 활동이 이루어지고 있고 이에 따라 이 경제적 행위로 지나치게 많은 양의 자원이 배분되고 있음을 알 수 있다. Q^*가 아니라 Q_1에서 생산이 이루어짐으로써 발생하는 사회적 손실은 빗금친 def 만큼이 된다.

(4) 불완전한 정보

시장이 완전경쟁상태에 있기 위해서는 모든 소비자가 시장에 존재하는 재화의 가격과 질에 대해서 완벽한 정보를 가지고 있어야 하며 생산자 또한 시장에서 재화를 판매할 수 있는 모든 기회와 생산기술에 대해서 완벽한 정보를 가지고 있어야 한다. 그리고 소비자나 생산자 모두 이러한 완벽한 정보를 획득하는 데 비용이 전혀 소요되지 않아야 한다. 그러나 현실적으로 유용한 정보를 획득하는 데에는 막대한 시간과 노력이 소요될 뿐만 아니라 소비자나 생산자 모두가 갖고 있는 정보가 완벽하지 않거나 혹은 양자 사이에 정보가 매우 불균등하게 배분되어 있는 경우가 허다하다. 따라서 정보의 부재, 값비싼 정보, 혹은 비대칭적인 정보 등으로 인해 시장의 실패가 발생하게 되는 것이다.

정보의 비대칭(information asymmetry)에 따른 시장실패의 예로서는 생산자와 소비자 간 재화 혹은 서비스의 질에 대한 정보의 비대칭을 들 수 있다.[8] 소비자들이 시장에서 거래되는 재화의 가격에 대한 정보를 얻는 것은 그리 어렵지 않지만, 재화의 질에 대해 정확한 정보를 얻기 어려울 때가 있다. 재화의 질에 대한 정보를 어떻게 얻을 수 있는가에 따라 재화를 탐색재(search good), 경험재(experience good), 신뢰재(credence good)로 구분하기도 한다(Nelson, 1970; Boardman, *et al*., 2006).

탐색재란 소비자가 재화를 구입하기 전에 그 재화의 질을 탐색할 수 있는 충분한 기회를 가질 수 있는 재화를 의미한다. 예를 들어, 우리가 볼펜을 사기 전에 볼펜의 색깔이 마음에 드는지 아니면 마음먹은 대로 잘 써지

8) 이 부분의 내용은 하연섭(2014). 「정부예산과 재무행정」 제2판(서울: 다산출판사), pp. 29-30의 내용과 동일하다.

는지를 확인하기 위해 미리 백지에 써 본 후에 볼펜을 구입하는 경우가 있다. 이렇게 사전에 탐색을 하고 재화를 구입할 수 있다면 재화의 질에 대해 생산자와 소비자 사이에 정보의 비대칭이 존재하지 않는다. 따라서 탐색재의 경우에는 시장의 실패가 발생하지 않으며, 정보의 비대칭 문제를 해결하기 위해 정부가 개입할 이유도 없다.

경험재란 소비자가 구입해서 사용하기 전에는 재화의 질을 제대로 알 수 없는 재화를 의미한다. 참치 통조림을 구입할 때, 참치 캔 안에 들어 있는 참치 맛을 보고 사기는 어렵다. 비슷한 예가 영화 관람이다. 영화를 보고 나서 영화표를 사는 것이 아니라 영화의 내용을 전혀 모르는 상태에서 영화표를 구입하는 수밖에 없다. 영화의 내용을 알 수 있는 것은 영화를 본 이후이다. 참치 통조림이나 영화의 경우 생산자와 소비자 사이에 정보의 비대칭이 존재하지만, 경험재의 경우에는 시장에서 자율적으로 정보의 비대칭 문제를 해결할 수 있는 가능성이 존재한다. 참치 통조림의 경우에는 슈퍼마켓에서 실시하는 시식 행사, 영화의 경우에는 짧은 예고편 상영이나 영화 평론가들이 매기는 영화 평점 등이 모두 정보의 비대칭 문제를 완화시키는 방법이라고 할 수 있다.

신뢰재는 재화를 소비한 이후에도 그 질을 제대로 평가할 수 없는 재화를 의미한다. 대표적인 예가 의약품이라고 할 수 있다. 일반 시민들은 자신이 복용하는 약이 어느 정도 효과가 있는지 설혹 효과가 있다 하더라도 어느 정도의 부작용이 있을지 알 길이 없다. 그리고 질병에 따라서는 약 복용의 효과가 오랜 시간이 지난 이후에 나타나는 경우가 있다. 이런 경우 소비자와 생산자 사이의 정보 비대칭을 해소할 수 있는 길은 정부의 개입밖에는 없다. 새로운 의약품에 대한 정부의 테스트, 인체 유해식품의 판매금지 등이 정보의 비대칭 문제를 해결하기 위한 정부개입의 대표적인 예이다.

(5) 불완전한 시장

시장에서 자원이 효율적으로 배분되기 위해서는 모든 재화에 대해서 시장이 존재하고 그에 따라 가격이 형성되어야 한다. 그러나 어떤 재화에 대해서는 시장이 매우 불완전하게 존재하거나 혹은 아예 시장이 형성될 수 없는 경우가 있다.

보험을 예로 들어보자. 보험이란 미래의 불확실성에 대처하기 위한 하나의 방법이라고 할 수 있다. 예를 들어 화재보험, 자동차보험, 생명보험 등은 미래에 발생할 수 있는 어떤 재난에 대비하고자 하는 것이다. 그런데 우리가 경험하는 중요한 불확실성 중의 하나가 미래에 가난해질 수도 있다는 가능성인데, 빈곤에 대한 보험은 존재하지 않고 있다. 그리하여 대단히 야심적인 한 젊은이가 '빈곤보험' 만을 전문적으로 취급하는 어떤 보험회사를 설립하였다고 가정하자. 이 젊은이는 사업의 시행초기에 대단히 많은 보험 약정고를 올릴 수 있었고 이에 따라 사업이 번창하는 듯이 보였다. 그러나 곧 이 보험회사는 파산에 직면하게 되었다. 왜 이런 일이 발생했을까?

그 이유로서는 두 가지를 들 수 있다. 첫 번째 이유는 빈곤보험에 가입한 사람들은 미래에 가난해질 가능성이 대단히 높은 사람들이었고 이에 따라 실제 지급해 주어야 하는 보험금이 대단히 크게 늘어났기 때문이다. 두 번째 이유는 일단 빈곤보험에 가입한 사람은 미래의 위협에 대한 대처수단을 마련했기 때문에 자신이 가난해지지 않도록 하는 노력을 하지 않았기 때문이다. 이와 같은 두 가지 이유로 현실적으로 '빈곤' 에 대한 보험은 존재할 수 없는 것이다. 위의 두 가지 이유 중 첫 번째 현상, 즉 가난해질 확률이 높은 사람만이 보험에 가입하려는 경향을 역선택(adverse selection)이라 부른다. 두 번째 현상, 즉 일단 보험에 가입한 사람은 불행을 미연에 방지하기 위하여 최선의 노력을 기울이지 않는 경향이 있는데 이를 가리켜 도덕적 해이(moral hazard)가 존재한다고 한다.

역선택과 도덕적 해이 등에 의하여 아예 시장이 존재하지 않는 경우에는 정부가 개입할 수밖에 없을 것이다. 정부가 시행하는 복지정책이야말로 일종의 빈곤보험이라 할 수 있는데, 이는 빈곤보험에 대한 시장의 부재에 의해 발생한 시장의 실패를 교정하기 위한 한 형태라고 할 수 있다.

5. 정부의 실패

이상에서 살펴본 시장실패의 유형은 자원의 효율적인 배분을 위하여 정부가 시장에 개입할 수 있는 근거를 의미하는 것일 뿐, 정부가 개입하여 꼭 시장보다 나은 결과를 낳는다는 것을 의미하는 것은 결코 아니다. 다시 말해서, 시장의 실패는 정부개입을 위한 필요조건은 될지언정 충분조건은 아닌 것이다. 따라서 시장의 실패가 존재하는 경우 바로 정부의 개입이 필요하다고 주장할 수 있는 것은 아니며, 정부개입이 가져올 수 있는 결과와 불완전한 시장에 맡겨 두었을 경우에 나타날 결과를 비교하여 보다 나은 결과를 낳을 수 있는 대안을 선택하는 것이 필요하다고 하겠다. 이를 위해서는 정부개입의 장점은 무엇이며 그 한계가 무엇인가를 명확히 하는 것이 필요하다.[9)]

그렇다면 먼저 시장의 실패를 교정하는 데 있어 정부가 갖는 장점은 무

9) 정부개입의 장점과 그 한계에 관한 포괄적인 논의는 Joseph E. Stiglitz.(1989). *op. cit.*를 참조할 것. 정부의 실패에 관한 대표적인 문헌으로는 Charles E. Wolf, Jr.(1988). *Markets or Governments : Choosing between Imperfect Alternatives*. Cambridge : MIT Press를 들 수 있다.

엇일까? 정부가 갖는 장점은 보편적인 강제력을 갖는다는 정부의 특성으로부터 유래한다. 정부는 민간부문과는 달리 조세징수권을 가지고 있으며, 또한 민간의 어떤 행위를 금지시킬 수 있는 권한과 아울러 정부의 정책에 반하는 행위에 대한 처벌권까지도 갖고 있다. 이에 따라 정부는 민간의 자발적 교환행위로는 해결할 수 없는 불완전경쟁상태의 교정, 공공재의 공급, 외부효과의 교정 및 시장의 부재 해결 등의 기능을 담당할 수 있는 것이다.

정부는 민간과 비교해서 거래비용(transaction costs)을 낮출 수도 있다. 민간부문에서 시장의 실패를 교정하기 위해서는 새로운 형태의 조직을 만들어야 하고 또한 당사자 간의 협상이 성사되기 위해서는 대단히 많은 시간과 비용이 소요된다. 이와 달리 정부는 기존의 조직으로 시장의 실패를 교정하기 위한 기능을 담당할 수 있을 뿐만 아니라 공권력을 이용해서 협상에 소요되는 시간과 비용을 절감할 수도 있다.

그렇지만 이와 동시에 정부의 개입으로도 효율적인 자원배분을 달성할 수 없는 경우가 있다.

첫째, 불완전한 시장과 불완전한 정보가 시장의 실패를 야기하지만 정부의 활동 또한 시장이 불완전한 상황에서 이루어지며, 정부가 개입한다 하더라도 불완전한 정보의 문제가 완전하게 해결되는 것은 아니다. 예를 들어 시장이 무임승차자의 문제로 인해 공공재에 대한 수요를 확인할 수 없는 것처럼 공공재를 정부가 공급한다고 하더라도 무임승차자의 문제는 여전히 남기 때문에 불완전한 정보의 문제가 완전히 해결되지는 않는다.

둘째, 정부개입의 결과를 예측하기란 대단히 힘들다. 대부분의 경우 정부의 활동은 민간부문의 행위를 변화시킴으로써 바람직한 상태를 만들고자 하는 것인데, 정부정책에 대한 민간의 반응을 완벽하게 통제하기란 불가능하다. 따라서 정부개입은 의도한 결과뿐만 아니라 전혀 의도하지 않은 결과를 낳게 되는 경우도 많은데, 정부개입의 의도하지 않은 결과는 정부개입이 있기 전의 상태에 비해서 자원배분상태를 오히려 더 악화시킬 수도 있다.

셋째, 정부의 재정활동은 비용의 부담자와 편익의 수혜자가 일치하지 않는 것을 특징으로 한다. 비용의 부담자와 편익의 수혜자가 일치하는 경우에는 최대의 편익을 최소의 비용으로 달성하고자 하는 유인이 매우 강하겠지만, 양자가 일치하지 않을 경우에는 자원이 비효율적으로 배분될 가능성이 그만큼 커지게 된다고 할 수 있다.

넷째, 비용부담자와 편익수혜자의 불일치로 인한 자원배분의 비효율성은 재화나 서비스가 독점적으로 공급되는 공공부문의 특징으로 말미암아 더욱 증폭되는 경향이 있다. 정부부문에도 경쟁의 원리가 도입된다면 조직간의 경쟁으로 인하여 정부활동의 효율성을 증진시키려는 노력이 있게 될 것이다. 그러나 정부조직은 독점성을 그 특징으로 하며, 이에 따라 정부활동의 효율성을 증진시키려는 유인 자체가 대단히 약할 수밖에 없다.

다섯째, 정부활동의 결과를 계량적으로 측정하기는 대단히 힘들다. 정부의 개입은 시장이 아예 존재하지 않거나 혹은 서비스에 대한 가치를 부여할 수 없는 경우에 이루어지는 경우가 많다. 따라서 정부활동의 결과를 계량화하거나 화폐가치로 환산하기 어려운 경우가 대단히 많다. 예를 들어 구청 직원의 생산성을 민원서류를 발행한 건수로 측정할 수 있다 하더라도 민원인들에 대한 친절과 같은 요소들은 어떻게 측정하고 계량화할 것이며 또한 어떻게 화폐단위로 환산할 것인가? 이러한 특성으로 인하여 정부활동을 통제하기란 대단히 힘들며, 따라서 정부의 비효율성이 문제로 제기될 수 있는 것이다.

여섯째, 정부관료제에 대한 완벽한 통제 자체가 불가능하다. 관료제의 구성원들은 단지 시장의 실패를 교정하는 기능을 수행하는 중립적인 집행자만은 아니다. 정부관료제의 구성원들은 행정활동을 수행함에 있어 자신의 위신(prestige)이나 권력(power)을 극대화하려는 유인을 갖는다. 이럴 경우 애당초 관료제에 요구된 정부활동의 목적과 실제적 결과 간에 상당한 괴리가 생길 수도 있다.

끝으로, 정치적 과정에서 발생하는 문제를 들 수 있다. 정보가 불완전하거나 혹은 시장이 불완전할 때 정부는 정치적 과정을 통해서 국민들의 선호나 수요를 확인해야 한다. 그러나 오늘날과 같이 직접민주주의가 아니라 대의민주주의에 의해서 국민의 의사가 표현되는 경우 모든 국민의 선호를 일일이 정부정책에 반영하기란 불가능하며, 특히 개인이나 집단의 선호 사이에 갈등이나 상충관계가 존재하는 경우 누구의 선호를 정부정책에 반영할 것인가 하는 문제가 발생하게 된다. 이에 더하여 정치가들도 단지 중립적인 의사결정자가 아니라 자신의 이익을 극대화하고자 하는 경우가 많은데, 이와 같은 상황에서는 정부의 정책이 국민 일반을 위한 것이 아니라 단지 특수이익에 봉사하게 되는 경우가 발생한다.

이상과 같은 이유 때문에 시장의 실패를 교정하기 위한 정부의 개입이 반드시 파레토 최적의 자원배분을 달성한다는 보장은 없는데, 이를 일반적으로 정부의 실패(government failure)라고 한다. 따라서 앞에서 언급했듯이 시장의 실패가 정부개입의 필요조건은 될지언정 결코 충분조건은 될 수 없다. 그러므로 시장의 실패가 존재하는 경우 시장기구와 정부개입 간의 선택은 바로 불완전한 시장과 불완전한 정부 간의 선택이라고 할 수 있으며, 두 대안 간의 선택은 시장실패가 존재하는 구체적인 상황에서 어떤 대안이 보다 나은 결과를 낳을 수 있는가를 근거로 하여 이루어져야 할 것이다.

참 / 고 / 문 / 헌

하연섭.(2014).「정부예산과 재무행정」. 제2판. 서울: 다산출판사.

Aronson, J. Richard.(1985). *Public Finance*. New York : McGraw-Hill, ch. 2.

Boardman, Anthony E., David H. Greenberg, Aidan R. Vining, and David L. Weimer.(2006). *Cost-Benefit Analysis: Concepts and Practice*. Upper Saddle River, NJ: Pearson.

Brown, C.V. and P. M. Jackson.(1990). *Public Sector Economics*. 4th ed., Oxford : Blackwell, ch. 2.

Haveman, Robert H.(1970). *The Economics of the Public Sector*. New York : John Wiley & Sons, chs. 2 & 3.

Hyman, David N.(1999). *Public Finance : A Contemporary Application of Theory to Policy*. 6th ed., Fort Worth : The Dryden Press, ch. 2.

Leibenstein, Harvey.(1966). "Allocative Efficiency vs. '*X*-Efficiency'." *American Economic Review*. vol. 56, pp. 392–415.

Marlow, Michael L.(1995). *Public Finance : Theory and Practice*. Fort Worth : The Dryden Press, ch. 5.

Nelson, Phillip.(1970). "Information and Consumer Behavior." *Journal of Political Economy* 78(2): 311–29.

Rosen, Harvey S. and Ted Gayer.(2008). *Public Finance*. 8th ed., Boston : McGraw-Hill, ch. 3.

Steiner, Peter O.(1983). "The Public Sector and the Public Interest." in Robert H. Haveman and Julius Margolis(eds.), *Public*

Expenditure and Policy Analysis. 3rd ed., Boston : Houghton Mifflin Co.

Stiglitz, Joseph E.(1989). *The Economic Role of the State*. Cambridge : Basil Blackwell.

______.(1994). *Whither Socialism*? Cambridge, MA : The MIT Press, chs. 3 & 4.

______. (2000). *Economics of the Public Sector*. 3rd ed., New York : W.W. Norton & Co., chs. 3, 4 & 8.

Wallis, Joe and Brian Dollery.(1999). *Market Failure, Government Failure, Leadership and Public Policy*. New York : St. Martins Press, chs. 2 & 3.

Weimer, David L. and Aidan R. Vining.(1999). *Policy Analysis : Concepts and Practice*. 3rd ed., Upper Saddle River, NJ : Prentice-Hall, chs. 5 & 8.

Wolf, Charles Jr.(1988). *Markets or Governments : Choosing between Imperfect Alternatives*. Cambridge : MIT Press.

제 Ⅱ 편

정부지출의 분석

Understanding Public Finance

- 제3장 공 공 재
- 제4장 외 부 효 과
- 제5장 공공선택이론
- 제6장 비용-편익분석

제 3 장
공 공 재

정부가 시장에 개입하는 중요한 이유 중의 하나는 시장의 '보이지 않는 손'에 의해서는 공공재가 아예 공급되지 않거나 혹은 불충분한 양이 공급될 수밖에 없기 때문이다. 제3장에서 우리는 공공재가 소비에 있어서의 비경합성(nonrivalness in consumption)과 배제불가능성(nonexcludability)을 그 특징으로 함을 보았다. 소비에 있어서의 비경합성이란 일단 공공재가 공급되었을 경우 추가적으로 다른 한 사람이 공공재의 소비에 참여하는 데 드는 한계비용이 '0'임을 의미한다. 배제불가능성이란 공공재에 대한 대가를 지불하지 않은 사람을 공공재의 소비로부터 배제하는 것이 불가능하거나 혹은 바람직하지 않은 특성을 의미한다. 이러한 비경합성과 배제불가능성이라는 두 가지 특성으로 인해 공공재의 공급에 있어서 가격은 아무런 의미를 가지지 못하며, 이에 따라 공공재가 존재할 경우 시장에 의한 자원의 배분은 비효율적일 수밖에 없는 것이다.

그렇다면 어느 정도의 공공재가 공급되어야 사회적으로 효율적인 자원배분이 이루어질 수 있는가? 다시 말해서, 사회 전체적인 시각에서 공공재와 사적재의 최적공급량은 얼마인가? 공공재의 공급에 있어서 파레토 최적의 조건은 어떤 것인가? 그리고 공공재의 공급을 위한 조세는 누가 얼마나 부담해야 하는가? 이 장에서는 이러한 물음에 답함으로써 공공재 공급에 있어서의 효율성의 조건을 설명하고자 한다.

1. 공공재의 특성

공공재는 소비에 있어서의 비경합성과 배제불가능성 이외에도 다음과 같은 부가적인 특성을 가지고 있다.

① 모든 사람들이 동일한 양의 공공재를 소비하기는 하지만 공공재로부터 얻게 되는 편익이 모든 사람들에게 동일한 것은 결코 아니다. 공공재의 한 예라 할 수 있는 등대의 경우 이를 이용하는 선박이 등대로부터 얻게 되는 편익은 등대가 설치되어 있는 항로를 얼마나 자주 운항하는가 혹은 선박이 운반하고 있는 재화의 가치가 얼마나 되는가에 따라 각각 달라질 수 있다.

② 어떤 재화가 공공재인가 아닌가 하는 문제는 절대적인 기준에 따라 정해지는 것이 아니라 시장의 조건이나 기술발달의 정도에 따라 달라진다. 이는 특정한 공공재의 혜택에 대한 대가를 지불하지 않은 사람을 저렴한 비용으로 배제시킬 수 있는 방법이 있다면 공공재의 범위가 사뭇 달라질 수 있음을 의미하는 것이다. 예를 들어 우리가 TV를 통해 시청하는 프로그램은 공공재라고 할 수 있다. 공중파 방송을 하는 경우 시청자가 한 사람 더 늘어난다고 해서 다른 시청자들의 편익이 줄어들지 않으며 또한 대가를 지불하지 않았다고 그 프로그램

을 시청하지 못하게 할 수 있는 방법도 없다. 그러나 유선방송의 경우에는 가입비와 시청료를 내지 않은 사람을 얼마든지 배제할 수 있다. 즉, 유선방송이라는 기술의 발달에 따라 공공재의 범위가 달라지게 된 것이다.

③ 소비에 있어서의 비경합성과 배제불가능성이라는 두 가지 기준을 완벽하게 만족시킬 수 있는 재화를 순수공공재(pure public goods)라고 한다. 그러나 순수공공재는 현실적으로 그렇게 많지 않다. 국방이 순수공공재의 대표적인 예인데, 현실적으로 국방을 제외하고 나면 순수공공재의 예는 거의 존재하지 않는다. 그렇지만 경제학에서 현실적으로는 그 예를 찾기 어려운 완전경쟁시장의 모형을 이용하여 현실의 시장을 분석하듯이 순수공공재 또한 정부활동을 이해하는 데 대단히 중요한 분석적 도구가 된다.

④ 순수공공재는 소비에 있어서의 비경합성과 배제불가능성을 특징으로 하지만, 비경합성과 배제불가능성이 언제나 동시에 존재하는 것은 아니다. 다음 절에서 좀 더 자세히 살펴보겠지만, 소비가 비경합적이기는 하지만 배제가 가능한 재화도 있고, 배제가 불가능하기는 하지만 소비에 있어서의 경합성이 존재하는 재화도 있다.[1)]

⑤ 정부는 공공재만 공급하고 민간부문은 사적재만 공급하는 것은 아니다. 정부에 의해서 공급되는 사적재의 예는 얼마든지 있다. 주택이나 의료서비스 등은 배제가능성과 소비의 경합성을 모두 갖추고 있는

1) 공공재의 두 가지 특성 중 어떤 것이 보다 본질적인 특성인가에 대해서는 완전한 합의가 이루어지고 있지 않다. 예를 들어 새뮤얼슨(Samuelson)의 경우에는 소비에 있어서의 비경합성을 공공재의 가장 중요한 특징으로 상정하고 있지만, 이와는 달리 헤드(Head)의 경우에는 배제불가능성을 공공재의 가장 중요한 특징이라고 주장하고 있다.

사적재이지만, 이를 정부에서 제공하는 경우를 흔히 볼 수 있다.

⑥ 정부가 공공재를 공급한다고 해서 정부가 직접 공공재를 생산할 필요는 없다. 물론 정부가 공공재를 직접 생산하는 경우도 있지만 공공재의 생산은 민간에서도 얼마든지 이루어질 수 있고, 이럴 경우 정부는 공공재의 공급을 위한 재원을 확보하여 이를 공공재의 생산에 배분하는 역할만을 담당하면 된다. 따라서 민간에서 생산하는 것은 사적재이고 정부에서 생산하는 것은 공공재라는 등식은 성립하지 않으며, 공공재는 '재화의 고유한 특성에 의해서만 규정' 되는 것이다.

⑦ 공공재로부터 발생하는 편익의 범위는 다양하다. 국방의 혜택은 한 나라 국민 모두가 공유하지만, 지구환경의 보호와 세계평화의 유지는 세계의 모든 사람들이 그 혜택을 받는 공공재이다. 또한 치안과 소방 등의 혜택은 특정 지역에만 국한되는데, 이렇게 특정 지역에 거주하는 사람들에게만 그 편익이 미치게 되는 공공재를 지역공공재(local public goods)라고 부른다.[2)]

⑧ 일반적으로 재화로 생각되지 않는 것들이 공공재적인 성격을 갖는 경우가 있다. 예를 들면 개인의 정직성, 특히 상거래에 있어서의 정직성은 거래비용을 낮추는 공공재적인 성격이 있으며, 공평한 소득의 분배 또한 많은 사람들에게 사회적인 만족을 주는 공공재적인 성격을 띠고 있다.

---

2) 지역공공재에 관해서는 지방재정을 다루는 제14장에서 보다 자세하게 논의하게 될 것이다.

2. 불완전한 공공재

공공재는 소비에 있어서의 비경합성과 배제불가능성을 특징으로 하지만, 재화에 따라서는 공공재의 이러한 두 가지 특성 중 어느 한 가지 특성만을 가지고 있는 경우가 있다. 이러한 재화를 일반적으로 불완전한 공공재(impure public goods)라고 한다. 〈표 3-1〉은 소비에 있어서 경합성의 존재여부와 배제가능성의 여부를 기준으로 재화를 유형별로 분류해 놓은 것이다.[3)]

Ⅰ 표 3-1 Ⅰ 경합성과 배제가능성에 따른 재화의 종류

		소비에 있어서의 경합성 여부	
		소비에 있어서의 경합성	소비에 있어서의 비경합성
배제가능성 여부	배제가능	사적재(private goods) 예 : 신발, 의류 등	요금재(toll goods) 예 : 극장, 유료다리 등
	배제불가능	공유재(common-pool resources) 예 : 공공 낚시터, 목초지 등	공공재(public goods) 예 : 국방 등

3) John L. Mikesell.(1999). *Fiscal Administration : Analysis and Applications for the Public Sector*. 5th ed., Fort Worth : Harcourt Brace College Publishers, p. 4.

(1) 요금재

소비에 있어서의 비경합성이 존재하지만 소비에 대한 대가를 지불하지 않은 사람을 배제할 수 있는 재화를 요금재(toll goods)라고 한다. 이러한 재화의 예로서는 극장, 프로야구 경기장, 유료다리 등을 들 수 있다. 이러한 재화나 서비스를 향유하기 위해서는 입장료를 내지 않으면 안 되며, 따라서 배제의 원칙이 적용되는 것이다. 그러나 극장이나 프로야구 경기장의 경우 추가적으로 한 사람이 더 영화나 경기를 관람한다고 해서 다른 사람들이 이러한 서비스로부터 얻게 되는 혜택이 줄어들지는 않는다. 따라서 소비에 있어서는 비경합적인 특징을 지닌다.

그러나 요금재가 소비에 있어서 비경합적일 수 있는 것은 어디까지나 혼잡(congestion)이 발생하지 않을 때이다. 만일 지나치게 많은 사람들이 소비에 참여하게 되면 혼잡으로 인하여 각 개인이 향유하게 되는 한계편익이 급격하게 줄어들게 된다. 예를 들어 유료다리의 경우 한가한 때에는 아무런 문제 없이 다른 사람들과 같이 통행할 수 있겠지만, 지나치게 많은 차량들이 한꺼번에 다리로 몰릴 경우에는 교통혼잡으로 인하여 다리로부터 얻을 수 있는 편익이 급격하게 줄어들 것이다.

대가를 지불하지 않은 사람을 배제할 수 있는 동시에 소비가 비경합적이지만 일정 소비수준을 넘어서면 혼잡이 발생하는 재화나 서비스를 사람들이 자발적으로 조직을 결성하여 공급하는 수가 있다. 이러한 자발적인 조직에 의한 불완전한 공공재의 공급을 뷰캐넌(Buchanan)은 클럽의 이론(the theory of clubs)으로 설명하고 있다.[4] 뷰캐넌이 제시하는 클럽의 예

---

4) James Buchanan.(1965). "An Economic Theory of Clubs." *Economica*, vol. 32, pp. 1–14.

로서는 헬스클럽이나 골프클럽 등을 들 수 있다. 또한 재정학에서는 지방정부(혹은 지역공동체)를 클럽의 일종으로 이해하고 이에 기반하여 지방정부의 재정활동을 설명하기도 한다.[5)]

클럽의 기능은 공공재를 공급하는 데 있으며, 클럽의 이론에서는 최적의 클럽규모에 관심을 갖는다. 최적의 클럽규모란 최적의 회원 수(the optimal number of members)와 시설물의 최적규모(the optimal size of the facility)를 포함하는 개념이다. 최적의 클럽규모는 클럽으로부터 제공되는 공공재로부터 각 회원들이 얻는 순편익이 극대화되는 규모가 될 것이다. 만약 클럽에 의해 제공되는 공공재가 순수공공재라면 최적의 클럽규모는 무한대까지 늘어날 수 있다. 왜냐하면 소비에 있어서 완벽한 비경합성을 갖는 순수공공재가 공급되는 경우 회원이 더 늘어난다고 해서 다른 회원들이 향유하는 편익이 줄어들지는 않지만, 1인당 납부해야 하는 회비는 계속해서 줄어들기 때문이다. 이와는 달리 혼잡이 발생하는 불완전한 공공재의 경우 회원이 한 사람 더 늘어나게 되면 1인당 회비는 줄어들겠지만 회원의 수를 무한정 늘릴 수는 없다. 왜냐하면 회원의 수가 일정한 수준을 넘어서게 되면 혼잡으로 인하여 각 회원들이 향유할 수 있는 편익이 급격하게 줄어들기 때문이다. 따라서 이 경우 최적의 회원수가 무한대까지는 가지 않을 것이다.

그렇다면 어느 정도의 회원수가 최적의 회원수인가? 클럽의 이론에 의하면 시설물의 규모가 일정하게 정해져 있는 경우 추가적으로 한 사람을 더 가입시킴으로써 발생하는 한계편익과 추가적으로 한 사람을 더 가입시킴으로써 발생하는 한계비용이 같아지는 점이 최적의 회원수라고 한다. 여기서 한계편익이란 한 사람을 추가적으로 더 가입시킴으로써 원래 있던 회

---

5) 클럽이론에 기반한 지방재정에 관한 설명은 제14 장을 참조할 것.

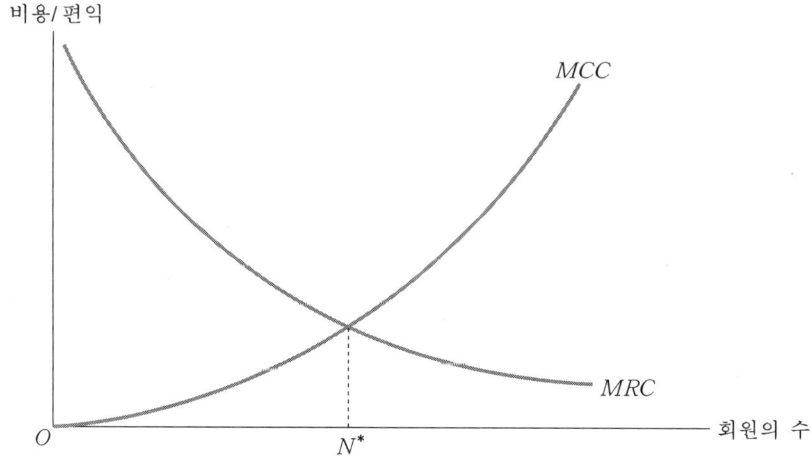

Ⅰ 그림 3-1 Ⅰ 클럽의 최적회원수

원들이 경험하는 회비의 한계적 감소(marginal reduction in service costs)를, 그리고 한계비용이란 한 사람을 더 가입시킴으로써 모든 사람들이 경험하게 되는 한계혼잡비용(marginal congestion costs)을 의미한다.

[그림 3-1]에서 MRC는 회비의 한계적 감소, 즉 회원수의 증가에 따른 한계편익을 의미한다. 예를 들어 어떤 골프클럽의 1년 운영비가 10억원이라고 할 때, 회원이 100명, 500명, 1,000명일 경우 1인당 회비는 각각 천만원, 이백만원, 그리고 백만원이 될 것이다. 회원수가 100명에서 500명으로 늘어나면 1인당 회비가 천만원에서 이백만원으로 급격하게 줄지만, 회원수가 500명에서 1,000명으로 늘어나면 1인당 회비는 이백만원에서 백만원으로 그리 많이 줄어들지 않는다. 즉, 회원수가 증가할수록 회비의 한계적 감소가 일어나는 속도는 줄어들게 됨을 알 수 있다. MCC는 한계혼잡비용으로서 회원수의 증가에 따른 한계비용을 의미한다. 이때 클럽의 최적규모는 회비의 한계적 감소와 한계혼잡비용이 일치하는 점에서 결정되

며, 최적의 회원수는 N^*가 됨을 알 수 있다.

지금까지는 시설물의 규모가 일정하게 정해져 있을 경우 최적 회원수의 결정에 관해 살펴보았다. 그렇다면 이제 회원수가 고정되어 있는 상태에서 시설물의 최적규모는 어떻게 정할 수 있는가? 시설물의 규모가 커지게 되면 혼잡비용을 줄일 수 있어 회원들이 더 많은 편익을 향유할 수 있다. 반면, 시설물의 규모가 커지게 되면 1인당 회비가 늘어날 수밖에 없다. 따라서 시설물의 최적규모는 각 회원의 한계편익과 한계비용이 일치하는 수준에서 결정될 것이다.

결론적으로 최적의 클럽규모는 회원 수와 시설물의 규모가 한계편익과 한계비용을 동시에 일치시키는 수준에서 결정된다. 클럽의 이론은 클럽 혹은 공동체가 어떻게 형성되는지를 단순명쾌하게 보여주고 있다는 점에서 그 이론적 의의를 찾을 수 있다. 공동체의 규모는 사람들이 소비하기를 원하는 공공재의 유형, 공공재 소비를 둘러싼 혼잡 발생의 정도, 그리고 공공재의 공급비용에 의해 결정됨을 알 수 있다.[6)]

(2) 공유재

요금재와는 반대로 소비는 경합적인 데 반하여 대가를 지불하지 않았다고 해서 소비자를 배제할 수 없는 재화가 있다. 이러한 재화를 공유재 혹은 공유자원(common-pool resources)이라고 한다. 공유재의 예로서는 낚시터, 유전, 지하수, 목초지 등을 들 수 있다. 낚시터의 경우 사설 낚시터가 아닌 이상 낚시하는 행위를 금지할 수는 없다. 반면 추가적으로 한 사람이

---

6) Harvey S. Rosen and Ted Gayer.(2008). *Public Finance*. 8th ed., Boston: McGraw-Hill, pp. 510-11.

더 낚시를 하게 되면 다른 사람들이 잡을 수 있는 고기의 양은 줄어들 수밖에 없게 된다. 즉, 이 경우 배제의 가능성은 존재하지 않지만 소비는 경합적인 것이다.

그런데 대가를 지불하지 않은 사람을 배제할 수 없다는 사실은 곧 사람들이 공유재를 사용하는 데 드는 비용이 '0'이라는 것을 의미한다. 사람들은 재화로부터 얻게 되는 한계편익이 재화의 가격과 일치되는 점까지 소비행위를 계속하므로, 결국 자원이 고갈될 때까지 사람들은 공유재를 사용하게 될 것이다. 이에 따라 공유재에 있어서는 개인효용의 단기적인 극대화와 장기적인 극대화 간에 갈등이 발생하게 되는데, 이를 공유의 비극 혹은 공유지의 비극(the tragedy of the commons)이라고 한다.[7)]

물론 공유재를 소비하는 사람들이 소규모일 경우에는 공유재를 관리 · 유지할 수 있는 방안을 마련할 수 있을 것이며, 이에 따라 공유재로부터 얻을 수 있는 장기적인 효용을 극대화할 수도 있을 것이다. 그러나 공유재를 소비하는 사람들의 수가 늘어날수록 유지 · 관리 및 소비의 제한에 필요한 거래비용(transaction costs) 혹은 의사결정비용(decision costs)이 급격히 늘어날 수밖에 없고, 이에 따라 공유의 비극은 피할 수 없게 된다. 그러므로 공유재의 효율적인 사용을 위해서는 정부의 개입이 필요하게 되는 것이다. 정부는 개인 간 그리고 시간의 흐름에 따른 자원의 사용이나 소비를 규제함으로써 집단구성원 공통의 장기적인 이익을 극대화할 수 있는 것이다.[8)]

---

7) Garrett Hardin.(1968). "The Tragedy of the Commons." *Science*. no. 163, pp. 1243–48.

8) C.V. Brown and P.M. Jackson.(1990). *Public Sector Economics*. 4th ed., Oxford : Blackwell, pp. 31–32.

3. 공공재의 적정공급수준 : 가상수요곡선에 의한 방법

(1) 사적재의 효율적인 공급

사적재의 경우 시장수요곡선은 어떻게 도출되는가? [그림 3-2]에 제시된 것처럼 사적재의 경우에는 사람들이 동일한 가격을 지불하지만 서로 다른 양을 소비할 수 있기 때문에 가격을 기준으로 하여 개별수요곡선을 수평으로 합함으로써 시장수요곡선을 도출할 수 있다.

예를 들어 콜라 한 병이 1,000원일 때 A라는 사람은 콜라 5병을 구입하기를 원하고 B라는 사람은 10병을 구입하기를 원한다면, 콜라 한 병의 가격이 1,000원일 경우 A와 B 두 사람만으로 구성된 시장에서 콜라에 대한 총수요량은 15병이라고 할 수 있다. 그런데 A가 콜라 5병을 구입한다는

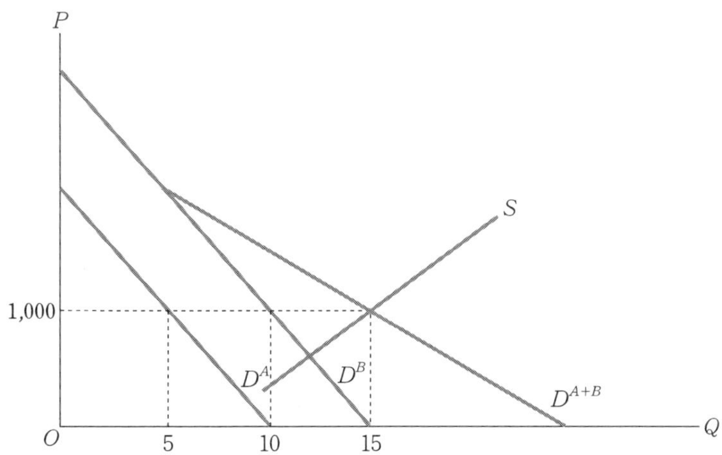

Ⅰ 그림 3-2 Ⅰ 사적재의 시장수요곡선 : 개별수요곡선의 수평적 합

의미는 다섯 번째의 콜라가 A에게 줄 수 있는 한계편익이 1,000원 정도의 가치를 가진다는 의미이며, B가 콜라 10병을 구입한다는 의미는 열 번째의 콜라가 B에게 줄 수 있는 한계편익이 1,000원 정도의 가치를 가진다는 의미이다. 사적재일 경우에는 기호나 소득 혹은 다른 요인들의 차이 때문에 각 개인이 소비하는 재화의 양이 동일할 이유가 결코 없다. 그러나 사적재를 소비하는 각 개인은 일정한 가격에서 소비하는 양은 다르지만 동일한 한계편익을 경험하게 된다. 따라서 사적재의 경우 효율적인 자원배분을 위한 조건은

$$MB_A = MB_B = P_E = MC$$

라는 등식이 성립하게 되는 것이다.

(2) 공공재의 효율적인 공급

사적재와 비교해서 공공재의 시장수요곡선은 어떻게 도출되는가? 공공재에 대한 개별수요곡선은 사적재에 대한 개별수요곡선과 전혀 다를 바가 없다. 각 개인이 점점 더 많은 공공재를 소비할수록 추가적인 공공재로부터 얻게 되는 한계편익은 낮아지게 된다. 이에 따라 공공재에 대한 각 개인의 수요곡선은 사적재에 대한 개별수요곡선과 마찬가지로 우하향하는 특성을 가지고 있다. 즉, 공공재에 대한 개별수요곡선 또한 한계편익곡선인 것이다.

그러나 소비에 있어서의 비경합성이란 공공재의 특성으로 인해 소비자들은 동일한 양의 공공재를 동시에 소비할 수밖에 없다. 그렇지만 각 개인이 특정 공공재로부터 얻을 수 있는 편익의 양이 항상 동일한 것은 결코 아니다. 그 예로서 다음의 〈표 3-2〉는 A와 B 두 사람만이 살고 있는 사회에

❙ 표 3-2 ❙ 가로등으로부터 얻는 *A*와 *B*의 한계편익

	1	2	3	4	5
A	80,000	70,000	60,000	40,000	30,000
B	90,000	80,000	70,000	60,000	40,000

서 공공재인 가로등의 설치로부터 A와 B가 각각 느끼는 한계편익을 나타내고 있다.

가로등 하나를 설치하는 데 드는 비용은 몇 개를 설치하든 100,000원으로 고정되어 있다고 가정하자. 그렇다면 몇 개의 가로등을 설치하는 것이 가장 효율적일까? 세 번째의 가로등으로부터 A가 느끼는 편익의 크기는 60,000원이고, B가 느끼는 편익의 크기는 70,000원이다. A와 B는 가로등으로부터 동시에 혜택을 받기 때문에 A와 B가 세 번째 가로등으로부터 경험하는 편익의 합계인 130,000원은 가로등의 설치비용보다 크다. 따라서 더 많은 가로등을 설치할 수 있는 가능성이 존재하는 것이다. 네 번째 가로등에 대해서 A와 B가 경험하는 편익의 합계는 100,000원이며 이는 가로등의 설치비용과 동일하다. 반면 다섯 번째 가로등으로부터 두 사람이 경험하는 편익의 합계인 70,000원은 가로등의 설치비용보다 작다. 그러므로 A와 B 두 사람의 후생을 극대화시킬 수 있는 가로등의 수는 4개라고 할 수 있다.

이 예에서 우리는 시장기제를 통해 가로등을 공급할 경우 효율적인 자원배분이 이루어지지 않음을 알 수 있다. 시장에서의 거래를 통해 각 개인이 가로등을 구입할 경우 이 사회에 공급될 가로등의 수는 '0'이 될 수밖에 없다. 가로등 하나의 설치비용은 100,000원이지만 A나 B 모두 가로등으로부터의 편익을 그렇게 높이 평가하고 있지 않기 때문이다. 가로등을 설치하기 위해 지불할 용의가 있는 최고가격은 90,000원에 불과할 뿐이

며, 이는 가로등의 설치비용에 미치지 못하는 수준이다.

이 예에서 각각의 가로등으로부터 A와 B가 느끼는 한계편익은 A와 B가 각 가로등에 대해서 지불할 용의가 있는(willingness to pay) 가격을 의미한다. 그러므로 사적재의 경우에는 가격은 동일하지만 소비하는 양이 각 개인별로 상이함에 비해서, 공공재의 경우에는 소비하는 양은 동일하지만 지불하려는 가격은 상이하다는 것을 알 수 있다. 따라서 사적재의 시장수요곡선을 도출함에 있어서는 동일한 가격을 기준으로 하여 개별수요곡선을 수평으로 더했지만, 공공재의 수요곡선을 도출하기 위해서는 동일한 양을 기준으로 하여 개별수요곡선을 수직으로 더해야 한다. 즉, 공공재의 시장수요곡선은 개별수요곡선의 수직적 합(vertical summation of individual demand curves)인 것이다. 결국 공공재에 있어서 시장수요곡선의 높이는 공공재를 소비하는 모든 사람들이 각 단위의 공공재에 대해서 지불

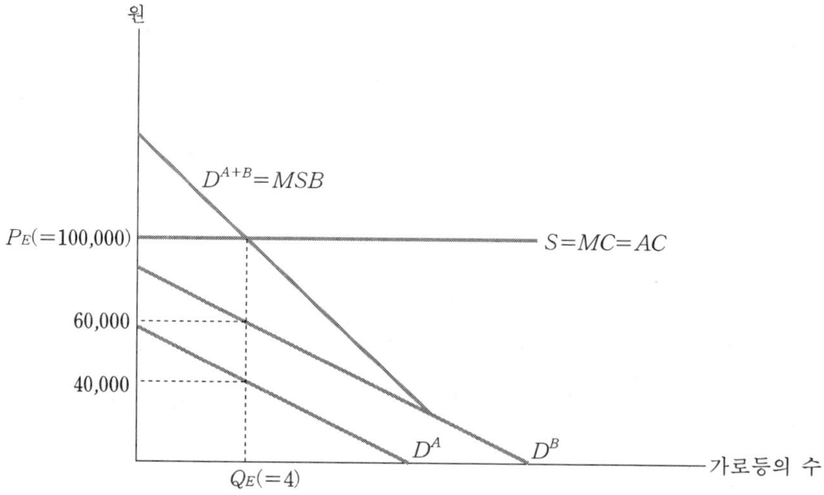

┃ 그림 3-3 ┃ 공공재의 시장수요곡선 : 개별수요곡선의 수직적 합

할 용의가 있는 가격을 모두 더한 것과 같은 것이다.

[그림 3-3]에서 균형가격인 P_E는 각 개인들이 Q_E의 공공재 수준에서 경험하는 한계편익의 합계이다. 즉, $P_E = MB_A + MB_B$이다(사적재의 경우에는 $P_E = MB_A = MB_B$였음에 주목하자). 이때 A가 경험하는 한계편익(MB_A)과 B가 경험하는 한계편익(MB_B)의 합은 곧 사회적 한계편익(marginal social benefit : MSB)을 의미한다. 공공재의 경우에도 공급곡선은 사적재와 마찬가지로 재화를 생산하는 데 소요되는 한계비용을 나타내고 있다. 그러므로 수요와 공급이 균형을 이루는 점에서의 가격은 공공재 생산을 위한 한계비용과 일치하게 된다. 즉, $P_E = MC$인 것이다. 따라서 공공재의 경우에는 공공재 소비로부터의 한계편익의 합이 공공재 생산에 소요되는 한계비용과 같아지는 점에서 자원의 효율적인 배분이 이루어지는 것이다. 즉, 균형점에서

$$MC = P_E = MB_A + MB_B = MSB$$

라는 관계가 성립한다.

공공재에 대해서 각 개인이 지불할 용의가 있는 가격은 각 개인이 공공재의 공급을 위해서 납부하는 조세부담액이라고도 할 수 있다. 그러므로 [그림 3-3]에서 모든 사람들의 조세부담의 합계가 공공재의 공급비용과 일치하는 점에서 공공재의 최적규모가 결정된다. 물론 이 경우에도 각 개인이 공공재의 소비로부터 얻는 한계편익이 상이하므로 각 개인의 조세부담액이 동일할 이유는 전혀 없다. 이와 같이 공공재로부터 얻는 한계편익에 따라 각 개인의 조세부담액이 결정되는 것을 조세의 편익원칙(benefit principle of taxation)이라고 한다.[9)]

---

9) 조세의 편익원칙에 대한 보다 자세한 논의는 제7 장을 참조할 것.

(3) 가상수요곡선으로서의 공공재의 수요곡선

위와 같이 공공재 공급의 최적규모가 결정되는 것은 단지 공공재의 소비에 참여하는 사람들의 규모가 작을 경우에만 가능할 것이다. 그러나 공공재의 소비에 참여하는 사람들의 규모가 커질수록 소비에 있어서의 비경합성과 배제불가능성으로 말미암아 개별소비자의 입장에서는 무임승차자(free rider)가 되고자 하는 유인이 커질 뿐만 아니라 무임승차자가 될 수 있는 가능성 또한 커지게 된다. 따라서 현실적으로 공공재에 대한 개별수요곡선을 발견하기란 불가능하다고 해도 과언이 아니다. 이러한 이유로 공공재에 대한 개별소비자의 수요곡선은 가상수요곡선(pseudo-demand curve)에 불과한 것이다. 따라서 가상수요곡선에 기반한 공공재 공급에 있어서의 효율성에 관한 논의는 분석적 도구에 불과할 뿐이므로, 이러한 분석이 수요와 공급에 따른 시장기제에 의해서 공공재가 공급될 수 있음을 의미하는 것이라고 해석되어져서는 안 될 것이다.

또한 위의 분석은 단지 특정 공공재 공급에 있어서의 최적조건만을 다루는 것에 불과하다. 다시 말해서, 가상수요곡선에 의한 분석은 한 사회에 존재하는 자원 중 어느 정도가 공공재의 공급에 배분되고 어느 정도가 사적재의 공급에 배분되어야 최적의 자원배분이 이루어질 수 있는가 하는 물음에 대해서는 답을 줄 수 없다. 이러한 까닭에 위의 분석을 부분균형모형에 의한 공공재의 최적공급수준 분석이라고도 한다.[10]

---

10) Brown and Jackson.(1990). *op. cit*., p. 63.

4. 린달모형

적정한 양의 공공재가 공급되지 않는 근본적인 이유는 공공재의 비경합성과 배제불가능성으로 말미암아 공공재로부터 얻을 수 있는 편익의 수혜자와 비용의 부담자가 일치할 수 없기 때문이다. 그러나 만약 공공재로부터 발생하는 편익의 수혜자와 비용의 부담자가 일치할 수 있는 방법이 존재한다면, 최적수준의 공공재가 공급될 수도 있을 것이다.

20세기 초 스웨덴의 경제학자 린달(Lindahl)은 공공재의 소비에 참여하는 사람들 간의 자발적인 협조에 의하여 공공재의 최적공급수준과 비용부담비율을 동시에 결정할 수 있는 모형을 제시하였다.[11] 이 모형을 준시장적 해결책(quasi-market solution)이라고도 한다.

린달모형(Lindahl Model)은 다음과 같은 두 가지 기본적인 가정을 하고 있다. 첫째, 모든 사람들이 공공재에 대한 자신의 선호를 숨김없이 밝히며 둘째, 사람들 간에 권력이 균등하게 배분되어 있다고 가정한다. 따라서 공공재의 공급수준에 관한 의사결정은 만장일치제(unanimity)에 의한다.

린달모형에서 공공재의 공급수준과 비용부담비율이 어떻게 동시에 결정되는가를 보기 위하여 A와 B 두 집단에 속하는 사람들이 특정 공공재 G를 소비하며 동일한 집단에 속하는 사람들은 공공재의 소비를 위해 동일한 비용을 부담한다고 가정하자. [그림 3-4]에서 횡축은 공공재의 양을 나타내며, O_A점으로부터의 수직적 거리는 A의 비용부담비율(T_A)을, 그리고

---

11) Erik Lindahl.(1959). "Just Taxation : A Positive Solution." in Richard A. Musgrave and Alan T. Peacock(eds.), *Classics in the Theory of Public Finance*. New York : St. Martin's Press.

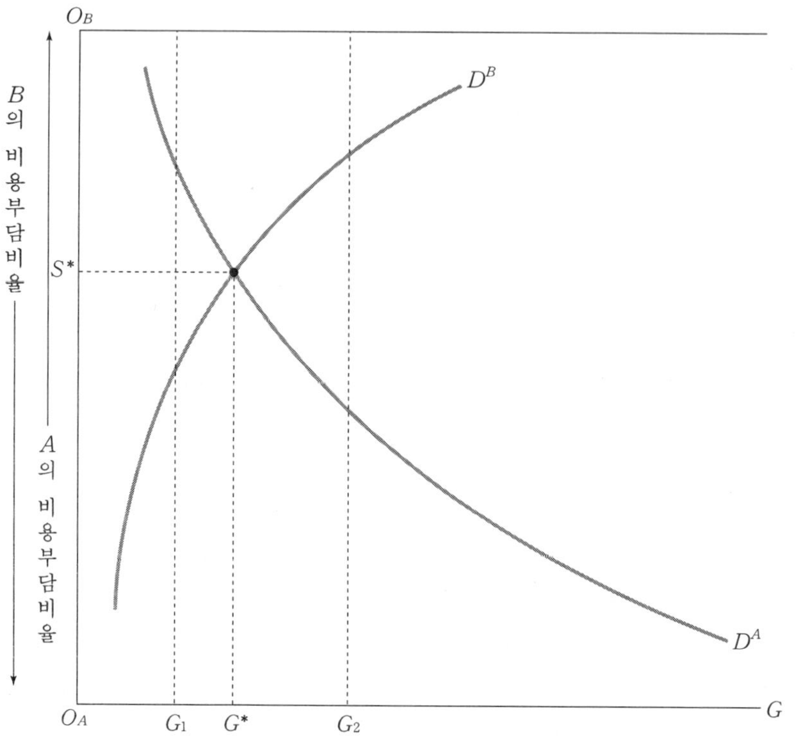

| 그림 3-4 | 린달모형

O_B점으로부터의 수직적 거리는 B의 비용부담비율(T_B)을 나타낸다. 오직 A와 B 두 집단만이 공공재 G를 소비하고 또 그 생산비용을 부담하므로 O_A점과 O_B점의 거리는 1이 된다. D^A는 공공재 G에 대한 A의 수요곡선인데(A의 기준점은 O_A이다), A의 비용부담비율이 증가할수록 원하는 공공재의 양은 줄어듦을 나타내고 있다. D^B는 공공재 G에 대한 B의 수요곡선인데 언뜻 우상향하는 것처럼 보이지만 B의 입장에서는 (B의 기준점은 O_B이다) 비용부담비율이 증가할수록 공공재에 대한 수요가 감소함을 나타내고 있다.

린달모형에서 균형은 A와 B가 공공재에 대해서 지불할 용의가 있는 비용부담비율의 합이 정확하게 1이 되는 점에서 이루어진다. 따라서 그림에서는 G^*만큼의 공공재가 공급되며 A는 O_AS^*만큼의 비율로, 그리고 B는 O_BS^*만큼의 비율로 공공재의 생산비용을 분담하게 된다. 즉, $T_A+T_B=1$이다. 만약 G^*보다 왼쪽에서 공공재가 공급된다면(예를 들어 그림에서 G_1), A와 B가 부담할 용의가 있는 비용을 합칠 경우 공공재의 생산비용을 훨씬 상회하게 된다. 이는 곧 G_1 수준에서는 공공재의 생산비용보다 훨씬 높은 한계편익을 A와 B가 얻는다는 것을 의미하며, 이에 따라 더 많은 공공재가 생산될 여지가 있는 것이다. 반면 G^*보다 오른쪽에서 공공재가 생산된다면(예를 들어 그림에서 G_2), A와 B가 부담할 용의가 있는 금액을 합쳐도 공공재의 생산비용을 충당하지 못한다. 따라서 이 수준에서는 A와 B가 얻는 한계편익의 합이 공공재의 생산비용에 미치지 못하므로 A와 B는 이 정도의 공공재를 원하지 않게 되고, 이에 따라 이보다 낮은 수준에서 균형이 이루어지게 된다.

D^A와 D^B가 교차하는 점에서 결정되는 A와 B의 비용부담비율을 린달가격(Lindahl prices)이라고 한다. 가격이 하락할수록 더 많은 재화를 소비하기를 원한다는 점에서 린달가격과 사적재에 대한 가격은 동일한 의미를 갖는다. 그러나 린달가격은 사적재의 가격과는 달리 각 개인이 지불해야 하는 가격이 동일한 것이 아니라 상이하다는 특징을 갖는다. 이는 곧 사적재와는 달리 공공재의 경우에는 각 개인이 동일한 양을 소비하기는 하지만 그로부터 얻는 한계편익이 상이함을 의미하는 것이다. 결국 린달모형에 있어서도 개인 간의 자발적 협력은 조세의 편익원칙(benefit principle of taxation)에 기반하고 있음을 알 수 있다.

하지만 린달모형도 현실세계에 그대로 적용될 수 있는 모형은 아니다. 왜냐하면 린달모형이 가정하고 있는 자발적 협력은 공공재의 소비에 참여하는 모든 사람들이 공공재에 대한 자신의 선호를 정확히 밝힐 경우에만 가능한 것인데, 현실세계에서 이를 기대하기는 어렵기 때문이다.

5. 새뮤얼슨모형

가상수요곡선에 의한 공공재의 최적공급수준 결정이나 린달모형에 의한 공공재 공급수준 및 비용부담비율의 결정은 모두 하나의 공공재만을 분석의 대상으로 삼고 있다. 그렇다면 사적재와 공공재가 동시에 존재하는 경우 사회 전체적인 자원 중 과연 어느 정도가 사적재의 생산에 배분되고 또 어느 정도가 공공재의 생산을 위해 배분되어야 파레토 효율적인 자원배분이 달성될 것인가? 사적재와 공공재 생산에 있어서의 파레토 효율적인 자원배분의 조건은 새뮤얼슨(Samuelson)에 의해 제시되고 있다.[12)]

이른바 새뮤얼슨모형(Samuelson Model)은 다음과 같은 기본적인 가정에 근거하고 있다.

첫째, 한 경제에 A와 B 두 사람만이 존재하며, 이 두 사람의 선호는 주어져 있다.

둘째, 최종소비재로는 사적재 X와 공공재 G라는 두 재화만이 존재한다.

셋째, 기술과 생산요소의 공급은 불변이다. 즉, 경제의 생산가능곡선은 주어진 것으로 가정한다.

A와 B 사이에 사적재 X는 A와 B의 수요량의 합과 공급량이 일치하

---

12) Paul Samuelson.(1954). "The Pure Theory of Public Expenditure." *Review of Economics and Statistics*. vol. 36, pp. 387-89 ; Paul Samuelson.(1955). "Diagrammatic Exposition of a Theory of Public Expenditure." *Review of Economics and Statistics*. vol. 37, pp. 350-56.

는 점에서 배분된다. 즉, $X_A+X_B=X$이다. 그런데 공공재의 경우에는 A와 B가 동일한 양을 소비한다. 따라서 $G_A=G_B=G$이다.

[그림 3-5]에서 생산가능곡선 PP는 주어진 생산요소와 기술수준으로 한 경제가 생산할 수 있는 최대의 사적재 X와 공공재 G의 조합을 나타내고 있다. 그렇다면 이러한 생산가능곡선상의 어느 지점에서 파레토 효율적인 사적재와 공공재의 생산이 이루어질 수 있는가? 자원배분에 있어서 파

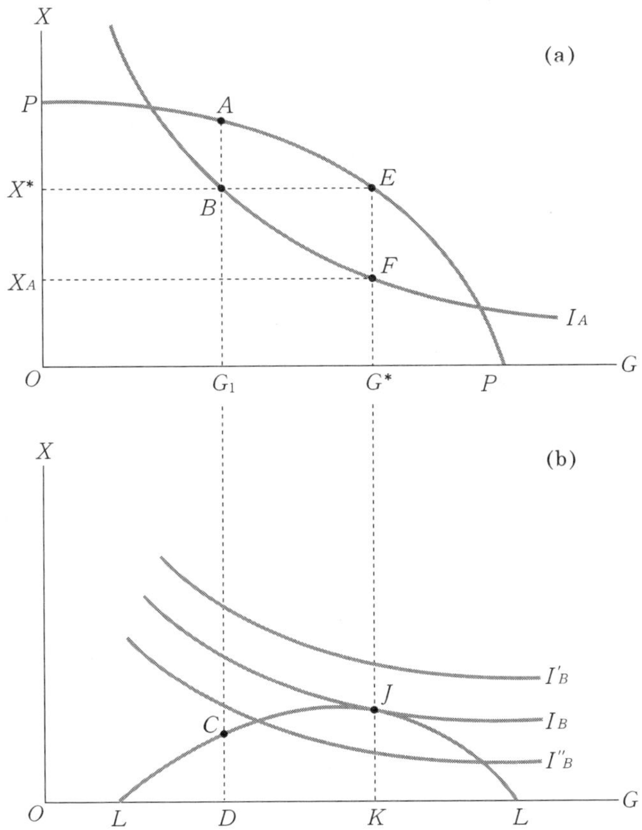

| 그림 3-5 | 공공재와 사적재에 대한 파레토 효율적인 자원배분

레토 효율성의 조건은 적어도 다른 한 사람의 후생수준을 감소시키지 않고서는 누구의 후생도 증가시킬 수 없는 상태를 의미한다. 이는 곧 사회의 다른 모든 사람들의 후생수준이 고정되어 있는 상태에서 나머지 한 사람의 후생수준이 극대화되는 상태라고도 표현할 수 있다.

[그림 3-5]에서 파레토 효율적인 자원배분은 A와 B 두 사람 중 한 사람의 효용이 고정되어 있는 상태에서 나머지 한 사람의 효용이 극대화되는 상태라고 할 수 있다. 이를 위하여 A의 효용수준이 무차별곡선 I_A로 표시되는 수준에서 고정되어 있다고 가정하자. 무차별곡선 I_A는 A의 효용수준을 어떤 특정한 수준에서 동일하게 만드는 공공재 G와 사적재 X의 다양한 조합을 표현하는 것이다.

[그림 3-5] (a)에서 정부가 OG_1만큼의 공공재를 공급하고 A가 무차별곡선 I_A에 나타난 수준의 효용을 유지하도록 한다면, OG_1만큼의 공공재가 공급된 상태에서 B가 소비할 수 있는 사적재 X의 최대량은 생산가능곡선 PP와 A의 무차별곡선(I_A)의 수직적 거리인 AB가 될 것이다. A의 효용수준이 고정되어 있는 상태에서 공공재의 다양한 공급수준에 따라 B가 소비할 수 있는 사적재의 최대량을 표현한 곡선이 [그림 3-5] (b)에 LL로 표시된 이른바 잔여곡선(leftover curve)이며, [그림 3-5] (b)에서 CD의 수직적 거리는 [그림 3-5] (a)에서의 AB와 같다.

그렇다면 생산가능곡선이 주어져 있고 또한 A의 효용수준이 고정되어 있는 상태에서 B의 효용이 극대화되는 점은 어디일까? 바로 잔여곡선과 B의 무차별곡선(I_B)이 접하는 점이 될 것이다. 이때 B는 $OK(=OG^*)$만큼의 공공재를 소비하고 $JK(=EF)$만큼의 사적재를 소비하게 된다. 소비에 있어서의 비경합성이라는 공공재의 특성으로 말미암아 B가 OG^*만큼의 공공재를 소비하게 되면 A 또한 OG^*만큼의 공공재를 소비하게 된다. OG^*만큼의 공공재가 생산될 경우 이 경제가 생산해 낼 수 있는 사적재의 최대량은 [그림 3-5] (a)의 생산가능곡선에서 볼 수 있는 것처럼 OX^*가 될 것이다. 사적재의 최대생산량 OX^* 중 B가 소비하는 사적재가 $JK(=EF)$만큼이므로 A가 소비할 수 있는 사적재의 양은 OX_A가 될 것이다.

결국 파레토 효율적인 공공재의 생산량은 OG^*가 되며, 파레토 효율적인 사적재의 생산량은 OX^*가 된다. 또한 A와 B는 OG^*라는 동일한 양의 공공재를 소비하지만, 사적재는 A가 OX_A만큼을 그리고 B는 X^*X_A만큼을 소비하게 되는 것이다.[13)]

새뮤얼슨모형은 파레토 최적상태를 달성하기 위해 사적재와 공공재 사이에 어떻게 자원이 배분되어야 하는가를 분석하는 이른바 일반균형모형이다. 이러한 새뮤얼슨모형은 대단히 엄격한 몇 가지 가정을 필요로 한다. 그중의 하나가 파레토 효율적인 자원배분을 위해서 모든 사람들이 공공재에 대해서 지불할 용의가 있는 가격과 각 개인의 효용함수에 대한 완벽한 정보를 소유하고 있는 전지전능한 계획가를 상정하고 있다는 점이다. 다른 하나의 가정은 모든 사람들이 공공재에 대한 자신의 선호를 숨김없이 밝히려고 한다는 것이다. 물론 새뮤얼슨도 이러한 가정이 현실성이 있는 것임을 주장하지는 않았다. 그러나 이러한 가정들은 사적재와 공공재에 대한 파레토 효율적인 자원배분을 위해서는 얼마나 많은 정보가 필요한가를 단적으로 보여주는 것이다.[14)]

13) Robin W. Boadway and David E. Wildasin.(1984). *Public Sector Economics*. 2nd ed., Boston : Little, Brown & Co., pp. 85–89.

14) Brown and Jackson.(1990). *op. cit*., pp. 73–74.

참 / 고 / 문 / 헌

Aronson, J. Richard.(1985). *Public Finance*. New York : McGraw-Hill, ch. 2.

Boadway, Robin W. and David E. Wildasin.(1984). *Public Sector Economics*. 2nd ed., Boston : Little, Brown & Co., ch. 4.

Brown, C.V. and P. M. Jackson.(1990). *Public Sector Economics*. 4th ed., Oxford : Blackwell, ch. 3.

Browning, Edgar K. and Jacquelene M. Browning.(1994). *Public Finance and the Price System*. 4th ed., New York : Macmillan, ch. 2.

Buchanan, James.(1965). "An Economic Theory of Clubs." *Economica*. vol. 32, pp. 1–14.

Coase, Ronald H.(1974). "The Lighthouse in Economics." *Journal of Law and Economics*. vol. 17, pp. 357–76.

Hardin, Garrett.(1968). "The Tragedy of the Commons." *Science*. no. 162, pp. 1243–48.

Head, John G.(1974). *Public Goods and Public Welfare*. Durham, NC : Duke University Press.

Hyman, David N.(1999). *Public Finance : A Contemporary Application of Theory to Policy*. 6th ed., Fort Worth : The Dryden Press, ch. 4.

Lindahl, Erik.(1958). "Just Taxation : A Positive Solution." in Richard A. Musgrave and Alan T. Peacock(eds.), *Classics in the Theory of Public Finance*. New York : St. Martin's Press.

Mikesell, John L.(1999), *Fiscal Administration : Analysis and Applications for the Public Sector*. 5th ed., Fort Worth : Harcourt Brace College Publishers, Introduction.

Rosen, Harvey S. and Ted Gayer.(2008). *Public Finance*. 8th ed., Boston: McGraw-Hill.

Samuelson, Paul.(1954). "The Pure Theory of Public Expenditure." *Review of Economics and Statistics*. vol. 36, pp. 387–89.

______. (1955). "Diagrammatic Exposition of a Theory of Public Expenditures." *Review of Economics and Statistics*. vol. 37, pp. 350–56.

Stevens, Joe B.(1993). *The Economics of Collective Choice*. Boulder : Westview Press, ch. 5.

Wicksell, Knut.(1958). "A New Principle of Just Taxation." in Richard A. Musgrave and Alan T. Peacock(eds.), *Classics in the Theory of Public Finance*. New York : St. Martin's Press.

제 4 장
외부효과

1. 외부효과의 개념

제2장에서 설명한 바와 같이 한 개인이나 기업의 경제적 행위가 제3자에게 혜택을 주거나 손해를 입히면서도 대가를 받거나 혹은 대가를 주지도 않는 경우, 외부효과가 존재한다고 한다. 즉, 다른 사람의 후생에 영향을 미치는 경제적 행위가 있음에도 불구하고 그것이 가격체계에 반영되지 않기 때문에 시장기구 밖에 존재한다는 의미로 외부효과(externalities)라는 표현을 사용하는 것이다. 외부효과를 발생시키는 개인이나 기업의 입장에서는 경제적 행위의 수준을 결정함에 있어, 그것이 제3자에게 갖는 효과를 고려할 하등의 이유가 없다. 이러한 까닭에 사회 전체적으로는 자원이 비효율적으로 배분되는 것이다.

외부효과가 존재하는 경우에는 사회 전체적인 편익이나 비용과 경제행위의 당사자가 경험하는 편익이나 비용 사이에 괴리가 발생하게 된다. 사적재의 경우 자원의 효율적인 배분은 각 개인이 어떤 재화나 서비스를 소비하면서 얻게 되는 한계편익과 그 재화나 서비스를 생산하는 데 소요되는 한계비용이 일치될 때 이루어진다. 이때 한계편익이나 한계비용은 모두 각 개인이 경험하는 한계편익이나 한계비용이다. 그러나 외부효과가 발생하는 경우에는 각 개인이 경험하는 한계편익이나 한계비용이 사회 전체적인 한계편익이나 한계비용과 달라지게 된다. 따라서 사회 전체적인 시각에서 볼 때 자원이 비효율적으로 배분되는 것이다.

외부효과의 크기는 절대적으로 정해져 있는 것이 아니다. 외부효과의 크기는 그것을 발생시키는 경제행위의 주체 주위에 존재하는 사람이나 사물의 규모에 의해 결정된다. 비행기의 이착륙 시에 발생하는 소음도 외부효과의 한 예인데, 공항 주위에 살고 있는 주민의 수가 많으면 많을수록 소음이라는 외부효과는 커지게 된다.

외부효과가 발생하는 근본적인 요인은 소유권(property rights)이 확립되어 있지 않기 때문이다. 소유권이 확립되어 있지 않다는 것은 곧 재화나 서비스에 대해 가격을 매길 방법이 없다는 것을 의미한다. 따라서 어떤 경제적 행위가 발생시키는 혜택이나 손실에 대해서 대가를 받을 수도 없고 대가를 지불하지 않아도 되는 것이다.

외부효과와 관련된 이해당사자가 소수라면, 외부효과가 심각한 시장실패를 야기하지는 않을 것이다. 왜냐하면 소규모의 집단에서는 이해당사자들 간의 협상을 통하여 외부효과에 대한 대가를 받거나 지불할 수 있기 때문이다. 그러나 외부효과와 관련된 이해당사자의 규모가 커지면 커질수록, 그리고 소유권을 설정하기가 어려우면 어려울수록 이해당사자 간의 협상에 소요되는 비용이 급격히 증가할 수밖에 없다. 이에 따라 자발적인 방법에 의한 외부효과의 교정은 어려워질 수밖에 없으며, 따라서 정부의 개입이 필요해지는 것이다.

2. 외부효과의 유형

(1) 생산과정과 소비과정에서 발생하는 외부효과

외부효과는 생산과정에서만 발생하는 것이 아니라 소비과정에서도 발생한다. 우리가 흔히 외부효과의 예로서 드는 공장에 의한 대기오염이나 하천오염 등은 기업의 생산과정에서 발생하는 외부효과이다. 그리고 담배를 필 경우 주위에 있는 사람들의 건강도 해칠 수 있다는 것은 소비과정에서 발생하는 외부효과의 한 예라고 할 수 있다.

(2) 이로운 외부효과와 해로운 외부효과

외부효과는 이로운 외부효과와 해로운 외부효과로 나눌 수 있다. 이로운 외부효과(positive externalities)는 다른 사람에게 혜택을 주면서도 대가를 받지 못하는 경우를 의미하는데, 이를 외부경제(external economy)라고도 한다. 한편, 해로운 외부효과(negative externalities)는 제3자에게 손해를 입히면서도 대가를 지불하지 않는 경우를 의미하는데, 이를 외부비경제(external diseconomy)라고도 한다.

이로운 외부효과가 존재하는 경우에는 제3자가 향유하는 혜택에 대해 가격을 매길 방법이 없기 때문에 경제적 행위의 수준을 결정함에 있어서 다른 사람에게 귀속되는 혜택을 고려할 이유가 없다. 경제행위의 주체는 오직 사적인 한계비용(marginal private costs)과 사적인 한계편익(marginal private benefits)이 일치하는 점에서 경제행위의 수준을 결정하기 때문에 사회 전체적인 시각에서 볼 때는 불충분한 자원이 그 경제적 행위로 배분되는 것이다.

이로운 외부효과는 경제행위로부터 발생하는 편익이 경제주체뿐만 아니라 다른 사람에게도 동시적으로 혜택을 준다는 점에서 공공재와 정도의 차이는 있지만 유사한 개념이라고 할 수 있다. 그렇지만 이로운 외부효과가 존재하는 경우에는 경제행위의 주체에게 귀속되는 편익이 다른 사람에게 귀속되는 편익에 비해서 상대적으로 대단히 크기 때문에, 개인이나 기업이 그 경제적 행위를 사적으로 추구하게 된다. 반면 공공재의 경우에는 경제행위의 주체에게 귀속되는 편익이 다른 사람에게 귀속되는 편익의 일부분에 불과하고 따라서 사적인 편익이 그 재화나 서비스의 공급비용에 비해서 대단히 작기 때문에 사적으로는 그 재화의 공급 자체가 불가능하다는 점에서 차이가 난다. 이러한 차이점 때문에 공공재에 의한 시장의 실패를 교정하기 위해서는 정부가 직접 그 재화를 공급해야 하지만, 이로운 외부효과에 의해 발생하는 시장의 실패를 교정하기 위해서는 단지 정부가 민간부문이 사회적으로 바람직한 양을 공급할 수 있도록 유인을 제공하는 방법을 택하게 되는 것이다.

해로운 외부효과가 존재하는 경우에는 다른 사람에게 미친 손해에 대해서 대가를 지불할 이유가 없기 때문에 경제적 행위의 수준을 결정함에 있어서 다른 사람에게 끼치는 손해를 고려할 이유가 없다. 그러므로 오직 사적인 한계비용과 사적인 한계편익이 일치하는 점에서 경제행위의 수준이 결정될 것이며, 이에 따라 사회 전체적인 시각에서 볼 때 과도한 자원이 그 경제적 행위로 배분되는 것이다.

(3) 실질적 외부효과와 금전적 외부효과

외부효과를 논의함에 있어서는 실질적 외부효과와 금전적 외부효과를 엄격히 구별해 줄 필요가 있다. 우리가 앞에서 논의한 모든 외부효과는 실질적 외부효과(real externalities) 혹은 기술적 외부효과(technological externalities)를 의미하는데, 실질적 외부효과가 존재하는 경우에는 자원이 비효율적으로 배분된다.

공장이 대기를 오염시킨 경우를 상정해 보자. 대기가 오염된 경우 사람들의 옷을 세탁하기 위해서는 더 많은 비누가 필요하거나 더 많은 노력이 필요할 것이다. 따라서 대기오염이 없었던 경우에 사용했던 만큼의 비누를 사용하여 옷을 세탁한다면 옷이 덜 깨끗해지거나 혹은 세탁할 수 있는 옷의 양이 줄어들게 될 것이다. 결국 대기오염에 의해서 생산과정의 기술적인 가능성이 변화하게 되며 이에 따라 실질적인 자원배분도 변화하게 되는 것이다. 이와 같은 이유로 이러한 외부효과를 기술적 외부효과 혹은 실질적 외부효과라고 표현한다.

이와 구별하여 완전경쟁하에서 재화의 가격변화와 소득분배의 변화를 가져오기는 하지만 자원배분의 비효율성은 야기하지 않는 외부효과를 금전적 외부효과(pecuniary externalities)라고 한다. 금전적 외부효과가 무엇을 의미하는지를 보기 위하여 다음의 경우를 상정해 보자.

구두를 생산하는 기업과 핸드백을 생산하는 기업이 있다. 이 두 기업은 모두 완전경쟁하에서 생산활동을 영위하고 있다. 그런데 장마철에 구두가 젖은 사람이 많아 구두를 사려고 하는 사람들이 많아졌다. 구두에 대한 수요가 늘고 이에 따라 구두의 생산이 많아지자 가죽에 대한 수요가 늘어서 가죽의 가격이 올라가게 되었다. 따라서 가죽을 생산하는 기업은 더 많은 가죽을 팔게 되는 동시에 상승된 가격 덕분에 더 많은 이윤을 남길 수 있게 되었다. 그렇지만 가죽의 가격이 상승했기 때문에 자연히 핸드백을 생산하는 데 소요되는 비용이 늘어나게 되었고 따라서 핸드백의 가격이 올라가게 되었다. 이에 따라 핸드백을 생산하는 기업의 판매량은 줄어들게 되었고 이윤도 낮아지게 되었으며 핸드백을 사는 사람의 입장에서도 핸드백을 사는 데 더 많은 돈을 지불해야만 하게 되었다. 결국 구두에 대한 수요가 늘어남에 따라 핸드백의 소비자와 생산자의 소득이 가죽의 공급자에게로 이전되게 된 것이다. 즉, 핸드백의 생산자와 소비자의 입장에서는 제3자에 불과한 구두 소비자들의 행위가 변함에 따라 자신들의 후생에 변화가 생긴 것이다.

그렇지만 이 경우에는 구두에 대한 수요가 상승했다고 해서 핸드백을 생산하는 데 더 많은 가죽이 필요하게 되는 것은 아니다. 다시 말해서, 가죽의 가격이 변화했다고 해서 핸드백을 만드는 생산과정상의 실질적인 효율성이 변화한 것은 전혀 아니라는 것이다. 따라서 신발에 대한 수요의 증가가 신발, 가죽 및 핸드백의 생산 및 소비에 관련된 사람들 간에 금전적 이득과 손실은 발생시켰을지언정 자원배분의 비효율성을 야기한 것은 아니다. 이러한 외부효과를 금전적 상태의 변화만을 가져온다는 의미에서 금전적 외부효과라고 부른다.[1)]

사실 금전적 외부효과를 구성하는 가격의 변화란 수요나 공급의 변화에 따라 자원을 재배분시키는 정상적인 과정일 뿐이다. 즉, 시장기구는 본질적으로 금전적 외부효과를 발생시킴으로써 자원을 재배분하는 것이므로, 이러한 경우 정부가 개입할 아무런 이유가 없다. 따라서 우리가 관심을 갖는 외부효과는 실질적 외부효과만을 의미하며, 실질적 외부효과를 교정하기 위한 이해당사자 간의 자발적 협력이 불가능할 경우 정부의 개입이 필요한 것이다.

---

1) William J. Baumol and Wallace E. Oates.(1988). *The Theory of Environmental Policy*. 2nd ed., Cambridge : Cambridge University Press, pp. 29–31.

3. 그림에 의한 외부효과의 분석

외부효과 중 가장 많이 논의되는 것이 해로운 외부효과이며, 우리가 흔히 경험하는 환경오염이 해로운 외부효과의 대표적인 예이다. 해로운 외부효과가 존재하는 경우 최적의 생산수준은 어떻게 결정될 것인가?

[그림 4-1]은 이를 나타내고 있다. 논의의 단순화를 위하여 A라는 기업이 페인트를 생산하고 있으며, 페인트의 생산량이 늘수록 A가 얻게 되는 한계편익(marginal benefits)이 감소한다고 가정하자.[2] 그림에서 MB는 이를 나타내고 있다. 반면 A의 생산량이 늘어날수록 A가 부담해야 하는 한계비용은 증가하게 되며, MPC는 A가 사적으로 부담하는 한계비용(marginal private costs)을 나타내고 있다. A의 입장에서는 MB가 MPC보다 크다면 생산을 늘리려 할 것이며, MB가 MPC보다 낮은 수준에서는 생산활동을 영위하려 하지 않을 것이다. 따라서 A의 입장에서 최적생산수준은 $MB=MPC$인 수준이며, 그림에서 Q_1으로 표시되어 있다.

그런데 A가 페인트를 생산하면서 환경을 오염시킬 뿐만 아니라 생산량이 늘어남에 따라 방출하는 오염물질의 양 또한 늘어난다고 가정하자. 이럴 경우 A의 공장 주위에 거주하는 사람들이 입게 되는 실질적인 손해 또한 페인트 생산량이 늘어날수록 증가하게 된다. 그림에서 MD는 이웃주민들이 입게 되는 한계적인 손실(marginal damage)을 나타내고 있다.

따라서 페인트를 생산하는 데 사회 전체적으로 부담해야 하는 비용은

---

2) A가 생산하는 모든 페인트를 스스로 소비한다면 생산량이 늘어날수록 한계편익은 줄어들 것이다. 만약 A가 완전경쟁시장에서 페인트를 판매한다면 한계편익은 시장가격수준에서 일정하게 될 것이다.

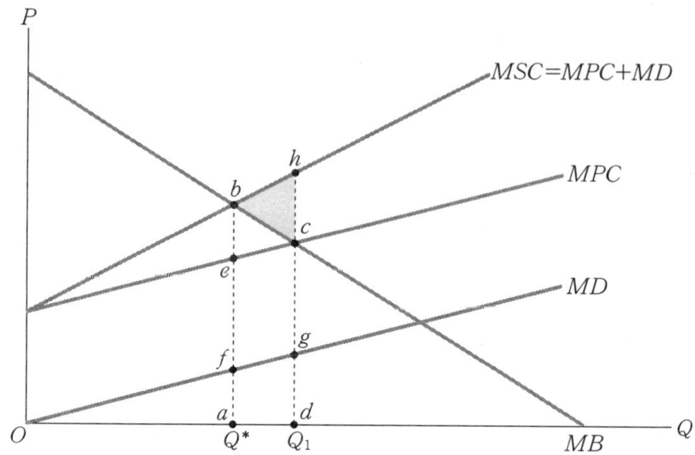

▌그림 4-1▐ 외부효과의 문제

A가 사적으로 부담하는 비용에 이웃주민들이 입게 되는 손실을 합한 것이 된다. 그림에서 MSC는 MPC와 MD를 수직으로 합한 거리이며, 사회적 한계비용(marginal social costs)을 의미한다. 만약 MB가 MSC보다 크다면 페인트 생산을 늘릴수록 사회 전체적인 후생은 증가하지만, MB가 MSC보다 낮은 수준에서 생산이 이루어진다면 사회 전체적인 후생이 감소하는 결과가 나타난다. 그러므로 사회 전체적인 시각에서 볼 때 페인트의 최적생산수준은 $MB=MSC$인 점이며, 이는 그림에서 Q^*로 표시되어 있다.

[그림 4-1]은 해로운 외부효과가 존재하는 경우 사회 전체적인 시각에서의 최적생산량보다 더 많은 양의 페인트가 생산되고 있음을 보여주고 있다(즉, $Q_1>Q^*$). 이는 곧 사회의 희소한 자원이 페인트의 생산에 과도하게 배분되고 있는 동시에 다른 재화의 생산에는 과소배분되고 있음을 뜻한다. 따라서 페인트 생산량을 Q_1에서 Q^*로 줄임으로써 자원배분의 효율성을

제고시킬 수 있게 된다. 그렇다면 페인트 생산량이 Q_1에서 Q^*로 줄어들 경우 사회 전체적인 후생은 얼마나 증가할 것인가?

[그림 4-1]에서 페인트 생산량이 Q_1에서 Q^*로 줄게 되면 생산자 A가 얻게 되는 편익은 $abcd$만큼 줄어든다. 그렇지만 생산량이 줄면서 동시에 A가 부담해야 하는 생산비용 또한 감소하는데, 그림에서 비용의 감소분은 $aecd$로 표시될 수 있다. 따라서 생산자 A의 후생은 $abcd-aecd$만큼, 즉 ebc만큼 감소하는 것이다. 반면 페인트의 생산량이 Q_1에서 Q^*로 줄게 되면, 이웃주민들이 입게 되는 손실은 $afgd$만큼 줄어든다. 그림에서 $afgd$는 $ebhc$와 동일하다. 결국 페인트 생산량이 감소함으로써 증가하게 되는 사회적 후생은 $ebhc$와 ebc의 차이, 즉 bhc만큼이 된다.[3)]

4. 효율적인 환경오염의 수준

환경오염은 나쁜 것이기 때문에 이를 완전히 없애는 것이 사회적으로 가장 바람직하다고 주장할 수도 있다. 그러나 [그림 4-1]은 생산과정에서 필연적으로 해로운 외부효과가 발생한다면 환경오염이 '0' 이 되는 수준은 생산이 전혀 이루어지지 않는 수준임을 보여주고 있다. 즉, 환경오염이 '0' 이 되는 수준이 반드시 사회적으로 바람직한 것이 아님을 알 수 있다.

그렇다면 어느 정도의 환경오염수준이 사회적으로 가장 바람직한 환경오염수준이라고 할 수 있을 것인가? 환경오염을 감소시킴으로써 얻게 되는 사회적 편익과 환경오염을 감소시키는 데 소요되는 사회적 한계비용이

---

3) Harvey S. Rosen.(2002). *Public Finance*. 6th ed., Boston : McGraw-Hill, pp. 81-84.

일치되는 수준이 사회 전체적인 입장에서 가장 효율적인 환경오염수준이라고 할 수 있다.[4)]

[그림 4-2]에서 횡축은 환경오염의 감소 수준을 나타낸다. 원점은 환경오염이 가장 심한 상태를 나타내며, 100%라고 표현되어 있는 지점은 환경오염이 모두 사라진 상태를 나타낸다. 그림에서 *MSB*와 *MSC*는 각각 환경오염의 감소에 따른 사회적 한계편익과 사회적 한계비용을 나타내고 있다. 환경오염이 매우 심한 경우에는 오염수준이 약간만 감소되어도 사람들이 상당한 한계편익을 느끼겠지만, 환경이 점점 더 깨끗해질수록 한계편익은 점점 감소할 것이다. 비용측면에서는 정반대의 현상이 나타난다. 환경오염이 매우 심한 경우, 환경을 약간 깨끗하게 하는 데는 그리 큰 비용이 소요되지 않을 것이다. 그렇지만 환경이 어느 정도 깨끗해진 상태에서 환경오염을 더 감소시키기 위해서는 상당한 추가비용이 소요될 것이다. 이에 따라 *MSC*는 환경오염의 감소비율이 높아질수록, 즉 환경오염수준이 낮아질수록 급격하게 증가하는 모습을 보일 것이다. 반면, *MSB*는 환경오염수준이 낮아질수록 점점 감소하는 모습을 보일 것이다. 가장 효율적인 환경오염의 감소수준은 *MSB*와 *MSC*가 교차하는 *E*점에서 결정되며, 이때 최적의 환경오염 감소비율은 A^*%라는 것을 알 수 있다.

그런데 *MSB*와 *MSC*의 모습은 고정된 것이 아니라 기술의 발달 등에 따라 얼마든지 변화할 수 있다.[5)] 예를 들어 환경친화적인 새로운 생산기술이 개발되었을 경우에는 환경오염감소에 수반되는 한계비용을 낮추게 될 것이다. 이렇게 되면 [그림 4-2]에서 *MSC*가 아래로 이동하게 되며, 그

---

4) Larry E. Ruff.(1970). "The Economic Common Sense of Pollution." *The Public Interest*. vol. 19, pp. 70-77.

5) John E. Anderson.(2003). *Public Finance: Principles and Policy*. Boston: Houghton Mifflin Co., pp. 96-97.

결과 최적의 환경오염감소 수준은 오른쪽으로 이동하게 될 것이다. 다른 예로서, 이전에 알고 있었던 것과는 달리 환경오염이 사람들의 건강에 대해 매우 심각한 영향을 미치는 것으로 판명될 경우에는 환경오염감소에 따른 사회적 한계편익이 훨씬 더 높게 평가될 것이다. 이렇게 되면 *MSB*가 위쪽으로 이동하게 되며, 그 결과 최적의 환경오염감소 수준은 오른쪽으로 이동하게 될 것이다.

다른 모든 경제적 행위와 마찬가지로 적절한 환경오염의 수준 또한 환경오염으로 인한 사회적 비용과 환경오염을 발생시킬 수밖에 없는 생산과정이 사회에 가져다 주는 편익을 비교 · 평가함으로써 결정되어야 한다. 다시 말해서, 환경오염이 발생한다는 그 자체가 문제가 아니라 자원배분을 시장기구에만 맡겨 놓을 경우 기업이 외부효과로 인해 발생하는 사회적 비용을 전혀 고려하지 않은 채 생산수준을 결정한다는 것이 문제이다. 따라서 해로운 외부효과가 발생하는 경우 정부의 역할은 외부효과를 발생시키

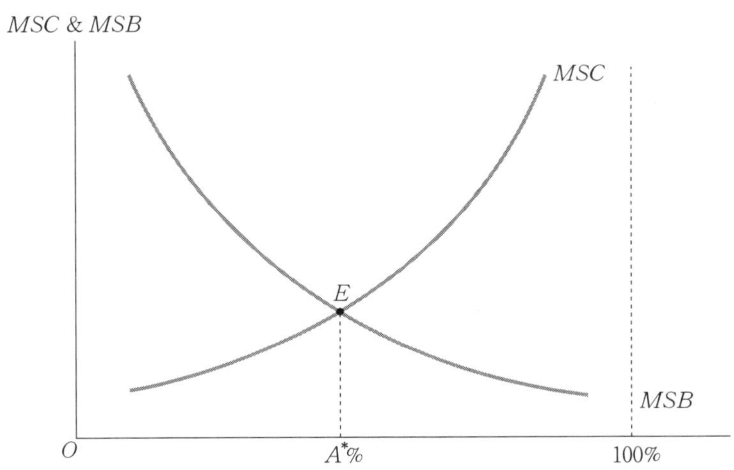

Ⅰ 그림 4-2 Ⅰ 환경오염의 효율적인 감소수준

는 측에서 제3자에게 미치는 영향까지도 고려하게 함으로써 사회적으로 효율적인 오염수준을 달성할 수 있도록 유인을 제공해 주는 데 있다.

5. 해로운 외부효과를 교정하기 위한 여러 가지 방법

(1) 조세에 의한 방법

해로운 외부효과를 교정하기 위한 대표적인 방법으로 들 수 있는 것이 생산자에게 조세를 부과하는 방법이다. 이 방법은 피구(A.C. Pigou)에 의해 처음 제안된 방법으로서, 사회 전체적인 최적의 생산수준에서 발생하는 외부효과의 양에 해당하는 만큼의 조세를 모든 생산물에 대해 부과하는 방법이다. 이를 일명 피구세(Pigouvian tax)라고도 한다.

[그림 4-3]에서 볼 수 있는 것처럼 조세가 부과되면 생산자 A의 사적인 한계비용은 더 이상 MPC가 아니라 MPC에 조세부담액을 더한 만큼이 된다. 즉, $MPC+T$가 되는 것이다. 따라서 조세가 부과된 후 A의 최적 생산수준은 $MB=MPC$가 되는 점이 아니라 $MB=MPC+T$가 되는 점이다. 그리하여 최적생산은 사회 전체적인 시각에서 볼 때 가장 효율적으로 자원이 배분되는 Q^*에서 이루어진다.

Q_1에서 Q^*로 생산량이 줄어듦에 따른 생산자 A의 후생감소분은 그림에서 abc이다. 이에 더하여 A가 비록 Q^*에서 생산을 하더라도 $Q^* \times T$만큼의 조세를 정부에 납부하지 않으면 안 된다. 그림에서 조세납부액은 $abde$에 해당한다. 결국 조세의 부과에 따른 생산자 A의 후생감소분의 합계는 $aedbc$가 된다. 반면 생산량이 감소함에 따라 이웃주민들의 후생은 $abfc(=Q^*ghQ_1)$만큼 증가한다. 이에 더하여 정부가 거두어 들이는 세금은

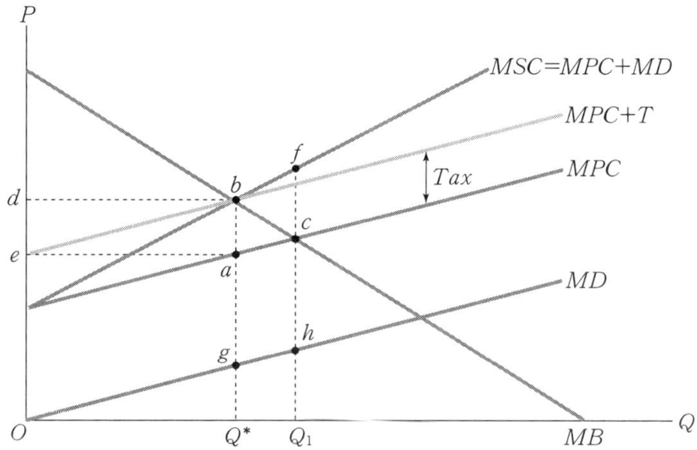

| 그림 4-3 | 조세에 의한 외부효과의 교정

*aedb*만큼에 해당한다. 따라서 조세가 부과될 경우 사회 전체적인 후생은 *bfc*만큼 증가하게 된다. 즉,

생산자의 후생감소	$= -aedbc$
이웃주민의 후생증가	$= abfc$
정부의 조세수입	$= aedb$
사회 전체적인 후생증가	$= bfc$

그런데 비록 생산량이 Q_1에서 Q^*로 감소했다 할지라도 이웃주민들의 피해가 완전히 사라지는 것은 아니다. 이에 대해 정부가 거두어들인 세금을 이용하여 이웃주민들의 피해를 보상해 줄 수도 있을 것이다. 하지만 이 방법의 사용은 특별한 주의를 요한다. 왜냐하면 세금에 의한 피해보상이 이루어질 경우 사람들이 다른 지역으로 전혀 이주하지 않거나 혹은 보상을 받기 위하여 공장 근처로 사람들이 이주할 가능성이 높아지기 때문이다. 앞에서 우리는 외부효과의 크기는 절대적으로 정해져 있는 것이 아니라 그

것을 발생시키는 경제행위의 주체 주위에 얼마나 많은 사람들 혹은 사물이 존재하느냐에 따라 정해진다는 것을 보았는데, 공장 주위에 거주하는 사람들의 수가 전혀 줄어들지 않거나 혹은 오히려 늘어난다는 것은 정부가 의도하는 외부효과의 교정과는 정반대의 결과를 낳게 됨을 의미한다.

조세에 의한 방법이 효과를 가지기 위해서는 누가 어느 정도의 피해를 입히고 있는가에 관한 완벽한 정보가 존재하여야 한다. 특히 사회 전체적으로 가장 효율적인 생산수준에서 발생하는 한계적 손실이 어느 정도인지에 관한 완벽한 정보가 존재하여야만 어느 정도의 세율로 생산자에게 세부담을 지울 것인가가 결정될 수 있다. 그러나 현실적으로 이러한 정보가 존재하기는 거의 불가능하기 때문에 세율의 결정은 시행착오(trial-and-error)를 통해서 이루어질 수밖에 없다. 즉, 일정한 세율로 생산자에게 세부담을 지운 후에 그에 따른 생산수준의 변화를 관찰하고 이러한 생산수준이 사회적으로 적절한 생산수준과 차이가 있는 경우에는 다시 세율을 조정하는 과정을 반복함으로써 적정세율을 구해 낼 수 있다는 것이다.

그렇지만 누가 어떤 경제적 행위에 의해서 얼마만큼의 손실을 입히고 있는가에 관한 완벽한 정보가 존재하지 않는 한 외부효과를 교정하기 위한 어떠한 방법도 완벽한 해결책이 될 수는 없다. 따라서 조세에 의한 교정방법에 대한 평가도 그것이 완벽한 방법인가가 아니라, 다른 방법과 비교해서 더 나은 결과를 가져올 수 있는가가 평가의 기준이 되어야 할 것이다.

(2) 보조금에 의한 방법

이 방법은 오염물질을 배출하는 업체에게 오염물질을 배출하지 않는 대가로 정부에서 보조금(subsidy)을 지급해 주는 방법이다. 환경오염을 발생시키는 측에 불이익을 주는 것이 아니라 보상을 제공하는 것이 매우 이

상하게 들릴지 모르지만, 환경오염을 일으키는 업체의 수가 고정되어 있는 경우에는 보조금에 의한 방법은 조세에 의한 방법과 동일한 결과를 낳는다.

[그림 4-4]에서 MD, MPC, MSC 및 MB 등은 [그림 4-3]에서와 동일하다. 보조금에 의한 방법과 조세에 의한 방법 간의 차이는 조세에 의한 방법에서는 사회 전체적인 최적생산수준에서의 한계적 손실에 해당하는 만큼 생산자 A에게 세금을 부담케 하는 반면, 보조금에 의한 방법에서는 생산자 A가 생산을 하지 않는 데 대한 반대급부로 사회적으로 최적수준에서의 한계적 손실에 해당하는 만큼을 보조금으로 정부가 생산자 A에게 지급해 준다는 점이다. 따라서 이 방법을 도입하게 되면 보조금의 규모만큼 생산자 A의 한계생산비가 상승하는 효과를 갖게 된다.

예를 들어 생산자 A가 101째 번의 페인트 한 통을 생산하는 데 소요되는 비용이 5,000원이고 이를 생산하지 않을 경우 정부가 지급하는 보조금이 1,000원이라고 가정하자. 이때 생산자 A의 한계비용은 더 이상 5,000

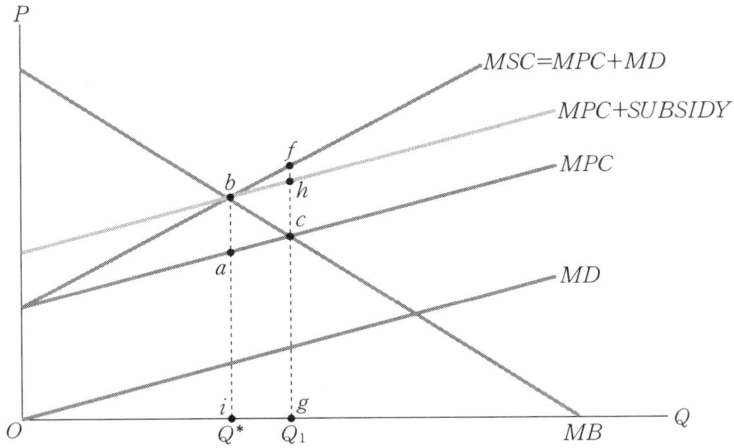

❙ 그림 4-4 ❙ 보조금에 의한 외부효과의 교정

원이 아니다. 왜냐하면 101째 번의 페인트를 생산함으로써 생산자 A는 5,000원을 생산비로 사용해야 할 뿐만 아니라 정부가 지급하겠다고 약속한 1,000원까지도 포기해야 하기 때문이다. 따라서 이 경우 생산자 A의 한계생산비는 6,000원으로 높아지게 되는 것이다.

따라서 보조금에 의한 방법을 도입할 경우 [그림 4-4]에서 생산자 A의 사적인 한계비용은 MPC가 아니라 $MPC+$보조금, 즉 $MPC+SUBSIDY$가 된다. 보조금의 크기는 [그림 4-4]에서 ab로 나타나 있다. 이렇게 되면 원래의 생산수준 Q_1은 더 이상 생산사 A의 입장에서도 최적생산수준이 아니다. 왜냐하면 Q_1만큼을 생산할 경우 생산자 A가 얻게 되는 한계편익은 cg에 불과한 반면, 사적인 한계비용은 cg에 $ch(ch=ab)$만큼을 더한 것이 되기 때문이다. 그러므로 생산자 A는 MPC와 MB가 일치하는 곳이 아니라 $MPC+SUBSIDY$와 MB가 일치하는 곳, 즉 Q^*에서 생산활동을 영위하게 된다. Q^*보다 많이 생산하게 되면 한계편익보다 $MPC+SUBSIDY$가 커지게 된다.

그리하여 보조금에 의해 외부효과를 교정하는 경우 생산자 A는 $ibcg$만큼의 편익을 잃고 생산비로서 $iacg$만큼을 절감하는 동시에 생산량을 Q_1에서 Q^*로 줄인 대가로 정부로부터 $abhc$만큼의 보조금을 받기 때문에 결국 bhc만큼 후생이 증가하게 된다. 동시에 이웃주민들은 $abfc$만큼 후생이 증가하지만 반면 정부는 $abhc$만큼을 보조금으로 지불해야 한다. 즉,

생산자의 후생증가	$= bhc$
이웃주민의 후생증가	$= abfc$
정부의 보조금지급	$= -abhc$
사회 전체적인 후생증가	$= bfc$

따라서 보조금에 의한 방법도 조세에 의한 방법과 마찬가지로 bfc만큼

사회 전체적인 후생을 증가시킴을 알 수 있다. 하지만 보조금에 의한 방법이 효과를 가지기 위해서는 사회 전체적인 최적생산수준이 어느 정도인지 그리고 그때 발생하는 한계적 손실이 어느 정도인가에 대한 완벽한 정보가 존재해야 한다. 그러나 현실적으로 이러한 정보가 완벽하게 존재하기는 불가능하기 때문에, 보조금 규모의 산정 또한 조세에 의한 방법에서 세율을 결정할 때와 마찬가지로 시행착오의 과정을 거쳐 이루어질 수밖에 없다. 이러한 공통의 문제점 외에 조세에 의한 방법과 비교하여 보조금에 의한 방법은 다음과 같은 부가적인 문제점을 지니고 있다.

보조금에 의한 방법은 분배적인 측면에서 조세에 의한 방법과는 정반대되는 결과를 낳는다. 조세에 의한 방법에서는 오염을 발생시키는 측이 이웃주민들에게 가한 손실에 대하여 부담을 지지만 보조금에 의한 방법에서는 오염을 발생시키는 측의 후생이 오히려 증가하며 이를 위해, 즉 보조금의 재원을 조달하기 위해 사회의 다른 구성원들이 조세를 납부하게 되는 것이다. 따라서 보조금에 의한 방법은 원인자 부담원칙과는 정반대의 결과를 낳게 됨으로써 윤리적인 측면에서의 문제가 발생하게 된다.

또한 보조금의 재원을 조달하기 위해 조세를 부과하는 경우 사회 전체적으로 조세부담액보다 큰 후생의 감소를 감수할 수밖에 없다.[6] 이를 감안한다면 사회적 후생의 증가는 위에서 제시한 것보다 훨씬 작은 규모가 될 것이다.

보조금에 의한 방법을 도입할 경우 발생하는 또 다른 문제는 이 방법이 환경오염의 감소라는 정부의 의도와는 정반대되는 결과를 낳을 수도 있다는 점이다. 기업의 이윤에 대해서 보조금에 의한 방법은 조세에 의한 방법과는 정반대되는 영향을 미친다. 조세에 의한 방법은 기업의 이윤을 감소

6) 이것은 조세의 초과부담과 관련된 것으로 제9장에서 보다 자세하게 논의될 것이다.

시키는 반면, 보조금에 의한 방법은 기업의 이윤을 증가시킨다. 그 결과 보조금에 의한 방법은 장기적으로 이 산업에 참여하는 기업의 수를 늘리게 되어 생산수준을 높이게 된다. 이렇게 되면 전반적인 환경오염은 오히려 더 증가할 수도 있다.[7)]

(3) 규제에 의한 방법

외부효과를 교정하기 위한 또 다른 방법으로서 들 수 있는 것이 정부의 직접적인 규제(regulation)에 의한 방법이다. 앞에서 살펴본 조세와 보조금에 의한 방법이 가격 혹은 유인에 기반한 외부효과 교정방법이라면 규제에 의한 방법은 외부효과의 양을 직접적으로 줄이고자 하는 방법이라고 할 수 있다. 규제에 의한 방법을 따를 경우 정부는 각 기업이 배출하는 오염물질의 절대량에 대해 상한선을 규정하거나, 일정한 비율로 오염물질의 양을 감소시키도록 하거나, 혹은 기업이 활용하는 기술에 대해 제한을 가하는 등의 방법을 사용하게 된다. 만약 정부가 사회적인 최적생산수준을 알고 있다면, 앞의 예들처럼 조세나 보조금 등 경제적인 유인을 사용하여 생산자로 하여금 생산수준을 Q^*로 줄이도록 유도하는 것이 아니라 단순히 명령에 의하여 Q^*로 생산수준을 낮추게 함으로써 가장 확실하게 환경오염을 줄일 수 있을 것이다.

완벽한 정보가 존재하는 이상적인 상태에서는 정부가 조세에 의한 방법을 사용하건 규제에 의한 방법을 사용하건 결과는 동일하다. 그렇지만 현실적으로는 조세에 의한 방법이 보다 효과적인 방법이 될 수 있는 경우가

---

7) Maureen L. Cropper and Wallace E. Oates.(1992). "Environmental Economics : A Survey." *Journal of Economic Literature*. vol. 30, no. 2, p. 681.

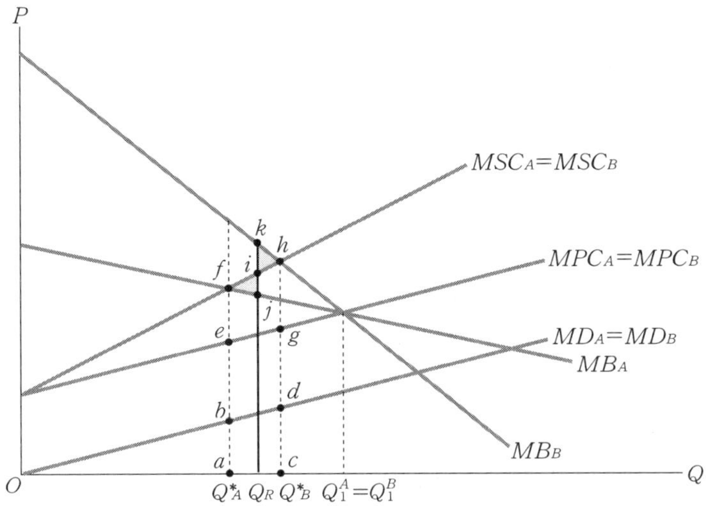

| 그림 4-5 | 두 기업이 존재하는 경우 규제에 의한 외부효과의 교정

있고, 그 반대의 경우도 있을 수 있다. 조세에 의한 방법과 비교할 때 규제에 의한 방법은 오염물질의 양을 줄일 수 있는 가장 직접적인 동시에 확실한 방법이라는 장점을 갖는다.[8] 이와 반대로 조세에 의한 방법은 생산자들이 가장 효율적인 환경오염의 감소수준을 스스로 정할 수 있도록 함으로써 자원배분의 효율성을 제고할 수 있다는 장점을 지니고 있다. 조세에 의한 방법과 비교할 때 규제에 의한 방법이 자원배분의 비효율성을 낳을 수 있는 예로서는 규제 대상이 되는 기업이 하나가 아니라 둘 이상인 경우를 들 수 있다.

[그림 4-5]는 이를 보여주고 있다. 분석의 단순화를 위하여 A와 B 두 기업만이 존재하고, 두 기업의 사적인 한계생산비와 오염물질 배출량이 동

---

8) Jonathan Gruber. (2005). *Public Finance and Public Policy*. New York: Worth Publishers, pp. 130-41.

일하다고 가정하자. 즉, $MPC_A = MPC_B$이며, $MD_A = MD_B$이다. 단지 두 기업이 생산활동으로부터 얻게 되는 한계편익만이 서로 다르다고 가정하자. 나아가 외부효과를 고려하지 않을 경우 두 기업의 이윤극대화가 달성되는 생산수준은 동일하다고 가정하자. 즉, $Q_A^1 = Q_B^1$이다. [그림 4-5]에서 사회 전체적인 입장에서 A의 최적생산수준은 Q_A^*이며 B의 최적생산수준은 Q_B^*이다. 사회 전체석인 입장에서의 A와 B의 최적생산수준은 Q_A^*와 Q_B^*로 상이한데, 이러한 결과는 A와 B의 한계편익이 서로 다르다고 가정했기 때문에 발생하는 현상이다. 그런데 현실적으로 A와 B의 한계편익뿐만 아니라 사적인 한계생산비 및 오염물질 배출량은 서로 다를 수밖에 없으므로 사회 전체적인 입장에서의 A와 B의 최적생산수준은 동일할 수가 없는 것이 일반적인 현상일 것이다.

사회 전체적인 입장에서의 A와 B의 최적생산수준이 서로 다를 수밖에 없다는 사실은 곧 최적생산수준에서 두 기업이 발생시키는 환경오염의 크기 또한 서로 다를 수밖에 없다는 것을 의미한다. 즉, [그림 4-5]의 최적생산수준에서 A와 B가 발생시키는 환경오염의 크기는 각각 $ab(=ef)$, $cd(=gh)$이다. 따라서 효율적인 자원배분이라는 측면에서 볼 때 두 기업이 동일한 환경오염을 발생시켜야만 하는 하등의 이유가 없는 것이다. 서로 다른 기업은 서로 다른 정도의 환경오염을 발생시키는 것이 사회 전체적인 자원배분의 효율성이라는 측면에서는 바람직하다는 것이다. 그러므로 정부가 각 기업으로 하여금 오염물질의 양을 똑같이 줄이도록 명령할 경우 필연적으로 자원배분의 비효율성이 야기될 수밖에 없다.

예를 들어 [그림 4-5]에서 정부가 A와 B 두 기업으로 하여금 Q^R로 생산수준을 줄이도록 명령했다고 가정하자. 이때 A와 B가 발생시키는 환경오염의 크기는 동일하지만 Q^R수준에서 A는 너무 많은 환경오염을, B는 너무 적은 환경오염을 발생시키게 된다. 사회 전체적인 입장에서 볼 때 A

는 너무 높은 수준에서 생산활동을 영위함으로써 ifj만큼의 사회적 손실을 발생시키며, B는 너무 낮은 수준에서 생산활동을 영위함으로써 ikh만큼의 사회적 손실을 발생시키게 되는 것이다.

각 기업이 얼마만큼 생산수준을 감소시킬 것인가 하는 문제는 한계편익과 한계생산비용, 그리고 그 기업이 발생시키는 환경오염의 크기에 따라 결정되어야 하지 정부의 일방적인 규제에 의할 경우에는 자원배분의 비효율성이 야기될 수 있다. 그러나 규제에 의한 방법이 갖는 최대 장점은 환경오염의 수준을 가장 확실하게 감소시킬 수 있다는 데에 있다. 따라서 외부효과 교정과 관련된 정부의 정책목표가 무엇인가에 따라 정책수단의 선택이 달라지게 된다고 할 것이다.

(4) 오염허가서의 발급

오염물질의 양을 직접적으로 줄이게 하는 방법이 갖는 한계를 극복할 수 있도록 하는 정책수단이 오염허가서(pollution permits) 혹은 배출허가서(emission permits)를 발급하는 방법이다. 오염허가서란 정부가 생산자에 대해 생산과정에서 환경오염을 발생시킬 수 있는 권리를 일정 수준 인정하는 것을 의미한다. 전체적인 환경오염 수준이나 혹은 개별생산자가 발생시킬 수 있는 환경오염의 상한선을 정부가 정한 이후에, 이러한 오염허가권을 생산자들 상호간에 자유롭게 거래할 수 있도록 하는 것이 이 방법의 특징이다. 오염허가서를 발급받거나 혹은 구입하지 않은 기업은 오염물질을 배출할 수 없다. 초기에 오염허가서를 발급하는 방법으로서는 정부가 오염허가서를 판매하는 방법이 있을 수 있고, 혹은 일정 수준의 오염물질 배출권한을 지정해 주는 방법이 있을 수 있다.

오염허가서의 발급과 배출권 거래(emission trading)는 다음과 같은 장점을 지니고 있는 것으로 평가된다.

첫째, 오염허가서를 발급함으로써 정부가 목표로 하는 수준으로 환경오염을 확실하게 감소시킬 수 있다. 피구세에 의할 경우에도 정부가 사회적 한계비용과 한계편익 등에 대한 정확한 정보를 소유하고 있다면 최적 환경오염수준을 달성할 수 있겠지만, 그렇지 않을 경우에는 시행착오를 반복하지 않을 수 없다. 그러나 오염허가서에 의할 경우 이러한 정보가 존재하지 않더라도 단지 정부가 허용하고자 하는 환경오염의 수준에 해당하는 만큼만 오염허가서를 발급함으로써 환경오염의 수준을 정부가 목표로 설정한 수준으로 확실하게 감소시킬 수 있게 된다.

예컨대 어떤 공업도시에서 1년간 배출되는 아황산가스가 100,000톤이라고 가정하자. [그림 4-6]에서 이 배출량 100,000톤은 기업들이 아황산가스 배출에 대한 대가로 아무런 가격도 지불하지 않을 때의 배출량이다. 수요곡선 D는 아황산가스를 배출함으로써 기업들이 얻게 되는 한계편익

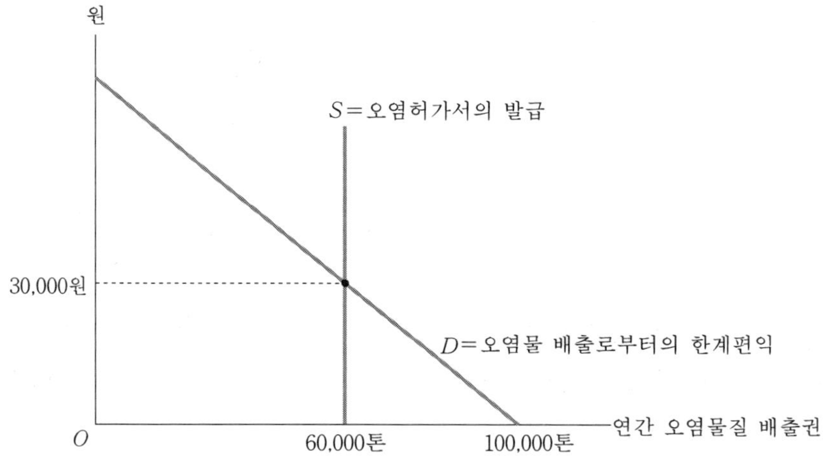

Ⅰ 그림 4-6 Ⅰ 오염허가서

을 나타낸다. 현재의 아황산가스 배출량은 수요곡선이 수평선과 만나는 점에서 결정되고 있다(즉, 가격=0). 만약 이 도시의 연간 아황산가스 배출량을 60,000톤으로 줄이기를 원한다면 환경부에서 60,000톤에 해당하는 오염허가서만 발급하면 되는 것이다. 오염허가서를 기업들에게 판매할 경우 오염허가서의 가격은 수직인 공급곡선과 우하향하는 수요곡선 D가 교차하는 점, 즉 30,000원에서 결정될 것이다. 아황산가스 배출권이 톤당 30,000원으로 결정되면 오염허가서를 구입하는 기업들도 있겠지만, 생산방법을 바꾸는 것이 더 값싸다고 생각하는 기업들도 있을 것이며 생산량을 줄이거나 혹은 아예 생산을 중단하는 기업들도 있을 것이다. 이에 따라 오직 오염허가서를 가진 기업만이 아황산가스를 배출할 수 있도록 철저한 감독이 이루어진다면 오염허가서 발급과 함께 아황산가스 배출량은 100,000톤에서 60,000톤으로 바로 줄어들게 될 것이다. 오염허가서를 기업들에게 판매하는 것이 아니라 각 기업들에게 일정수준의 오염허가권을 배정한 후 이를 다른 기업들에게 되팔 수 있도록 허용하는 방법도 있을 수 있다. 이 경우에도 아황산가스 배출량이 60,000톤으로 줄어드는 것과 오염허가서의 가격이 30,000원에서 결정되는 것은 앞의 방법과 동일하다.[9)]

둘째, 오염허가서를 발급하게 되면 기업들이 오염물질의 양을 줄일 수 있는 방향으로 생산방법을 변화시키게 된다. 정부가 발급하는 오염허가서는 고정되어 있지만 오염물질을 배출할 수밖에 없는 기업의 수가 증가하게 되면 오염허가서의 가격은 자연히 상승하게 될 것이다. 오염허가서의 가격이 상승하게 되면 기업의 생산비용 또한 자연히 상승한다. 따라서 기업은 생산비를 낮추기 위하여 비싼 오염허가서를 구입하기보다는 새로운 기술

9) 물론 분배적인 측면에서의 결과는 상이하다. 첫 번째의 경우에는 오염허가서 판매대금이 정부의 소유가 되지만, 두 번째의 경우에는 오염허가서 판매대금이 오염허가권을 애초에 배정받은 기업의 몫이 된다.

을 개발하거나 생산방법을 변화시킴으로써 오염물질의 절대량을 줄이기 위해 노력하게 될 것이다.

셋째, 조세에 의한 방법과는 달리 오염허가서에 의한 방법은 인플레이션이 발생하더라도 그 효과가 감소하지 않는다. 인플레이션이 발생하게 되면 정부가 부과하는 세액의 실질가치가 하락하기 때문에 조세에 의한 방법은 그 효과가 감소할 수밖에 없다. 따라서 인플레이션이 발생할 경우 정부는 계속해서 세율을 조정하지 않으면 안 된다. 이와는 달리 인플레이션이 발생할 경우 오염허가서의 가격은 자동적으로 상승하기 때문에 인플레이션에 상관없이 지속적으로 그 효과를 발휘하게 된다.[10]

넷째, 조세에 의한 방법으로 외부효과를 교정하고자 할 경우 현실적으로 기업별 그리고 지역별로 차별적인 조세(discriminatory taxes)를 부과해야 하기 때문에 행정과정이 대단히 복잡해지지만, 오염허가서를 발급할 경우에는 이러한 문제가 발생하지 않는다. 사회 전체적인 최적생산수준에서 발생하는 한계적 손실은 기업별, 지역별로 서로 다를 수밖에 없다. 이는 곧 조세에 의해 외부효과를 교정하고자 할 경우 각각의 환경오염자에 대해 상이한 세율을 적용해야 함을 의미한다. 그러나 이러한 차별적인 조세를 부과하기란 현실적으로 불가능하다. 이와는 달리 오염허가서를 발급하는 경우 환경오염을 더 발생시키는 기업은 그렇지 않은 기업으로부터 단지 배출권만 구입하면 된다. 이는 환경오염을 더 발생시키는 기업에게 더 높은 세율로 조세를 부과하는 것과 같은 효과를 갖는 것이다. 그러나 행정적 과정은 훨씬 단순화된다.[11]

---

10) Baumol and Oates.(1988). *op. cit.*, pp. 177-89.

11) Wallace E. Oates.(1985). "The Environment and the Economy : Environmental Policy at the Crossroads." in John M. Quigley and Daniel L. Rubinfeld(eds.), *American Domestic Priorities : An Economic Appraisal*. Berkeley : University of California Press, pp. 333-34.

(5) 소유권의 확립

앞에서 우리는 외부효과가 발생하는 근본적인 원인이 소유권이 확립되어 있지 않기 때문임을 보았다. 그렇다면 외부효과를 교정할 수 있는 가장 자연스러운 방법은 소유권을 확립하는 것이라고 할 수 있다.

먼저 환경에 대한 소유권을 생산자 A가 갖고 있다고 가정하자. 이와 동시에 생산자 A와 이웃주민들이 협상을 하는 데 어떠한 비용도 소요되지 않는다고 가정하자. [그림 4-7]에서 생산자 A는 $MPC=MB$인 Q_1에서 생산활동을 영위하며 이웃주민들은 ab만큼의 한계적 손실을 입고 있다. 그런데 이제 이웃주민들이 생산자 A에게 생산을 덜 하는 대가로 보상을 해주겠다는 제안을 했다고 하자. 생산자 A의 입장에서는 이 보상금의 규모가 자신의 이윤감소보다 크다면, 즉 보상금$>MB-MPC$라면 이 제안을 받아들일 용의가 있을 것이다. 또한 이웃주민의 입장에서는 자신들이 제공할 보상금의 규모가 한계적 손실보다 작다면, 즉 보상금$<MD$라면 보상을 해줄 용의가 있을 것이다. 결국 MD가 $MB-MPC$보다 큰 경우에 생산자와 이웃주민 간에는 협상을 통하여 생산수준을 감소시킬 수 있는 여지가 존재한다.

[그림 4-7]에서 Q_1보다 낮고 Q^*보다 높은 생산수준에서는 $MD>MB-MPC$라는 조건이 만족된다. 따라서 생산수준은 Q^*까지 낮아질 수 있는 것이다. 반면 Q^*보다 낮은 생산수준에서는 $MB-MPC$가 MD보다 크게 되며, 이는 이웃주민들이 지불해야 하는 보상금의 크기가 보상이 이루어졌을 때 발생하는 자신들의 후생증가분(즉, 손실의 감소분)보다 큼을 의미한다. 따라서 생산수준이 Q^*보다 낮아지지는 않는다.

반대로 이번에는 환경에 대한 소유권을 이웃주민들이 갖고 있다고 가정하자. 이 경우에도 생산자 A와 이웃주민들이 협상을 하는 데 어떠한 비용

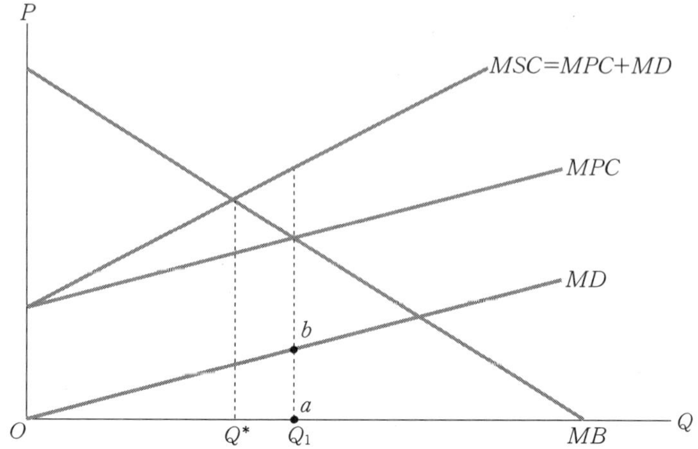

❙ 그림 4-7 ❙ 코우즈정리

도 소요되지 않는다고 가정한다. 이 경우 생산자 A의 처음 생산량은 '0'이다. 따라서 생산자 A는 주민들에게 자신이 일으키는 환경오염에 대한 보상을 해줌으로써 생산을 늘리려 할 것이다. 다시 말해서, 생산자 A는 주민들에게 지급해야 하는 보상금보다 생산활동을 통해 얻는 이윤이 크다면, 즉 $MB-MPC>$보상금이라면, 주민들에게 보상금을 지불할 용의가 있는 것이다. 또한 이웃주민들의 입장에서도 자신들이 받게 될 보상금의 규모가 환경오염으로부터 발생하는 피해보다 크다면 생산자 A의 제안을 받아들일 용의가 있다. 결국 $MB-MPC>MD$라면 생산자와 이웃주민들 사이에는 협상을 통하여 생산수준을 늘릴 수 있는 여지가 있는 것이다.

[그림 4-7]에서 Q^*까지의 생산수준에서는 $MB-MPC>MD$라는 조건이 만족된다. 따라서 생산수준은 Q^*까지 늘어날 수 있다. 반면 Q^*보다 오른쪽에서는 MD가 $MB-MPC$보다 크게 되며, 이는 생산자가 지불해야 하는 보상금의 규모가 자신의 이윤증가규모보다 큼을 의미한다. 따

라서 생산수준이 Q^*보다 늘어나지는 않는다.

결국 환경에 대한 소유권을 누가 갖는가와는 상관없이 누구라도 소유권을 가지고 있다면 사회 전체적으로 효율적인 결과가 달성된다고 할 수 있다. 이를 코우즈정리(Coase Theorem)라고 한다.[13] 코우즈정리가 갖는 중요한 시사점은 비록 외부효과가 존재한다고 하더라도 소유권만 확립되어 있다면 이를 교정하기 위한 정부의 개입이 불필요하다는 것이다. 그러나 현실적으로 과연 코우즈정리가 시사하는 바와 같이 외부효과를 정부의 개입 없이 당사자 간의 자발적인 협상만으로 교정할 수 있는가? 꼭 그렇지만은 않다.

첫째, 코우즈정리는 거래비용(transaction costs)이 전무함을 가정하고 있다. 거래비용이란 협상의 대상자를 선정하고 정보를 획득하는 데 소요되는 비용, 협상과 의사결정에 소요되는 비용, 그리고 협상이 타결된 후 그것이 지켜지도록 통제하는 비용을 모두 포함하는 개념이다.[14] 협상에 참여하는 사람들이 극소수라면 거래비용은 '0'에 가까울 것이다. 그러나 환경오염을 발생시키는 기업의 수가 수백 개 혹은 수천 개에 달하고 환경오염에 의해 피해를 입는 주민의 수가 수만 혹은 수십만에 달한다면 이러한 거래비용은 엄청나게 늘어날 것이다. 많은 경우 이 비용은 협상에 따른 사회적 후생의 증가를 상회할 것이다.

둘째, 코우즈정리가 의미하는 대로 당사자 간의 자발적 해결이 가능하기 위해서는 누가 어느 정도의 환경오염을 일으키는가에 대한 완벽한 정보가 존재하여야 한다. 다시 말해서, 환경에 대한 소유권을 생산자들이 갖고

---

13) Ronald H. Coase.(1960). "The Problem of Social Cost." *Journal of Law and Economics*. vol. 3, pp. 1–44.

14) Carl J. Dahlman.(1979). "The Problem of Externality." *Journal of Law and Economics*. vol. 12, p. 148.

있는 경우에는 보상금의 적절한 분할을 위해서, 환경에 대한 소유권을 이웃주민들이 갖고 있는 경우에는 보상금의 재원조달을 위한 생산자들 간의 부담의 배분을 위해서, 누가 얼마만큼의 환경오염을 발생시키는가에 관한 완벽한 정보가 존재하지 않으면 안 된다. 그런데 누가 어느 정도의 환경오염을 일으키는가에 대한 정보는 관련된 당사자들의 수가 매우 적을 경우에는 쉽게 얻을 수 있지만, 당사자들의 수가 많아질 경우에는 이러한 정보를 얻기가 거의 불가능해진다.

셋째, '깨끗한 환경'은 일종의 공공재이다. 따라서 일단 환경이 깨끗해지기만 한다면 누구든지 그 혜택을 볼 수 있다. 더욱이 환경오염의 감소로부터 개개인이 느끼는 편익의 정도는 서로 다를 수밖에 없다. 그러므로 누가 환경오염을 얼마만큼 싫어하는지에 관한 완벽한 정보가 존재하지 않는다면 개개인은 부담을 회피하기 위하여 환경오염에 대한 혐오의 정도를 낮추어 표현할 가능성이 대단히 크다. 따라서 환경에 대한 소유권을 생산자가 갖고 있는 경우, 보상금을 위한 부담의 배분에 있어서 각 개인은 무임승차자(free rider)가 되려고 하는 유인이 대단히 클 수밖에 없고 또한 그것이 가능하다.[15]

코우즈정리는 이해당사자의 수가 대단히 적고 외부효과를 발생시키는 원인자와 그로부터 영향을 받는 사람들에 대한 완벽한 정보가 존재하고 있을 때에만 유효성을 가질 수 있다. 그런데 협상에 참여하는 사람들의 수가 극소수라 하더라도 거래의 상대방에 대해 완벽한 정보를 갖기란 사실상 거의 불가능하며, 이럴 경우 자발적인 협상에 의해서 자원이 효율적으로 배분될 것으로 기대할 수 없게 된다.[16] 결국 현실적으로 당사자들 간의 자발

---

15) Joseph E. Stiglitz.(2000). *Economics of the Public Sector*. 3rd ed., New York : W.W. Norton & Co., pp. 221–22.

16) Joseph Farrell.(1987). "Information and the Coase Theorem." *Journal*

적인 협상에 의해 외부효과가 교정되는 경우는 극히 예외적인 상황일 것이며, 이에 외부효과를 교정하기 위한 정부의 역할이 강조되는 것이다.

자발적 협상에 의한 외부효과의 교정이 가능하다 할지라도 과연 누가 환경에 대한 소유권을 갖는가 하는 문제는 분배적인 측면에서 정반대되는 결과를 낳는다. 즉, 생산자가 환경에 대한 소유권을 갖는 경우에는 생산자의 소득이 상대적으로 증가하지만, 이와 반대의 경우에는 이웃주민들의 소득이 상대적으로 증가하게 되는 것이다.

6. 이로운 외부효과의 교정

이상에서 우리는 해로운 외부효과를 교정하기 위한 여러 가지 방법들을 살펴보았는데, 그렇다면 이로운 외부효과는 어떻게 교정할 수 있는가? 만일 어떤 경제적 행위가 그 행위의 주체에게 귀속되는 사적인 편익뿐만 아니라 외부적 편익까지도 동시에 발생시킨다면 어떤 방법으로 그러한 경제적 행위를 장려할 수 있을 것인가?

한 예로서 순수자연과학이론을 개발하는 연구소를 생각해 보자. 이 연구소에서 얼마만큼의 과학자를 고용하고 또 연구를 위한 지원을 얼마만큼 할 것인가는 연구활동으로부터 발생하는 한계편익과 연구활동을 지원하는데 소요되는 한계비용이 일치되는 수준에서 결정될 것이다. [그림 4-8]에서 연구소의 활동수준은 $MPB=MC$인 R_1에서 이루어진다. 그런데 이 연구소에서 나오는 연구결과를 활용하여 다른 기업들이 자신들의 생산방법을 개선할 수 있고 그에 따라 보다 낮은 비용으로 생산활동을 영위할 수

of Economic Perspectives. Vol. 1, pp. 114-17.

있게 되었다고 하자. 그렇지만 이 연구소의 연구결과는 단지 순수이론분야에 속한 것으로서 이를 활용하는 데 기업들이 대가를 지불할 이유가 없다고 가정하자. 이때 이 연구소의 연구활동은 사적인 편익뿐만 아니라 이로운 외부효과 또한 동시에 발생시킨다. 따라서 단지 사적인 한계편익과 한계비용이 일치하는 점이 아니라 사회적인 한계편익과 한계비용이 일치되는 점에서 연구활동의 수준이 결정되어야만 사회 전체적으로 자원이 효율적으로 배분되게 되는 것이다. 사회적인 한계편익은 그림에서 사적인 한계편익(marginal private benefit : *MPB*)과 외부적 한계편익(marginal external benefit : *MEB*)을 더한 수직적 거리와 같다. 따라서 사회 전체적인 시각에서의 최적 연구활동수준은 $MSB=MC$인 R^*가 된다.

그렇다면 어떤 방법으로 이 연구소가 연구활동을 R^*수준까지 높일 수 있도록 유도할 것인가? 이로운 외부효과가 존재하는 경우에는 사회 전체적으로 최적의 생산수준(R^*)에서 발생하는 외부효과의 크기만큼 보조금을 지불함으로써 그 생산활동을 장려할 수 있다. [그림 4-8]에서 *MSB*와 *MPB*의 수직적 거리가 바로 *MEB*이다($ab=a'b'$). 따라서 이 연구소에서 연구활동을 지원하는 데 소요되는 한계비용을 R^*인 연구활동수준에서 나타나는 *MEB*만큼 낮추게 되면(다시 말해서 한계비용을 $MC-$Subsidy로 낮추게 되면), 사회 전체적인 시각에서의 최적 연구활동수준을 달성할 수 있을 것이다. 경제행위의 수준을 결정함에 있어 생산활동의 주체는 이로운 외부효과를 포함한 사회적 한계편익까지 고려하는 것이 아니라 자신이 경험하는 사적인 한계편익과 사적인 한계비용만을 고려할 뿐이다. 따라서 보조금 지급을 통해 사적인 한계비용을 낮추게 되면 자연스럽게 사회적으로 최적인 경제활동수준으로 유도하게 된다. 이러한 보조금을 피구세(Pigouvian tax)와 대비하여 피구보조금(Pigouvian subsidy)이라고 한다. 그렇지만 피구보조금을 활용하는 경우에도 해로운 외부효과를 교정하

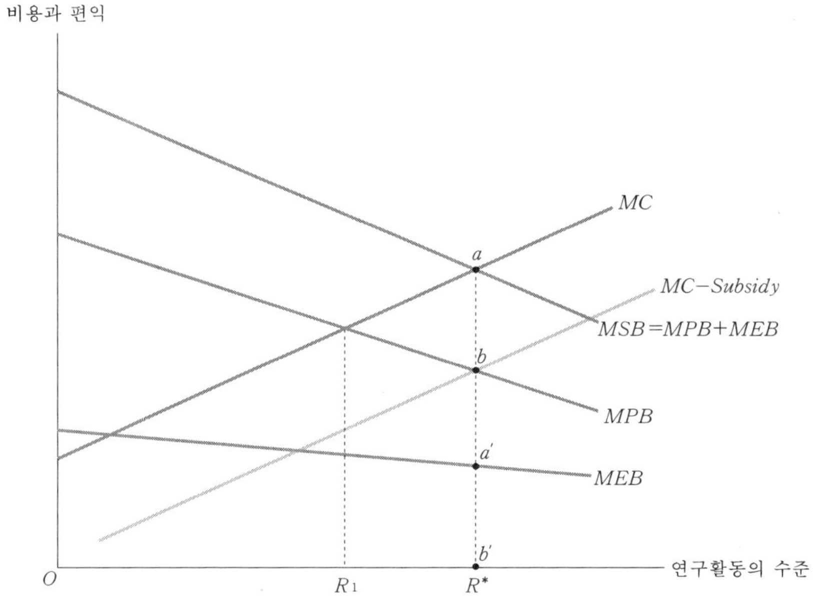

‖ 그림 4-8 ‖ 이로운 외부효과의 교정

기 위해 보조금에 의한 방법을 활용할 때와 마찬가지로 어떤 수준이 최적의 생산수준이며 그때 발생하는 이로운 외부효과의 크기는 얼마나 되는가를 어떻게 측정할 것인가 하는 문제가 계속해서 남게 된다.

7. 외부효과와 소득분배

이상에서 우리는 자원배분의 효율성이라는 관점에서 외부효과의 문제를 살펴보고 외부효과를 교정하기 위한 여러 가지 방법들을 비교 · 평가하여 보았다. 그런데 효율적인 자원배분을 달성할 수 있는 외부효과의 교정방법이 분배적 측면에서는 반드시 바람직한 결과만을 가져오는 것은 아니라는 사실을 인식할 필요가 있다.

예를 들어 조세에 의한 방법을 통하여 외부효과를 교정했다고 가정하자. 이 경우 기업의 생산수준은 당연히 낮아지게 된다. 그렇다면 이 기업은 이전과 비교하여 생산요소를 덜 구매하게 되고 고용하는 노동자들의 수도 줄어들게 된다. 따라서 이 기업의 생산활동에 필요한 생산요소를 공급하는 측의 소득수준이 낮아질 수밖에 없을 것이고, 경우에 따라서는 이 기업에 종사하던 노동자들의 일부가 실업을 경험하거나 혹은 임금이 낮아지게 될 수도 있다. 또한 이 기업이 생산하는 재화를 구입하는 입장에서는 생산량이 줄어듦에 따라 이전보다 높은 가격으로 그 재화를 구입해야 할 것이다. 이때 만약 이 기업에 필요한 생산요소를 공급하는 사람들과 이 기업의 생산물을 구매하는 사람들이 모두 저소득층이라면 외부효과의 교정이 효율적인 자원배분의 측면에서는 바람직한 결과를 낳겠지만 소득분배상태는 더욱 불평등하게 만들 것이다.

보조금을 지급함으로써 해로운 외부효과나 혹은 이로운 외부효과를 교정하는 경우에는 일반 납세자들이 외부효과를 교정하기 위한 부담을 지지 않으면 안 된다. 이때 보조금을 지급받는 측이 높은 소득을 향유하는 사람들이라면 보조금을 활용하는 방법이 소득분배를 더욱 불평등하게 만들 수도 있다. 반면, 이 경우 해로운 외부효과를 교정하는 방법을 조세에 의한 방법으로 바꾸게 된다면 보조금의 재원을 마련키 위해 조세를 납부해야만 했던 사람들의 소득수준이 상대적으로 올라가게 된다.

외부효과의 교정에 따른 분배적인 측면의 문제는 여기에 국한되지 않는다. 환경오염의 피해를 보는 사람들은 주로 저소득층인 경우가 많은데, 이때 환경오염의 감소는 이들의 후생을 상대적으로 증가시키게 될 것이다. 반면, 환경오염의 감소에 따라 휴양지를 비롯한 여가활용을 위한 공간 등이 더욱 확보된다면 이를 활용할 수 있는 사람들, 주로 고소득층의 후생이 증가하게 되는 것이며 이는 소득분배의 측면에서는 바람직하지 않은 결과를 낳는 것이라고도 할 수 있다.

결국 외부효과의 교정에 따른 소득분배상태의 변화는 효율적인 자원배분과는 전혀 다른 차원의 분석을 필요로 하는 것이며, 효율적인 자원배분의 달성과 사회적 형평성의 제고라는 두 가지 목표가 반드시 동시에 달성되는 것은 아니라는 점에 주목할 필요가 있다.

참 / 고 / 문 / 헌

Anderson, John E.(2003). *Public Finance: Principles and Policy*. Boston : Houghton Mifflin Co., ch. 4.

Baumol, William J.(1972), "On Taxation and the Control of Externalities." *American Economic Review*. vol. 62, pp. 307–22.

______ **and Wallace E. Oates.**(1988). *The Theory of Environmental Policy*. 2nd ed., Cambridge : Cambridge University Press.

Boadway, Robin W. and David E. Wildasin.(1984). *Public Sector Economics*. 2nd ed., Boston : Little, Brown & Co., ch. 5.

Buchanan, James M. and W. Craig Stubblebine.(1962). "Externality." *Economica*. vol. 29, pp. 371–84.

Coase, Ronald H.(1960). "The Problem of Social Cost." *Journal of Law and Economics*. vol. 3, pp. 1–44.

Cropper, Maureen L. and Wallace E. Oates.(1992). "Environmental Economics : A Survey." *Journal of Economic Literature*. vol. 30, no. 2, pp. 675–740.

Dahlman, Carl J.(1979). "The Problem of Externality." *Journal of Law and Economics*. vol. 29, pp. 141–62.

Farrell, Joseph.(1987). "Information and the Coase Theorem." *Journal of Economic Perspectives*. vol. 1, pp. 113–29.

Gruber, Jonathan.(2005). *Public Finance and Public Policy*. New York : Worth Publishers, ch. 5.

Hyman, David N.(1993). *Public Finance : A Contemporary Application of Theory to Policy*. 6th ed., Fort Worth : The Dryden Press, ch. 3.

Mishan, E.J.(1971). "The Postwar Literature on Externalities : An Interpretative Essay." *Journal of Economic Literature*. vol. 9, pp. 1–28.

Oates, Wallace E.(1985). "The Environment and the Economy : Environmental Policy at the Crossroads." in John M. Quigley and Daniel L. Rubinfeld(eds.), *American Domestic Priorities : An Economic Appraisal*. Berkeley : University of California Press.

Rosen, Harvey S.(2002). *Public Finance*. 6th ed., Boston : McGraw-Hill, ch. 5.

Ruff, Larry.(1970). "The Economic Common Sense of Pollution." *The Public Interest*. vol. 19, pp. 69–85.

Stiglitz, Joseph E.(2000). *Economics of the Public Sector*. 3rd ed., New York : W.W. Norton & Co., ch. 9.

Turvey, Ralph.(1963). "On Divergencies Between Social Cost and Private Cost." *Economica*. vol. 30, pp. 309–13.

제 5 장
공공선택이론

1. 공공선택이론의 의미

앞에서 우리는 시장기제에 의할 경우 공공재가 아예 공급되지 않거나 불충분하게 공급될 수밖에 없음을 보았다. 물론 이론적인 차원에서는 공공재에 대한 각 개인의 수요곡선을 수직으로 더함으로써 공공재에 대한 사회 전체적인 수요곡선을 도출할 수 있고 이를 토대로 파레토 효율적인 공공재의 공급수준을 결정할 수 있다. 그러나 이는 어디까지나 가상적인 것으로서, 현실적으로 이러한 방법을 이용하여 공공재의 공급수준을 도출해 내기란 사실상 불가능하다. 따라서 공공재의 공급수준은 정치적인 의사결정과정을 통해서 결정될 수밖에 없다. 이때 각 개인의 선호가 어떻게 사회 전체적인 선호로 취합되는가에 관심을 갖는 재정학의 분야가 바로 공공선택이론이다. 공공선택이론은 각 개인의 선호가 사회 전체적인 선택으로 전환되는 과정인 정치적 의사결정이 어떠한 경제적 의미를 갖는가를 분석하는 데에 그 주된 관심을 두는 분야이다.

2. 효율적인 의사결정방법

(1) 만장일치제

모든 사람들이 공공재나 혹은 다른 정부정책에 관한 자신의 선호를 정직하게 표현한다 하더라도 서로 다를 수밖에 없는 개개인의 선호를 통합하기란 결코 쉽지 않다. 그러므로 집합적 선택의 과정에서는 누구의 정책선호를 정책으로 결정할 것이며, 또 이를 결정하기 위한 적절한 의사결정방법(decision-making rule)이 어떤 것인가에 관련된 문제가 자연히 대두될 수밖에 없다.

이러한 선택의 문제는 시장에서는 별 어려움 없이 해결된다. 사적재가 교환되는 시장에서 사람들은 재화에 대한 자신의 선호를 가격을 통해 표현하며, 어떤 재화에 대한 선호가 강하면 강할수록 더 많은 가격을 지불하려고 한다. 따라서 사적재가 교환되는 시장에서는 재화의 판매자와 구매자가 모두 거래의 조건에 만족하는 경우에만 최종적인 거래가 이루어지며, 거래의 당사자 중 어느 한 쪽이라도 거래의 조건에 만족하지 않는다면 거래는 이루어지지 않는다. 결국 시장에서 거래가 이루어지는 경우 거래조건에 대한 의사결정의 방법은 만장일치(unanimous consent)에 의한다고 할 수 있다. 또한 이러한 방법에 의해서 거래가 이루어질 경우 거래의 당사자들은 누구의 후생도 감소시키지 않고 자신의 후생을 증가시키게 되므로 파레토 효율성이 달성되는 것이다.

동일한 논리로 집단적인 선택의 과정에 있어서도 파레토 최적을 달성할 수 있는 의사결정방법은 만장일치제밖에는 없다. 이러한 측면에서 집합적인 의사결정을 위해 흔히 채택되는 다수결제는 파레토 최적의 의사결정방법이라고 할 수 없다. 왜냐하면 다수결제에서는 선택된 어떤 의안에 대해서 반대한 사람들의 후생은 당연히 감소할 수밖에 없기 때문이다. 그렇다면 정부의 정책을 결정하기 위한 방법은 항상 만장일치제를 따라야 하는가? 꼭 그렇지만은 않다. 집합적인 의사결정에 참여하는 사람들의 수가 적다면 만장일치제를 택하는 것이 별 어려움이 없을 수도 있다. 그러나 대단히 많은 수의 사람들이 의사결정에 참여할 경우에는 합의를 이끌어 내는데 상당히 많은 시간과 노력이 소요될 수밖에 없기 때문에 만장일치에 의한 의사결정방법이 현실적으로 불가능하게 된다. 더욱이 만장일치제에 의할 경우에는 오직 한 사람의 반대만이 있더라도 그 안건은 부결될 수밖에 없기 때문에 소수자의 횡포가 나타날 수 있다는 문제 또한 발생한다.

(2) 뷰캐넌-털록모형

그렇다면 집합적인 의사결정에 있어서 어떤 의사결정방법이 가장 바람직한 방법인가? 이러한 의문에 대해 뷰캐넌과 털록(Buchanan and Tullock)은 의사결정비용과 외부비용이라는 개념을 이용하여 해답을 제시하고 있다.[1] 뷰캐넌과 털록에 의하면 어떤 의사결정방법이든 의사결정비용과 외부비용을 수반할 수밖에 없다고 한다.

의사결정비용(decision-making costs)이란 합의를 이끌어 내는 데 필요한 시간과 노력을 의미한다. 어떤 의안을 통과시키기 위해 요구되는 찬

1) James M. Buchanan and Gordon Tullock.(1962). *The Calculus of Consent : Logical Foundations of Constitutional Democracy*. Ann Arbor : University of Michigan Press.

성자의 비율이 높아지면 높아질수록 이러한 의사결정비용은 증가할 수밖에 없을 것이며, 만장일치제의 경우 이 비용은 막대할 것이다. 반면 외부비용(external costs)이란 자신의 선호나 이익에 반하는 의안이 통과되는 경우 반대편에 섰던 사람들이 불가피하게 감수할 수밖에 없는 후생의 감소를 의미한다. 어떤 의안을 통과시키기 위해 필요한 찬성자의 비율이 높아지면 높아질수록 이러한 외부비용은 감소할 것이며, 만장일치제는 바로 이러한 외부비용이 '0'이 되는 의사결정방법이라고 할 수 있다. 따라서 뷰캐넌과 털룩에 의하면 가장 효율적인 의사결정방법은 바로 의사결정비용과 외부비용의 합이 최소가 되는 점에서 발견될 수 있다는 것이다.

아래의 [그림 5-1]에서 종축은 의사결정에 수반되는 비용을 나타내며, 횡축은 의안을 통과시키기 위해 필요한 찬성자의 비율을 나타낸다. 곡선 D는 의사결정비용을 의미하며 곡선 E는 외부비용을 의미한다. [그림 5-1]에서 보는 바와 같이 의안을 통과시키는 데 필요한 찬성자의 비율이 낮

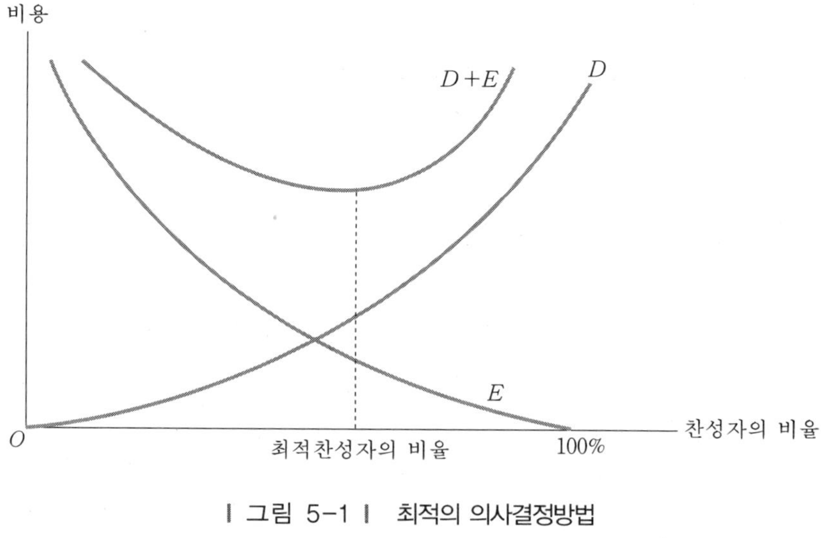

Ⅰ 그림 5-1 Ⅰ 최적의 의사결정방법

으면 의사결정비용은 대단히 낮아지는 반면 외부비용은 높아질 수밖에 없다. 반대로 찬성자의 비율이 높아지면 외부비용은 낮아지는 대신 의사결정비용은 높아지게 된다. 따라서 가장 효율적인 의사결정방법은 D와 E의 수직적 합이 최소가 되는 점에서 정해지게 되는 것이다.

물론 의사결정비용과 외부비용의 측정은 현실적으로 거의 불가능하며, 의안의 성격에 따라 두 비용의 크기 또한 달라지게 된다. 따라서 뷰캐넌-털록모형은 일종의 개념적 틀이라고 할 수 있다. 또한 뷰캐넌과 털록이 의미하는 가장 효율적인 의사결정방법이 파레토 최적의 의사결정방법은 결코 아니다. 그렇지만 의사결정방법을 선택하는 데 있어서 단지 외부비용뿐만 아니라 의사결정비용까지도 고려되어야 함을 명쾌하게 설명하고 있다는 점에서 뷰캐넌-털록모형은 시사하는 바가 대단히 크다고 할 것이다.

이에 더하여 뷰캐넌-털록모형은 집합적 선택의 과정에 대해서 다음과 같은 중요한 의미를 갖는다.

첫째, 집합적 의사결정을 위한 유일한 최적의 방법은 존재하지 않는다. 의안의 성격에 따라 의사결정비용과 외부비용의 크기와 모양이 달라질 수밖에 없고, 이에 따라 가장 효율적인 의사결정방법도 의안의 성격에 따라 달라지는 것이 당연하다고 할 것이다.

둘째, 흔히 민주적인 의사결정방법이라고 일컬어지는 다수결제(혹은 과반수제)도 다른 의사결정방법과 마찬가지로 대단히 자의적인 의사결정방법이다. 왜냐하면 의사결정비용과 외부비용의 합이 찬성자의 비율이 50%+1인 지점에서 최소가 될 수 있다는 어떠한 근거도 사실상 존재하지 않기 때문이다.

셋째, 최적의 의사결정방법은 사안에 따라 달라지지만 이를 선택함에 있어 중요한 고려사항은 의사결정방법의 선택과 관련된 결정과 그렇지 않은 일상적인 결정과의 구분이라고 할 수 있다. 예컨대, 헌법의 수정과 같은 근본적인 결정, 즉 어떤 의사결정방법을 이용해서 집합적인 의사결정을 할 것인가를 정하는 경우에 발생하는 외부비용은 대단히 크다. 따라서 이 경우 의사결정비용과 외부비용의 합이 최저가 되는 점은 [그림 5-1]에서 우측으로 이동할 것이며, 이는 곧 의사결정비용이 증가하더라도 의안을 통과시키는 데 필요한 찬성자의 비율이 증가할 수밖에 없음을 의미하는 것이다. 반면 정부의 일상적인 정책과 관련된 의사결정의 경우에는 외부비용이 그리 크지 않다고 할 수 있는데, 이렇게 되면 의안을 통과시키는 데 필요한 찬성자의 비율이 그리 높을 필요가 없을 것이다.

넷째, 의사결정을 하는 집단의 특성이 의사결정방법에 영향을 미친다. 집단이 대단히 이질적이어서 집단구성원들 간의 상호신뢰가 대단히 약한 경우에는 의사결정에 따른 외부비용이 대단히 높을 수밖에 없다. 반면 집단이 대단히 동질적인 경우에는 외부비용이 그리 높지 않을 것이다. 따라서 이질적인 집단일수록 의안을 통과시키는 데 필요한 찬성자의 비율이 높아질 것을 요구할 것이다. 그런데 문제는 이질적인 집단일수록 합의를 이끌어 내는 데 필요한 의사결정비용이 높아질 것이며, 반대로 동질적인 집단일수록 의사결정비용은 낮아질 것이라는 점이다. 따라서 동질적인 집단일 경우에는 의사결정비용이 낮은데도 불구하고 의안을 통과시키는 데 필요한 찬성자의 비율이 낮아도 커다란 문제를 야기하지 않는 데 반해서, 이질적인 집단일 경우에는 의사결정비용이 대단히 높은데도 불구하고 의안을 통과시키는 데 필요한 찬성자의 비율 또한 높아야 한다는 딜레마가 발생하게 된다.

3. 애로우의 불가능성 정리

바람직한 의사결정방법은 효율적이어야 할 뿐만 아니라 민주적이어야 한다. 다시 말해서, 집합적인 선택의 과정은 효율적일 뿐만 아니라 개개인의 선호를 제대로 반영할 수 있어야 한다.

애로우(Arrow)는 바람직한 의사결정방법이 갖추어야 할 기본적인 조건으로서 다음의 다섯 가지를 제시하고 있다.[2)]

① **선호영역의 무제한성**(Unrestricted Domain) : 이는 개개인의 선택의 자유가 제한되어서는 안 된다는 조건이다. 즉, 집단구성원 각자는 상상할 수 있는 어떠한 선호체계도 가질 수 있어야 하며, 집단구성원의 선호가 어떻든간에 항상 의사결정을 내릴 수 있어야 한다는 의미이다.

② **파레토원리**(Pareto Principle) : 이는 집단구성원 모두가 Y보다 X를 선호하는 경우, 집단의 최종적인 선택 또한 Y보다 X를 선호해야 한다는 조건이다. 만일 X와 Y에 대한 집단의 다른 모든 구성원들의 선호가 무차별적이고 오직 한 사람만이 Y에 비해 X를 선호한다고 해도 집단의 최종선택은 Y보다 X를 선호해야 한다는 것이다.

③ **비독재성**(Non-Dictatorship) : 어느 누구도 집합적인 선택의 과정에 대해서 결정적인 영향력을 행사해서는 안 된다는 조건이다. 즉, 다른 사람들의 선호체계와는 상관없이 집단구성원 중 어떤 한 사람이 Y보다 X를 선호한다고 해서, 집단의 최종선택이 Y보다 X를 선호하는 식으로 결정되어서는 안 된다는 것이다.

---

2) Kenneth J. Arrow.(1963). *Social Choice and Individual Values*. 2nd ed., New Haven : Yale University Press.

④ **합리성**(Rationality) : 집단의 선택과정은 합리적이어야 한다는 조건이다. 이러한 합리성은 완전성(completeness)과 일관성(transitivity)을 모두 포함하는 개념이다. 여기서 완전성이란 X보다 Y를 더 선호한다거나 반대로 Y보다 X를 더 선호한다거나 또는 X와 Y에 대한 선호는 무차별하다든가 하는 식으로 모든 대안에 대해 선호의 순위를 매길 수 있어야 한다는 것을 의미한다. 일관성이란 Y보다 X를 선호하고 또한 Z보다 Y를 선호한다면 당연히 Z보다 X가 선호되어야 한다는 의미이다. 즉, $X>Y$이고 $Y>Z$라면, 당연히 $X>Z$라는 관계가 성립해야 한다는 것이다.

⑤ **비연관된 대안의 독립성**(Independence of Irrelevant Alternatives) : 이는 두 대안에 대한 선호의 순위는 개개인이 두 대안에 대해서 갖고 있는 선호체계에 의해서만 결정되어야 하며, 다른 제 3의 대안에 의해서 둘 간의 순위가 뒤바뀌어서는 안 된다는 조건이다. 즉, X와 Y 간의 순위는 단지 X와 Y의 비교에 의해서만 결정되어야 하지, 제 3의 대안 Z가 등장했다고 해서 X와 Y의 순위가 역전되어서는 안 된다는 조건이다. 예를 들면, 공터에 공원을 건설하는 대안이 주차장을 건설하는 대안보다 선호되고 있는데, 제 3안의 대안인 동상 건립이 등장했다고 해서 갑자기 주차장 건설이 공원 건설보다 선호되어서는 안 된다는 것이다.

애로우가 제시한 이상의 다섯 가지 조건은 사회구성원 개개인의 선호를 사회 전체적인 선호로 전환하기 위해 필요한 매우 당연한 조건이라고 할 수 있다. 그러나 애로우에 의하면 이 다섯 가지 조건들을 동시에 만족시킬 수 있는 의사결정방법은 존재하지 않는다고 한다. 이를 애로우의 불가능성 정리(Arrow's Impossibility Theorem)라고 한다. 민주주의가 제대로 기능하기 위해서는 국민의 선호가 정부정책에 정확하고 일관되게 반영되어야 하지만, 애로우의 불가능성 정리는 의사결정의 측면에서 민주주의의 실현가능성에 대해 심각한 의문을 제기하는 것이라고 할 수 있다.

4. 다수결제와 투표의 역설

(1) 투표의 역설

흔히 민주적인 의사결정방법이라고 일컬어지는 다수결제(majority rule)도 항상 일관된 집단적인 의사결정을 가능하게 하는 것은 아니다. 다음의 두 가지 예를 보면 이는 명확해진다.

A, B, C 세 사람이 살고 있는 어떤 마을에서 가로등을 설치하는 안건에 대해 투표를 하기로 하고 가로등이 설치되는 경우에는 비용을 동일하게 분담하기로 합의했다고 가정하자. 그렇지만 어떤 크기의 가로등을 설치할 것인가에 대한 세 사람의 의견은 각기 다르다. A는 설치비용이 100,000원이 소요되는 규모가 큰 가로등을 설치하기를 원하고, B는 50,000원 정도의 중간크기의 가로등을 원하며, C는 가로등이 아예 설치되지 않기를 바란다. 〈표 5-1〉은 가로등에 대한 세 사람의 선호를 나타내고 있다. 〈표 5-1〉은 세 사람이 가장 선호하는 가로등의 크기뿐만 아니라 두 번째 및 세 번

‖ 표 5-1 ‖ 가로등에 대한 선호순위 (1)

선호의 순위	A	B	C
1 순위	100,000	50,000	0
2 순위	50,000	100,000	50,000
3 순위	0	0	100,000

째의 선호도 동시에 나타내고 있다.

만약 다수결에 의해서 어떤 가로등을 설치할 것인가를 결정하기로 한다면, 어떤 가로등이 선택될 것인가? 일인일표를 행사하는 다수결제하에서는 어떤 선택도 불가능하다. 왜냐하면 각 대안은 한 표씩만을 받게 될 것이기 때문이다. 이러한 문제를 해결할 수 있는 다수결의 방법은 이중택일을 하도록 만드는 것이다. 즉, 규모가 큰 가로등과 중간크기의 가로등 중 어느 하나를 선택하도록 하는 것이다. 이 경우 〈표 5-1〉에서 볼 수 있는 바와 같이 A는 규모가 큰 가로등을 선택하지만 B와 C는 중간크기의 가로등을 선택할 것이다. 따라서 중간크기의 가로등을 설치하는 것으로 마을 전체의 의사결정이 이루어질 것이다.

그렇지만 이상의 선택과정에서 가로등을 설치하지 않는 대안은 전혀 고려되지 않았다. 그러므로 다시 중간크기의 가로등과 아예 가로등을 설치하지 않는 대안을 놓고 투표를 한다면, A와 B는 중간크기의 가로등을 선택하고 오직 C만이 가로등을 아예 설치하지 않기를 원할 것이므로, 결국 중간크기의 가로등을 설치하는 것으로 마을 전체의 의사결정이 이루어질 것이다. 결국 다수결제하에서는 중간크기의 가로등의 설치가 최종적인 선택이 되는 것이다.

그런데 문제는 항상 이러한 일관된 의사결정이 이루어지지만은 않는다는 점이다. 〈표 5-2〉의 경우를 상정해 보자. 〈표 5-1〉과 〈표 5-2〉에서 B와 C의 선호체계는 동일하다. 단지 A의 두 번째 선호와 세 번째 선호만이 〈표 5-2〉에서 바뀌어져 있을 뿐이다. 이러한 선호체계하에서 앞의 경우와 동일한 방법으로 투표를 실시했다고 가정하자.

규모가 큰 가로등과 중간크기의 가로등을 놓고 투표를 실시할 경우 A는 규모가 큰 가로등을 선호하지만, B와 C는 중간크기의 가로등을 더 원할 것이다. 따라서 이 경우 중간크기의 가로등이 선정될 것이다. 이번에는

ǀ 표 5-2 ǀ 가로등에 대한 선호순위 (2)

선호의 순위	A	B	C
1 순위	100,000	50,000	0
2 순위	0	100,000	50,000
3 순위	50,000	0	100,000

다시 중간크기의 가로등과 아예 가로등을 설치하지 않는 대안을 비교해 보자. 이때 B는 중간크기의 가로등을 원하지만 A와 C는 가로등을 아예 설치하지 않기를 더 원할 것이다. 따라서 아예 가로등을 설치하지 않기로 마을 전체의 의사결정이 이루어질 것이다. 그렇다면 규모가 큰 가로등과 아예 가로등을 설치하지 않는 대안을 놓고 투표를 한다면 어떤 결과가 나타날 것인가? C는 아예 가로등을 설치하지 않기를 원하지만, A와 B는 규모가 큰 가로등을 설치하기를 원할 것이다. 따라서 마을 전체의 의사결정은 규모가 큰 가로등을 설치하는 것으로 나타날 것이다.

결국 〈표 5-2〉와 같이 각 개인의 선호가 나타나는 경우에는 마을 전체의 최종적인 선택이 일관되게 나타나지 않고 돌고 돌게 된다. 이를 투표에 있어서의 순환(cycling)이라고 한다. 개개인의 경우에는 $X > Y$이고 $Y > Z$라면 당연히 $X > Z$라는 관계가 성립한다. 그러나 투표에 있어서 순환이 나타나는 경우 집단의 선택과정에서 이러한 일관성(transitivity)이 성립하지 않는다. 다시 말해서, 각 개인의 선호체계는 일관되어 있다 하더라도 집단의 선호체계는 일관되지 않을 수 있는데, 이를 투표의 역설(paradox of voting)이라고 한다. 〈표 5-2〉의 예에서 본 바와 같이 투표에 있어서 순환이 존재하는 경우 집단의 최종적인 선택은 각 개인의 선호체계보다는 투표가 진행되는 순서에 따라 달라지게 된다. 따라서 투표에 있어서 순환이 존재하는 경우에는 의안의 상정순서를 자의적으로 조작함으로써 집단의 최종적인 선택을 얼마든지 바꿀 수 있는데 이를 의사진행의 조작(agenda manipulation)이라고 부른다.

(2) 투표의 역설이 발생하는 이유

〈표 5-1〉에 제시된 세 사람의 선호체계에서는 투표에 있어서의 순환이 나타나지 않지만 〈표 5-2〉에 제시된 세 사람의 선호체계로부터는 순환이 나타난다. 그렇다면 이 두 경우의 차이를 어떻게 개념화해서 설명할 수 있을까? 이를 공공선택이론에서는 단봉선호와 다봉선호라는 개념을 이용해서 설명하고 있다. 개인의 선호체계가 단봉선호(single-peaked preferences)를 가졌다는 의미는 한 개인이 가장 원하는 대안으로부터 어느 방향으로든지 멀어지면 멀어질수록 그의 효용이 지속적으로 감소하는 경우를 의미한다. 반면, 개인의 선호체계가 다봉선호(multi-peaked preferences)

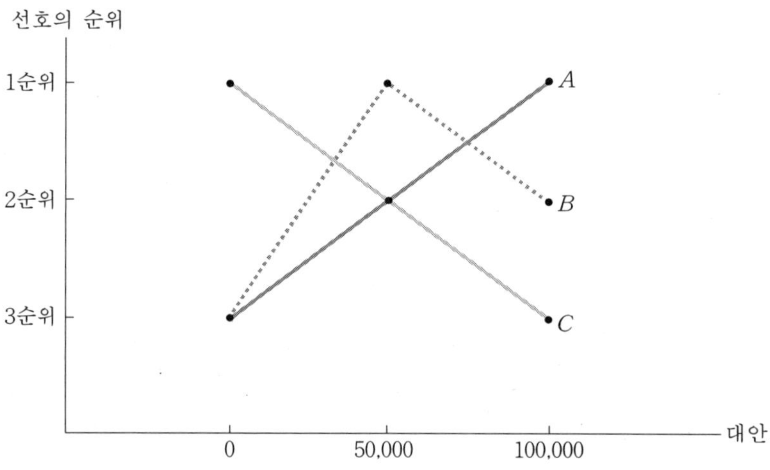

Ⅰ 그림 5-2 Ⅰ 단봉선호의 경우(표 5-1)

를 가졌다는 의미는 한 개인이 가장 원하는 대안으로부터 멀어지게 되면 처음에는 효용이 감소하지만, 더욱 더 멀어지게 되면 오히려 효용이 증가하는 경우를 의미한다.

[그림 5-2]는 〈표 5-1〉의 선호체계를 그림으로 표현한 것이며, [그림 5-3]은 〈표 5-2〉에 나타난 세 사람의 선호체계를 그림으로 표시한 것이다. [그림 5-2]에 표시된 A, B, C 세 사람의 선호체계는 모두 단봉선호를 나타내고 있다. 반면 [그림 5-3]에서는 B, C의 선호체계는 단봉선호를 나타내고 있지만, A의 선호체계는 이봉선호(double-peaked preferences)를 나타내고 있다. [그림 5-2]의 경우 투표에 있어서의 순환이 나타나지 않지만 [그림 5-3]의 경우 투표에 있어서의 순환이 나타나는 이유는, 후자의 경우에는 A의 선호체계가 이봉선호 혹은 다봉선호를 보이고 있기 때문이다. 일반적으로, 투표자 중 어느 한 사람의 선호체계라도 다봉선호를 보이는 경우 투표에 있어서의 순환이 나타나게 된다. 다시 말해서, 다봉선호가

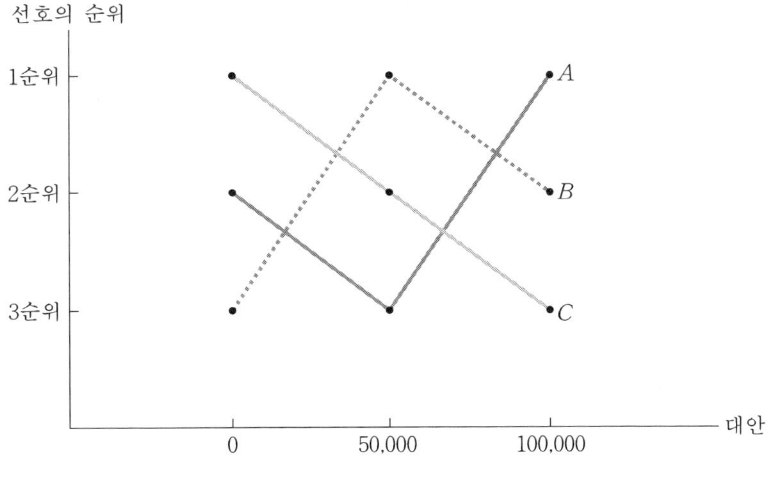

‖ 그림 5-3 ‖ 다봉선호의 경우(표 5-2)

존재하는 경우에는 집단의 의사결정이 일관되게 이루어질 수 없게 된다.

(3) 다봉선호가 나타나는 경우

이제 당연히 제기될 수 있는 질문은 과연 현실적으로 어떤 때에 다봉선호가 나타날 수 있는가 하는 점이다. 다봉선호가 나타날 수 있는 가능성은 비교되는 대안이 동일한 차원의 문제(single-dimensional issues)가 아니라 다차원적인 문제(multi-dimensional issues)일 경우 대단히 높아진다. 현실적으로 비교되는 대안의 성격이 공공서비스의 수준이라든가 혹은 예산액의 규모에 관련된 동일한 차원에서의 선택문제라면 다봉선호가 나타날 가능성은 대단히 낮을 것이다. 예를 들어 도서관, 체육관 그리고 박물관 중 어떤 것을 선택할 것인가를 놓고 의사결정이 이루어지는 경우처럼 동일한 차원에서 이들 대안을 비교하기가 어려운 때에는 각 개인의 선호체계가 다양하게 나타날 수밖에 없으며, 이에 따라 다봉선호는 대단히 심각한 문제로 등장하게 된다.

아래의 〈표 5-3〉은 도서관, 체육관 및 박물관에 대한 A, B, C의 선호를 나타내고 있다. 자신의 취향이나 기호에 따라 사람들은 도서관을 선호할 수도 있고, 체육관을 선호할 수도 있으며, 혹은 박물관을 선호할 수도 있다. 그러나 문제는 다수결에 의해서 사회 전체의 의사결정을 내릴 경우,

| 표 5-3 | 도서관, 박물관, 체육관에 대한 *A*, *B*, *C*의 선호도

선호의 순위	A	B	C
1 순위	도서관	체육관	박물관
2 순위	체육관	박물관	도서관
3 순위	박물관	도서관	체육관

도서관과 체육관 간의 선택에서는 도서관이 선정되고, 체육관과 박물관과의 선택에서는 체육관이 선정되지만, 박물관과 도서관과의 선택에서는 오히려 박물관이 선택된다는 투표에 있어서의 순환이 나타나게 된다는 점이다. 이러한 사실이 의미하는 바는 특정한 공공서비스의 규모를 정하기는 비교적 쉽지만, 국가 전체적인 차원에서 공공서비스 간의 우선순위를 정하기는 대단히 어렵다는 것이다.

다봉선호는 공공서비스를 대체할 수 있는 사적재가 존재하는 경우에도 나타날 수 있다. 한 가지 예로서 공립학교를 지원하기 위한 정부예산의 규모를 어느 정도로 할 것인가를 결정하는 경우를 생각해 보자. 이때 어떤 사람이 자신의 아이는 사립학교에 보내고 있다고 가정하자. 이럴 경우 이 사람은 공립학교에 대한 지원이 아예 없어 이를 위한 세금의 부담이 없기를 희망할 것이다. 그렇지만 공립학교를 지원하기 위해서 정부가 세금을 더 거두어들이게 된다면, 이 사람은 자신의 아이를 사립학교에 보내기 위해 비용을 부담하는 동시에 공립학교를 지원하기 위한 세금을 납부함으로써 이중의 부담을 지게 되는 경우가 발생한다. 이럴 경우 이 사람의 입장에서는 차라리 공립학교의 질을 대폭 향상시킴으로써 자신의 아이를 공립학교에 보내는 것이 더 낫다고 생각하게 될 것이다. 즉, 공립학교에 대한 재정적 지원이 전혀 없는 것이 이 사람이 가장 선호하는 대안이긴 하지만, 공립학교에 대한 대규모의 재정적 지원이 중간규모의 지원보다는 더 나은 대안이라고 생각하게 된다는 것이다. 이는 곧 공립학교에 대한 재정적 지원에 대해서 이 사람은 이봉선호를 나타내고 있음을 의미한다.

결론적으로, 다수결제에 의해서 의사결정을 하는 경우 투표의 역설이 나타나지 않기 위해서는 모든 사람들의 선호체계가 단봉선호를 나타내야 한다. 그러나 다수결제하에서 일관된 집단의 선택을 가능케 하는 이러한 제약조건은 애로우가 주장하는 바람직한 의사결정방법이 갖추어야 하는 다섯 가지 조건 중 선호영역의 무제한성(unrestricted domain)의 조건에는 위배되는 것이다.

5. 중위투표자이론

투표에 참여하는 모든 사람들의 선호체계가 단봉선호를 나타낼 경우 다수결에 의한 의사결정방법은 항상 중앙에 위치한 사람의 선호를 반영하게 된다. 이를 중위투표자이론(median voter theorem)이라고 한다. 중위투표자란 특정 사안에 대한 선호가 투표에 참여하는 사람들 중 가운데에 위치하는 사람을 의미한다. 따라서 중위투표자를 중심으로 특정 재화나 서비스에 대해 절반의 사람들이 더 많은 양을 원하는 반면 다른 절반의 사람들은 더 적은 양을 원하는 현상이 나타난다.

모든 사람들의 선호체계가 단봉선호인 상황에서 세 가지 종류의 가로등 중 어떤 가로등이 최종적으로 선택될 것인가를 다룬 〈표 5-1〉의 예에서 우리는 최종적으로 선택되는 가로등의 크기가 양극에 위치한 것이 아니라 중간규모임을 보았는데, 이것은 집단 전체의 선호 중 가운데에 위치한 선호를 가진 사람이 가장 원하는 가로등의 크기와 같은 것이었다. 이는 다음

‖ 표 5-4 ‖ 여행경비에 대한 선호

투표자	여행경비
A	50,000
B	80,000
C	100,000
D	120,000
E	150,000

의 예를 보면 더욱 명확해진다.

5명의 학생들이 여행계획을 세우는 데 얼마의 비용을 들여서 갈 것인지를 결정한다고 가정하자. 이때 다섯 학생들의 선호체계는 단봉선호를 나타내고 있다. 〈표 5-4〉는 다섯 학생들이 가장 원하는 여행경비를 나타내고 있다. 여기서 여행경비는 각 학생들이 가장 원하는 여행의 질을 반영하는 것이다. 각 학생들의 선호체계는 단봉선호를 보이고 있기 때문에, 자신이 가장 원하는 대안이 아니라 할지라도 여행경비가 자신이 가장 원하는 경비의 수준에 근접할수록 더욱 선호하게 될 것이다.

이때 여행을 아예 가지 않는 것과 50,000원을 들여 여행을 가는 것 중에서 선택하라고 한다면 5명 모두가 50,000원을 들여 여행을 가기를 희망할 것이다. 이제 50,000원을 들여 여행을 갈 것인지 혹은 80,000원을 들여 여행을 갈 것인지를 학생들에게 묻는다면 A를 제외한 나머지 네 사람은 80,000원을 들여 여행을 가는 대안을 선택할 것이다. 동일한 방법으로 80,000원과 100,000원에 대한 의사를 묻는다면 A, B 두 사람은 80,000원의 대안을 선호하겠지만, 나머지 세 사람은 100,000원이라는 대안을 선택할 것이다. 이제 100,000원을 상회하는 대안과 100,000원이라는 대안을 비교하면 적어도 세 사람은 반대를 하게 되므로 100,000원을 상회하는 여행경비는 이 집단의 최종적인 선택이 될 수 없다.

결국 이 집단의 최종적인 선택은 100,000원을 들여 여행을 간다는 대안이 될 것인데, 이는 집단구성원의 선호 중 가운데 위치하는 선호를 가진 C가 가장 원하는 대안과 일치한다. 결국 집단의 최종적인 선택은 중위투표자의 선호를 반영하게 되는 것이다. 따라서 자신들이 가장 선호하는 대안이 중위투표자의 선호와 다른 사람들의 경우에는 자신이 원하는 것보다 경비를 더 많이 들이거나 혹은 경비를 덜 들이면서 여행을 갈 수밖에 없다. 이는 곧 사람들의 선호가 중위투표자의 선호에 가까이 몰려 있으면 몰려 있을수록 다수결에 의해 결정된 집단의 선택에 대해 사람들이 갖는 만족도가 커질 수 있음을 의미하는 것이다. 이러한 사실은 다수결제의 특성에 대해 중요한 사실을 일깨워주는 것이다. 즉, 다수결제에 의할 경우 과반수의 사람들이 모두 자신들이 가장 원하는 결과를 얻을 수 있는 것은 아니라는 점이다. 다수결제에 있어서는 오직 중위투표자만이 자신이 가장 원하는 결과를 얻을 수 있을 뿐이다.

물론 다수결제에 의한다고 해도 모든 의사결정에 있어서 중위투표자의 선호가 집단의 최종적인 선택을 항상 좌우하는 것은 아니다. 모든 사람들의 선호체계가 단봉선호이며 의사결정이 동일한 차원에서의 대안에 대하여 이루어지는 동시에 모든 사람들이 투표에 참여하고 또한 투표가 아무런 제한 없이 계속해서 이루어질 수 있을 때만이 집단의 최종적인 선택이 중위투표자의 선호를 반영하게 되는 것이다. 예를 들어 만일 많은 사람들이 아예 투표에 참여하지 않는다면 집단의 최종적인 선택과 중위투표자의 선호는 서로 다를 수밖에 없다.

6. 선호의 강도와 협력통과

앞에서 살펴본 바와 같이 민주주의에서 흔히 사용되는 다수결제는 결코 파레토 최적의 결과를 낳을 수 없다. 뿐만 아니라, 일인일표에 의하는 다수결제에 의할 경우에는 개인이 가지고 있는 선호의 강도(intensity of preferences)를 표현하는 것이 불가능하다. 이와는 달리 시장에 있어서는 이러한 선호의 강도가 더 높은 가격을 지불함으로써 표현될 수 있다. 그렇다면 정치적인 의사결정과정에서 선호의 강도를 표현할 수 있는 방법은 없는 것일까? 하나의 의안만이 상정되었을 경우에는 그 가능성이 아예 없다고 할 수 있다. 그러나 정치적인 의사결정에 있어서는 하나의 의안만이 상정되기보다는 여러 의안들이 동시에 상정되고 검토되는 경우가 많다. 이럴 경우에는 정치적인 의사결정에 있어서도 선호의 강도를 표현할 수 있는 방법이 있는데, 이는 다름 아니라 다른 사람이 가장 원하는 의안의 통과에 협력함으로써 내가 가장 원하는 의안의 통과에 그 사람의 협력을 구하는 방법이다. 이를 협력통과(logrolling)라고 한다. 협력통과는 특히 입법부 내에서 이루어지는 투표의 거래를 지칭하는 개념이다.

다음과 같은 경우를 상정해 보자. A, B, C 세 사람이 도서관을 지을 것인가 혹은 체육관을 지을 것인가를 놓고 투표를 한다고 가정하자. 다음의 〈표 5-5〉는 도서관과 체육관을 지었을 경우 이들 세 사람이 얻게 되는 순편익(net benefit)을 나타내고 있다. 이제 다수결제에 의해서 도서관을 지을 것인가를 결정한다면 B만이 찬성하고 A와 C는 반대할 것이기 때문에 부결되고 말 것이다. 마찬가지로 체육관을 지을 것인가를 결정하기 위해 투표를 실시한다면 C만이 찬성을 하고 A와 B는 반대할 것이기 때문에 부결되고 말 것이다.

그렇지만 이 경우 협력통과가 이루어진다면 결과는 사뭇 달라질 것이다. B의 입장에서는 도서관을 건설할 경우 경험하는 순편익(net benefit)은 500,000원인 반면 체육관을 지을 경우 경험하는 순손실(net loss)은 200,000원에 불과하다. C의 입장에서는 체육관을 건설할 경우 경험하는 순편익은 500,000원인 반면 도서관을 건설할 경우 경험하는 순손실은

| 표 5-5 | 협력통과의 예 (1)

	A	B	C	순편익의 총합
도서관	−200,000	500,000	−200,000	100,000
체육관	−200,000	−200,000	500,000	100,000

Ⅰ 표 5-6 Ⅰ 협력통과의 예 (2)

	A	B	C	순편익의 총합
도서관	−200	500,000	−200	499,600
체육관	−200	−200	500,000	499,600

200,000원에 불과하나. 따라서 B가 체육관을 건설하는 의안에 대해서 찬성해 준다면 C 또한 도서관을 건설하는 의안에 대해서 찬성해 준다는 식으로 협력이 이루어지면 도서관과 체육관 모두 통과될 수 있을 것이다. 또한 순편익의 총합에서 나타나 있는 바와 같이 도서관과 체육관을 건설할 경우 사회 전체적인 편익은 각각 100,000원 만큼씩 증가하게 된다. 따라서 협력통과를 통해서 선호의 강도가 표현될 수 있을 뿐만 아니라 사회 전체적인 시각에서도 보다 바람직한 결과가 나타날 수 있는 것이다.

〈표 5-6〉에 제시된 것처럼 각 대안에 대한 A, B, C 세 사람의 순편익 및 순손실이 나타날 경우 협력통과는 보다 호의적인 시각에서 평가될 수 있다. 이 경우에도 두 의안에 대한 투표가 분리되어 실시된다면 두 의안 모두 통과될 수 없다. 그러나 협력통과에 의한다면 두 의안이 모두 통과될 수 있으며, 이때 순편익의 총합에 비해 A가 경험하는 손실은 무시할 정도라고 할 수 있다.

그렇다면 협력통과는 언제나 사회 전체적인 편익을 향상시켜 주는 역할을 수행할 수 있는가? 꼭 그렇지만은 않다. 아래의 〈표 5-7〉을 보자. 이 경

Ⅰ 표 5-7 Ⅰ 협력통과의 예 (3)

	A	B	C	순편익의 총합
도서관	−200,000	300,000	−200,000	−100,000
체육관	−200,000	−200,000	300,000	−100,000

우에도 협력통과를 통해서 두 의안 모두 가결되지만, 사회 전체적으로 후생이 증가하는 것이 아니라 손실이 발생하고 있다. 따라서 협력통과가 사회 전체적인 후생을 증가시켜 줄 수 있는가는 의사결정에 참여하는 사람들의 선호의 강도에 따라 달라질 수밖에 없다고 할 수 있다. 즉, 〈표 5-7〉과 같은 경우에 있어서 협력통과는 비효율적인 정부지출을 가능하게 함으로써 결국 정부지출이 과도하게 팽창하는 결과를 낳을 수도 있음을 알 수 있다.

앞의 세 가지 예에서도 알 수 있는 바와 같이 협력통과는 각각의 의안에 대한 선호의 강도가 서로 다를 경우에만 가능하다. 즉, 각 의안의 통과로부터 발생하는 편익 및 손실 간에 불균형이 존재하는 경우에만 협력통과가 이루어질 수 있는 것이다. 그렇지만 자원의 효율적인 배분에 대해 협력통과가 어떤 영향을 미치는가에 관해서는 일률적인 결론을 도출하기가 사실상 불가능하다고 할 수밖에 없다.

7. 대의민주주의하의 공공선택

(1) 정당과 공공선택

지금까지 우리는 주로 집단의 구성원들 모두가 의사결정에 참여하는 직접민주주의하에서의 공공선택문제를 살펴보았다. 그러나 오늘날 정부지출이나 조세정책을 국민들의 직접투표를 통해 결정하는 예는 사실상 찾아보기 힘들며, 대부분의 경우 재정과 관련된 중요한 의사결정이 국민들이 선출한 대표자들에 의해 이루어진다. 이러한 이유로 오늘날의 정부재정활동을 이해하기 위해서는 대의민주주의(representative democracy)하에서의 공공선택과정이 어떤 특징을 가지고 있는가를 살펴보는 것이 필요하다.

다운즈(Downs)가 제시한 대의민주주의하에서 정당의 대표과정(representative process)에 관한 모형은 이러한 측면에서 매우 중요한 시사점을 제공해 준다.[3)]

다운즈에 의하면 대의민주주의하에서 정당이나 유권자는 모두 사적 이익(private interest)의 극대화를 추구하는 존재이다. 유권자들은 자신의 사적 이익을 극대화시켜 줄 수 있다고 판단되는 정당에 대해 표를 던지며, 정당 또한 원칙이나 이데올로기에 따라 행동하기보다는 권력을 장악함으로써 향유할 수 있는 사회적 명성과 위신 및 소득 등을 얻기 위해 유권자로부터 얻을 수 있는 표의 극대화(vote maximization)를 추구한다.

그런데 흥미로운 사실은 유권자와 정당이 모두 사적 이익의 극대화를 추구할 경우 대의민주주의하에서도 직접민주주의에서와 마찬가지로 중위투표자(median voter)가 선호하는 정책이 선거결과로 나타난다는 점이다. 이러한 결과가 나타나는 이유는 모든 유권자들의 선호체계가 단봉선호를 가지고 단일한 이슈에 대해서 선거를 할 경우, 각 정당들이 표를 가장 많이 얻기 위하여 중위투표자가 가장 선호하는 정책을 자신들의 정강정책으로 표방하기 때문이다.

예를 들어 A와 B의 두 정당만이 존재하고 있는 어떤 나라에서 정부예산의 규모가 유일한 쟁점이 된 상태에서 국회의원선거를 실시한다고 가정하자. 또한 정부예산의 규모에 대한 사람들의 선호는 고르게 분포되어 있다고 가정하자. 이때 정부예산의 규모에 대한 A와 B 정당의 정강정책이 [그림 5-4] (a)에 나타나 있는 것처럼 되어 있다면, M보다 작은 규모의 정

3) Anthony Downs.(1957). *An Economic Theory of Democracy*. New York : Harper & Row.

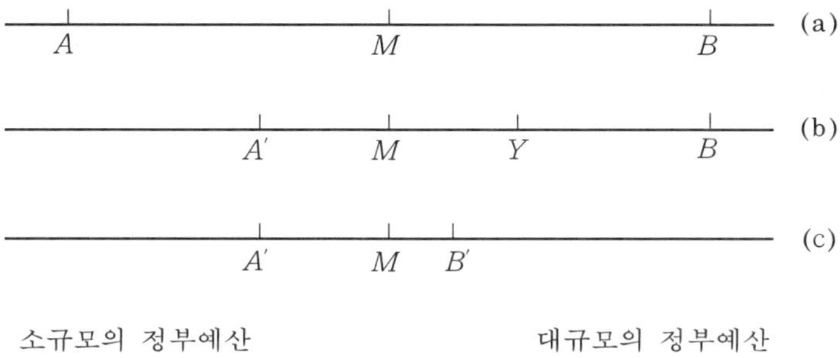

‖ 그림 5-4 ‖ 대의민주주의와 중위투표자이론

부예산을 원하는 사람들은 모두 A정당의 후보에게 투표를 할 것이며, M보다 큰 규모의 정부예산을 원하는 사람들은 모두 B정당의 후보에게 투표를 할 것이다.

그런데 이제 B정당의 정강정책은 전혀 변화하지 않은 상태에서 A정당의 정강정책만 [그림 5-4] (b)에서 A'으로 표시된 것과 같이 어느 정도 정부예산을 증가시키는 방향으로 변화했다고 가정하자. 이렇게 되면 A'보다 작은 정부예산을 원하는 사람들은 당연히 A정당의 후보에게 투표를 할 뿐만 아니라 Y보다 작은 규모의 정부예산을 원하는 사람들은 모두 A정당의 후보에게 투표를 함으로써 결국 A정당이 선거에서 승리하게 될 것이다. 이렇게 되면 B정당 또한 [그림 5-4] (c)에서 B'으로 표시된 것처럼 정강정책을 바꾸어서 선거에서 승리하고자 할 것이다.

이러한 과정이 반복되면 결국 A와 B는 모두 중위투표자가 가장 선호하는 방향으로 정강정책을 변화시키게 될 것이다. 즉, 양당제도가 존재하는 경우 두 정당 모두 중위투표자가 가장 선호하는 정강정책으로 수렴하게 됨으로써, 각 당의 정강정책이 큰 차이를 보이지 않는 현상이 발생하게 된다. 이러한 중위투표자이론은 양당제도가 존립하는 나라에서 정당의 여러 가지 행태를 설명하는 데 있어 상당한 설명력을 갖고 있는 것이 사실이다.

그러나 대의민주주의하에서 중위투표자가 가장 선호하는 정책이 반드시 선거결과로 나타나는 것은 아니다.

첫째, 선거에서 문제로 부각되는 것이 단일한 사안이 아니라 여러 가지 사안일 경우, 각 이슈마다 중위투표자가 달라질 수밖에 없기 때문에 중위투표자이론만으로는 정당의 행태를 모두 설명할 수 없다. 또한 유권자들의 선호체계가 단봉선호로 이루어져 있지 않다면 중위투표자가 가장 선호하는 정책이 선거결과로 나타날 리가 만무하다.

둘째, 다운즈모형에서는 양당제나 두 명의 후보자를 가정하고 있다. 그러나 다당제이거나 후보자의 수가 두 명을 넘어갈 경우 중위투표자이론의 설명력은 낮아지게 된다. 예를 들어 후보자가 세 명이고 이 세 명이 모두 중위투표자가 원하는 정책을 제시하고 있다고 가정해 보자. 이때 어떤 한 후보자가 자신의 정치적 입장을 약간만 왼쪽이나 오른쪽으로 수정하게 되면, 이 후보자는 거의 절반을 득표하게 되고 나머지 두 사람이 나머지를 반씩 나누어 갖는 결과가 생겨날 수 있다. 일반적으로 후보자가 세 사람 이상인 경우에는 다른 사람들의 입장 변화에 대응하여 자신의 입장을 정하는 것이 선거과정에서 훨씬 유리하기 때문에 안정적인 균형 상태를 기대하기 어렵다.[4] 결국 후보자가 두 사람을 넘어갈 경우에는 중위투표자이론의 설명력이 현저하게 낮아질 수밖에 없다.

셋째, 다운즈모형에서는 모든 정당이 표만을 극대화한다고 가정하고 있지만, 사실상 정당이나 정치가들이 자신이 추구하는 이상이나 이데올로기를 현실화하기 위해서 노력하는 경우가 많다. 이럴 경우에도 중위투표자이론의 설명력은 현저히 낮아질 수밖에 없다.

---

4) Jonathan Gruber.(2005). *Public Finance and Public Policy*. New York: Worth Publishers, p. 230.

넷째, 다운즈모형에서는 선거에서 제기되는 이슈를 중심으로 유권자들이 투표를 한다고 가정하고 있지만, 현실적으로 이슈뿐만 아니라 후보자들의 개인적인 자질이나 매력 등에 이끌려 투표를 하는 경우도 무시할 수 없을 정도로 많다. 또한 다운즈모형에서는 유권자들의 선호를 주어진 것으로 가정하고 이를 정강정책에 가장 잘 반영할 수 있는 정당이 선거에서 승리할 것이라고 주장하고 있지만, 이와는 달리 정당이나 정치가들이 유권자들의 선호를 변화시키기도 한다. 이럴 경우에도 중위투표자이론의 설명력은 저하될 수밖에 없다.

다섯째, 중위투표자의 선호가 선거결과로 나타나기 위해서는 모든 유권자들이 투표에 참가해야 한다. 만일 많은 사람들이 아예 투표를 하지 않는다면 선거결과와 중위투표자의 선호는 다를 수밖에 없을 것이다. 그러나 모든 사람들이 투표에 참여하는 것은 극히 예외적인 경우이다.

여섯째, 중위투표자이론에서는 유권자들과 정치가들이 정치적 쟁점에 대해 완벽한 정보를 가지고 있으며, 정치가들은 유권자들의 선호에 대해서 완벽한 정보를 가지고 있음을 가정하고 있다. 그러나 이러한 가정들은 모두 비현실적이라고 할 수밖에 없다.

그런데 대단히 흥미로운 사실은 다운즈가 주장하는 대로 모든 사람들이 선거를 통해 자신의 효용을 극대화하기 위해 노력하는 경우, 사람들이 투표에 참여하지 않는 것이 오히려 정상적이라는 것이다. 투표에 참여할 것인가에 대한 의사결정을 함에 있어서 각 개인은 비용과 편익을 비교하여 편익이 비용보다 클 경우에만 투표에 참여할 것이다. 투표에 소요되는 비용이란 각 정당과 후보자에 대한 정보를 획득하고 실제 투표를 하는 데 소요되는 시간적 · 금전적 비용을 의미한다. 투표를 함으로써 기대할 수 있는 편익은 $p \cdot B$로 나타낼 수 있다. 여기서 p는 자신이 던진 표가 선거결과에 결정적인 영향을 미칠 수 있는 확률을 의미하는데, 선거가 백중세를 보일 경우를 제외하면 일반적으로 p값은 대단히 낮을 수밖에 없다. B는 자신이 선호하는 정책이 실현될 때 개인에게 돌아오는 혜택을 의미한다. 그런데 선거에서 각 정당들이 제시하는 정책대안들이 별 차이가 없을 경우, 내 한 표가 선거결과에 영향을 미칠 수 있는 확률이 높다 하더라도 투표에 참여해서 얻을 수 있는 편익은 매우 낮다. 각 정당들이 제시하는 정책대안들이 유권자가 선호하는 대안과 거리가 멀 경우에도 투표에 참여해서 얻을 수 있는 편익은 매우 낮다. 그러므로 대부분의 경우 투표에 따른 편익의 기대값은 무시할 수 있을 정도로 작다. 따라서 모든 사람들이 효용극대화를 추구하는 경우, 투표에 참여하지 않는 것이 차라리 합리적인 것이다.

이렇게 본다면, 50%나 60%의 투표율은 낮은 투표율이 아니라 오히려 놀라울 정도로 높은 투표율이라고 할 수 있다. 결국 여기서 우리는 사람들이 효용극대화를 위해서만 투표에 참여하는 것은 아님을 알 수 있다. 교육이나 정부의 홍보 등에 의해서 투표에 참가하는 것이 국민의 의무라고 믿기 때문에 투표에 참여하는 것이다. 어쨌건, 모든 사람들이 투표를 하는 것은 극히 예외적인 경우이며, 이에 따라 중위투표자이론의 설명력은 낮아질 수밖에 없다고 할 것이다.

(2) 이익집단과 공공선택

대의민주주의가 제대로 운영되기 위해서는 시민들이 공적인 이슈에 대해 관심을 갖고 선거과정 등을 통해 자신들의 정치적 의견을 제대로 제시하는 것이 필요하다. 그러나 현실적으로 정치과정에서 시민들의 능동적인 역할을 기대하기는 어렵다. 공적인 이슈를 정확히 이해하고 정치적 견해를 발전시키기 위해서는 무엇보다도 공적인 이슈에 대해 정보를 획득하는 것이 필요하다. 그런데 대부분의 경우 개별 시민들이 공적인 이슈에 대해 정보를 수집하기 위해서는 시간적 · 금전적 비용이 소요되는 데 반해, 이를 통해 얻을 수 있는 편익은 매우 작은 것이 사실이다. 즉, 어떤 특정한 사안에 대해 관심을 갖고 그것이 자신에게 미칠 수 있는 영향을 판단하기 위해서는 상당한 정보획득비용이 소요되지만, 자신의 정치적 견해가 정부의 최종적인 정책에 영향을 미칠 수 있는 가능성은 현실적으로 매우 낮다. 따라서 일반 시민들의 경우 대부분의 공적인 이슈에 대해 관심을 갖지 않는 것이 합리적이라는 것이다. 일반적으로 공적 이슈에 대한 정보획득비용과 이를 통한 기대편익을 비교했을 때, 편익이 비용보다 작기 때문에 일반 시민들은 공적인 이슈에 대해 관심을 갖지 않는다. 이를 합리적 무지(rational ignorance)라고 표현한다.[5)]

그런데 일반 시민들과는 달리 특정 사안에 대한 영향력 행사를 목적으로 구성된 이익집단의 경우에는 자신들의 후생에 영향을 미치는 사안에 대해 정보를 획득하고 또 영향력을 행사할 충분한 이유가 있다. 예를 들면 유가가 올라서 특정 산업을 위해 유가에 대한 보조금 지급을 정부에 요구하는 특정 이익집단의 경우, 정부로부터 보조금이 지급되기만 한다면 상당한 혜택을 얻을 수 있다. 따라서 이 집단에 속한 사람들은 유가와 보조금에 관련된 사안에 대해 충분한 정보를 얻기 위해 노력할 뿐만 아니라 자신들에게 유리한 방향으로 정책을 만들기 위해 애를 쓰게 된다.

그러나 정부가 이 산업에 지급하게 되는 보조금의 재원은 다름 아닌 일반국민들의 세금이다. 따라서 특정 산업의 이익집단에 대항해서 국민들이 보조금 지원정책을 반대할 것이라 기대할 수 있겠지만, 현실적으로는 그렇지 않다. 왜냐하면 국민 개개인의 입장에서는 보조금의 재원으로 사용될

---

5) Randall G. Holcombe.(2006). *Public Sector Economics: The Role of Government in the American Economy*. Upper Saddle River: Pearson, pp. 166-69.

자신의 세금부담이 무시할 수 있을 정도로 작기 때문에, 이러한 사안에 대해 별 관심을 두지 않는다는 것이다. 결국 소수의 이익집단에 대한 혜택의 집중과 일반 국민들에 의한 비용의 폭넓은 부담이라는 현상이 나타나게 되며, 특수이익의 보호를 위하여 총비용이 총편익을 상회하는 정책이 채택될 수도 있는 것이다.

(3) 관료제와 예산극대화

오늘날의 거의 모든 국가는 행정국가라고 표현해도 과언이 아닐 정도로 관료제(bureaucracy)가 대의기관에서 결정한 정책의 집행뿐만 아니라 정책의 결정과정에서도 중요한 역할을 수행한다. 특히, 관료제는 정부예산의 관리와 집행을 전담하는 조직이기 때문에, 오늘날의 정부재정활동을 이해하기 위해서는 이러한 관료제의 행위양식에 대한 이해가 필수적이라고 할 것이다.

관료제가 정부의 재정에 대해 어떤 영향을 미치는가를 분석한 대표적인 예로서 니스카넨(Niskanen)의 연구를 들 수 있다.[6] 니스카넨에 의하면 관료들(bureaucrats) 또한 사적 이익의 극대화를 추구한다. 그런데 민간기업과는 달리 정부관료제는 이윤극대화를 추구하는 조직이 아니기 때문에, 관료들의 경우 자신의 위신, 사회적 명성 그리고 권력을 극대화시키기 위해 노력한다. 그런데 이러한 것들은 모두 관료들의 통제하에 있는 예산의 규모가 증가할수록 커지기 때문에 관료들의 경우 예산 극대화(budget maximization)를 추구하며, 이에 따라 정부예산이 팽창될 수밖에 없다는

6) William A. Niskanen, Jr.(1971). *Bureaucracy and Representative Government*. Chicago : Aldine-Atherton.

것이 니스카넨의 기본적인 주장이다.

니스카넨에 의하면 다음과 같은 정부의 특성들로 인해 관료제가 예산 극대화를 추구하는 것이 가능하다.

첫째, 관료제가 수행하는 일의 성과를 계량화해서 측정하기란 거의 불가능하다. 정부관료제가 하는 일의 대부분은 일반국민에 대한 서비스의 제공이기 때문에, 민간기업과는 달리 얼마만큼의 이윤을 남겼는가를 기준으로 정부관료제를 평가하기란 대단히 어렵다. 따라서 국민의 대표기관인 입법부가 효율성을 기준으로 관료제를 통제하는 것이 거의 불가능해진다.

둘째, 관료제는 독점적 업무수행을 그 특징으로 한다. 정부가 하는 일이 실로 다양하긴 하지만, 전문화를 기하고 일의 중복을 피하기 위해 정부의 각 부처나 조직은 일을 분담하여 처리한다. 이는 곧 민간기업과 달리 정부관료제는 경쟁의 원리에 따라 움직이는 조직이 아니라는 것을 의미한다.

셋째, 이상의 두 가지 이유로 정부관료제가 업무를 수행함에 있어서 고려할 수 있는 대안이나 혹은 그에 소요되는 비용 등에 관해서 국민의 대표기관인 입법부가 정확한 정보를 획득하기란 거의 불가능해진다. 이는 곧 비록 국민의 대표기관인 입법부에서 예산을 결정하지만, 어떤 일을 수행함에 있어서 실제로 어느 정도의 비용이 소요될 것인가에 대한 정보를 얻기 위해서는 관료제에 의존할 수밖에 없음을 의미하는 것이다.

[그림 5-5]는 정부관료제가 예산극대화를 추구하는 경우 비효율성이 야기될 수 있음을 나타내고 있다. [그림 5-5] (a)는 어떤 관료제가 제공하는 서비스로부터 얻을 수 있는 사회적 한계편익(MSB)과 그 서비스를 제공하는 데 소요되는 사회적 한계비용(MSC)을 나타내고 있다. 효율성의 기준에 의할 경우, 최적의 서비스 공급수준은 MSB와 MSC가 일치되는 Q^*만큼이 될 것이다.

그러나 관료제와 이를 통제하는 입법부 사이에 심각한 정보의 불균형이

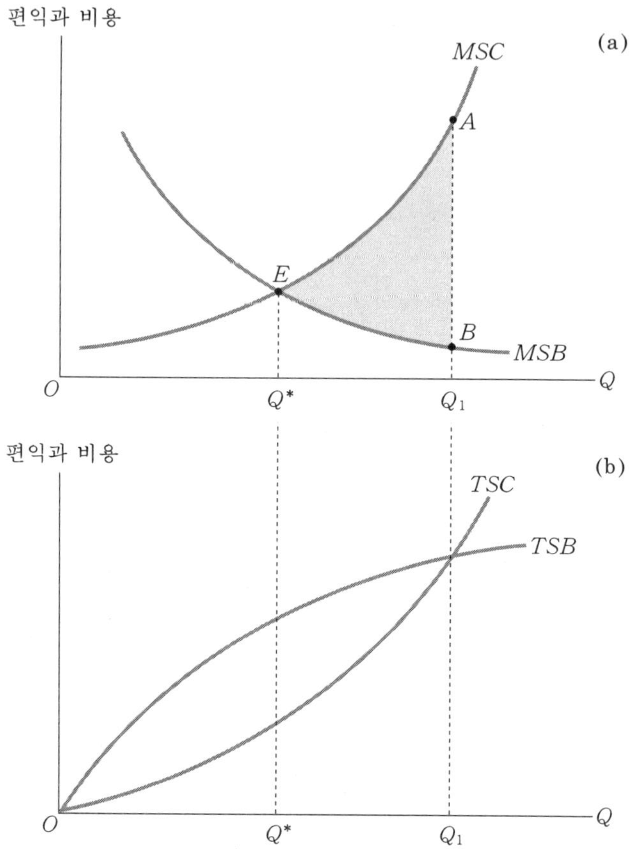

| 그림 5-5 | 관료제와 예산극대화

존재한다면, 서비스제공으로부터 얻을 수 있는 총 사회적 편익(total social benefit : *TSB*)이 총 사회적 비용(total social cost : *TSC*)보다 큰 범위 내에서는 관료제가 계속해서 입법부로부터 예산을 배정받을 수 있을 것이다. 즉, 예산극대화를 추구하는 관료제는 *MSB*와 *MSC*가 일치하는 점에서 서비스 공급수준을 결정하는 것이 아니라 [그림 5-5] (b)에 제시되어 있는 것처럼 *TSB*와 *TSC*가 일치하는 Q_1수준까지 서비스 공급수준을

증가시킨다는 것이다. TSB와 TSC의 기울기인 MSB와 MSC가 일치하는 점이 아니라 TSB와 TSC가 일치되는 점에서 서비스 공급수준이 결정되기 때문에, 결국 [그림 5-5] (a)에 제시된 EAB만큼 사회 전체적인 후생이 감소하게 됨을 알 수 있다.

참 / 고 / 문 / 헌

Aronson, J. Richard.(1985). *Public Finance*. New York : McGraw-Hill, ch. 10.

Arrow, Kenneth J.(1963). *Social Choice and Individual Values*. 2nd ed., New Haven : Yale University Press.

Blair, Douglas H. and Robert A. Pollak.(1983). "Rational Collective Choice." *Scientific American*. no. 249, pp. 88-95.

Brown, C.V. and P. M. Jackson.(1990). *Public Sector Economics*. 4th ed., Oxford : Blackwell, ch. 4.

Buchanan, James M. and Gordon Tullock.(1962). *The Calculus of Consent : Logical Foundations of Constitutional Democracy*. Ann Arbor : University of Michigan Press.

Downs, Anthony.(1957). *An Economic Theory of Democracy*. New York : Harper & Row.

______. (1960). "Why the Government Budget is too Small in a Democracy." *World Politics*, vol. 12, pp. 541-63.

Gruber, Jonathan.(2005). *Public Finance and Public Policy*. New

York : Worth Publishers, ch. 9.

Holcombe, Randall G.(2006). *Public Sector Economics: The Role of Government in the American Economy*. Upper Saddle River: Pearson, ch. 8.

Hyman, David N.(1999). *Public Finance : A Contemporary Application of Theory to Policy*. 6th ed., Fort Worth : The Dryden Press, ch. 5.

Marlow, Michael L.(1995). *Public Finance : Theory and Practice*. Fort Worth : The Dryden Press, ch. 7.

Niskanen, William A., Jr.(1971). *Bureaucracy and Representative Government*. Chicago : Aldine-Atherton.

Rosen, Harvey S.(2002). *Public Finance*. 6th ed., Boston : McGraw-Hill, ch. 6.

Stevens, Joe B.(1993). *The Economics of Collective Choice*. Boulder : Westview Press.

Stiglitz, Joseph E.(2000). *Economics of the Public Sector*. 3rd ed., New York : W.W. Norton & Co., ch. 7.

Van den Doel, Hans and Ben Van Velthoven.(1993). *Democracy and Welfare Economics*. 2nd ed., New York : Cambridge University Press.

제 6 장
비용－편익분석

1. 비용－편익분석이란 무엇인가?

정부가 시장에 개입하는 가장 중요한 이유는 자원배분의 효율성을 제고함으로써 사회 전체적인 후생을 증가시키는 데 있다. 그렇다면 정부의 어떤 재정활동이 사회 전체적인 후생을 증가시킬 수 있으며, 또한 정부의 재정활동이 과연 어떻게 수행되어야 자원배분의 효율성이 제고될 수 있을 것인가? 이러한 물음에 답하기 위해서는 자원배분의 효율성이라는 기준에 따라 정부의 재정활동을 분석할 수 있는 구체적인 도구가 필요할 것이다. 자원배분의 효율성을 기준으로 하여 정부의 여러 대안적 지출프로그램을 비교 · 평가하고 이에 따라 최적의 대안을 선택할 수 있도록 하는 도구가 바로 비용–편익분석이다.

비용–편익분석이란 정부지출을 평가하기 위한 체계적이고 계량적인 방법이다. 비용–편익분석은 어떤 주어진 목표를 달성함에 있어서 사회의 희소한 자원을 가장 효율적으로 사용할 수 있는 대안, 즉 사회적 순편익(net social benefits)을 극대화할 수 있는 대안을 선정하는 데 그 목적이 있다. 비용-편익분석에 있어서 편익과 비용은 정부지출활동의 결과 발생한 모든 사회구성원들의 후생 증가 혹은 감소로 정의된다.

2. 비용-편익분석의 기초

(1) 비용-편익분석의 기본원칙

현실적으로 정부의 재정활동은 기존의 자원배분상태를 변화시키므로 분배적인 측면에서 중립적인 정책은 없다고 해도 과언이 아니다. 즉, 정부의 재정활동에 따라 후생이 증가하는 사람들이 있다면 이와 동시에 후생이 감소하는 사람들이 있게 마련이다. 이러한 현실에 비추어 볼 때 지금까지 우리가 자원배분상태의 효율성을 평가하기 위한 척도로서 사용하여 온 파레토기준은 현실적으로 적용하기가 불가능하다는 문제에 부딪치게 된다. 왜냐하면 파레토 최적이란 어느 한 사람의 후생을 감소시키지 않고서는 다른 사람의 후생을 증가시킬 수 없는 상태를 의미하므로, 이러한 파레토기준만을 엄격히 따를 경우 자원배분상태를 변화시킬 수 있는 어떠한 정부정책도 효율적일 수 없다는 문제가 발생하기 때문이다.

그러므로 현실적으로 분배상태의 변화를 가져올 수밖에 없는 정부의 정책을 평가하기 위해서는 파레토 최적의 기준이 아닌 다른 평가기준이 필요하다고 할 수 있는데, 이러한 정부정책에 대한 평가기준이 이른바 캘도-힉스원칙(Kaldor-Hicks Principle)이다. 물론 캘도-힉스원칙에서도 파레토 개선이 가능하다면, 즉 어느 한 사람의 후생을 감소시키지 않고서도 다른 사람의 후생이 증가할 수 있다면 당연히 자원배분에 있어서의 효율성이 증가한 것으로 판단한다. 이에 더하여 캘도-힉스원칙에서는 자원배분상태의 변화에 따라 후생이 증가한 사람이 손실을 경험한 사람의 후생감소분만큼을 보상해 주고도 이전의 자원배분상태와 비교해서 후생이 증가했다면 자원배분상태의 변화가 사회 전체적인 후생을 증가시킨 것으로 판단한다.

캘도-힉스원칙에 있어서 보상은 실질적으로 이루어지는 것이 결코 아니며 단지 보상해 줄 수 있다는 가능성만을 의미할 뿐이다. 이러한 이유로 캘도-힉스원칙을 잠재적인 파레토 개선의 기준(potential Pareto improvement criterion)이라고도 한다. 비용-편익분석에 있어서 평가의 기본적인 원칙(the fundamental principle of evaluation)은 캘도-힉스원칙에 입각하여 가능한 여러 가지 정부지출의 대안 중 사회적 순편익을 극대화할 수 있는 대안을 선택하는 것이다.[1)]

(2) 비용-편익분석의 기본논리

위에서 제시한 기본적인 원칙에 입각하여 비용-편익분석을 행하기 위해서는 다음과 같은 체계적인 과정이 필요하다.

첫째, 무엇을 비용으로, 그리고 어떤 것을 편익으로 간주할 것인가를 결정하여야 한다. 비용-편익분석에 있어서 편익과 비용은 정부지출활동의 결과 발생한 사회구성원 전체의 후생 증가 혹은 감소로 정의된다. 바로 이 점이 민간부문에서의 비용-편익분석과 사회적 비용-편익분석(social cost-benefit analysis)의 중요한 차이점 중의 하나라고 할 수 있다. 즉,

1) Edith Stokey and Richard Zeckhauser.(1978). *A Primer for Policy Analysis*. New York : W. W. Norton & Co., p. 137.

민간기업에서 비용-편익분석을 행할 경우 비용과 편익은 단지 기업의 이윤에 영향을 미치는 비용과 편익만을 의미하지만, 사회적 비용-편익분석의 경우 사회구성원 전체의 후생에 영향을 미치는 비용과 편익이 모두 포함되어야 하는 것이다.

둘째, 비용과 편익의 가치를 어떻게 측정할 것인가를 결정하여야 한다. 민간기업은 시장가격을 중심으로 비용과 편익을 추계하기 때문에 민간부문에서의 비용-편익분석에서는 비용과 편익에 대한 가치측정이 별다른 어려움 없이 행해진다. 즉, 민간기업에 있어서의 비용이란 재화를 구입하기 위해 지불한 가격이며 편익이란 그 기업이 생산한 재화의 판매가격이 된다. 이와는 달리 사회적 비용-편익분석에서는 비용과 편익을 추계하기 위해서 시장가격에 의존할 수 없는 경우가 많다. 무엇보다도 정부의 재정활동이 필요한 이유는 시장의 실패가 발생하기 때문인데, 시장의 실패란 다름 아니라 시장가격이 아예 존재하지 않거나 왜곡되어 있는 상태를 의미한다. 이러한 이유로 시장가격을 이용하여 정부의 재정활동에 따른 비용과 편익의 가치를 측정하는 것은 대단히 부적절한 방법이 될 수밖에 없으며, 이에 따라 사회적 비용-편익분석에서는 시장가격을 대체할 수 있는 새로운 가치측정방법이 개발되어야만 하는 것이다.

셋째, 순편익을 계산해 내기 위해서는 모든 비용과 편익을 합산해야 하는데, 이를 위해서는 다음과 같은 세 가지 문제가 고려되어야 한다.

① **할인의 문제** : 비용과 편익은 현 시점에서만 발생하는 것이 아니라 미래에도 발생한다. 이때 시차를 두고 발생하는 미래의 비용과 편익을 어떻게 현재의 가치로 환산하여 합산할 것인가 하는 문제가 제기된다. 이러한 문제를 비용-편익분석에서는 할인의 문제(the issue of discounting)라고 한다.

② **분배의 문제** : 비용-편익분석에서 서로 다른 사람들에게 귀속되는

비용과 편익을 어떻게 합산할 것인가 하는 문제가 대두되기도 한다. 사실 캘도-힉스원칙에서는 100원이 갖는 효용이 모든 사람들에게 동일하다고 가정하고 있지만, 현실적으로 분배상태에 따라 100원이 갖는 효용은 사람들마다 서로 다를 수밖에 없다. 그러므로 서로 다른 사람들에게 귀속되는 비용과 편익을 합산하기 위해서는 분배상태에 따라 이를 조절해 줄 필요가 있다. 분배의 문제를 고려하게 되면 비용-편익분석은 훨씬 복잡해진다.

③ 위험과 불확실성의 문제 : 비용과 편익을 합산하고 이에 따라 순편익을 극대화할 수 있는 대안을 선정하기 위해서는 예상되는 모든 비용과 편익이 확실하게 발생하여야 한다. 그러나 현실적으로 정부지출에 따라 발생할 것으로 예상되는 비용이나 편익은 예측치일 뿐이다. 따라서 비용과 편익의 발생이 불확실할 경우 비용과 편익을 어떻게 계산해 줄 것인가 하는 문제가 대두되는데, 비용-편익분석에서는 이를 위험(risk)과 불확실성(uncertainty)의 문제라고 한다.

비용-편익분석을 체계적으로 수행하기 위해서는 이상에서 제기한 모든 문제들을 고려하여야 하며, 사실 이 문제들을 어떻게 처리할 것인가에 관한 해답들이 바로 비용-편익분석의 기본적인 논리를 이루고 있다고 할 수 있다.[2)]

물론 비용-편익분석이 정부정책을 평가하는 데 있어서 유일한 판단기준이 될 수는 없다. 특히, 캘도-힉스원칙에 입각한 비용-편익분석은 분배에 관련된 문제에 대한 판단기준으로서는 그 유용성이 대단히 떨어지기 때문에 비용-편익분석이 정부의 재정활동에 대한 정치적인 판단을 완전히 대체할 수는 없다. 그렇지만 자원배분의 효율성을 기준으로 대안적인 정부

---

2) James T. Campen.(1986). *Benefit, Cost, and Beyond : The Political Economy of Benefit-Cost Analysis*. Cambridge : Ballinger, pp. 23-24.

정책들을 체계적으로 평가함으로써 비용-편익분석이 보다 향상된 정책결정을 가능케 하리라는 것 또한 부정할 수 없는 사실이다.

3. 비용-편익분석과 의사결정의 기준

비용-편익분석에 있어서 평가의 기본적인 원칙은 가능한 여러 가지 정부지출의 대안 중 사회적 순편익(net social benefit)을 극대화할 수 있는 대안을 선택하는 것이다. 그렇다면 사회적 순편익의 극대화라는 측면에서 여러 대안들을 비교·평가할 수 있는 구체적인 의사결정의 기준은 무엇인가? 최적의 대안을 선택하기 위한 의사결정의 기준으로서 순현재가치, 내부수익률, 그리고 편익-비용비율이라는 세 가지 방법을 들 수 있다.

(1) 순현재가치에 의한 대안의 비교

모든 비용과 편익이 현 시점에서 발생한다면 이들 비용과 편익을 합산해서 순편익을 극대화시킬 수 있는 대안을 선정하는 것은 별로 어려운 일이 아니다. 그렇지만 정부지출에 따른 비용과 편익은 장기간에 걸쳐서 나타나는 것이 보통이므로, 비용-편익분석에서는 서로 다른 시점에서 발생하는 비용과 편익을 어떻게 합산할 것인가 하는 것이 중요한 문제로 대두된다. 비용-편익분석에서는 미래에 발생하는 모든 비용과 편익을 현재가치로 전환시킴으로써 이 문제를 해결하는데, 이를 순현재가치법이라고 한다. 즉, 미래에 발생하는 모든 비용과 편익을 현재가치로 환산해서 순편익이 가장 큰 대안을 선정하는 방법이 바로 순현재가치(net present value : NPV)에 의한 평가방법인 것이다.

미래의 비용과 편익을 현재가치로 전환시키는 기본적인 논리는 비교적 간단하다. 오늘의 100원이 갖는 가치는 내일의 100원이 갖는 가치보다 크다는 것이다.[3] 예를 들어 어떤 사람이 이자율이 10%인 상태에서 100원을 저축했다고 가정하자. 이 사람이 1년 후 돌려받는 금액은 100원이 아니라 110원이 될 것이다. 즉, 100(1+0.1)인 것이다. 다시 말해서, 이 사람이 현 시점에서 할 수 있는 소비를 100원만큼 희생함으로써 1년 후에는 110원을 돌려받게 되는 것이다. 그러므로 이자율이 10%라면 내년의 110원은 올해의 100원과 동일한 가치를 갖는다고 할 수 있다. 보다 엄밀하게 표현하자면 미래의 금액이 갖는 현재가치는 그 액수만큼을 미래에 돌려받기 위해서 현 시점에서 사람들이 희생할 가치가 있다고 생각하는 최대의 액수가 된다.

앞의 예에서 100원이 1년 후에 갖는 가치를 알기 위해서는 100(1+0.1)이라는 방법을 사용했다. 그러므로 내년의 110원이 올해에 갖는 가치를 알기 위해서는 역으로 110/(1+0.1)이라는 방법을 사용할 수 있을 것이다. 동일한 논리로 2년 후의 110원이 올해에 갖는 가치는 $110/(1+0.1)^2=90.91$이라고 할 수 있다. 일반적으로 표현해서 T년 후에 발생하는 R의 현재가치는 $R/(1+r)^T$가 된다. 이때 r을 할인율(discount rate)이라고 부른다. 할인율은 비용-편익분석에 있어서 대단히 중요한 역할을 수행한다.

정부의 어떤 지출활동이 올해 B_0만큼의 편익과 C_0만큼의 비용을 발생시키며, 1년 후에는 B_1만큼의 편익과 C_1만큼의 비용을 발생시키고, 2년 후에는 B_2만큼의 편익과 C_2만큼의 비용을, 그리고 T년 후에는 B_T만큼의 편익과 C_T만큼의 비용을 발생시킨다면, 이 지출활동의 순현재가치는 다음과 같이 구할 수 있다.

---

3) 이러한 기본적인 논리는 인플레이션과는 무관한 것이다.

$$NPV=(B_0-C_0)+\frac{(B_1-C_1)}{(1+r)}+\frac{(B_2-C_2)}{(1+r)^2}+\cdots\cdots+\frac{(B_T-C_T)}{(1+r)^T}$$

이러한 방법을 이용하여 순현재가치를 계산한 다음 대안들을 비교·평가하게 되는데, 순현재가치가 '0' 보다 큰 경우에는 일단 그 지출프로그램은 사회적 후생을 증가시킬 수 있는 대안이라고 할 수 있다. 이러한 대안을 '채택가능한' (admissible) 대안이라고 부른다. 그렇지만 순현재가치가 '0' 보다 큰 대안들이 몇 개가 존재할 경우에는 그중 순현재가치를 극대화시킬 수 있는 대안을 선정해야 할 것이다. 채택가능한 여러 가지 대안들 중 가장 큰 순현재가치를 낳는 대안을 '우선순위가 있는' (preferable) 대안이라고 부른다.[4] 그런데 앞의 식에서 우리는 두 가지 중요한 사실을 발견할 수 있다. 하나는 비용과 편익이 발생하는 시점이 멀면 멀수록 그 현재가치는 낮아진다는 점이고, 다른 하나는 할인율이 높으면 높을수록 미래에 발생하는 비용과 편익의 현재가치가 낮아진다는 사실이다. 〈표 6-1〉은 편익의 발생시점과 할인율을 변동시켜 미래에 발생하는 10,000원이 얼마만큼의 현재가치를 갖는지를 보여주고 있다.

먼저 할인율이 고정되어 있는 상태에서 편익의 발생시점이 멀어질수록 현재가치가 어떻게 변하는지를 보도록 하자. 할인율이 5%로 고정되어 있는 세 번째 행을 예로 들면 1년 후에 얻게 되는 10,000원의 현재가치는 9,524원이며, 5년 후에 얻게 되는 10,000원의 현재가치는 7,835원이다. 20년 후에 얻게 되는 10,000원의 현재가치는 3,769원으로 낮아지며 50년 후에 발생하는 10,000원의 현재가치는 872원에 불과하다. 이러한 사실은 할인율이 고정되어 있는 경우 비용과 편익이 발생하는 시점이 멀어지면 멀

4) Harvey S. Rosen.(2002). *Public Finance*. 6th ed., Boston : McGraw-Hill, pp. 224-25.

❙ 표 6-1 ❙ 할인율의 변동에 따른 10,000원의 현재가치

편익 발생시점 \ 할인율	1%	5%	10%
1년후	9,901	9,524	9,091
2년후	9,803	9,070	8,264
3년후	9,706	8,638	7,513
4년후	9,610	8,227	6,830
5년후	9,515	7,835	6,209
10년후	9,053	6,139	3,855
15년후	8,614	4,810	2,394
20년후	8,195	3,769	1,486
30년후	7,419	2,314	573
40년후	6,717	1,420	221
50년후	6,080	872	85

어질수록 그 현재가치는 낮아진다는 것을 보여준다.

이제 편익의 발생시점을 고정시켜 놓고 할인율이 변동되면 현재가치가 어떻게 변하는지를 보도록 하자. 20년 후에 10,000원을 얻게 되는 경우를 상정하자. 〈표 6-1〉에서 할인율이 1%이면 현재가치는 8,195원이지만 할인율이 5%가 되면 현재가치가 3,769원으로 낮아지며 할인율이 10%가 되면 현재가치는 1,486원에 불과해진다. 이는 할인율이 높아지면 높아질수록 미래에 발생하는 비용과 편익의 현재가치가 낮아진다는 사실을 보여주는 것이다.

비용과 편익의 발생시점과 할인율이 사업의 순현재가치와 사업의 선택에 어떤 영향을 미치는가를 구체적으로 보여주는 예가 〈표 6-2〉에 제시되어 있다. 〈표 6-2〉에서 볼 수 있는 것처럼 사업 A와 사업 B는 모두 비용이 80,000원씩 소요되며, 이 비용은 모두 올해 발생한다. 그런데 차이점은 편익이 발생하는 시점으로서 사업 A의 경우에는 편익이 5년 동안 정도의

ㅣ 표 6-2 ㅣ 사업 A와 B의 비용과 편익

		사업 A	사업 B
비용(올해 발생)		80,000	80,000
편익	1년 후	20,000	0
	2년 후	30,000	0
	3년 후	50,000	0
	4년 후	30,000	50,000
	5년 후	20,000	120,000

차이는 있지만 계속해서 발생하는 반면, 사업 B는 4년 후와 5년 후에만 편익이 발생하는 정부 지출프로그램이다. 이제 문제는 어떤 사업이 순현재가치를 극대화시킬 수 있는 지출프로그램인가 하는 점이다.

사업 A와 사업 B의 순현재가치는 다음과 같이 구할 수 있으며, 할인율의 변동에 따른 순현재가치의 변화는 〈표 6-3〉에 정리되어 있다.

$$NPV_A = -80,000 + \frac{20,000}{(1+r)} + \frac{30,000}{(1+r)^2} + \frac{50,000}{(1+r)^3} + \frac{30,000}{(1+r)^4} + \frac{20,000}{(1+r)^5}$$

$$NPV_B = -80,000 + \frac{0}{(1+r)} + \frac{0}{(1+r)^2} + \frac{0}{(1+r)^3} + \frac{50,000}{(1+r)^4} + \frac{120,000}{(1+r)^5}$$

현재가치와 미래가치가 전혀 차이가 없다고 가정할 경우, 즉 할인율이 0.00인 경우에는 사업 A의 현재가치가 70,000원인 반면 사업 B의 현재가치는 90,000원으로서 당연히 사업 B를 선택해야 할 것이다. 또한 할인율이 낮은 경우, 즉 할인율이 0.01이거나 0.05일 경우에도 사업 B의 순현재가치가 사업 A의 순현재가치보다 높다. 따라서 이 경우에도 당연히 사업 B를 선택하게 될 것이다. 그런데 할인율이 높아지게 되면, 즉 할인율이 0.10, 0.15 혹은 0.20인 경우에는 오히려 사업 A의 순현재가치가 사업 B의 순현재가치보다 크게 되며, 이에 따라 사업 A를 선택하게 될 것이다.

▎표 6-3 ▎ 할인율의 변동에 따른 사업 A와 B의 순현재가치

할인율	순현재가치	
	사업 A	사업 B
$r=0.00$	70,000	90,000
$r=0.01$	65,599	82,225
$r=0.05$	49,802	55,158
$r=0.10$	33,450	28,661
$r=0.15$	20,048	8,249
$r=0.20$	8,940	−7,662

보다 흥미로운 사실은 할인율이 0.20일 경우에는 사업 B의 순현재가치가 '—'가 된다는 사실이다. 이러한 결과가 나타나는 이유는 사업 A의 경우에는 편익이 비교적 균등하게 5년간 매년 나타나는 반면, 사업 B는 사업 시행 후 4년이 경과되어야 편익이 발생하기 때문이다. 이와 함께 주목하여야 할 사실은 할인율이 높아지면 높아질수록 사업 A나 사업 B 모두 순현재가치가 낮아지고 있다는 점이다.

따라서 위의 예로부터 우리는 중요한 결론을 도출할 수 있다. 즉, 할인율이 높아지게 되면 상대적으로 가까운 시점에서 편익이 발생하는 사업이 유리하게 평가되는 반면, 할인율이 낮아지게 되면 상대적으로 먼 미래의 시점에서 편익이 발생하는 사업이 유리하게 평가될 수 있다는 사실이다.

(2) 내부수익률에 의한 방법

정부가 추진하는 어떤 사업의 내부수익률(internal rate of return)이란 그 사업의 현재가치를 '0'으로 만드는 할인율이라고 정의된다.

예를 들어 정부가 어떤 사업을 추진하는 데 소요되는 비용이 1,000,000

원이었는데 1년 후에 그 사업의 수입이 1,050,000원이 되었다고 가정하자. 그렇다면 이 사업의 수익률은 얼마인가? 간단히 5%라고 답할 수 있을 것이다. 이때 5%라는 수익률을 계산함에 있어서 다음과 같은 방법이 이용되었다고 할 수 있다.

$$-1{,}000{,}000+\frac{1{,}050{,}000}{(1+r^*)}=0$$

우리는 수익률을 계산하기 위한 위와 같은 방법을 다음과 같이 일반화할 수 있을 것이다. 즉, 어떤 사업이 T년도에 걸쳐서 비용과 편익을 발생시킬 경우, 내부수익률($=r^*$)은 다음 방정식의 해라고 정의할 수 있다.

$$(B_0-C_0)+\frac{(B_1-C_1)}{(1+r^*)}+\frac{(B_2-C_2)}{(1+r^*)^2}+\cdots\cdots+\frac{(B_T-C_T)}{(1+r^*)^T}=0$$

위의 식에서 볼 수 있는 바와 같이 내부수익률이란 사업의 현재가치를 '0'으로 만드는 할인율이다. 이러한 내부수익률은 정부사업의 성장률(rate of growth)이라고도 표현할 수 있다. 그러므로 정부가 추진하는 어떤 사업의 내부수익률이 그 사업에 적용되는 할인율(r)보다 높다면 당연히 그 사업의 순현재가치가 '0'보다 크다고 할 수 있다. 또한 몇 개의 대안 중 하나를 선택하는 경우에는 내부수익률이 가장 높은 대안을 선택하여야 할 것이다.

내부수익률을 기준으로 하여 의사결정을 내리는 것은 비교적 간단하지만, 의사결정의 기준으로서 내부수익률은 다음과 같은 몇 가지 문제를 내포하고 있다.

먼저, 동일한 사업에 대해서 몇 개의 내부수익률이 계산될 수 있다는 문제점이 있다. 예를 들어 2년간 편익이 발생하는 사업이 있다고 가정하자. 이 사업의 내부수익률을 구하는 방법은 다음과 같다.

$$(B_0-C_0)+\frac{(B_1-C_1)}{(1+r^*)}+\frac{(B_2-C_2)}{(1+r^*)^2}=0$$

이때 $(B_0-C_0)=-200$, $(B_1-C_1)=364$, $(B_2-C_2)=-163$이라고 가정하자. 이 경우 내부수익률은 $-200+364/(1+r^*)-163/(1+r^*)^2=0$이라는 방정식의 해를 구함으로써 얻어질 수 있다. 그런데 이때 문제는 이 방정식의 해가 하나가 아니라 둘이라는 점이다. 즉, $r^*=0.146$ 및 0.034가 구해진다는 것이다. 이와 같은 경우에 어떤 것을 이 사업의 내부수익률로 정할 수 있을 것인가? 내부수익률에 의한 의사결정방법은 이러한 물음에 대해 해답을 제시할 수 없다는 문제점이 있다.

이와 함께 내부수익률에 의한 방법은 사업기간이 서로 다른 동시에 규모도 다른 사업들을 비교하는 데 있어서도 한계를 드러낸다. 예를 들어 〈표 6-4〉에 제시된 것처럼 정부는 현재 A와 B라는 댐 중 어떤 댐을 건설할지를 결정하고자 한다. 이때 댐을 건설하기 위해 정부가 민간으로부터 돈을 빌려오고 있는데 이자율이 10%이며 이를 그대로 할인율로 사용한다고 가정하자. 이제 두 사업의 내부수익률을 각각 계산하면 댐 A의 경우는 0.261이며 댐 B의 경우는 0.195이다. 두 사업 모두 내부수익률이 설정할

Ⅰ 표 6-4 Ⅰ 내부수익률과 순현재가치에 의한 두 사업의 비교

(단위 : 억원)

사업	연도	1	2	3	4	5	6	7	8	9	10
댐 A	순편익	−30	10	10	10	10	10	15			
	내부수익률	0.261									
	순현재가치	14.89억원									
댐 B	순편익	−400	100	100	100	100	100	100	100	100	50
	내부수익률	0.195									
	순현재가치	140.63억원									

할인율보다 높으므로 채택가능한 사업이라고 할 수 있지만, 두 사업 중 하나를 선정한다면 내부수익률이 더 높은 댐 A가 당연히 선택되어야 할 것이다. 그런데 문제는 할인율을 10%로 하여 순현재가치를 계산하면, 댐 A의 순현재가치는 14.89억원이지만 댐 B의 순현재가치는 140.63억원에 달한다는 것이다. 따라서 순현재가치를 기준으로 할 경우 당연히 댐 B가 선정된다. 결론적으로, 사업기간과 규모가 서로 다른 사업들을 비교할 경우 내부수익률은 신뢰할 만한 의사결정기준이 되지 못하며 순현재가치가 보다 정확한 의사결정의 기준을 제시해 준다고 할 것이다.

(3) 편익-비용비율에 의한 방법

편익-비용비율(benefit-cost ratio)은 PVB/PVC로 정의된다. 이때 PVB는 모든 편익의 현재가치(present value of benefits)를 의미하며, PVC는 모든 비용의 현재가치(present value of costs)를 의미한다.

$B/C>1$는 $B-C>0$와 동일한 의미를 갖는다. 그러므로 편익-비용비율이 1보다 클 경우에는 그 사업의 순편익이 '0' 보다 크므로 이를 채택할 수 있다. 따라서 편익-비용비율은 어떤 사업의 채택여부를 판단하는 데에는 아무런 문제가 없다고 할 수 있다.

그러나 편익-비용비율은 채택가능한 사업 중 어느 사업이 더 우선순위를 가져야 할 것인가를 판단하는 기준으로서는 그 유용성이 매우 제한된다. 이는 다음의 〈표 6-5〉에 제시된 예를 보면 명확해진다.

사업 A는 도로를 건설하는 사업으로서 편익은 500억원이고 비용은 200억원이 소요된다. 사업 B는 댐을 건설하는 사업으로서 편익은 350억원이고 비용은 200억원이다. 사업 A와 사업 B 중 어느 한 사업만을 선정해야 할 경우에는 당연히 사업 A가 선택되어져야 할 것이다. 그러나 도로

| 표 6-5 | 가설적인 사업 A와 B의 편익-비용비율

	편 익 (소비자의 후생증가)	비 용 (납세자의 부담)	편익-비용비율 (B/C)
사업 A (도로건설)	500억원	200억원	2.50
사업 B (댐건설)	350억원	200억원	1.75

를 건설하게 될 경우 기존의 대중교통수단, 예를 들면 철도의 이용률을 떨어뜨려서 철도사업에는 손실을 가져다 줄 수도 있다. 철도사업에 대한 손실이 100억원이라고 가정하자. 이때 철도사업의 손실 100억원을 편익에서 감해 주게 되면 사업 A의 편익은 400억원이 되므로 편익-비용비율은 2.0이 된다. 반면 이 100억원을 비용으로 처리하게 되면 편익-비용비율은 500/300=1.67이 된다. 따라서 100억원을 편익으로 처리하게 되면 사업 A가 선정되지만, 100억원을 비용으로 계산할 경우에는 사업 B가 선정되게 된다.

위의 예에서 볼 수 있는 바와 같이 편익은 항상 부정적 비용(negative costs)으로서 개념화할 수 있고, 비용 또한 부정적 편익(negative benefits)으로서 개념화할 수 있다. 그러므로 동일한 사업에 있어서도 무엇을 비용으로 개념화하고 무엇을 편익으로 개념화하는가에 따라 편익-비용비율이 달라짐을 알 수 있다. 그러나 순현재가치는 편익과 비용의 비율이 아니라 단지 양자의 절대적 차이로써 계산되기 때문에 이러한 혼란이 발생하지 않는다.

결론적으로 비용-편익분석에 있어서 의사결정의 기준으로서 순현재가치, 내부수익률 및 편익-비용비율이 사용되기는 하지만, 순현재가치에 의한 방법이 가장 신뢰할 수 있는 의사결정의 방법이라고 할 수 있다.

4. 인플레이션과 비용-편익분석

미래에 발생하는 비용과 편익을 할인율을 이용하여 현재가치로 전환시키는 근본적인 이유는 내일 100원이 갖는 가치는 오늘 100원이 갖는 가치보다 낮을 수밖에 없다는 것인데, 이러한 근본적인 논리는 물가의 상승과는 전혀 관련이 없는 것이다. 그런데 물가가 상승하게 되면 화폐가치는 낮아질 수밖에 없으므로 인플레이션의 존재는 서로 다른 시기에 발생하는 비용과 편익을 현재가치로 환산하는 과정에서 새로운 문제를 야기하게 된다.

비용-편익분석에서 인플레이션의 문제를 해결할 수 있는 방법으로는 크게 두 가지를 들 수 있다. 하나는 명목가치로 표현된 비용과 편익을 모두 실질가치로 전환시켜서 이를 중심으로 현재가치를 계산하는 방법이고, 다른 하나는 명목가치로 표현된 비용과 편익을 인플레이션의 영향을 고려한 명목할인율을 이용하여 현재가치로 전환시키는 방법이다.[5)]

(1) 실질가치에 의한 방법

명목가치(nominal value)란 비용과 편익이 발생한 시점에서의 화폐가치로 측정된 비용과 편익의 크기를 의미한다. 반면 실질가치(real value)란 어떤 기준이 되는 시점에서의 구매력을 중심으로 환산한 가치를 의미한다. 명목가치는 다음과 같은 방법을 이용하여 실질가치로 전환시킬 수 있다.

---

5) Thomas Palm and Abdul Qayum.(1985). *Private and Public Investment Analysis*. Cincinnati : South-Western, pp. 146-51.

$$R = C\left(\frac{1}{1+f}\right)^{n-b}$$

여기서 R= 기준연도의 실질가치
C= 명목가치
n= 명목가치가 측정된 시점
b= 기준연도
f= 인플레이션율

예를 들어 2008년에 어떤 사람의 월급이 2,000,000원이었는데 3년 후인 2011년에는 월급이 2,662,000원으로 인상되었다고 하자. 그런데 이 3년 동안 물가가 연평균 10%씩 상승했다고 하면, 이 사람의 구매력은 과연 얼마나 변했을까? 위의 식을 이용해서 2011년의 2,662,000원이 2008년에 갖는 구매력을 계산하면,

$$R = 2{,}662{,}000\left(\frac{1}{1+0.10}\right)^{2011-2008} = 2{,}662{,}000\left(\frac{1}{1.10}\right)^{3} = 2{,}000{,}000$$

이 된다. 즉, 연평균 물가상승률이 10%에 달할 경우 2011년의 2,662,000원이 갖는 구매력과 2008년의 2,000,000원이 갖는 구매력은 동일하다고 할 수 있다. 결국 이 사람의 실질임금은 전혀 상승하지 않은 것이다.

이와 같은 방법을 이용하여 비용과 편익의 가치가 명목가치로 표현된 경우에는 이를 모두 기준연도의 실질가치로 전환시킴으로써 순현재가치를 계산할 수 있다. 즉, B_1', C_1', B_2', C_2' 및 B_T', C_T'을 명목가치로 표현된 비용과 편익이라고 한다면, 위의 식을 이용하여 이를 모두 B_1, C_1, B_2, C_2, B_T, C_T 등의 실질가치로 전환시켜 순현재가치를 구할 수 있다는 것이다.

(2) 명목할인율에 의한 방법

이와는 달리 명목가치로 표현된 비용과 편익은 그대로 두고 단지 할인율에 인플레이션의 영향을 포함시키도록 조정함으로써 순현재가치를 계산해 낼 수도 있다. 이때 인플레이션의 영향을 고려한 명목할인율(inflation-adjusted discount rate)은 다음과 같은 방법으로 구할 수 있다.

$$d=(1+r)(1+f)-1$$

여기서 d = 인플레이션의 영향을 고려한 명목할인율
r = 실질할인율
f = 인플레이션율

예를 들어 실질할인율이 10%이고 연평균 물가상승률이 5%라면 인플레이션의 영향을 고려한 명목할인율은

$$d=(1+0.10)(1+0.05)-1=(1.1)(1.05)-1=0.155$$

가 되는 것이다. 따라서 비용과 편익이 명목가치로 표현된 경우에 현재가치를 구할 수 있는 방법은 다음과 같다.

$$NPV=(B_0-C_0)+\frac{(B'_1-C'_1)}{(1+d)}+\frac{(B'_2-C'_2)}{(1+d)^2}+\cdots\cdots+\frac{(B'_T-C'_T)}{(1+d)^T}$$

인플레이션이 존재할 때 순현재가치를 계산함에 있어서 주의해야 할 점은 비용과 편익이 명목가치로 표현된 경우에는 할인율을 인플레이션의 영향을 고려한 명목할인율로 하여야 한다는 것이며, 반대로 비용과 편익이 기준연도의 실질가치로 표현된 경우에는 실질할인율을 사용하여 순현재가치를 구해야 한다는 것이다.

5. 사회적 편익의 종류

비용-편익분석에 있어서 비용은 어떤 사업의 수행에 소요되는 기회비용을 의미하기 때문에 무엇이 비용으로 포함되어야 하는가는 별 어려운 문제가 아니며, 다만 비용의 계산방법이 문제가 된다. 반면, 정부의 지출활동은 일반적으로 그 영향이 대단히 크기 때문에 과연 무엇을 편익으로 파악할 것인가가 대단히 중요한 문제로 대두된다.[6]

(1) 실질적 편익과 금전적 편익

먼저 편익은 실질적 편익과 금전적 편익으로 나누어 볼 수 있다. 실질적 편익(real benefits)이란 소비자 만족의 순증가 혹은 재화나 서비스를 생산하는 데 있어서 소요되는 자원의 절약을 의미한다. 즉, 실질적 편익은 사회 전체적인 후생을 증가시키는 편익인 것이다. 이와는 달리 금전적 편익(pecuniary benefits)은 다른 사람의 후생감소를 대가로 하여 발생한 편익을 의미한다. 따라서 금전적 편익은 사회 전체적인 후생의 증가가 아니라 단지 소득의 재분배만을 의미할 뿐이기 때문에, 자원배분의 효율성을 기준으로 하여 이루어지는 비용-편익분석에서는 금전적 편익이 편익으로 계산되어서는 안 된다.

---

6) 사회적 편익의 종류에 관한 보다 자세한 논의는 다음의 논문을 참조할 것. Robert H. Haveman and Burton A. Weisbrod.(1983). “Defining Benefits of Public Programs : Some Guidance for Policy Analysts.” in Robert H. Haveman and Julius Margolis(eds.), *Public Expenditure and Policy Analysis*. 3rd ed., Boston : Houghton Mifflin Co.

예를 들어 두 마을을 연결하는 기존의 도로가 협소해서 새로운 도로를 건설하게 되었다고 하자. 이렇게 되면 새롭게 건설된 도로 주변에 위치한 주유소나 휴게소의 매상은 올라가게 될 것이다. 그렇다면 이러한 매상의 증가를 도로의 건설로부터 발생한 편익으로서 계산해야 할 것인가? 결론은 그렇지 않다라는 것이다. 왜냐하면 차량들이 기존의 도로가 아니라 새롭게 건설된 도로를 이용함에 따라 새로 건설된 도로 주변에 위치한 주유소나 휴게소의 매상은 올라가겠지만, 그 반면에 기존 도로변에 위치한 주유소나 휴게소의 매상은 떨어질 것이기 때문에 사회 전체적인 차원에서는 다만 소득의 재분배만이 있을 뿐 순후생의 증감은 없다고 볼 수 있기 때문이다.

그런데 비용-편익분석이 단지 효율성의 차원에서만 행해지는 것이 아니라 분배적인 차원까지도 고려할 경우에는 실질적 편익뿐만 아니라 금전적 편익 또한 편익으로서 포함되어야 한다. 그러므로 비용-편익분석이 분배의 문제까지도 고려할 경우에는 편익의 측정문제가 대단히 복잡해지게 된다.

분배문제를 고려하지 않아 금전적 편익을 제외하고 실질적 편익만을 비용-편익분석에 포함시키는 경우에 이러한 실질적 편익은 다시 일차적 편익과 이차적 편익, 내부적 편익과 외부적 편익, 그리고 측정가능한 편익과 측정불가능한 편익으로 나누어 볼 수 있다.

(2) 일차적 편익과 이차적 편익

정부가 추진하는 사업의 목표와 발생한 편익 간의 연관성에 따라 일차적 편익과 이차적 편익을 구분한다. 일차적 편익 혹은 직접적 편익(primary or direct benefits)이란 정부사업의 목표와 연관된 편익으로서 정부사업이 발생시키고자 의도한 편익이다. 반면 이차적 편익 혹은 간접적 편익(secondary or indirect benefits)은 일차적 편익 외에 부차적으로 발생한 편익이다. 사회적 비용-편익분석은 사회구성원 전체의 후생증가에 관심을 갖기 때문에 일차적 편익뿐만 아니라 이차적 편익도 당연히 편익에 포함시켜야 하는 것이 원칙이다.

그런데 이러한 원칙에도 불구하고 이차적 편익이 실질적인 편익으로서 취급되어야 하는가의 문제는 자원의 고용상태에 따라 달라진다. 자원이 완전고용되어 있는 상태에서 발생하는 이차적 편익은 경제의 다른 부문에서의 후생감소를 전제로 할 수밖에 없다. 따라서 이때 발생하는 이차적 편익은 실질적 편익이 아니라 금전적 편익일 뿐이며 이에 따라 비용-편익분석에서 이차적 편익을 고려할 하등의 이유가 없는 것이다. 반면, 자원이 완전고용되어 있는 상태가 아니라면 이차적 편익은 금전적 편익이 아니라 실질적 편익이라고 할 수 있으며, 이때에는 이차적 편익 또한 편익에 포함시켜야 하는 것이다.

(3) 내부적 편익과 외부적 편익

비용-편익분석에서 고려할 편익의 범위를 어떻게 설정하는가에 따라 내부적 편익(internal benefits)과 외부적 편익(external benefits)이 구분된다. 예를 들어 어떤 정부부처에서 불우 청소년을 모아 이들에게 직업훈련을 실시했다고 가정하자. 이러한 직업훈련 프로그램의 결과 교육대상이 된 청소년들의 미래소득이 증가할 것이라고 예상할 수 있는데, 이는 직업훈련 프로그램의 내부적 편익에 해당하는 것이다. 그런데 이에 더하여 직업훈련의 결과 건전한 시민이 육성되어 범죄율이 줄어들게 될 것이라고도 예상할 수 있다. 이러한 효과는 프로그램을 수행하는 정부부처의 관할

범위 밖에서 발생할 뿐만 아니라 대상집단(target group)에 속하지 않는 사람들의 후생도 증가시키기 때문에,[7] 이를 외부적 효과라고 부른다.

다시 말해서, 어떤 편익을 내부적 편익으로 간주하고 어떤 편익을 외부적 편익으로 파악할 것인가는 편익이 미치는 범위를 고려할 때 그 경계를 어떻게 설정하느냐에 따라 달라진다. 민간부문에서 비용-편익분석을 행할 때에는 외부적 편익은 제외하고 오직 내부적 편익만을 편익으로 간주한다. 그러나 사회적 비용-편익분석에서의 비용과 편익은 한 사회구성원 전체의 후생감소 혹은 후생증가를 의미하는 것이기 때문에, 관할부처의 업무범위와 프로그램 대상집단을 기준으로 내부적 편익과 외부적 편익을 구분하는 것이 아무런 의미가 없게 된다. 우리가 관심을 갖는 사회적 비용-편익분석에서는 정부의 지출활동이 다른 나라 국민의 후생까지도 증가시키는 경우에만 외부적 편익이 존재한다고 표현한다. 결국 사회적 비용-편익분석에서 내부적 편익과 외부적 편익을 구분하는 유일한 경계는 국경이 된다고 할 것이다.

(4) 측정가능한 편익과 측정불가능한 편익

측정가능한 편익(tangible benefits)이란 금전적으로 가치를 환산할 수 있는 편익을 의미한다. 반면 측정불가능한 편익(intangible benefits)은 금전적으로 가치를 환산할 수 없는 편익을 의미한다. 정부가 추진하는 사업의 편익에 대해서 가격을 부여할 수 없는 예는 대단히 많다. 정부가 제공하는 공공재, 깨끗한 환경, 그리고 희귀동식물의 보호 등은 모두 금전적으

7) 프로그램의 수혜대상집단을 기준으로 편익을 구분할 경우 내부적 편익과 외부적 편익의 구분은 앞에서 이야기한 직접적 편익과 간접적 편익의 구분과 일치하게 된다.

로 그 가치를 표현할 수 없는 것들이다. 특히 정부가 제공하는 공공재가 최종소비되는 공공재일 경우에는 금전적 가치를 부여할 수 있는 방법이 전혀 존재하지 않는다. 단지 공공재가 최종소비재가 아니라 다른 재화를 생산하는 데 필요한 중간재이며 또한 그렇게 생산된 재화가 사적재여서 그에 대한 시장가격이 존재하는 경우라면 공공재에 대한 금전적 가치를 우회적으로 환산해 낼 수는 있을 것이다.

금전적 가치를 환산할 수 없는 측정불가능한 편익이 존재하는 경우 비용-편익분석을 하는 방법은 크게 세 가지로 나눌 수 있다.

첫 번째 방법은 금전적으로 가치를 부여할 수는 없다 할지라도 편익을 가능한 한 자세하게 수량적으로 표현하는 방법이다.

두 번째 방법은 측정불가능한 편익이 가질 수 있는 최소한의 금전적 가치와 최대한의 금전적 가치를 설정하고 이러한 최소치와 최대치를 비용과 비교하는 방법이다.

세 번째 방법은 어떤 정부사업이 채택가능한 사업이 될 수 있거나 혹은 다른 사업과 비교해서 우선순위를 가진 사업이 될 수 있기 위해서는 측정불가능한 편익이 얼마만큼의 금전적 가치를 가져야만 하는가를 계산해 내는 방법이다.[8)]

이와 함께 정부사업의 편익을 금전적인 가치로 환산할 수는 없지만 그러한 편익을 달성하는 것이 목표로 설정될 경우, 우리가 선택할 수 있는 최적의 대안은 비용이 가장 적게 소요되는 방법이 될 것이다. 금전적으로 가치를 환산할 수 없는 편익의 달성을 목표로 설정하고 가장 효율적인 달성방법만을 강구하는 분석을 비용-효과분석(cost-effectiveness analysis)이라고 한다. 비용-효과분석은 편익을 일단 주어진 것으로 상정하고 단지

8) Haveman and Weisbrod. *ibid*., pp. 97-98.

이를 달성할 수 있는 최적의 수단만을 강구한다는 점에서 비용-편익분석과 차이가 있다.

결론적으로, 분배의 문제를 고려하지 않는다면 비용-편익분석에서 금전적 편익을 편익에 포함시킬 하등의 이유가 없다. 그렇지만 금전적 편익을 제외한 모든 편익, 즉 직접적 편익 및 간접적 편익, 내부적 편익 및 외부적 편익, 그리고 측정가능한 편익 및 측정불가능한 편익은 원칙적으로 모두 편익에 포함시켜야 할 것이다.

6. 비용과 편익의 가치측정

(1) 편익측정의 기본논리

비용-편익분석에 있어서 편익은 사회구성원들의 후생증가, 비용은 후생감소로 정의된다. 이때 편익은 사회구성원들의 지불할 용의(willingness to pay : WTP)로 측정할 수 있다. 앞의 제3장에서 수요곡선의 높이는 한계편익을 의미한다고 하였는데, 이것이 곧 소비자들이 지불할 용의가 있는 가격을 의미하는 것이다.

시장이 완전경쟁상태에 있고 평균생산비용이 고정되어 있는 상태에서 정부가 어떤 사업을 통해 X_1만큼의 재화를 공급하게 되었다고 가정하자. X재에 대한 수요곡선은 [그림 6-1]에 나타나 있으며 X_1만큼이 공급될 때 X재의 가격은 P_1이 된다. 이 경우 소비자들은 이 재화를 구입하기 위해 $OabX_1$만큼 지불할 용의가 있다. 그렇지만 소비자들이 실제 지불하는 돈은 OP_1bX_1에 불과하다. 그림에서 $OabX_1$과 OP_1bX_1의 차이, 즉 삼각형

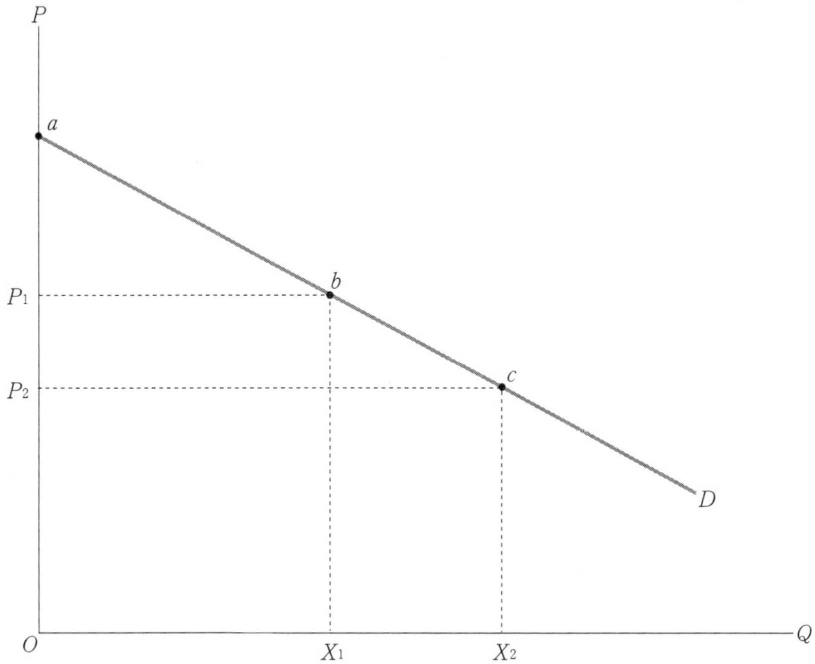

‖ 그림 6-1 ‖ 소비자잉여와 편익

P_1ab를 일컬어 소비자잉여(consumer surplus)라고 부른다.

소비자들이 지불할 용의가 있는 가격인 $OabX_1$은 X라는 재화를 X_1 만큼 공급하고자 정부가 추진하는 사업의 총편익(gross benefits)이며, 소비자들이 실제 지불하는 돈을 나타내는 OP_1bX_1은 정부의 예산지출과 동일하다. 만약 이것이 사업의 기회비용과 동일하다면 소비자잉여인 삼각형 P_1ab가 이 사업의 순편익(net benefits)이 되는 것이다. 소비자잉여는 비용-편익분석에 있어서 대단히 중요한 의미를 갖는데, 대부분의 경우 소비자잉여의 변화는 정책변화에 대해 지불할 용의가 있는 가격으로 개념화할 수 있기 때문이다. 만약 정부가 X재의 가격을 P_1에서 P_2로 낮추기 위한 새로운 사업을 시행한다면, 이 새로운 사업의 순편익은 P_1bcP_2가 될 것이다.

(2) 비용측정의 기본논리

비용-편익분석에서 비용이란 기회비용(opportunity cost)을 의미한다. 즉, 어떤 사업을 시행함으로써 포기하게 되는 편익이 비용인 것이다. 시장의 실패가 없는 완전경쟁시장에서 정부가 사업수행에 필요한 재화를 구입하는 경우, 비용의 가치측정(valuation of costs)은 그 재화의 시장가격을 이용하여 이루어진다. 이때의 시장가격은 사회적 한계비용을 의미한다.

[그림 6-2]는 정부가 새로운 사업을 추진하기 위해 Y라는 재화를 구입하게 되었고 이에 따라 Y재의 시장수요곡선이 우측으로 이동한 것을 보여주고 있다. Y재의 공급곡선은 완전탄력적이어서 Y재의 가격에는 변화가

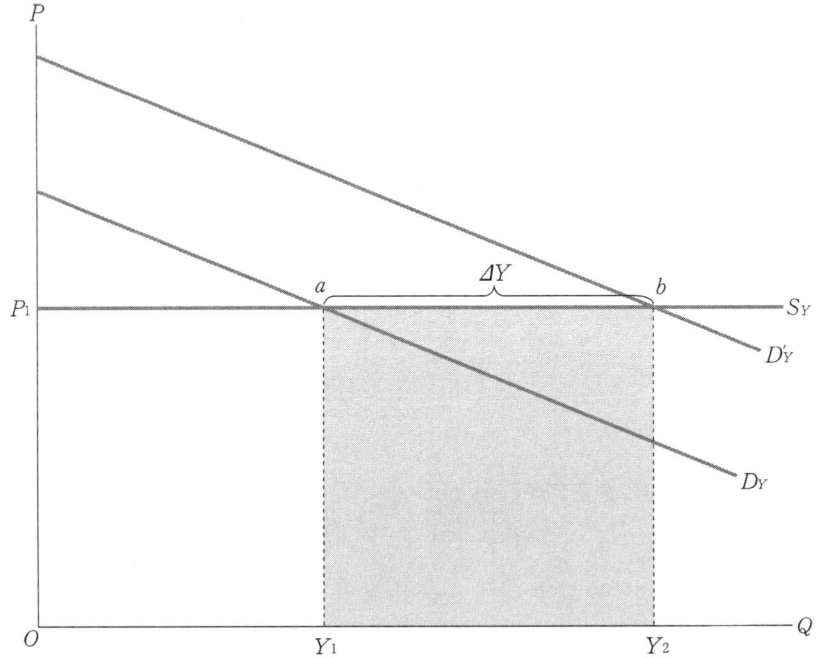

Ⅰ 그림 6-2 Ⅰ 가격변화가 없는 완전경쟁시장에서의 비용측정

없다고 가정하자. 이 경우 정부의 예산지출을 나타내는 Y_1abY_2, 즉 $P_1 \cdot \Delta Y$가 바로 이 사업의 비용이 되는 것이다.

이제 완전경쟁시장이긴 하지만 재화의 가격이 인상된 경우를 보도록 하자. [그림 6-3]은 정부가 새로운 사업을 추진하기 위해 Z라는 재화를 구입하게 되었고 이에 따라 시장수요곡선이 우측으로 이동한 것을 보여주고 있다. 그런데 Z재의 공급곡선이 우상향하고 있어 Z재의 수요가 늘자 Z재의 가격도 인상되었다. 정부가 Z재를 구입하기 전에 Z재의 거래량은 Z_1, 가격은 P_1이었다. 이제 정부가 사업을 추진하기 위해 Z재를 구입하게 되면 수요량은 Z_2로 늘게 되고 가격도 P_2로 인상되게 된다. 이때 정부가 구입하는 Z재의 양은 Z_3Z_2가 되며, 정부의 예산지출은 Z_3acZ_2만큼이 된다.

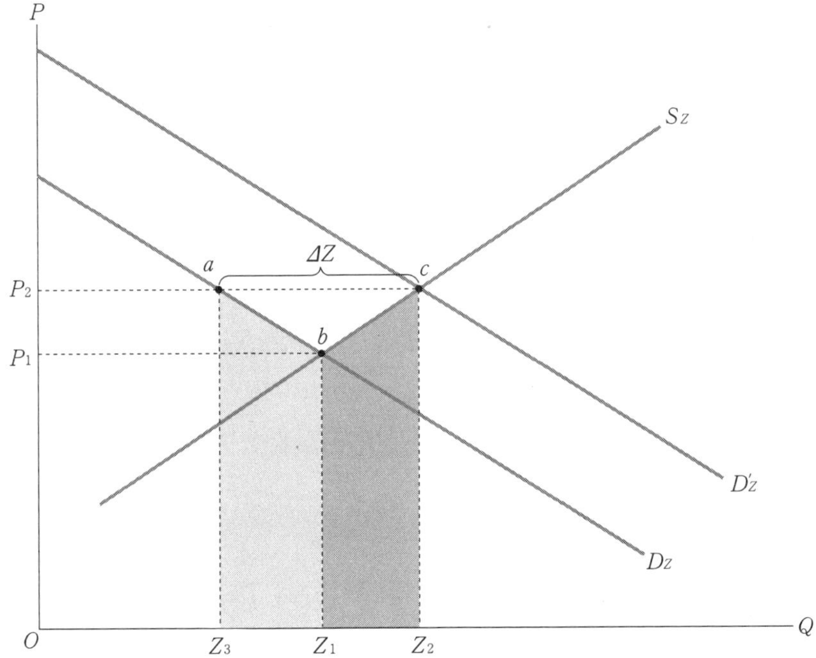

❙ 그림 6-3 ❙ 가격변화가 있는 완전경쟁시장에서의 비용측정

이 경우에도 정부의 예산지출이 사업추진 비용과 동일한가? 결론은 그렇지 않다라는 것이다.

정부가 새롭게 구입하게 된 Z재의 양은 Z_3Z_2이다. 이 중 Z_3Z_1만큼은 원래 이 시장에 참여하던 소비자들이 구입했었지만 정부의 사업추진에 따라 정부가 민간소비를 대체하면서 구입하게 된 Z재의 양을 나타내고 있다. 그리고 Z_1Z_2만큼은 정부가 Z재를 구입함으로써 공급이 새롭게 늘어난 양을 나타내고 있다. Z_3Z_1은 원래 민간소비자들이 향유하던 Z재의 소비를 정부가 대체하게 된 것이므로, 이때 정부사업의 기회비용은 이를 추진하기 위해 민간소비자들이 포기한 편익이 된다. 민간소비자들이 포기하게 된 편익이란 다름 아니라 Z재 소비로부터의 한계편익을 모두 합한 것을 의미하며, 이는 다시 Z재 수요곡선의 높이로 나타낼 수 있다. [그림 6-3]에서 민간소비자들이 포기하게 된 편익은 사다리꼴 Z_3abZ_1으로 나타나 있다. Z_1Z_2는 정부가 Z재를 구입함으로써 공급이 새롭게 증가한 양을 나타내므로, 기회비용은 재화의 생산비용이 된다. 공급곡선의 높이는 한계비용을 의미하므로 Z_1bcZ_2가 생산비용이 되는 것이다. [그림 6-3]에서 정부사업의 총비용은 두 사다리꼴을 합친 Z_3abcZ_2가 되며, 이는 $\frac{1}{2}(P_1+P_2)\cdot\Delta Z$로 표현할 수 있다.

결국 다른 왜곡요인이 전혀 없는 완전경쟁시장이지만 정부의 사업추진에 따라 재화의 가격이 인상된 경우에는 정부소비가 민간소비를 대체한 부분과 재화의 생산이 새롭게 증가한 부분을 구분해서 기회비용을 측정할 필요가 있다고 할 것이다.

(3) 잠재가격의 추정 : 불완전경쟁시장의 경우

시장의 실패가 없다면 시장가격은 사회적 한계편익과 사회적 한계비용을 의미한다. 그러나 시장이 불완전하거나 혹은 시장이 아예 존재하지 않는다면 시장가격이 사회적 한계비용을 제대로 반영할 수 없게 된다. 그러므로 시장이 아예 존재하지 않거나 혹은 시장이 불완전한 경쟁상태에 있을 경우에는 현존하는 시장가격으로 비용과 편익을 측정하는 것이 아니라 완전경쟁시장이 만약 존재할 경우에 형성될 시장가격을 추정함으로써 비용과 편익의 가치를 측정하는 방법을 사용한다. 이렇게 완전경쟁시장을 상정하고 추정한 시장가격을 비용-편익분석에서는 잠재가격(shadow prices)이라고 부른다.[9)]

그런데 실제로는 잠재가격을 추정하기 위해서 많은 노력과 시간이 소요될 뿐만 아니라 완전경쟁시장을 상정하고 추정한 잠재가격이 불완전한 시장가격보다 더 정확하게 사회적 한계비용을 반영할 것이라는 보장이 없다. 시장가격은 비용을 측정하기 위한 객관적인 근거를 제공해 주는 반면 잠재가격의 추정에는 주관적이고 자의적인 판단이 개입될 가능성이 높기 때문이다. 그러므로 현존하는 시장가격이 심각하게 왜곡되어 있고, 보다 정확한 잠재가격을 추정할 수 있으며, 또한 이러한 가격이 비용-편익분석의 결과에 심각한 영향을 미칠 수 있다고 판단될 경우에만 잠재가격을 추정할 필요가 있다고 하겠다.

잠재가격 추정의 예로서 먼저 독점이 존재하는 경우, 조세가 부과된 경우, 그리고 실업이 존재하는 경우를 나누어서 살펴본 후, 시장가격이 아예

---

9) Ronald N. McKean.(1972). "The Use of Shadow Prices." in Richard Layard(ed.), *Cost-Benefit Analysis : Selected Readings*. Baltimore : Penguin Books ; Julis Margolis.(1977). "Shadow Prices for Incorrect or Nonexistent Market Values." in Robert H. Haveman and Julius Margolis (eds.), *Public Expenditure and Policy Analysis*. 2nd ed., Chicago : Rand McNally College Publishing Co.

존재하지 않는 경우 잠재가격을 어떻게 추정할 수 있는지를 살펴보고자 한다.

(가) 독점이 존재하는 경우

정부가 어떤 사업을 추진하기 위해서 구입하는 재화가 독점적으로 생산되는 경우에 그 재화의 시장가격은 한계생산비보다 높게 책정된다. 이 경우 비용의 가치를 측정하는 기준을 재화의 시장가격으로 할 것인가 혹은 한계생산비로 해야 할 것인가의 문제가 대두되는데, 결론은 정부의 재화구입이 시장에 미치는 영향에 따라 달라지게 된다.

정부의 재화구입에도 불구하고 생산량이 증가하지 않는 경우에는 소비자가 사용할 재화를 정부가 사용하는 것이므로 정부사업의 기회비용은 민간소비의 감소분이 된다. 따라서 이 경우에는 재화의 시장가격이 정부사업의 비용이 된다.

이와는 달리 정부가 재화를 구입하는 만큼 생산량이 정확하게 증가한다면, 정부가 지불하는 가격에는 독점적 생산자의 이윤까지도 포함된다. 이러한 이윤은 그 자원을 사용하는 데 필요한 사회적인 비용이라고 볼 수 없으므로, 이 경우에는 그 재화를 생산하는 데 소요된 한계비용만이 사회적 비용으로 계산될 필요가 있는 것이다.

이상의 두 가지 경우가 동시에 발생할 경우에는 가격과 한계비용의 가중평균을 사용하게 된다.

[그림 6-4]에서 수요곡선 D는 정부가 사업을 추진하기 전에 독점적으로 공급되는 재화 Q에 대한 시장수요곡선을, MR은 D에 대응하는 한계수입곡선을 나타낸다. 이때 균형거래량은 $MR=MC$인 점에서 결정되어 Q_1만큼이 거래되며, 가격은 P_1으로 설정되어 있다. 이제 정부가 새로운 사업을 추진하게 되었고 이 사업을 위해 Q재를 독점기업으로부터 구입하게

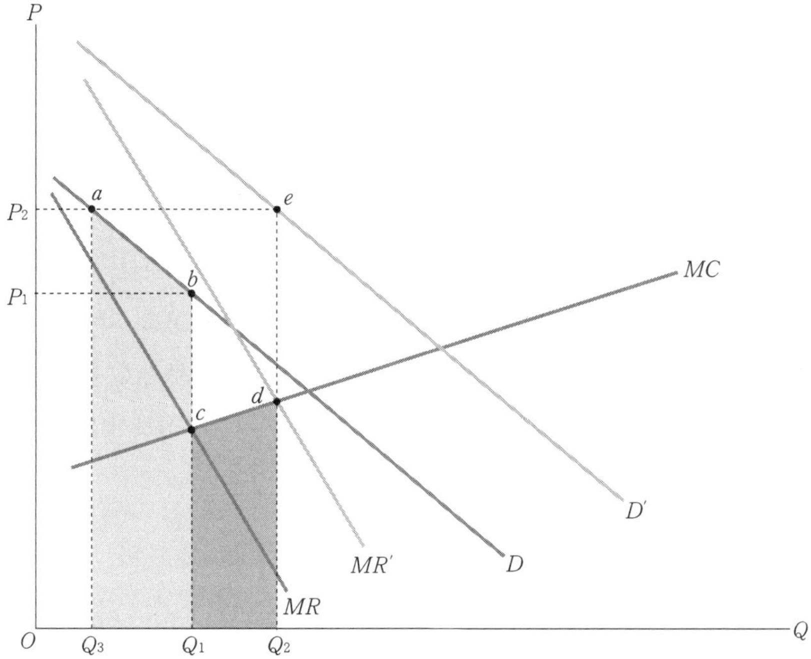

┃ 그림 6-4 ┃ 독점기업으로부터 구입한 재화의 비용

되었다고 하자. 수요곡선 D'은 Q재에 대한 수요증가로 인해 우측으로 이동한 새로운 수요곡선을, MR'은 이에 대응하는 한계수입곡선을 나타낸다. 시장의 새로운 균형은 $MR'=MC$인 점에서 결정되며 Q재의 거래량은 Q_2로 증가하고 가격도 P_2로 상승하게 된다. 그런데 Q재의 가격이 P_1에서 P_2로 상승함에 따라 민간소비자들이 Q재를 구입하는 양은 Q_1에서 Q_3로 줄어들게 되는 반면, 정부가 구입하는 양은 Q_3Q_2가 된다. 그런데 정부의 구입량 Q_3Q_2 중 Q_3Q_1만큼은 기존의 민간소비자들이 구입하던 것을 정부가 대체해서 구입하는 양을, 그리고 Q_1Q_2만큼은 정부의 Q재 구입에 따라 새롭게 생산이 늘어난 양을 나타낸다.

Q_3Q_1은 원래 민간소비자들이 향유하던 Q재의 소비를 정부가 대체하

게 된 것이므로, 이때 정부사업의 기회비용은 이를 추진하기 위해 민간소비자들이 포기한 편익이 된다. 민간소비자들이 포기하게 된 편익이란 다름 아니라 Q재 소비로부터의 한계편익을 모두 합한 것을 의미하며, 이는 다시 Q재 수요곡선의 높이로 나타낼 수 있다. [그림 6-4]에서 민간소비자들이 포기하게 된 편익은 사다리꼴 Q_3abQ_1으로 나타나 있다. Q_1Q_2는 정부가 Q재를 구입함으로써 공급이 새롭게 증가한 양을 나타내므로, 기회비용은 재화의 생산비용이 된다. 공급곡선의 높이는 한계비용을 의미하므로 Q_1cdQ_2가 생산비용이 되는 것이다. 사업추진을 위해 정부가 Q재를 구입하면서 지불한 총액, 즉 예산지출은 Q_3aeQ_2에 달하지만, 정부사업의 기회비용은 두 사다리꼴을 합친 Q_3abcdQ_2가 되는 것이다.

(나) 조세가 부과된 경우

정부가 사업을 추진하기 위해 구입하는 재화에 대해 이미 조세가 부과되어 있는 경우 정부사업의 비용은 어떻게 측정할 수 있는가? [그림 6-5]에서 D는 정부가 새로운 사업추진을 위해 Q재를 구입하기 전의 Q재에 대한 수요곡선을, 그리고 S는 공급곡선을 나타내고 있다. 그런데 Q재에 대해서 t원만큼의 물품세가 부과되고 있다면 t원만큼 Q재의 가격을 상승시켜 Q재의 소비자가 직면하게 되는 공급곡선이 S에서 S'으로 상승하게 된다. 이때 S와 S'의 수직적 거리는 물품세 t원만큼이 되는 것이다. 물품세가 부과되어 있는 경우 시장의 균형은 S'과 D가 교차하는 점에서 이루어지며, 균형거래량은 Q_1, 균형가격은 P_1이 된다.

이제 정부가 새로운 사업을 추진하기 위해 Q재를 구입하게 되어 수요곡선이 D에서 D'으로 이동하게 되었다고 가정하자. 새로운 균형은 S'과 D'이 교차하는 점에서 이루어지며, 균형거래량은 Q_2, 균형가격은 P_2가 된다. 정부의 예산지출은 Q_3aeQ_2가 된다. 그렇지만 이러한 예산지출을 이

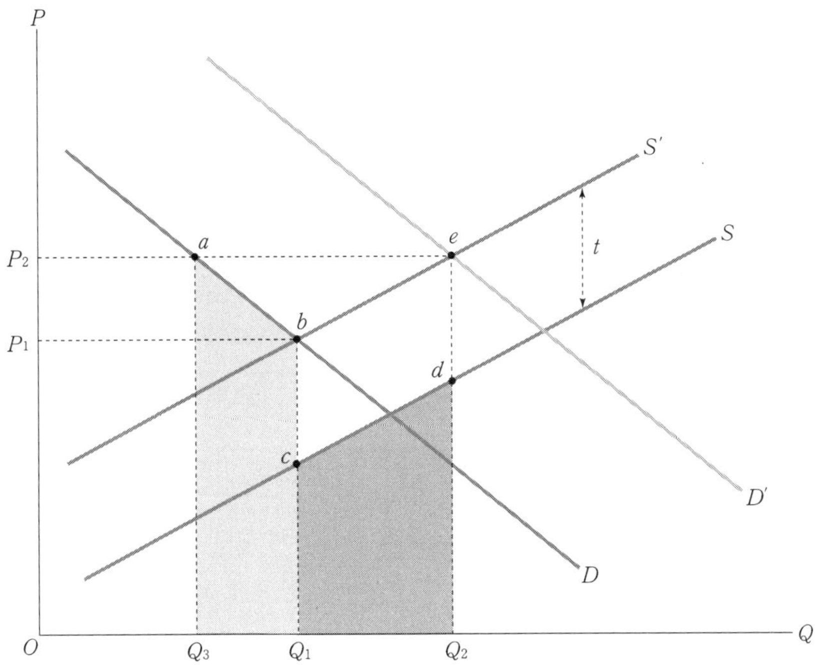

❙ 그림 6-5 ❙ 조세가 부과된 경우의 비용측정

사업의 기회비용이라고 정의 내리기는 어렵다. 정부가 구입하게 되는 Q재의 양은 Q_3Q_2만큼이지만 이 중 Q_3Q_1만큼은 기존의 민간소비자들이 구입하던 것을 정부가 대체해서 구입하는 양을, 그리고 Q_1Q_2만큼은 정부의 Q재 구입에 따라 새롭게 생산이 늘어난 양을 나타낸다.

Q_3Q_1은 원래 민간소비자들이 향유하던 Q재의 소비를 정부가 대체하게 된 것이므로, 이때 정부사업의 기회비용은 이를 추진하기 위해 민간소비자들이 포기한 편익이 된다. 민간소비자들이 포기하게 된 편익이란 다름아니라 Q재 소비로부터의 한계편익을 모두 합한 것을 의미하며, 이는 다시 Q재에 대한 수요곡선의 높이로 나타낼 수 있다. [그림 6-5]에서 민간소비자들이 포기하게 된 편익은 사다리꼴 Q_3abQ_1으로 나타나 있다. Q_1Q_2

는 정부가 Q재를 구입함으로써 공급이 새롭게 증가한 양을 나타내므로, 기회비용은 재화의 생산비용이 된다. 공급곡선의 높이는 한계비용을 의미하므로 Q_1cdQ_2가 생산비용이 되는 것이다. t원만큼의 물품세가 부과되어 있긴 하지만, 이러한 물품세가 Q재를 새롭게 생산해 내기 위해 사회적으로 포기해야 하는 자원을 의미하는 것은 아니기 때문에 기회비용으로 볼 수는 없다. 따라서 정부사업의 기회비용은 두 사다리꼴을 합친 Q_3abcdQ_2가 되는 것이다.

(다) 실업이 존재하는 경우[10)]

정부의 최저임금제로 인하여 임금이 노동에 대한 수요와 공급이 균형을 이루는 수준보다 높게 설정되어 실업이 발생하고 있다고 가정하자. [그림 6-6]에서 최저임금 W_1이 설정되기 이전에는 정부가 사업을 추진하기 전의 노동에 대한 수요곡선 D와 노동의 공급곡선 S가 교차하는 f점에서 균형이 이루어지며, 이때 임금은 W_0가 된다. 최저임금인 W_1에서는 L_1만큼의 사람들이 고용되기를 원하지만 노동에 대한 수요는 L_3에 불과하여 L_1-L_3만큼이 실업을 경험하게 된다. 이제 유휴노동력을 고용하기 위해 정부가 사업을 시행하게 되었고, 그 결과 W_1의 임금수준에서 L'만큼의 사람들이 고용되었다고 가정하자. 이때 L'만큼을 고용하는 데 소요되는 기회비용을 어떻게 측정할 수 있을까? 다섯 가지의 대안적 방법을 고려할 수 있다.

첫째, 실업자들을 고용하는 데 소요되는 기회비용을 '0' 으로 보는 입장

10) 이 부분의 설명은 Anthony E. Boardman, David H. Greenberg, Aidan R. Vining and David L. Weimer.(2001). *Cost-Benefit Analysis : Concepts and Practice*. 2nd ed., Upper Saddle River, NJ : Prentice-Hall, pp. 92-95에 주로 의존하고 있다.

이다. 정부사업을 추진하는 데 소요되는 자원의 비용은 이들 자원을 다른 대안적 생산활동에 활용하지 못하기 때문에 포기하게 되는 편익이라고 할 수 있다. 그러므로 실업이 존재하는 경우 유휴인력의 기회비용은 '0'이라는 것이다. 그렇지만 실업자를 고용하는 데 소요되는 기회비용을 '0'으로 보는 데는 무리가 있다. 왜냐하면 실업자라 할지라도 취업정보의 수집, 육아 등 생산적인 일에 참여하기도 하며, 그렇지 않고 완전히 여가를 즐긴다 하더라도 여가 그 자체가 가치를 가지고 있기 때문이다. 사실, 전혀 임금을 받지 않으면서 일을 할 용의가 있는 실업자는 거의 없을 것이다. [그림 6-6]도 W_4보다 낮은 임금을 받으면서 일할 용의가 있는 실업자는 전혀 없음

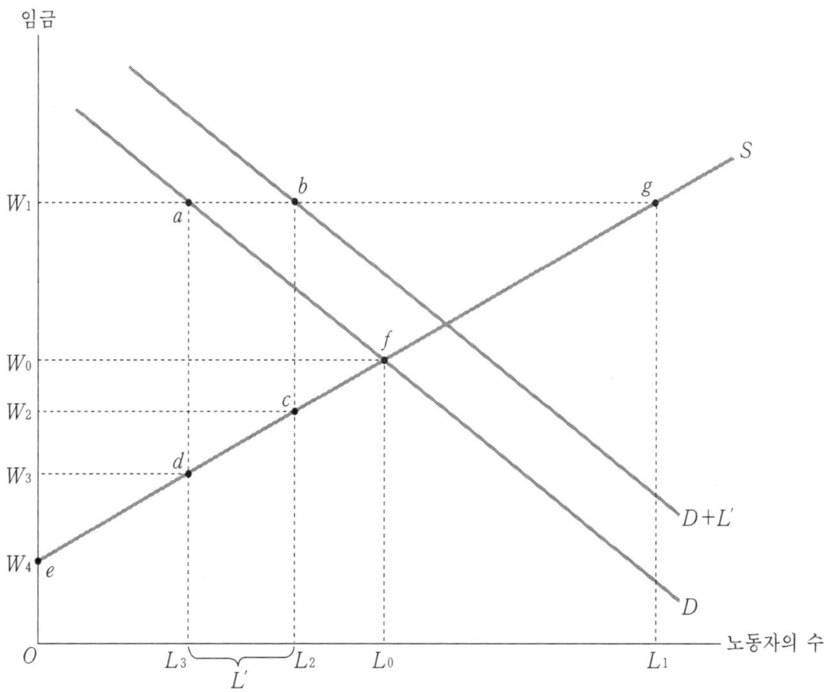

| 그림 6-6 | 실업이 존재하는 경우의 비용측정

을 보여주고 있다. 따라서 실업자를 고용하는 기회비용은 '0' 보다는 높아야 할 것이다.

둘째, 정부의 예산지출을 실업자들을 고용하는 기회비용으로 보는 입장이다. 정부의 예산지출은 $W_1 \cdot L'$이며 [그림 6-6]에서는 abL_2L_3로 나타낼 수 있다. 그렇지만 이러한 정부의 예산지출규모는 실업자를 고용하는 사회적 비용을 지나치게 높게 책정하는 것이다. 왜냐하면 노동의 공급곡선이 보여주고 있듯이, 현재의 임금수준은 W_1이지만 대부분의 사람들은 W_1보다도 낮은 임금수준에서 일할 용의가 있기 때문이다.

셋째, 정부사업의 추진에 따라 새롭게 일자리를 얻게 된 사람들이 일을 하게 되면서 포기하게 된 그 사람들의 시간의 가치를 실업자 고용의 기회비용으로 보는 입장이다. 이는 [그림 6-6]에서 L_3와 L_2 사이에 있는 노동의 공급곡선 아래의 면적인 cdL_3L_2로 나타낼 수 있다.

세 번째 방법의 문제점은 정부사업을 위해 고용된 실업자들이 자신들의 시간을 W_2 이하 그리고 W_3 이상으로 평가한다고 보는 데 있다. 다시 말해서, 정부사업을 위해 고용된 실업자들은 노동의 공급곡선상에서 d와 c 사이에 존재하고 있었다고 간주한다는 것이다. 그렇지만 새롭게 일자리를 얻게 된 사람들이 자신들의 시간을 W_2 이상이나 W_3 이하로 평가할 가능성은 얼마든지 있다. [그림 6-6]에서 보면 최저임금이 W_1으로 설정되어 있기 때문에 시간의 가치를 W_4와 W_1 사이에서 평가하는 사람들은 얼마든지 일을 할 용의가 있는 것이다. 따라서 새롭게 일자리를 얻게 된 사람들이 d와 c 사이에서만 있었던 사람들이 아니라, e와 g 사이에 균등하게 분포되어 있었다고 가정하는 것이 보다 현실적일 것이다. 이렇게 본다면 L'만큼의 사람들을 새롭게 고용하는 데 소요되는 기회비용은 $\frac{1}{2}(W_1+W_4) \cdot L'$이라고 할 수 있을 것이다.

네 번째 방법이 갖는 현실적인 문제점은 W_4의 가치를 알기가 거의 불가능하다는 것이다. 이에 따라 정확하지는 않지만 편의상 W_4의 가치를 '0'으로 설정하는 방법이 있을 수 있다. 이렇게 되면 L'만큼의 사람들을 새롭게 고용하는 데 소요되는 기회비용은 $\frac{1}{2}(W_1+0) \cdot L' = \frac{1}{2}W_1 \cdot L'$이라고 할 수 있을 것이다. 이는 두 번째 방법으로 제시한 정부예산지출의 절반에 해당하는 수준이다. 그렇지만 여가의 가치가 '0'보다는 크기 때문에 다섯 번째 방법에 의한 기회비용의 추정은 실업자 고용에 소요되는 기회비용의 최저값이라고 할 수 있을 것이다.

(4) 잠재가격의 추정 : 시장가격이 존재하지 않는 경우

시장가격이 아예 존재하지 않는 경우, 비용과 편익에 대한 가치측정은 시장의 기능이 제대로 발휘되었을 경우의 시장가격을 추정하는 방법을 사용한다. 시장가격이 존재하지 않는 경우 비용과 편익의 가치를 측정하는 대표적인 예로서 시간 및 생명에 대한 가치측정을 들 수 있다.

(가) 시간의 가치

예를 들어 도로의 건설은 통근시간이나 여행시간 등을 단축시키는 편익을 발생시킨다. 이 경우 시간절약이라는 편익을 어떻게 측정할 것인가? 비용-편익분석에서는 근로와 여가의 선택이라는 개념을 이용하여 시간의 가치를 측정한다.

시간의 활용방법은 크게 두 가지로 나눌 수 있다. 하나는 일을 하는 것이며 다른 하나는 여가를 즐기는 것이다. 즉, 한 시간 더 일을 한다는 것은 한 시간의 여가를 포기하는 것과 같은 것이므로 사람들은 한 시간의 여가를 포기하는 대신 그 시간에 해당하는 만큼의 소득을 더 얻게 되는 것이다. 만약 사람들이 자신의 근로시간을 자유롭게 조절할 수 있다면, 사람들은 한 시간을 더 일함으로써 얻을 수 있는 소득과 한 시간의 여가를 즐김으로써 향유할 수 있는 주관적인 편익이 일치하는 점까지 일을 하고자 할 것이다. 따라서 시간의 가치는 다름 아니라 시간당 세후임금(after-tax wage rate)이라고 할 수 있다.

물론 이와 같은 논리에 기반한 시간의 가치측정방법은 사람들이 자신의 근로시간을 자유롭게 조설할 수 없는 경우에는 적용하기가 어렵다는 한계가 있다. 현재의 임금수준에서 더 많은 시간동안 일을 하기를 원하더라도 그렇게 할 수 없는 경우에는 여가시간에 대한 주관적인 가치가 매우 낮다고 할 수밖에 없다. 이럴 경우 시간당 세후임금으로 여가시간의 가치를 측정하게 되면 여가시간의 가치를 과대평가하는 결과를 낳게 된다.

(나) 생명의 가치

생명의 가치는 무한하다. 그러므로 생명에 대해서 가치를 부여한다는 사실 그 자체에 대해서 부정적인 견해를 갖는 경우를 많이 보게 된다. 그렇지만 자원의 효율적인 배분이라는 측면에서는 어쩔 수 없이 생명의 가치를 측정할 수밖에 없는 경우가 많다. 예를 들어 생명의 가치는 무한하므로 고속도로에서의 교통사고사망률은 당연히 '0'으로 줄여야 한다는 논리가 성립할 수 있다. 그러나 한 사회에서 가용한 모든 자원을 이용하여 도로시설을 정비한다 하더라도 교통사고사망률을 '0'으로 줄이기는 매우 어려울 것이며, 설령 그것이 가능하다고 하더라도 그럴 경우에는 사회가 필요로 하는 다른 부문에 대한 정부지출이 대폭 줄어들 수밖에 없을 것이다. 결국 희소한 자원의 배분을 위한 선택의 문제에 봉착할 수밖에 없는데, 이러한 선택을 위해서는 생명에 대한 가치도 어쩔 수 없이 측정을 해야만 한다.

비용-편익분석에서 생명의 가치를 측정하는 방법은 크게 두 가지로 나눌 수 있다. 하나는 할인된 미래소득(discounted future earnings)에 의

한 방법이고, 다른 하나는 필요한 보상(required compensation)에 의한 방법이다.[11)]

할인된 미래소득에 의한 방법은 사망한 사람이 사망하지 않았다면 평생 동안 벌 수 있었을 소득의 현재가치를 계산함으로써 생명의 가치를 추정하는 방법이다. 이 방법의 논리적 근거는 시장으로 하여금 사람의 가치를 평가하도록 한다는 것인데, 바로 이 점이 이 방법의 가장 큰 문제점이라고도 할 수 있다. 즉, 어떤 사람이 고임금을 향유할 수 있는 기회와 능력이 있었음에도 불구하고 여가를 활용하기 위해서 임금이 낮은 직종에 일부러 종사하고 있었다면, 이 방법에 의할 경우 생명의 가치가 과소평가될 수밖에 없을 것이다. 또한 성차별에 따라 여성근로자들이 남성에 비해 상대적으로 낮은 임금을 감수할 수밖에 없는 경우가 많은데, 이 경우에도 할인된 미래소득에 의한 방법은 여성의 생명이 지니는 가치가 남성에 비해 낮다는 우스꽝스러운 결론을 내리게 된다. 그리고 할인된 미래소득에 의한 생명의 가치추계방법은 퇴직을 한 사람의 경우에는 생명의 가치를 '0'으로 추정할 수밖에 없다는 심각한 문제점을 지니고 있다.

이와는 달리 필요한 보상에 의한 방법은 불완전한 시장이 생명의 가치를 측정하도록 하는 것이 아니라 당사자가 생명의 가치를 측정하도록 하는 방법이다. 다시 말해서, 이 방법은 보다 위험한 일, 즉 사망의 확률이 높은 일을 하기 위해서는 개인이 얼마만큼을 소득으로서 보상받기를 원하는가를 추정함으로써 생명의 가치를 측정하는 방법이다. 그렇지만 이 방법도 위험(즉, 사망의 확률)에 대한 완벽한 정보가 존재하며 그러한 정보를 당사자가 충분히 인지하고 있을 뿐만 아니라 다른 대안적 직업이 존재할 경우에만 유용성을 가질 수 있다는 문제점이 있다. 위험에 대해 충분한 정보가

11) Gramlich(1981). *op. cit*., pp. 69–71.

존재하지 않거나 혹은 정보가 존재하더라도 다른 직종에서 일할 기회가 없다면, 위험을 보상해 주기 위한 소득의 증가는 미미할 수밖에 없다. 따라서 이러한 경우에 필요한 보상에 의한 방법으로 생명의 가치를 측정하게 되면 생명의 가치가 과소평가될 수밖에 없을 것이다.

7. 할인율의 선택문제

지금까지 우리는 정부사업을 평가하기 위한 할인율이 이미 설정되어 있는 것처럼 가정했으나, 실제 할인율을 결정하는 방법에 대해서 완전한 합의가 이루어진 것은 아니다. 그렇지만 순현재가치에 의한 의사결정방법에서 본 바와 같이 할인율이 어떻게 설정되는가에 따라 비용-편익분석의 결과는 사뭇 달라지게 된다. 할인율이 지나치게 낮게 되면 비효율적인 사업이 채택될 수 있고, 반면 할인율이 너무 높게 되면 효율적인 사업이 채택되지 않을 수도 있다. 더욱이 할인율은 단지 어떤 사업의 채택과 기각에만 영향을 미치는 것이 아니라, 사회 전체적인 차원에서 자원이 정부부문과 민간부문 간에 어떻게 배분될 것인가에 대해서도 결정적인 영향을 미친다.

할인율의 결정에 있어서는 두 가지 이슈가 제기된다. 하나는 할인율이 개개인의 시간선호율을 반영할 것인가 혹은 자본의 기회비용을 반영할 것인가 하는 문제이며, 다른 하나는 사회적 할인율이 누구의 선호를 반영할 것인가 하는 문제이다.

(1) 사회적 할인율의 결정

사람들은 훗날 소비하기보다는 지금 당장 소비하는 것을 더 좋아한다.

그런데 저축을 한다는 것은 미래의 소비를 증가시키기 위해 현재의 소비를 희생하는 것이므로, 오늘의 소비를 1원만큼 감소시키기 위해서는 내년에 1원보다 어느 정도 큰 혜택이 내게 돌아올 수 있어야 한다. 이때 미래의 소비가 얼마만큼 늘어날 수 있어야 1원만큼 현재의 소비를 감소시킬 용의가 있는가 하는 것을 각 개인의 한계시간선호율(marginal rate of time preference)이라고 부른다. 정부사업이란 현재의 소비를 줄이면서 미래의 소비 가능성을 높이는 것이므로, 현재소비와 미래소비의 대체관계를 나타내는 한계시간선호율이 정부사업분석에 적용될 할인율로 활용될 수 있을 것이다.

이와 동시에 정부가 사업을 벌이게 되면 그 사업비만큼 민간의 투자가 줄어들게 된다. 따라서 정부가 사업을 벌이지 않고 거기에 투입된 자원이 민간부문에 투자되었더라면 얻을 수 있었던 수익률이 정부사업의 기회비용이 되는 것이다. 이는 민간투자의 한계수익률(marginal rate of return on private investment) 혹은 민간부문에서의 자본의 한계생산성(marginal productivity of capital)과 같으며, 이를 자본의 사회적 기회비용(social opportunity cost of capital)이라고 한다.

각 개인의 시간선호율은 미래의 소비를 위해 현재의 소비를 줄이는 것(즉, 저축을 하는 것)을 반영하므로 자본의 공급측면을 나타내는 것이며, 자본의 사회적 기회비용은 투자를 통해 얻을 수 있는 수익률을 의미하므로 자본의 수요측면을 나타내는 것이다. 자본시장에 조세, 거래비용, 금융규제 등의 왜곡요인이 전혀 없다면 각 개인들의 한계시간선호율과 민간투자의 한계수익률은 시장이자율(market rate of interest)과 일치하게 된다. 따라서 자본시장이 완전경쟁상태에 있을 경우에는 시장이자율이 곧 사회적 할인율이 되는 것이다.

그러나 현실적으로 왜곡요인이 전혀 없는 자본시장을 상정할 수는 없기 때문에, 각 개인들의 한계시간선호율, 민간투자의 한계수익률, 그리고 시장이자율은 서로 다를 수밖에 없으며 이에 사회적 할인율을 어떻게 설정할 것인가 하는 문제가 제기된다. 이를 해결하는 방법으로서 제시된 것이 투자재원에 따라 할인율을 결정하는 방법이다. 즉, 정부사업을 위한 자원이 민간의 투자로부터 이전되었는가 아니면 민간의 소비로부터 이전되었는가에 따라 할인율을 달리 적용한다는 것이다.

정부투자사업을 위한 자원이 민간의 투자로부터 이전되었을 경우에는 민간투자의 세전수익률(before-tax rate of return on private investment)이 할인율로 사용된다. 예를 들어 민간기업이 올해 1,000,000원을 투자하여 내년에 100,000원의 수익을 얻을 수 있다면 이때 민간기업의 수익률은 10%가 된다. 이때 이 1,000,000원을 민간기업이 아니라 정부사업에 투자를 했다면 이러한 정부사업 때문에 사회 전체적인 시각에서 볼 때 100,000원이라는 수익을 잃게 되는 결과가 발생한다. 그러므로 정부투자사업의 기회비용은 10%라는 민간수익률이며, 이것이 정부투자사업을 분석하기 위한 할인율로 사용되는 것이다. 민간투자의 세전수익률을 할인율로 사용한다는 의미는 민간부문에서의 투자와 비교해서 정부투자사업이 더 높은 편익을 발생시킬 수 있을 때만이 정부투자사업을 수행할 가치가 있는 것으로 판단한다는 것이다.

이때 민간의 수익에 대해서 세금이 부과되는가는 할인율을 결정하는데 있어서 아무런 영향을 미치지 않는다. 예를 들어 민간의 수익에 대해 정부가 50%의 세율로 과세를 했다면 민간기업은 50,000원만을 소유하게 되고 나머지 50,000원은 정부로 이전되게 되지만, 사회 전체적인 시각에서 보면 100,000원만큼 후생이 증가한 것이다. 따라서 정부사업을 위한 자원이 민간투자로부터 이전되었을 경우에는 세전수익률이 할인율로 사용되게 된다.

이와는 달리 정부투자사업을 위한 자원이 민간의 소비로부터 이전되었을 경우에는 세후수익률(after-tax rate of return)이 할인율로 사용된다. 예를 들어 이자율이 10%인 상황에서 어떤 사람이 1,000,000원을 올해 소비하지 않고 저축을 한다면 1년 후 이 사람의 이자수입은 100,000원이 될 것이다. 그러나 이때 이자수입에 대한 세율이 50%라면 이 사람이 실제 얻게 되는 수익은 50,000원에 불과하다. 역으로 표현하면, 이 사람이 올해 1,000,000원을 소비함으로써 포기하게 되는 수익은 50,000원이며, 포기하게 되는 수익률은 세후수익률인 5%인 것이다. 이러한 이유로 정부투자사업을 위한 재원이 민간의 소비를 감소시키는 대가로 조달되었을 경우, 적용되는 할인율은 세후수익률이 된다.

그런데 정부투자사업을 위한 재원이 민간투자나 민간소비 어느 한쪽으로부터만 이전되는 것이 아니라 두 가지 모두로부터 이전되는 것이 일반적인데, 이럴 경우에는 다음과 같이 가중평균치를 구함으로써 할인율을 결정하게 된다.

$$r' = \alpha \cdot r + (1-\alpha) \cdot s$$

여기서 α= 민간투자로부터 이전된 정부투자사업비의 비율
r= 민간투자에 대한 세전수익률
$1-\alpha$= 민간소비로부터 이전된 정부투자사업비의 비율
s= 민간소비자들이 경험하는 세후수익률

그런데 현실적으로 실제 정부투자사업을 위한 자원 중 얼마만큼이 민간투자로부터 이전되었고 얼마만큼이 민간소비로부터 이전되었는지를 알 수 없는 경우가 많다. 이럴 경우에는 가중평균치에 의해서 할인율을 결정하기가 대단히 어려울 것이다.

(2) 사회적 시간선호율과 사회적 할인율의 결정

각 개인의 시간선호율이란 현재의 소비를 희생시키는 대가로 얻기 원하는 미래소비의 증가분을 의미한다. 그러므로 사회적 시간선호율이란 사회 전체적인 차원에서 현재의 소비를 희생시키는 대가로 얻기 원하는 미래소비의 증가분이라고 할 수 있다. 위에서 설명한 사회적 할인율의 도출방법은 궁극적으로 현재 설정된 민간의 투자수익률이나 이자율을 중심으로 정부사업을 분석하기 위한 할인율을 도출해 내는 방법이다. 그런데 문제는 민간부문은 근시안적인 경우가 많아서 현재나 혹은 가까운 장래에 발생할 수 있는 편익은 대단히 높게 평가하는 반면 어느 정도 먼 미래의 시점에서 발생할 수 있는 편익은 대단히 낮게 평가하는 경향이 있다는 점이다.[12)]

더욱이 민간부문의 투자나 소비 행위는 단지 현세대에서 발생하는 편익에 대해서만 관심을 가질 뿐 미래세대의 후생에 대해서는 거의 관심을 갖지 않는다. 그러나 민간부문과는 달리 정부는 투자사업을 결정함에 있어서 현세대뿐만 아니라 미래세대의 후생까지도 고려해야 한다. 이는 곧 민간의 투자나 소비로부터 도출된 할인율을 정부투자사업을 평가하기 위한 할인율로 곧바로 적용할 수 없다는 것을 뜻한다. 따라서 사회적 시간선호율의 개념을 강조하는 입장에서는 정책결정자의 판단에 따라 민간에 존재하는 할인율과는 다른 별도의 사회적 할인율을 선정해야 한다고 주장하는데, 이러한 사회적 할인율은 민간의 할인율과 비교해서 낮을 수밖에 없다.

그러나 이 방법에 의해 사회적 할인율을 어떻게 객관적으로 정할 수 있을 것인가 하는 문제와 함께, 설혹 사회적 할인율을 정할 수 있다 하더라도

---

12) 이를 시장이자율의 근시성문제(defective telescopic faculty of market interest rate)라고 부른다.

민간투자와 정부투자를 평가하는 데 이중의 기준이 사용된다는 문제가 발생한다. 이중의 기준을 사용하는 것이 문제가 되는 이유는 이렇게 설정된 사회적 할인율은 민간투자를 평가하기 위한 할인율보다는 낮을 수밖에 없어 비효율적인 정부사업이 채택될 수도 있기 때문이다.

8. 비용-편익분석과 분배의 문제

비용-편익분석의 논리적 기반이라 할 수 있는 캘도-힉스원칙에서는 분배의 문제를 전혀 고려하지 않는다. 그러나 정부의 역할은 단지 자원배분의 효율성만을 제고시키는 데 국한되지 않으며, 소득분배상태를 개선시킴으로써 사회적 형평성을 제고할 책임 또한 정부에 있다고 할 수 있다. 그렇다면 비용-편익분석에서는 분배의 문제를 어떻게 처리할 수 있을까? 기본적으로 비용-편익분석에서는 각 소득집단이 향유하는 편익에 가중치를 부여함으로써 분배의 문제를 해결한다. 즉, 사회적으로 불리한 위치에 있다고 판단되는 소득집단에게 더 많은 가중치를 부여함으로써 비용-편익분석의 결과가 이 집단에게 유리하게 나타날 수 있는 방법을 사용하는 것이다.

그렇지만 사실상 각 소득집단에 부여하는 가중치를 결정하기 위한 어떠한 객관적인 방법도 존재하지 않는다. 따라서 가중치의 결정은 주관적일 수밖에 없다. 물론 캘도-힉스원칙도 이러한 문제의 예외는 아니다. 왜냐하면 캘도-힉스원칙에서는 본질적으로 한 소득집단이 향유하는 100원의 가치가 다른 소득집단이 향유하는 100원의 가치와 같다고 정의하는데, 이는 곧 모든 소득집단에 적용되는 가중치가 1로 동일하다는 것을 의미하는 것이다.

가중치를 적용할 경우에 발생하는 또 하나의 문제점은 주관적으로 가중치를 조절함으로써 비효율적인 어떤 정부사업이 효율적인 사업인 것처럼 조작될 수 있다는 점이다.

〈표 6-6〉은 어떤 정부사업이 추진될 때 5개 소득집단에 귀속되는 순편익을 나타내고 있다. 이때 캘도-힉스원칙에 의해 비용-편익분석을 하면 이 정부사업의 순편익은 −100으로서 채택할 이유가 없다. 그런데 (1)과 같이 가중치를 부여할 경우 이 정부사업의 순편익은 110으로 증가한다. 또한 (2)와 같이 가중치를 부여하게 되면 이 정부사업의 순편익은 5로 아주 미미해지게 된다. 〈표 6-6〉에서 볼 수 있는 바와 같이 분배에 대한 가중치를 자의적으로 조작하게 되면 어떠한 정부사업의 순편익도 증가시킬 수 있는데, 결국 이럴 경우 자원의 비효율적 배분이라는 문제가 발생하게 되는 것이다.

이와 함께 비용-편익분석에서 분배문제를 고려하기 위해서는 실질적 편익뿐만 아니라 금전적 편익까지도 편익에 포함시켜야 한다. 따라서 비용-편익분석에서 분배문제를 고려할 경우에는 분석에 필요한 정보의 양이 대폭 증가한다는 문제가 있다.

‖ 표 6-6 ‖ 분배가중치를 부여할 경우의 비용-편익분석

소득집단	순편익	가중치 (1)	가중치를 부여한 순편익 (1)	가중치 (2)	가중치를 부여한 순편익 (2)
1	−300	1	−300	1	−300
2	−150	1.2	−180	1.1	−165
3	50	1.4	70	1.2	60
4	100	1.6	160	1.3	130
5	200	1.8	360	1.4	280
순편익의 합	−100		110		5

9. 위험과 불확실성의 문제

지금까지 우리는 정부사업에서 발생하는 비용과 편익을 정확히 알고 있다는 가정하에 비용-편익분석에 관련된 여러 문제들을 살펴보았다. 그러나 현실적으로 비용-편익분석을 하는 시기는 어떤 정부사업으로부터 비용과 편익이 발생하기 훨씬 이전의 시점이기 때문에 비용과 편익에 대한 완벽한 확실성(total certainty)을 가지기는 어렵다. 그러므로 비용-편익분석의 결과는 이러한 비용과 편익에 대한 가정을 어떻게 하느냐에 따라 크게 달라질 수밖에 없다.

비용-편익분석에서는 정부사업의 결과가 확실하지는 않지만 사업의 결과에 대해 확률을 부여할 수 있는 경우에, 정부사업이 위험(risk)에 처해 있다고 표현한다. 이와는 달리 정부사업의 결과에 대한 확률조차 부여할 수 없는 경우에는 불확실성(uncertainty)이 존재한다고 표현한다. 불확실성이 존재하는 경우의 비용-편익분석은 주관적인 판단이나 직관에 의존할 수밖에 없는 반면, 정부사업이 위험에 처해 있을 경우에는 다음과 같은 방법을 이용할 수 있다.[13)]

〈표 6-7〉은 정부사업 A와 B에서 나타날 수 있는 순편익의 현재가치를 나타내고 있는데, 이러한 순편익이 나타날 수 있는 가능성은 각각 20%이다. 사업 A와 B를 비교할 경우 사업 A의 순편익의 평균은 46이며 사업 B의 순편익의 평균은 54이다. 따라서 순편익의 평균만을 고려한다면 당연히 사업 B가 선택될 것이다. 그런데 문제는 〈표 6-7〉에서 볼 수 있는 바와 같이 사업 A를 시행할 경우 발생할 수 있는 순편익의 편차는 그리 크지 않

13) Palm and Qayum(1985). *op. cit.*, pp. 133-42.

은 반면, 사업 B의 경우에는 그 편차가 대단히 크다는 점이다. 다시 말해서, 사업 B가 사업 A에 비해 위험부담이 더 크다고 할 수 있다. 정부사업의 결과가 확실하지 않을 경우 이러한 위험성을 나타내는 지표가 바로 순편익의 분산이다.

비교하는 정부사업의 순편익의 평균이나 분산 중 어느 하나가 동일하다면 내안의 선택은 쉽게 이루어질 수 있다. 순편익의 분산이 같다면, 평균이 큰 사업이 우선순위가 있는 사업이 될 것이다. 그러나 〈표 6-7〉의 예처럼 순편익의 분산은 작지만 평균 또한 작은 대안과 순편익의 평균은 크지만 분산 또한 큰 대안을 비교한다면 대안의 선택이 쉽게 이루어질 수 없다. 이 문제를 해결하기 위해서는 순편익의 평균과 분산을 동시에 고려하여 대안을 선택할 수 있는 기준을 마련하지 않으면 안 된다.

위험을 회피하고자 하는 어떤 사람이 대등하다고 생각하는 순편익의 평균과 분산의 조합을 표현한 것이 [그림 6-7]이다. [그림 6-7]에서 순편익의 평균도 작고 분산도 작은 정부사업 B와 순편익의 평균도 크고 분산도 큰 정부사업 C는 대등한 것으로 표현되어 있다. 이렇게 정부사업 B와 C를 연결시키는 곡선을 대등곡선 혹은 무차별곡선이라 부른다. [그림 6-7]

Ⅰ 표 6-7 Ⅰ 동일한 발생확률을 갖는 순편익의 평균과 분산

발생확률(%)	정부사업 A의 순편익	정부사업 B의 순편익
20	20	10
20	30	30
20	40	150
20	60	30
20	80	50
순편익의 평균	46	54
순편익의 분산	464	2,464

에서 모든 무차별곡선은 수평선과 만난다. 이것이 의미하는 바는 동일한 무차별곡선상에 위치한 모든 정부사업은 다른 평균과 분산을 갖는 사업들과 대등할 뿐만 아니라 '0'의 분산을 갖는 어떤 정부사업과도 대등한 것으로 판단할 수 있다는 것이다. 즉, 분산을 갖는 정부사업 B와 C는 분산이 존재하지 않는, 다시 말해서 확실한 순편익을 갖는 정부사업 A와 대등한 것이다. 이때 무차별곡선에서 '0'의 분산을 갖는 정부사업의 평균값을 그 곡선에 위치하고 있는 모든 정부사업의 확실대등액(certainty equivalent)이라고 부른다.

높은 확실대등액을 갖는 무차별곡선상에 위치한 정부사업은 낮은 확실대등액을 갖는 무차별곡선상에 위치한 정부사업에 비해 비용-편익분석에서 우선순위를 갖게 된다. 결국 위험에 처한 정부사업에 대한 비용-편익분석은 그에 대응하는 확실대등액을 구해서 이들을 비교하는 방법을 사용하게 되는 것이다. 물론 무차별곡선의 모양은 얼마나 위험을 감수할 것인

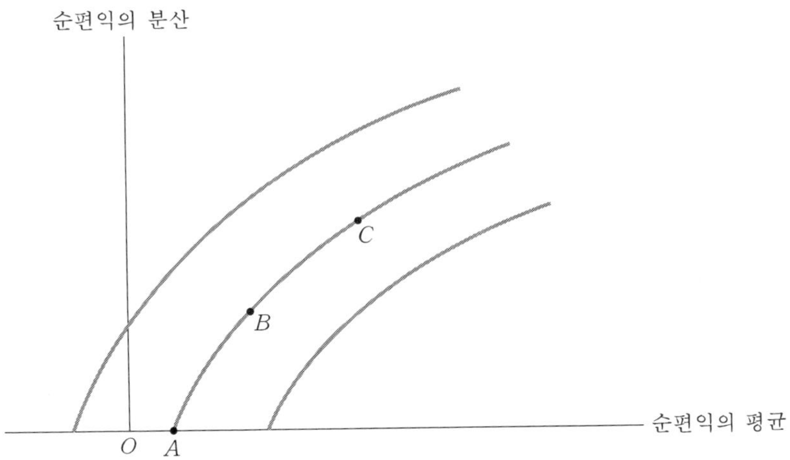

Ⅰ 그림 6-7 Ⅰ 확실대등액

가 하는 의사결정자의 주관적 판단에 따라 달라지게 된다.

10. 민감도분석

이상에서 살펴본 바와 같이 비용-편익분석을 위해서는 수많은 의사결정을 필요로 한다. 즉, 비용과 편익의 가치를 어떻게 측정할 것인가, 할인율을 어떻게 결정할 것이며, 위험의 문제는 어떻게 처리할 것인가, 그리고 분배 가중치는 어떻게 할 것인가 등등 실제적으로 비용-편익분석을 하기 위해서는 수많은 가정이 필요하다. 그리고 비용-편익분석의 결과는 이러한 가정에 크게 의존할 수밖에 없다. 따라서 만족할 만한 비용-편익분석이 이루어지기 위해서는 이러한 수많은 변수들의 값을 조정함으로써 비용-편익분석의 결과가 어떻게 달라지는지를 살펴볼 필요가 있다.

이와 같이 비용-편익분석의 결과가 각 변수값의 변화에 따라 얼마나 민감하게 반응하는지를 살펴보는 것을 민감도분석(sensitivity analysis)이라고 한다. 각 변수의 값을 조정하더라도 그 결과가 크게 변화하지 않는 비용-편익분석이 가장 만족할 만한 분석이라고 할 수 있을 것이며, 또한 민감도분석이 행해지지 않은 비용-편익분석은 그 유용성이 대단히 떨어진다고 할 수밖에 없다. 나아가 민감도분석이 행해지지 않은 비용-편익분석은 사전에 정해진 어떤 결정을 합리화시키기 위한 도구로 전락할 수도 있음에 주목할 필요가 있다.

참 / 고 / 문 / 헌

Baumol, William J.(1977). "On the Discount Rate for Public Projects." in Robert H. Haveman and Julius Margolis(eds.), *Public Expenditure and Policy Analysis*. 2nd ed., Chicago : Rand McNally College Publishing Co.

Boardman, Anthony E., David H. Greenberg, Aidan R. Vining and David L. Weimer.(2001). *Cost-Benefit Analysis : Concepts and Practice*. 2nd ed., Upper Saddle River, NJ : Prentice-Hall.

Campen, James T.(1986). *Benefit, Cost, and Beyond : The Political Economy of Benefit-Cost Analysis*. Cambridge : Ballinger.

Gramlich, Edward M.(1981). *Benefit-Cost Analysis of Government Programs*. Englewood Cliffs, NJ : Prentice-Hall.

Haveman, Robert H. and Burton A. Weisbrod.(1983). "Defining Benefits of Public Programs : Some Guidelines for Policy Analysts." in Robert H. Haveman and Julius Margolis(eds.), *Public Expenditure and Policy Analysis*. 3rd ed., Boston : Houghton Mifflin Co.

LaPlante, Josephine M. and Taylor R. Durham.(1983). *An Introduction to Benefit-Cost Analysis for Evaluating Public Expenditure Alternatives*. Syracuse : Public Affairs Program, Syracuse University.

Margolis, Julius.(1977). "Shadow Prices for Incorrect or Nonexistent Market Values." in Robert H. Haveman and Julius Margolis(eds.), *Public Expenditure and Policy Analysis*. 2nd ed., Chicago : Rand

McNally College Publishing Co.

Marlow, Michael L.(1995). *Public Finance : Theory and Practice*. Fort Worth : The Dryden Press, ch. 14.

McKean, Ronald N.(1972). "The Use of Shadow Prices." in Richard Layard(ed.), *Cost-Benefit Analysis : Selected Readings*. Baltimore : Penguin Books.

Mikesell, Raymond F.(1977). *The Rate of Discount for Evaluating Public Projects*. Washington, D.C. : American Enterprise Institute for Public Policy Research.

Musgrave, Richard A.(1969). "Cost-Benefit Analysis and the Theory of Public Finance." *Journal of Economic Literature*. vol. 7, pp. 797–806.

Nas, Tevfik F.(1996). *Cost-Benefit Analysis : Theory and Application*, Thousand Oaks : Sage.

Palm, Thomas and Abdul Qayum.(1985). *Private and Public Investment Analysis*. Cincinnati : South-Western.

Pearce, D.W.(1983). *Cost-Benefit Analysis*. 2nd ed., London : Macmillan.

Perkins, Frances C.(1994). *Practical Cost Benefit Analysis : Basic Concepts and Applications*. Melbourne : Macmillan.

Prest, A.R. and R. Turvey.(1965). "Cost-Benefit Analysis : A Survey." *The Economic Journal*. vol. 75, pp. 683–735.

Rosen, Harvey S.(2002). *Public Finance*. 6th ed., Boston : McGraw-Hill, ch. 11.

Stokey, Edith and Richard Zeckhauser.(1978). *A Primer for Policy*

Analysis. New York : W.W. Norton & Co.

Weisbrod, Burton A.(1968). "Income Redistribution Effects and Benefit-Cost Analysis." in Samuel B. Chase, Jr.(ed.), *Problems in Public Expenditure Analysis*. Washington, D.C. : The Brookings Institution.

제 III 편 조 세 론

제 7 장

조세의 기초이론

1. 조세의 본질

민간부문과 비교할 때 정부부문이 갖는 대표적인 특징으로서 강제성과 보편성을 들 수 있는데, 이러한 정부부문의 특징이 가장 대표적으로 표현되는 예가 정부의 조세징수행위이다. 시장에서의 거래를 매개시켜 주는 가격과는 달리 조세는 정부부문이 제공하는 재화나 서비스에 대한 반대급부로서 국민들이 자발적으로 납부하는 것이 아니다. 따라서 정부가 국민으로부터 세금을 걷는 일은 자발적 교환이라는 자본주의 사회의 구성원리에 대한 중대한 예외라고 할 수 있다.

자본주의 사회에서 개인들 사이의 거래행위는 자발적 교환(voluntary exchange)에 의하여 이루어진다. 예를 들어, 내가 가게에서 과자를 한 봉지 사기 위하여 1,000원이라는 돈을 지불한다는 사실은 과자가 그만큼 나에게 효용을 주기 때문이며, 가게주인의 입장에서도 1,000원을 받게 될 경우 자신에게 이윤이 남기 때문에 과자를 판매하는 것이다. 따라서 과자를 사고파는 행위는 두 거래의 주체가 자발적으로 거래행위에 참여함으로써 이루어지는 것이다. 그러나 국민과 정부의 관계에 있어서는 각 개인이 납부하는 세액과 정부가 제공하는 서비스의 가치가 일치하기 때문에 사람들이 세금을 내는 것이 결코 아니다. 단지 정부가 법률로서 어느 정도의 소득을 가진 사람은 얼마만큼의 세금을 내야 하며, 또 어떤 물건을 사는 사람은 얼마만큼을 세금으로 내야 한다고 정해 놓고 있기 때문에 세금을 내는 것이다.

정부가 제공하는 대부분의 재화나 서비스는 누구든지 그 혜택을 향유할 수 있기 때문에 이른바 '무임승차자의 문제' 가 나타날 수밖에 없으며, 이에 따라 각 개인의 입장에서는 조세를 자발적으로 납부할 하등의 이유가 없다. 결국 정부활동을 위한 재원의 조달은 강제적인 방법에 의존할 수밖에 없으며, 바로 이러한 비자발적인 납부야말로 조세의 본질적인 특성이라고 할 것이다.

2. 조세의 기본원칙

현실의 조세제도가 얼마나 바람직한가를 평가할 수 있는 기준, 즉 조세의 기본원칙으로서는 공평성, 효율성, 세수의 충분성, 그리고 징세의 편의성 등을 들 수 있다.

첫째, 조세는 민간부문으로부터 정부부문으로 구매력을 강제적으로 이전시킬 뿐만 아니라 민간부문 내에서도 각 개인 간 상대적인 구매력을 변화시키게 된다. 다시 말해서, 누가 얼마만큼의 조세를 납부하는가에 따라 민간부문 내에서 소득분배상태가 자연히 변화할 수밖에 없다는 것이다. 바로 이러한 이유로 공평한 조세부담이 이루어질 수 있도록 조세제도가 운영될 필요가 있다고 할 것이다.

둘째, 민간부문으로부터 정부부문으로 자원을 이전시킴에 있어 조세는 불가피하게 자원의 배분에 영향을 미치게 된다. 따라서 일정한 세수입을 올리는 데 있어서 자원배분의 효율성을 저해하지 않는 조세가 가장 바람직한 조세라고 할 수 있다.

셋째, 세수의 충분성을 기대할 수 있어야 한다. 즉, 정부가 필요로 하는 충분한 세수입을 올릴 수 있는 조세가 바람직한 조세인 것이다.

넷째, 징세비용을 최소화할 수 있는 조세가 바람직한 조세라고 할 수 있다. 즉, 조세는 행정적으로 운용하기가 편해야 할 뿐만 아니라 일반국민이 이해하고 납부하기가 편해야 한다.

이상의 네 가지 원칙들은 바람직한 조세제도가 갖추어야 하는 이상적인 요건이다. 그러나 현실적으로 이러한 모든 요건들을 동시에 만족시킬 수 있는 조세제도를 운영하는 것은 거의 불가능하다. 예를 들어 효율적인 조세는 공평성의 차원에서 바람직하지 않은 결과를 낳을 수 있으며, 반대로 공평한 부담이 이루어질 수 있도록 설계된 조세제도는 행정적으로 운용이 용이하지 않을 뿐만 아니라 자원배분의 효율성을 저해할 수도 있기 때문이다. 이제 이들 각 원칙의 내용을 보다 자세히 살펴보기로 하자.

3. 조세의 공평성

조세부담이 공평하게 배분되고 있는가를 평가하기 위한 기준으로서 흔히 수평적 공평성과 수직적 공평성이 제시된다. 수평적 공평성(horizontal equity)이란 동일한 경제적 상황에 있는 사람은 동일한 세금을 납부해야 한다는 원칙이며, 수직적 공평성(vertical equity)은 더 나은 경제적 상황에 있는 사람이 세금도 더 많이 납부해야 한다는 원칙이다.

이러한 원칙은 개념적으로는 매우 단순하다. 그렇지만 현실적으로 개별 조세나 혹은 전체 조세제도가 수평적 공평성과 수직적 공평성의 기준을 만족시키고 있는가를 판단하기 위해서는 어떤 사람들이 동일한 경제적 상황에 있으며 또 어떤 사람들이 상이한 경제적 상황에 있는가를 판별하기 위한 기준이 설정될 필요가 있을 것이다. 이러한 판단기준으로서의 역할을 담당할 수 있는 조세부담의 원칙에는 편익원칙과 능력원칙이 있다.[1)]

(1) 편 익 원 칙

편익원칙(benefit principle)이란 각 개인이 정부활동으로부터 향유하는 편익에 해당하는 만큼 세금을 납부해야 한다는 원칙을 뜻한다. 따라서 편익원칙을 따를 경우 수평적 공평성이란 동일한 편익을 향유하는 사람들이 동일한 세금을 납부하는 것을 의미하며, 수직적 공평성은 더 많은 편익을 향유하는 사람들이 더 많은 세금을 납부하는 것을 의미한다.

이러한 편익원칙은 사실상 시장에서 가격을 설정하는 것과 유사하게 조세부담을 결정하는 것이다. 즉, 편익원칙은 정부지출과 조세부담을 동시에 고려한다는 특징을 지니고 있다. 그리하여 편익원칙에 의하여 조세부담을 결정할 경우에는 공공서비스에 대한 가격이 지나치게 낮아 과도한 공공지출이 이루어질 수 있는 가능성이나 공공서비스에 대한 가격이 지나치게 높

---

1) 편익원칙과 능력원칙에 관한 보다 자세한 논의는 Richard A. Musgrave.(1959). *The Theory of Public Finance : A Study in Public Economy*. New York : McGraw-Hill, chs. 4 & 5를 참조할 것.

아 과소한 공공지출이 이루어질 수 있는 가능성을 모두 배제할 수 있다. 다시 말해서, 편익원칙에 의할 경우 자원배분이 효율적으로 이루어질 수 있는 가능성이 그만큼 높아지게 된다고 할 수 있다. 또한 편익원칙에 의거해서 조세부담을 결정하게 되면 정부서비스의 혜택을 받지 않는 사람이 정부서비스의 수혜자에게 재정적 보조를 하게 되는 현상이 발생하지 않을 뿐만 아니라, 조세저항이 나타날 가능성도 그만큼 낮아지게 된다.[2)]

그러나 이러한 편익원칙을 현실적으로 적용하는 데는 커다란 어려움이 따른다. 무엇보다도 편익원칙에 입각해서 조세부담을 결정하기 위해서는 각 개인이 향유하는 편익의 가치를 정확하게 측정할 수 있어야 한다. 그러나 정부가 제공하는 서비스의 편익을 정확하게 측정하기란 결코 쉽지 않다.

또한 편익원칙을 제대로 적용하기 위해서는 조세부담과 정부서비스 사이에 일대일의 대응관계가 성립해야 하는데, 다양한 조세와 다양한 정부활동이 존재하는 현실세계에서 이러한 대응관계를 찾는다는 것은 거의 불가능하다. 물론 정부가 제공하는 재화나 서비스가 사적재에 가까우면 가까울수록 이러한 편익원칙을 적용할 수 있는 가능성은 그만큼 높아진다.

편익원칙에 따라 조세부담이 결정되는 대표적인 예로서 휘발유세를 들 수 있다. 자동차의 주행거리가 늘어날수록 휘발유의 사용량은 늘어날 수밖에 없는데, 이때 휘발유에 대해 세금을 부과하게 되면 이는 개개인이 도로의 사용으로부터 얻는 편익에 대해 세금을 부과하는 것과 같은 효과를 갖게 되는 것이다.

그렇지만 정부가 제공하는 재화나 서비스가 순수공공재에 가까우면 가

---

2) John L. Mikesell.(1999). *Fiscal Administration : Analysis and Applications for the Public Sector*. 5th ed., Fort Worth : Harcourt Brace College Publishers, pp. 284-85.

까울수록 무임승차자의 문제가 나타날 가능성은 그만큼 높아지며, 이에 따라 조세부담을 결정하는 데 있어 이러한 편익원칙을 적용하기가 어려워진다. 이와 함께 편익원칙에 의해서만 조세부담이 결정되면 조세에 의한 소득재분배효과는 전혀 기대할 수 없게 된다는 점도 편익원칙의 한계라고 지적할 수 있다.[3)]

(2) 능력원칙

능력원칙은(ability-to-pay principle) 편익원칙과는 달리 정부지출의 측면은 고려하지 않은 채 공평성의 개념을 적용하여 조세부담의 측면에만 초점을 맞추는 데 그 특징이 있다. 따라서 능력원칙에 따를 경우 수평적 공평성이란 동일한 경제적 능력을 가진 사람들은 동일한 세금을 납부해야 한다는 것을 의미하며, 수직적 공평성은 경제적 능력이 나은 사람은 그렇지 않은 사람보다 더 많은 세금을 내야 한다는 것을 의미한다.

그런데 이러한 능력원칙이 현실적으로 적용되기 위해서는 다음의 두 가지 문제가 해결되지 않으면 안 된다. 하나는 어떤 기준으로 경제적 능력을 측정할 것인가의 문제이며, 다른 하나는 경제적 능력이 다를 경우 납세액의 차이를 어떻게 결정할 것인가의 문제이다.

일반적으로 경제적 능력을 측정하는 기준으로서는 소득이 사용된다. 그리하여 수평적 공평성이란 동일한 소득을 가진 사람들은 동일한 세금을 납부해야 하며, 수직적 공평성이란 소득이 많은 사람이 소득이 적은 사람보다 더 많은 세금을 납부해야 함을 의미하는 것으로 해석되고 있다. 그러

3) J. Richard Aronson.(1985). *Public Finance*. New York : McGraw-Hill, pp. 306-307.

나 문제는 이러한 소득만으로 경제적 능력을 정확하게 측정하기에는 어려운 점이 많다는 것이다.

예를 들어 교육수준과 능력 면에서 비슷한 갑과 을이라는 두 사람이 있다고 가정하자. 그런데 갑은 대단히 근면한 사람인 반면, 을은 여유롭게 생활하기를 원하는 사람이다. 따라서 갑과 비교해서 을은 더 많은 여가활동을 즐기며 이에 따라 비슷한 능력을 가지고 있음에도 불구하고 소득은 상대적으로 적다. 조세가 존재하지 않을 경우, 갑과 을이 만족을 얻는 방법은 비록 다르다고 할지라도 두 사람은 비슷한 수준의 후생을 경험하고 있다고 할 수 있다. 이때 소득을 담세능력으로 평가하여 세금을 부과하게 되면 근면한 갑이 여가를 즐기는 을에 비해 더 많은 세금을 납부할 수밖에 없을 것이다. 그러나 이러한 문제점에도 불구하고 경제적 능력의 척도로서 소득을 사용하는 것은 매우 일반화된 현상이다.

경제적 능력이 다를 경우 얼마나 더 많은 세금을 내야 할 것인가의 문제

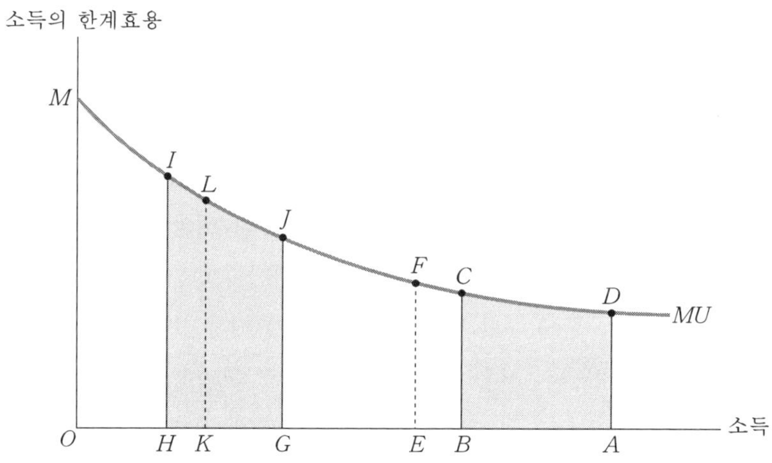

Ⅰ 그림 7-1 Ⅰ 소득의 한계효용곡선

는 세금납부에 따른 희생에 초점을 맞추어 논의되는 것이 일반적이다. 이때 세금납부에 따른 희생은 앞의 [그림 7-1]에 나타나 있는 것과 같은 소득의 한계효용(marginal utility of income)이란 개념을 이용하여 정의된다. 소득의 한계효용은 소득이 1원 증가했을 경우 개인이 얻게 되는 한계적 후생 혹은 만족의 증가를 의미한다. 소득이 증가할수록 소득의 한계효용은 감소하는 것이 일반적인 현상이며, [그림 7-1]의 MU곡선은 이를 나타내주고 있다. 희생에 초점을 맞추어 소세부담을 논의하는 경우 동일한 조세부담을 진다는 것은 곧 세금납부에 따른 희생을 동일하게 경험한다는 것을 의미한다.

그런데 조세납부에 따른 희생이 어떻게 이루어져야 수직적 공평성이 만족되는가에 대해서는 완전한 합의가 이루어지지 않은 상태이며, 이에 대해서는 균등절대희생, 균등비례희생 및 균등한계희생이라는 세 가지 해석이 존재하고 있다.[4]

균등절대희생(equal absolute sacrifice)은 모든 사람들이 세금을 납부하면서 동일한 희생을 경험해야 한다는 원칙이다. [그림 7-1]에서 저소득자인 갑은 OG만큼의 소득을 올리고 있고, 고소득자인 을은 OA만큼의 소득을 올리고 있다. 균등절대희생에 의할 경우 이 두 사람은 세금을 납부함으로써 동일한 희생을 경험하여야 한다. 따라서 저소득자인 갑은 GH만큼의 세금을 납부하고 고소득자인 을은 AB만큼의 세금을 납부함으로써 $GHIJ=ABCD$가 되도록 조세부담이 결정되어야 한다는 것이다. [그림 7-1]로부터 조세납부에 따라 동일한 희생을 경험해야 한다는 것이 납세액 자체가 동일해야 한다는 것을 의미하는 것은 결코 아님을 알 수 있다. 왜냐하면 소득의 한계효용은 감소하기 때문에 고소득자는 저소득자에 비해 더

4) Aronson. *ibid*., pp. 307-11.

많은 세금을 낼 수밖에 없기 때문이다.

균등비례희생(equal proportional sacrifice)은 각 개인이 소득으로부터 얻는 총효용에 대한 감소효용의 비율이 동일하도록 조세를 납부해야 한다는 원칙이다. 즉, [그림 7-1]에서 $GKLJ/OGJM = AEFD/OADM$가 될 수 있도록 저소득자 갑은 GK만큼의 세금을 납부하고 고소득자 을은 AE만큼의 조세를 납부해야 한다는 것이다.

균등한계희생(equal marginal sacrifice)은 최소총희생(minimum aggregate sacrifice)이라고도 하는데 사회 전체적으로 조세납부에 따른 후생감소가 최소화되어야 한다는 것을 의미한다. 소득의 한계효용이 감소하는 경우, 균등한계희생원칙은 고소득자가 자신의 세후소득이 그 다음 고소득자의 소득과 일치할 때까지 세금을 혼자 납부해야 함을 의미한다. 즉, [그림 7-1]에서 고소득자 을은 자신의 한계효용이 저소득자 갑의 한계효용 GJ에 도달할 때까지 혼자 세금을 납부해야 함을 의미한다.

다음의 〈표 7-1〉에 제시된 예는 균등한계희생을 보다 명확하게 설명하고 있다. 소득의 한계효용이 감소하는 상태에서 정부가 50,000원을 세금으로 징수하기를 원한다면, 사회 전체적인 후생감소를 최소화하기 위해서는 납세자 A 혼자 50,000원을 모두 납부하지 않으면 안 된다. 만약 이번에

❙ 표 7-1 ❙ 균등한계희생을 달성하기 위한 조세부담의 분포

납세자	세전소득	50,000원을 징수할 경우 세부담 분포	세후소득	60,000원을 징수할 경우 세부담 분포	세후소득
A	100,000	50,000	50,000	55,000	45,000
B	50,000	0	50,000	5,000	45,000
C	40,000	0	40,000	0	40,000
D	30,000	0	30,000	0	30,000
E	20,000	0	20,000	0	20,000

는 정부가 60,000원을 세금으로 징수하기를 원한다면 앞의 예와 마찬가지로 처음 50,000원은 A로부터 징수해야 한다. 이렇게 되면 A와 B가 경험하는 소득의 한계효용이 동일하게 되기 때문에, 나머지 10,000원은 A와 B로부터 5,000원씩 균등하게 징수한다면 조세납부에 따른 사회 전체적인 효용의 감소는 최소화될 수 있을 것이다.

결국 균등한계희생에 의할 경우 조세부담의 분포는 대단히 누진적인 형태를 띠게 된다. 그런데 균등한계희생원칙에 따른 이러한 조세부담의 분포가 공평성의 차원에서는 바람직할지 모르지만, 다른 한편으로는 근로의욕을 저하시켜 경제의 효율성을 저해할 수 있는 위험성 또한 크다는 점에 주목할 필요가 있다. 즉, 조세의 공평성과 효율성의 원칙 사이에는 상충관계가 존재하고 있다는 것이다.

그런데 조세납부에 따른 희생에 초점을 맞추어 경제적 능력에 따른 조세부담수준의 결정을 주장하는 능력원칙은 소득만이 개인의 효용을 결정하며, 또한 소득의 한계효용은 소득이 증가할수록 감소한다는 기본적인 가정에 입각해 있다. 뿐만 아니라 능력원칙은 개인의 효용을 수량적으로 측정할 수 있고 개인 간 효용 또한 비교할 수 있다는 가정에 입각해 있다. 그러나 앞에서 지적한 바와 같이 소득만이 개인의 효용을 결정하는 것은 아니며, 소득으로부터 발생하는 개인의 효용을 수량적으로 측정하는 것 또한 불가능할 뿐만 아니라 설혹 이것이 가능하다 할지라도 서로 다른 개인의 효용을 동일한 잣대로 비교하기는 불가능하다. 이러한 이유로 능력원칙이 어떤 객관적인 과학적 근거를 가지고 있다고 평가하기는 힘들다. 그렇지만 경제적 능력에 따라 조세부담이 어떻게 달라져야 하는가와 관련된 의문에 대해 능력원칙이 시사하는 바는 대단히 크다고 할 것이다.

(3) 조세부담의 누진성, 비례성 및 역진성

일반적으로 조세부담이 누진적인가 혹은 역진적인가를 기준으로 하여 개별 조세나 전체 조세체계의 공평성을 판단한다. 그렇다면 조세부담이 누진적, 비례적, 혹은 역진적이라는 것은 무엇을 의미하는가?

일반적으로 소득(income)에 대한 납세액의 비율에 따라 조세부담의 누진성, 비례성, 혹은 역진성을 결정하게 된다. 이때 소득에 대한 납세액의 비율을 실효세율(effective tax rate)이라고 부른다. 어떤 사람의 소득을 I라 하고 이 사람의 납세액을 T라 할 경우, 실효세율은 T/I로 정의된다. 따라서 고소득층의 실효세율이 저소득층의 실효세율보다 높을 경우에는 조세제도가 누진적(progressive)이라고 표현하며, 이와는 달리 고소득층의 실효세율이 저소득층의 실효세율보다 낮을 경우에는 조세부담이 역진적(regressive)이라고 표현한다. 또한 실효세율이 모든 소득계층에 동일할 경우, 조세부담이 비례적(proportional)이라고 부른다. 아래의 〈표 7-2〉는 이를 나타내고 있다.

〈표 7-2〉에서 어떤 조세를 택하든지 소득이 증가할수록 납세액은 늘어남을 볼 수 있다. 역진적인 조세라 할지라도 고소득층의 납세액은 저소득

❙ 표 7-2 ❙ 조세부담의 역진성, 비례성 및 누진성

	역진적인 조세		비례적인 조세		누진적인 조세	
납세자의 소득	납세액	실효세율	납세액	실효세율	납세액	실효세율
500,000	50,000	10%	50,000	10%	50,000	10%
1,000,000	80,000	8%	100,000	10%	120,000	12%
1,500,000	90,000	6%	150,000	10%	210,000	14%
2,000,000	100,000	5%	200,000	10%	320,000	16%
3,000,000	120,000	4%	300,000	10%	540,000	18%

층에 비해 훨씬 많다. 그런데 역진적인 조세의 경우에는 소득이 올라갈수록 납세액은 증가하지만 실효세율은 계속해서 감소하고 있음을 알 수 있다. 즉, 월 500,000원의 소득이 있는 사람의 실효세율은 10%이지만, 3,000,000원의 소득이 있는 사람의 실효세율은 단지 4%에 불과하다. 이는 역진적인 조세일 경우 소득이 높아질수록 납세액의 절대액은 늘어나더라도 개인의 소득에서 납세액이 차지하는 비중은 줄어든다는 것을 의미한다. 비례세의 경우 소득이 증가할수록 납세액은 증가하지만, 실효세율은 모든 소득계층에 동일하나. 반면, 누진적인 조세의 경우에는 소득이 증가할수록 납세액이 증가할 뿐만 아니라 실효세율 또한 올라가고 있음을 알 수 있다.

또한 조세부담이 누진적일수록 전체소득에서 고소득층의 소득이 차지하는 비중이 감소하는 반면, 저소득층의 소득이 차지하는 비중은 증가하게 된다. 이와는 달리 조세부담이 역진적일 경우에는 전체소득에서 고소득층의 소득이 차지하는 비중이 증가하는 반면, 저소득층의 소득이 차지하는 비중은 감소하게 된다. 조세부담이 비례적이라면 조세부과는 각 소득계층의 소득이 전체소득에서 차지하는 비중을 전혀 변화시키지 않는다.

Ⅰ 표 7-3 Ⅰ 전체소득에서의 비중 변화 : 역진성, 비례성, 누진성

(단위 : 천원)

세 전		역진적인 조세		비례적인 조세		누진적인 조세	
소 득	전체소득에서의 비중(%)	세후소득	전체소득에서의 비중(%)	세후소득	전체소득에서의 비중(%)	세후소득	전체소득에서의 비중(%)
500	6.25	450	5.94	450	6.25	450	6.66
1,000	12.50	920	12.14	900	12.50	880	13.02
1,500	18.75	1,410	18.60	1,350	18.75	1,290	19.08
2,000	25.00	1,920	25.33	1,800	25.00	1,680	24.85
3,000	37.50	2,880	37.99	2,700	37.50	2,460	36.39
8,000	100.00	7,580	100.00	7,200	100.00	6,760	100.00

〈표 7-3〉에서 역진적인 조세가 부과된 경우 소득이 상대적으로 낮은 세 사람의 소득이 전체 세후소득에서 각각 차지하는 비중은 낮아진 반면, 고소득자 두 사람의 소득이 전체소득에서 차지하는 비중은 오히려 높아졌음을 볼 수 있다. 예를 들어 월 500,000원을 버는 사람의 소득이 전체소득에서 차지하는 비중은 6.25%에서 5.94%로 낮아진 반면, 월 3,000,000원을 버는 사람의 소득이 전체소득에서 차지하는 비중은 37.50%에서 37.99%로 높아지게 되었다. 비례적인 조세가 부과된 경우에는 각 납세자들의 소득이 전체소득에서 차지하는 비중이 조세가 부과되기 전과 후에 전혀 차이가 없음을 알 수 있다. 누진적인 조세가 부과된 경우에만 소득이 상대적으로 낮은 세 사람의 소득이 전체소득에서 각각 차지하는 비중이 높아지는 대신, 고소득자 두 사람의 소득이 전체소득에서 차지하는 비중은 낮아졌음을 볼 수 있다. 결국 〈표 7-2〉와 〈표 7-3〉이 의미하는 바는 조세부담의 절대액만으로 조세의 수직적 공평성을 평가할 수는 없으며, 조세의 수직적 공평성을 평가할 수 있는 유일한 기준은 바로 실효세율이라는 점이다.

이와 함께 세법에 규정된 법정세율(statutory tax rate)만으로는 조세부담이 역진적인가 혹은 누진적인가를 판단할 수 없다는 사실에도 주목할 필요가 있다. 제8장에서 보다 자세하게 설명이 되겠지만, 세법에 규정된 납세자와 조세의 실질적 부담자와는 일치하지 않는 경우가 대부분이다. 예를 들어 어떤 기업에 세금을 부과했을 경우, 세법상으로는 그 기업이 납세자이기는 하지만 실제로 조세부담을 지는 사람은 그 기업의 주주일 수도 있고, 그 기업이 판매하는 물품의 소비자일 수도 있으며, 혹은 그 기업에 고용된 근로자들일 수도 있다. 소득에 대한 납세액의 비율로 정의되는 실효세율은 실제의 세부담을 중심으로 산정되어야 하기 때문에 법정세율만으로 조세부담의 분포를 판단할 수는 없다.

법정세율로서 조세부담의 분포를 결정할 수 없는 또 하나의 이유로서는 법정세원(statutory tax base)과 경제적 능력의 척도가 일치하지 않는다는 점을 들 수 있다. 이러한 문제가 발생하는 대표적인 예로서는 소비에 대해 조세를 부과하는 경우를 들 수 있다. 일반적으로 소득이 증가할수록 전체소득에서 소비가 차지하는 비중은 낮아지는 경향이 있는데, 이럴 경우 소득이 증가할수록 소비세의 실효세율은 낮아질 수밖에 없다. 따라서 소비에 대해 비례세를 부과하더라도 실효세율은 역신적으로 나타날 수밖에 없는 것이다. 이와 같은 사실은 아래의 〈표 7-4〉에 제시된 예를 보면 명확해진다.

소비에 대해 부과되는 조세의 법정세율이 10%라고 가정하자. 〈표 7-4〉에서 A와 B 두 가족의 연간 소득은 각각 10,000,000원과 30,000,000원이며 소비액은 각각 8,000,000원과 18,000,000원으로 나타나 있다. 소비세의 법정세율이 10%이기 때문에 가족 A는 800,000원을, 가족 B는 1,800,000원을 소비세로 납부한다. 이때 가족 A에 적용되는 실효세율은 8%이며, 가족 B에 적용되는 실효세율은 6%로서 소득이 증가할수록 실효세율이 낮아지는 역진적 조세부담의 형태를 보이고 있다. 이러한 결과가 나타나는 이유는 소득이 증가할수록 소득에서 소비가 차지하는 비중이 낮아지기 때문이다. 비록 법정세율은 동일하고 또한 납세액으로는 가족 B가

| 표 7-4 | 소비세 실효세율의 예

	가족 A	가족 B
소 득	10,000,000원	30,000,000원
소 비	8,000,000원	18,000,000원
납 세 액	800,000원(=8,000,000×10%)	1,800,000원(=18,000,000×10%)
실효세율	8%(=800,000/10,000,000)	6%(=1,800,000/30,000,000)

가족 A에 비해 두 배 이상을 납부하고 있지만, 납세액이 소득에서 차지하는 비중은 오히려 가족 A의 경우 더 높게 나타나는 것이다. 결국 법정세율이 비례적인 경우에도 실효세율이 역진적으로 나타날 가능성은 얼마든지 있다고 할 것이다.

4. 조세와 효율성

민간부문으로부터 정부부문으로 자원을 이전시킴에 있어 조세는 불가피하게 자원의 배분에 영향을 미치게 된다.[5] 조세가 부과될 경우 개인이나 기업이 세후수익이 가장 높은 경제적 행위를 추구하게 되는 것은 당연하며, 이에 따라 조세의 부과는 근로와 여가의 선택, 소비자의 선택, 기업의 투자행태 등 여러 가지 경제적 행위에 영향을 미치게 된다. 시장기제에 의해서 자원이 효율적으로 배분되고 있는 경우 조세의 부과는 자원배분을 왜곡시킬 수밖에 없기 때문에, 일정한 세수입을 올리는 데 있어서 자원배분 상태를 최소한도로 왜곡시키는 조세가 가장 바람직한 조세라고 할 수 있다.

그런데 사람들이 조세부담을 줄이기 위하여 다른 경제적 행위를 추구할 수 있는 가능성이 전혀 없다면, 자원배분에 대한 조세의 영향력은 전무하게 된다고 할 수 있다. 다시 말해서, 소득이나 소비 혹은 부(wealth)에 관계없이 모든 사람들이 동일한 세금을 납부한다면, 조세가 부과된다고 하더라도 사람들의 경제적 행위에 대한 의사결정이 전혀 변화하지 않게 된다는

5) 조세가 자원배분의 효율성에 미치는 영향에 관해서는 제9장에서 보다 자세하게 다루어질 것이다.

것이다. 이러한 조세를 일괄세(lump-sum tax)라고 부른다. 일괄세의 대표적인 예로서는 인두세(head *or* poll tax)를 들 수 있다.

이와는 달리 시장기제에 의한 자원의 배분이 비효율적으로 이루어지고 있는 경우, 조세의 부과는 세수입의 증가뿐만 아니라 자원배분의 효율성을 제고시키기 위한 수단으로서도 이용될 수 있다. 이러한 조세를 자원배분의 왜곡을 교정한다는 의미에서 교정과세(corrective taxes)라고 부르는데, 제4장에서 살펴본 피구세(Pigouvian tax)는 교정과세의 대표적인 예이다.

5. 세수의 충분성

정부가 조세를 부과할 경우 그 조세로부터 정부가 기대하는 충분한 세수입을 확보할 수 있어야 함은 조세가 가져야 하는 당연한 요건이다. 어떤 조세를 부과했을 때, 그 조세로부터의 수입은 세율×세원으로 구할 수 있다.[6)] 그런데 여기서 문제는 마냥 세율을 높인다고만 해서 세수입이 자동적으로 증가하는 것은 아니라는 사실이다. 다음의 [그림 7-2]는 이러한 관계를 보여주는 이른바 '래퍼곡선'(Laffer curve)을 나타내고 있다.

[그림 7-2]에서 세율이 '0'일 경우 아무런 조세수입도 기대할 수 없다. 이제 세율이 t_1으로 상승하게 되면 세수입도 R_1으로 증가하며, 세율이 t^*로 상승하면 세수입도 R^*로 증가한다. 그런데 세율이 t^*보다 더 상승하게 되면 세수입이 계속해서 증가하는 것이 아니라 오히려 줄어들게 됨을 볼 수 있다. 즉, 세율이 t^*에서 t_2로 상승할 경우 세수입은 R^*에서 R_1으로 오

6) 여기서 세원이란 조세가 부과되는 물품이나 경제적 행위를 의미한다.

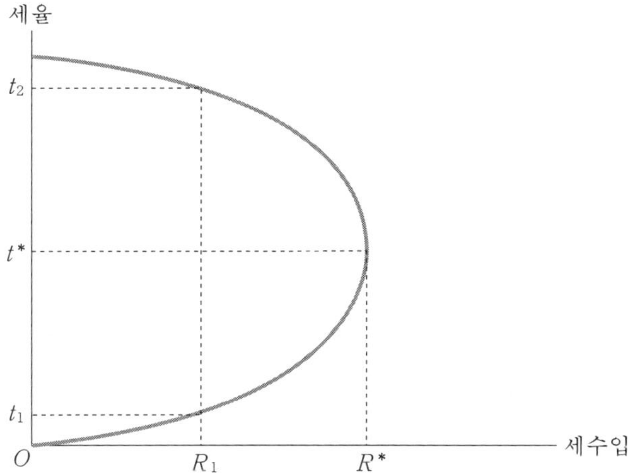

| 그림 7-2 | 래퍼곡선의 예

히려 줄어들게 되며, 지나치게 고율로 세금이 부과되면 세수입을 전혀 기대할 수 없는 상황 또한 발생할 수 있다. 이렇게 세수입이 줄어드는 이유는 조세부과의 대상이 되는 경제적 행위 자체가 줄어들거나 혹은 아예 존재하지 않게 될 수도 있기 때문이다. 래퍼곡선 중 세율이 상승할수록 세수입이 증가하는 부분을 정상적 영역(normal range)이라고 부르며, 세율이 증가할수록 세수입이 오히려 감소하는 부분을 금지영역(prohibitive range)이라고 부른다.[7)]

예를 들어 정부가 요트를 구입하는 데 대해 세금을 부과한다고 가정하자. 세율을 높이게 되면 어느 정도까지는 세수입이 증가할 것이다. 그러나 지나치게 고율로 세금을 부과하게 되면 요트를 구입하고자 하는 사람들의

7) 래퍼곡선에 관한 보다 상세한 논의는 다음의 논문을 참고할 것. Don Fullerton. (1982). "On the Possibility of an Inverse Relationship between Tax Rates and Government Revenues." *Journal of Public Economics*. vol. 19, pp. 3–22.

수가 대폭 줄어들 것이기 때문에, 세수입이 오히려 감소할 수 있는 것이다. 소득세의 경우에도 이러한 현상이 발생한다. 소득세율을 높이게 되면 처음에는 세수입이 증가하겠지만, 소득세율이 지나치게 높아지게 되면 사람들의 근로의욕이 상실되어 오히려 세수입이 감소할 수 있다는 것이다.

물론 래퍼곡선에서 최적의 세율(t^*)이 정확히 얼마가 되어야 하는가는 개별 조세마다 다를 수밖에 없고, 또 이를 정확하게 측정하기는 대단히 힘들 것이다. 이러한 이유로 래퍼곡선은 세율과 세수입의 관계를 논의하는 개념적 틀로서의 의미를 갖는다고 할 수 있다.

6. 조세행정의 문제

조세의 공정성을 해치지 않는 한 개별 조세나 전체 조세제도는 징세비용을 최소화할 수 있도록 설계될 필요가 있다. 징세비용(total collection costs)은 행정비용(administrative costs)과 순응비용(compliance costs)으로 구성된다. 행정비용이란 징세기관의 운영비 등 정부가 조세를 징수하는 과정에서 부담하는 비용을 의미하며, 순응비용이란 납세자가 조세를 납부하는 과정에서 부담하는 비용을 의미한다. 순응비용에는 금전적 비용, 시간비용 및 심리적 비용이 포함된다.[8] 조세제도를 운용하는 데 소요되는 이

8) 행정비용과 순응비용의 특징에 관한 보다 자세한 논의는 다음의 문헌들을 참고할 것. Cedric Sanford.(1981). "Economic Aspects of Compliance Costs." in Alan Peacock and Francesco Forte(eds.), *The Political Economy of Taxation*. Oxford : Basil Blackwell ; Cedric Sanford *et al*.(1989). *Administrative and Compliance Costs of Taxation*. Bath : Fiscal Publications.

러한 비용은 사회 전체적인 후생의 증가와는 무관한 것이기 때문에, 행정비용과 순응비용을 최소화할 수 있는 조세가 바람직한 조세라고 할 수 있다.

조세의 본질적 특성은 비자발적 납부에 있고 이를 가능하게 하는 것이 정부의 강제성이다. 그러나 정부의 강제성에만 의존해서 조세제도를 운용할 경우 징세비용이 급격하게 증가할 수밖에 없다. 따라서 납세자들의 자발적 납세를 어떻게 유도할 것인가가 조세행정의 가장 중요한 고려사항이라고 할 수 있을 것이다. 다시 말해서, 조세행정의 성패는 납세자들의 자발적 순응(voluntary compliance)에 달려 있다고 해도 과언이 아니다.

그렇다면 납세자들의 자발적 순응에 영향을 미치는 요인은 무엇인가? 다시 말해서, 왜 탈세(tax evasion)가 발생하는가? 여기서 탈세(tax evasion)와 조세회피(tax avoidance)는 분명히 구별해야 하는 개념이다. 탈세란 세금을 납부할 의무가 있는 사람이 불법적으로 세금을 포탈하는 것을 의미하는 반면, 조세회피는 납세자가 세금부담을 줄이기 위하여 자신의 경제적 행위를 변화시키는 현상을 의미한다. 따라서 조세회피는 절세를 위한 합법적인 방법이다.

탈세를 하고자 하는 유인은 탈세로부터 기대되는 편익과 비용에 따라 영향을 받는다. 탈세로부터 기대되는 편익은 세액이 증가할수록 커지게 되는데, 이는 다시 한계세율(marginal tax rates)에 의해 결정된다. 한계세율이란 세원의 변화분에 대한 조세부담액 변화분의 비율로 정의되는데, 납세자가 당면하는 한계세율이 높으면 높을수록 탈세로부터 얻게 되는 편익이 커지게 된다. 한계세율이 높아지면 그만큼 탈세가 나타날 가능성이 높아지기 때문에 일정수준의 세수입을 확보하기 위해서는 한계세율을 더 높일 수밖에 없다. 그러나 한계세율이 상승하게 되면 탈세를 하고자 하는 유인이 그만큼 더 높아지게 되는 악순환이 발생하게 된다고 할 수 있다.

반면, 탈세가 적발될 가능성이 높아질수록, 그리고 탈세에 대한 처벌의 강도가 증가할수록 탈세의 비용은 증가하게 된다. 따라서 최적탈세의 규모는 탈세의 한계편익과 한계비용이 일치하는 점에서 결정된다고 할 수 있다. 이러한 사실은 납세자들의 자발적 순응을 유도하기 위해서는 한계세율을 낮추는 동시에 철저한 세무조사 및 처벌이 필요함을 의미하는 것이다.

그러나 납세자의 자발적 순응이 이러한 경제적 요인에 의해서만 결정되는 것은 아니다. 탈세의 수준에 대한 인식, 조세제도의 공평성에 대한 인식, 조세제도 및 조세행정의 복잡성과 안정성, 그리고 정부의 정당성에 대한 인식 또한 납세자의 자발적 순응에 영향을 미친다.[9)]

납세자들이 조세행정이 효과적으로 이루어지고 있지 않아 광범위하게 탈세가 발생하고 있다고 믿게 되면, 조세를 자발적으로 납부할 가능성은 그만큼 낮아지게 된다. 또한 조세부담과 정부지출의 편익 간에 아무런 연계가 없다고 인식하거나 혹은 정부의 예산운용이 효율적으로 이루어지지 않아 납부한 세금이 낭비되고 있다고 납세자들이 인식할 경우에도 탈세의 가능성은 높아진다. 이와 함께 조세가 복잡하여 납세자들이 이해하기 어렵거나 혹은 조세행정과정이 복잡하게 되면 자연히 납세자의 순응비용이 증가하게 되므로 자발적 순응은 기대하기 어렵다.

특히, 조세부담이 공평하지 않다고 납세자들이 믿게 되면 자발적 순응은 그만큼 감소할 수밖에 없다. 그런데 역으로 자발적 순응은 조세부담의 공평성을 확보하기 위한 필수불가결한 조건이라고도 할 수 있다. 자발적 순응의 정도가 낮을 경우 성실한 납세자와 그렇지 않은 납세자의 세부담

---

9) Milka Casanegra de Jantscher and Richard M. Bird.(1992). "The Reform of Tax Administration." in Richard M. Bird and Milka Casanegra de Jantscher(eds.), *Improving Tax Administration in Developing Countries*. Washington, D.C. : International Monetary Fund, pp. 4–5.

사이에는 심각한 불균형이 존재할 수밖에 없다. 이러한 상황에서 자발적 순응의 증가는 세부담의 불공평성을 완화시키는 역할을 담당한다. 다시 말해서, 자발적 순응의 증가 그 자체가 소득재분배적인 기능을 수행하는 것이다.[10)]

이러한 측면에서 조세행정의 목적은 효율적인 조세행정이 아니라 효과적인 조세행정을 추구하는 데 두어야 한다. 효율적인 조세행정이란 조세행정비용을 최소화하는 동시에 세수입을 극대화하는 것을 의미한다. 그러나 효율적인 조세행정과 조세부담의 공평성 사이에는 상충관계가 존재할 수 있다는 것이 문제이다. 예를 들어 일반적으로 소득이 높기는 하지만 징세가 상대적으로 어려운 자영업자나 전문직업인, 혹은 이자수입, 배당수입 및 임대료수입 등에 대해서는 별로 징세노력을 기울이지 않고 징세가 상대적으로 편리한 근로소득에 대해서만 징세노력을 기울일 경우, 조세부담의 공평성은 확보하지 못하지만 세수입은 증가시킬 수 있다. 이와는 달리 효과적인 조세행정이란 잠재적인 세수입과 실제적인 세수입 간의 격차를 의미하는 순응격차(compliance gap)의 절대적인 규모와 세원 간 상대적인 순응격차를 줄이는 것이다. 다시 말해서, 효과적인 조세행정은 자발적 순응을 증가시키는 것이다.[11)] 결론적으로, 조세행정의 목적은 공정하고 일관된 징세행정을 유지하면서 최소한의 비용으로 정부가 필요로 하는 세수를 확보하는 데 있다고 할 수 있다.

---

10) Steuerle, E. Eugene.(1986). *Who Should Pay for Collecting Taxes? : Financing the IRS*. Washington, D.C. : American Enterprise Institute for Public Policy Research, p. 33.

11) Casanegra and Bird.(1992). *op. cit*., p. 1 ; Carlos A. Silvani.(1992). "Improving Tax Compliance." in Richard M. Bird and Milka Casanegra de Jantscher(eds.), *Improving Tax Administration in Developing Countries*. Washington, D.C. : International Monetary Fund, p. 274.

7. 조세의 분류

현실의 조세를 분류할 수 있는 방법은 대단히 많지만, 조세를 분류하는 대표적인 예는 다음과 같다.

(1) 인세와 물세

인세(personal tax)는 개인의 담세능력을 고려하여 부과되는 세금인데 반해서, 물세(in rem tax)는 개인의 담세능력과는 상관없이 재화의 구입이나 판매 혹은 재산의 소유에 대해 부과되는 세금을 의미한다. 우리나라의 조세 중 개인소득세는 인세의 대표적인 예이며, 부가가치세는 물세의 대표적인 예이다. 그런데 비록 물세가 사물에 대해 부과되는 조세이긴 하지만, 모든 조세에 대한 궁극적인 부담을 지는 것은 사람이라는 사실에 주의할 필요가 있다. 따라서 조세부담의 공평성을 측정하기 위해서는 물세부과에 따른 궁극적인 부담을 누가 지는가를 판별할 필요가 있다.

(2) 직접세와 간접세

직접세(direct tax)는 개인이 소유하고 있는 자원에 대해 직접적으로 부과되는 조세인 반면, 간접세(indirect tax)는 개인이 소유하고 있는 자원 그 자체가 아니라 자원의 사용에 대해 부과되는 조세이다.[12] 따라서 개

12) Jonathan Gruber.(2005). *Public Finance and Public Policy*. New York : Worth Publishers, p. 487.

인이 얻는 소득에 대해 직접 부과되는 조세인 소득세와 개인이 소유하고 있는 재산에 대해 직접 부과되는 재산세는 직접세로 분류된다. 이와는 달리 부가가치세를 포함한 소비세는 개인이 소유하고 있는 자원의 사용에 대해 부과되기 때문에 간접세로 분류된다.

(3) 종가세와 종량세

조세를 부과하는 기준을 화폐단위로 할 것인가 혹은 수량이나 중량 등으로 할 것인가에 따라 종가세(ad valorem tax)와 종량세(specific tax *or* per unit tax)로 구분할 수 있다. 종량세와 비교할 때 종가세는 재화의 가격이 높으면 높을수록 세액도 증가하는 특징을 지니고 있다. 거래되는 재화의 가격에 세율을 곱하여 세액을 결정하는 부가가치세는 종가세의 대표적인 예이며, 가격이 아니라 한 갑당 일정한 세액을 부가하는 담배소비세는 종량세의 예라고 할 수 있다.

(4) 보통세와 목적세

세수입이 어떤 특정한 정부지출을 위해서만 사용하게 되어 있는 조세를 목적세(ear-marked tax)라 하며, 이와는 달리 사용용도가 특정하게 규정되어 있지 않은 조세를 보통세(ordinary tax)라고 한다. 우리나라에서 지방교육세는 교육재원의 확충을 위해서 도입 · 운용되고 있는 목적세의 대표적인 예이다.

참 / 고 / 문 / 헌

Aaron, Henry J. and Harvey Galper.(1985). *Assessing Tax Reform.* Washington, D.C. : The Brookings Institution.

Aronson, J. Richard.(1985). *Public Finance.* New York : McGraw-Hill, ch. 11.

Bird, Richard M.(1991). "Tax Administration and Tax Reform : Reflections on Experience." in Javad Khalilzadeh-Shirazi and Anwar Shah(eds.), *Tax Policy in Developing Countries.* Washington, D.C. : The World Bank.

Brown, C.V. and P. M. Jackson.(1990). *Public Sector Economics.* 4th ed., Oxford : Blackwell, ch. 10.

Casanegra de Jantscher, Milka and Richard M. Bird.(1992). "The Reform of Tax Administration." in Richard M. Bird and Milka Casanegra de Jantscher(eds.), *Improving Tax Administration in Developing Countries.* Washington, D.C. : International Monetary Fund.

Feldstein, Martin.(1976). "On the Theory of Tax Reform." *Journal of Public Economics.* vol. 6, pp. 77–104.

Fullerton, Don.(1982). "On the Possibility of an Inverse Relationship between Tax Rates and Government Revenues." *Journal of Public Economics.* vol. 19, pp. 3–22.

Gruber, Jonathan.(2005). *Public Finance and Public Policy.* New York : Worth Publishers, ch. 18.

Hyman, David N.(1999). *Public Finance : A Contemporary Appli-*

cation of Theory to Policy. 6th ed., Fort Worth : The Dryden Press, ch. 10.

Mikesell, John L.(1999). *Fiscal Administration : Analysis and Applications for the Public Sector*. 5th ed., Fort Worth : Harcourt Brace College Publishers, ch. 6.

Musgrave, Richard A.(1959). *The Theory of Public Finance : A Study in Public Economy*. New York : McGraw-Hill, chs. 4 & 5.

______ **and Peggy B. Musgrave.**(1989). *Public Finance in Theory and Practice*. 5th ed., New York : McGraw-Hill, chs. 12 & 13.

Nowak, Norman D.(1970). *Tax Administration in Theory and Practice : With Special Reference to Chile*. New York : Praeger.

Sanford, Cedric.(1981). "Economic Aspects of Compliance Costs." in Alan Peacock and Francesco Forte(eds.), *The Political Economy of Taxation*. Oxford : Basil Blackwell.

______**, Michael Godwin, and Peter Hardwick.**(1989). *Administrative and Compliance Costs of Taxation*. Bath : Fiscal Publications.

Silvani, Carlos A.(1992). "Improving Tax Compliance." in Richard M. Bird and Milka Casanegra de Jantscher(eds.), *Improving Tax Administration in Developing Countries*. Washington, D.C. : International Monetary Fund.

Steuerle, E. Eugene.(1986). *Who Should Pay for Collecting Taxes? : Financing the IRS*. Washington, D.C. : American Enterprise Institute for Public Policy Research.

Stiglitz, Joseph E.(2000). *Economics of the Public Sector*. 3rd ed., New York : W.W. Norton & Co., ch. 17.

제 8 장
조세의 귀착과 부담

1. 조세의 귀착과 조세부담의 전가 : 기본개념

(1) 조세의 법적 귀착과 경제적 귀착

앞의 제7장에서 살펴본 바와 같이 조세는 사람에게 부과될 수도 있고 혹은 사물에 부과될 수도 있지만, 오직 사람(즉, 자연인)만이 조세의 실질적인 부담을 지게 된다. 그런데 누가 실질적으로 조세의 부담을 지는가를 측정하는 데 있어서 나타나는 심각한 문제는 세법에서 조세를 납부하게끔 규정된 사람과 실질적으로 조세의 부담을 지게 되는 사람이 일치하지 않는 경우가 대부분이라는 사실이다. 이때 실질적으로 누군가가 조세의 부담을 떠맡게 되는 것을 조세의 귀착(tax incidence)이라고 부른다.

세법에서 조세를 납부하게끔 규정되어 되어 있는 사람에게 조세가 부과된 것을 조세의 법적 귀착(statutory incidence)이라고 부르며, 이와는 달리 실질적으로 조세의 부담을 지는 것을 경제적 귀착(economic incidence)이라고 부른다. 현실적으로 조세의 법적 귀착과 경제적 귀착이 일치하지 않는 경우가 대부분인데, 이러한 불일치가 발생하는 이유는 법적으로 조세를 납부하게끔 되어 있는 사람이 다른 사람에게 실질적인 조세의 부담을 떠넘길 수가 있기 때문이다. 이때 법적으로 조세를 납부하게끔 되어 있는 사람으로부터 다른 사람에게로 조세부담이 떠넘겨지는 현상을 조세의 전가(tax shifting)라고 부른다. 조세가 소득분배에 어떤 영향을 미치는가를 분석하기 위해서는 조세의 법적 귀착이 아니라 경제적 귀착이 고려되어야 한다는 것은 너무나 당연한 이야기라고 할 것이다.

법적으로 조세를 납부하게끔 되어 있는 사람이 강제적으로 다른 사람에게 그 부담을 떠넘기기 때문에 조세의 전가가 발생하는 것이 아니다. 조세의 법적 귀착과 경제적 귀착의 불일치는 여러 사람들이 맺고 있는 경제적 관계에서 자연스럽게 나타나는 현상이다. 다시 말해서, 조세가 부과될 경우 시장에서 거래되는 생산요소나 생산물의 상대적 가격이 변화하기 때문에 자연스럽게 조세의 부담이 전가되는 것이다. 그러므로 누가 실질적으로 조세의 부담을 지게 되는가를 알기 위해서는 조세가 부과될 경우 사람들이 맺고 있는 경제적 관계가 어떻게 변화하는가를 분석하는 것이 필요하다. 만약 사람들이 맺고 있는 경제적 관계가 조세의 전가를 허용하지 않는다면, 조세의 법적 귀착과 경제적 귀착은 일치할 수밖에 없을 것이다.

(2) 조세의 전가 : 부담의 전방전가와 후방전가

조세의 전가는 크게 두 가지 형태를 띠게 된다. 한 가지 형태는 법적으로 조세를 납부하게끔 되어 있는 재화나 생산요소의 판매자(seller)가 가격을 인상함으로써 구매자(buyer)에게로 부담을 전가시키는 경우이고, 다른 한 가지 형태는 법적으로 조세를 납부하게끔 되어 있는 재화나 생산요소의 구매자가 지불하는 가격을 낮춤으로써 판매자에게로 부담을 전가시키는 경우이다. 판매자로부터 구매자에게로 조세부담이 전가되는 경우 이를 조세부담의 전방전가(forward shifting)라고 부르며, 이와는 달리 구매자로부터 판매자에게로 조세부담이 전가되는 경우 이를 조세부담의 후방전가(backward shifting)라고 부른다.

예를 들어 자동차를 생산하는 기업에 세금이 부과되었을 경우, 이 기업은 자동차의 가격을 인상함으로써 소비자들에게 조세부담을 전가시킬 수 있을 것이다. 이 경우 조세부담이 전방으로 전가되었다고 표현한다. 이와는 달리 자동차를 생산하는 기업이 자동차 부품을 공급하는 측에 지불하는 가격을 낮추거나 혹은 그 기업이 고용하고 있는 근로자들의 임금을 낮춤으로써 조세부담을 전가시킬 수도 있을 것이다. 이 경우 조세부담이 후방으로 전가되었다고 표현한다.

(3) 귀착의 원천측면과 사용측면

조세는 소득을 사용하는 측면에서뿐만 아니라 소득이 발생하는 측면에서도 소득분배에 영향을 미치게 된다. 예를 들어 향수에 대해 조세가 부과되었다고 가정하자. 이때 향수의 가격은 상승하게 될 것이며, 이에 따라 향수를 많이 사용하는 사람들은 그만큼 소득이 감소하게 될 것이다. 그런데 일반적으로 향수를 많이 사용하는 사람들은 고소득층인 경우가 대부분이므로 향수에 대한 조세의 부과는 소득분배를 보다 공평하게 하는 결과를 낳게 된다. 다시 말해서, 향수에 대한 조세의 부과는 소득의 사용(uses of income)측면에서는 소득분배를 보다 공평하게 하는 효과를 가지는 것이다.

그런데 향수에 대한 조세의 부과가 소득분배에 미치는 영향은 여기서 그치지 않는다. 향수에 대한 조세의 부과는 향수에 대한 수요를 감소시키게 되므로 자연히 향수의 생산에 필요한 생산요소를 판매하는 사람들의 입장에서는 소득의 감소를 경험할 수밖에 없다. 이때 향수를 생산하는 기업에 고용된 사람들이 대부분 저소득층이라면, 향수에 대한 조세의 부과는 소득분배를 더욱 불공평하게 만드는 결과를 낳게 된다. 다시 말해서, 향수에 대한 조세의 부과는 소득의 원천(sources of income)측면에서 소득분배를 더욱 불공평하게 하는 효과를 가지는 것이다. 결국 소득의 사용측면과 소득의 원천측면에서 소득분배가 어떻게 변화하는가를 종합적으로 고려해야만 향수에 대한 조세의 부과가 소득분배에 어떤 영향을 미치는가를 정확하게 파악할 수 있는 것이다.

그런데 생산물에 대해 조세가 부과될 경우 소득의 원천측면은 고려하지 않은 채 소득의 사용측면만을 분석하고, 반면 생산요소에 대해 조세가 부과될 경우 소득의 사용측면은 무시한 채 소득의 원천측면만을 분석하는 것이 일반적이다. 이러한 방법에 의할 경우 분석이 단순해지는 장점이 있긴 하지만, 그것이 얼마나 정확한 조세귀착에 대한 분석이 될 수 있는가는 개별적인 사례에 따라 달라질 수밖에 없을 것이다.

(4) 부분균형모형과 일반균형모형에서의 조세의 귀착

경제는 상호 연관된 수많은 시장으로 구성되어 있다. 이러한 사실이 의미하는 바는 경제의 한 부문에 조세가 부과되었을 경우, 조세의 경제적 효과가 조세가 부과된 부문에만 국한되지 않고 다른 연관된 시장에도 영향을 미치게 될 것이라는 점이다.

예를 들어 휘발유에 대한 조세의 부과는 휘발유의 가격을 상승시킬 뿐만 아니라 휘발유를 사용하는 모든 산업에서 생산하는 재화의 가격을 상승시키게 될 것이다. 그리고 이러한 변화는 다른 산업에 대해서도 계속해서 영향을 미치게 될 것이며, 이런 식으로 경제의 한 부문에 대한 조세의 부과가 다른 부문에 파급효과를 가지게 되는 것이다.

조세의 부과에 따른 이러한 모든 파급효과를 고려하여 조세의 분배적 효과를 분석하는 것을 일반균형(general equilibrium)모형에 의한 분석이라고 부른다. 이와는 달리 경제 각 부문 간의 상호연관이 무시할 정도로 작다고 가정하여, 조세가 부과된 시장 내에서만 조세의 귀착을 분석하는 방법을 부분균형(partial equilibrium)모형에 의한 분석이라고 부른다. 부분균형모형에 의한 분석은 경제 각 부문의 상호연관관계가 대단히 강할 경우 조세가 소득분배에 미치는 영향을 분석함에 있어서 상당히 왜곡된 결과를 낳을 수 있다. 반면, 일반균형모형에 의한 분석은 분석 자체가 대단히 복잡할 수밖에 없다는 문제점을 지니고 있다.[1)]

2. 조세와 소득분배

(1) 조세귀착의 여러 가지 개념

특정한 조세가 소득분배에 미치는 영향을 파악하고자 할 경우, 그 조세 이외에 소득분배에 영향을 미칠 수 있는 다른 모든 요인들이 변화하지 않아야만 특정 조세가 소득분배에 어떤 영향을 미치는가를 정확하게 분석할 수 있을 것이다. 분석하고자 하는 조세 이외에 소득분배에 영향을 미치는

---

1) 이러한 이유로 이 장에서는 부분균형모형에서의 조세귀착에 대해서만 설명하기로 한다.

다른 요인들을 어떤 방법으로 변화하지 않는 것으로 취급하는가에 따라 조세의 귀착은 절대귀착, 차별귀착 및 균형예산귀착이라는 세 가지 형태로 개념화할 수 있다.

첫째 방법은 소득분배에 영향을 미칠 수 있는 다른 모든 조세와 정부지출에 변화가 없음을 가정하고 특정 조세가 소득분배에 미치는 영향을 분석하는 방법이다. 이를 조세의 절대귀착(absolute incidence)이라고 부른다. 그러나 비록 다른 조세나 정부지출에 변화가 없다 할지라도, 조세가 부과되면 총수요가 하락하고 이렇게 되면 실업을 발생시킬 수도 있고 가격수준을 떨어뜨릴 수도 있다. 이때 이러한 변화는 당연히 소득분배상태에 영향을 미칠 수밖에 없기 때문에, 특정 조세의 부과에 따른 소득분배상태의 변화를 정확하게 파악하기 위해서는 거시경제적인 변화까지도 모두 고려해야 한다는 어려움이 발생하게 된다.[2] 이러한 이유로 절대귀착은 소득분배에 대한 조세의 영향을 분석하는 데 있어서 거의 사용되지 않는 개념이다.

이러한 어려움을 극복할 수 있는 방법으로서 전체 조세와 정부지출의 수준이 고정되어 있는 상태에서 어떤 한 조세가 동일한 수입을 가져올 수 있는 다른 조세를 대체할 경우 발생하는 소득분배상태의 변화를 분석하는 방법이 있다. 이 방법에 의할 경우 정부예산의 변화가 전무할 뿐만 아니라 민간부문의 전체적인 세부담 또한 동일하게 되므로, 특정 조세가 소득분배에 미치는 영향을 보다 정확하게 파악할 수 있게 된다. 이러한 방법에 의해서 얻게 되는 분석결과를 조세의 차별귀착(differential incidence)이라고 부르며, 귀착의 분석에서 가장 많이 사용되는 개념이다.

조세가 소득분배에 미치는 영향을 분석하는 또 다른 방법으로서는 조세

2) Richard A. Musgrave and Peggy B. Musgrave.(1989). *Public Finance in Theory and Practice*. 5th ed., New York : McGraw-Hill, p. 238.

와 정부지출을 동시적으로 분석하는 방법을 들 수 있다. 이 방법에 의할 경우 어떤 특정 조세를 통하여 얻은 세수입을 특정한 정부사업에 지출하였을 경우 소득분배상태가 어떻게 변화하는가를 분석하게 된다. 이러한 방법에 의해서 얻게 되는 분석결과를 조세의 균형예산귀착(balanced-budget incidence)이라고 부른다. 그러나 이 방법에 의할 경우 조세수입이 어디에 사용되느냐에 따라 조세의 귀착이 달라진다는 문제점이 있다. 이 방법의 또 다른 문제점으로서는 조세수입의 대부분은 일단 일반회계로 귀속된 후 이로부터 정부지출이 이루어지기 때문에 특정한 조세수입과 특정한 정부지출 간에 일대일의 대응관계를 찾는 것이 불가능하다는 점을 들 수 있다.[3)]

(2) 조세의 부담과 소득분배

조세를 실질적으로 부담하는 것은 각 개인일 수밖에 없다. 그렇지만 조세가 소득분배에 미치는 영향을 분석하고자 할 경우 조세가 부과됨으로써 개개인의 소득이 어떻게 변화되었는가를 일일이 분석하기란 불가능하다고 해도 과언이 아니다. 따라서 조세가 소득분배에 미치는 영향을 분석하기 위해서는 사람들을 그 특성에 따라 몇 개의 집단으로 분류한 다음, 조세가 각 집단의 상대적 소득을 어떻게 변화시켰는가를 측정하는 것이 일반적인 방법이다.

사람들을 집단으로 분류하는 방법으로는 크게 두 가지를 들 수 있다. 한 가지 방법은 사람들이 생산과정에서 어떤 역할을 담당하는가를 기준으로

---

3) Edgar K. Browning and Jacquelene M. Browning.(1994). *Public Finance and the Price System*. 4th ed., New York : Macmillan, pp. 307-308.

분류하는 방법이다. 다시 말해서, 이 방법은 사람들이 생산과정에 어떤 생산요소를 투입하는가를 기준으로 분류하는 방법이다. 생산요소를 전통적으로 자본, 노동 및 토지로 분류했듯이 이 방법을 따를 경우 사람들을 크게 자본가, 노동자 및 토지소유자로 분류하게 된다. 생산과정에 있어서 각 개인이 담당하는 기능에 따라 사람들을 분류했다는 의미에서 이를 기능별 소득분배(functional distribution of income)라고 부른다. 기능별 소득분배를 기준으로 할 경우, 이러한 세 집단의 상대적 소득에 조세가 어떤 영향을 미치는가를 분석하는 데 초점을 두게 된다.

기능별 소득분배 개념을 이용하여 조세가 소득분배에 미치는 영향을 추정하는 방법은 과거에는 상당한 타당성을 가졌다고 할 수 있다. 즉 노동자, 자본가 및 지주가 각각 노동력, 자본 및 토지 이외에는 소득을 얻을 수 있는 방법이 없으며, 또한 지주와 자본가는 부유하고 노동자는 모두 가난할 경우 이 방법에 의한 소득분배상태의 변화에 대한 추계는 상당한 타당성을 갖는다. 그렇지만 오늘날에는 노동자라 할지라도 주식 등을 소유하고 있는 경우가 얼마든지 있으며 자본을 소유하고 있는 사람이라 할지라도 노동에 참여하는 경우도 흔히 볼 수 있다. 뿐만 아니라 피고용인인 경우에도 부유한 사람이 얼마든지 있다. 따라서 오늘날에는 기능별 소득분배를 기준으로 하여 조세에 따른 소득분배상태의 변화를 추정하는 것이 별의미가 없다.

이러한 이유로 소득이 발생하는 원천은 전혀 고려하지 않은 채 단지 각 개인이 얻는 전체소득을 기준으로 집단을 분류한 후, 조세부과가 이러한 집단의 상대적 소득비중에 어떤 영향을 미치는가를 분석하는 방법이 오늘날에는 보편적으로 이용되고 있다. 이를 계층별 소득분배(size distribution of income) 관점에서의 분석이라고 부른다.

계층별 소득분배를 기준으로 할 경우 각 개인의 소득이 아니라 각 가구(household)의 소득을 기준으로 소득집단을 분류하는 것이 일반적이며,

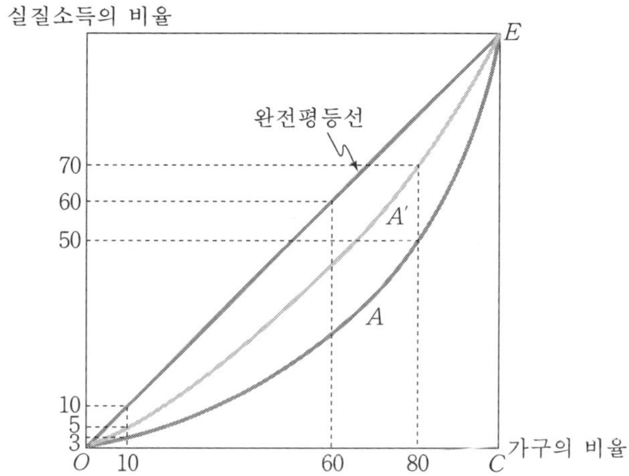

‖ 그림 8-1 ‖ 로렌즈곡선

이때 각 소득집단은 하위 10%에서부터 상위 10%의 십분위계층으로 나누어진다. 그리고 조세가 계층별 소득분배에 미치는 영향을 일목요연하게 보여주는 도구가 위의 [그림 8-1]에 제시된 로렌즈곡선(Lorenz curve)이다.

[그림 8-1]에서 횡축은 가구의 비율을 누적적으로 나타낸 것이며, 종축은 소득의 비율을 누적적으로 표시한 것이다. 따라서 45° 각도로 그려진 직선 OE는 소득분배상태가 완전히 평등함을 나타내는 선이다. 즉, 하위 10%에 속하는 가구는 전체소득 중 10%를 얻고 있으며, 하위 60%에 속하는 가구는 전체소득 중 60%를 얻고 있음을 보여주고 있다.

그러나 이렇게 소득분배가 완전평등하게 이루어진 사회는 현실적으로 존재하지 않으며, 나라마다 정도의 차이는 있지만 소득분배는 불평등하게 되어 있다. [그림 8-1]에서 로렌즈곡선 OAE는 소득분배의 불평등성을 나타내는 한 예이다. OAE곡선에 의할 경우, 하위 10%에 속하는 계층은 전체소득 중 3%만을 차지하고 있는 데 그치고 있으며, 하위 80%에 속하는 모든 계층이 전체소득에서 차지하는 비중은 단지 50%에 불과하다. 이는 곧 상위 20%에 속하는 사람들이 전체소득의 50%를 차지하고 있다는 것을 의미한다.

로렌즈곡선이 나타내는 소득분배상태를 계량화한 지표가 바로 지니계수(Gini coefficient)이다. 지니계수는 OE와 OAE 사이에 존재하는 면적이 45° 각도로 표현된 직선 OE 아래에 위치한 면적에 대해서 차지하는 비중을 나타낸다. 즉, 지니계수는 $OAEO/OEC$로 표현할 수 있다. 따라서 소득이 완전평등하게 분배되어 있는 경우 지니계수는 '0'이 되며, 소득이 완전불평등하게 분배되어 있는 경우 지니계수는 '1'이 된다. 결국 지니계수가 커지면 커질수록 소득분배상태는 더욱 불평등하게 되고 있음을 의미하는 것이다.

만약 조세가 부과되어 로렌즈곡선이 $OA'E$로 변했다면, 이는 조세로 인하여 소득분배상태가 개선되었음을 의미한다. 즉, $OA'E$에 의할 경우, 하위 10%에 속하는 계층의 소득이 전체소득에서 차지하는 비중이 5%로 상승했고 하위 80%에 속하는 모든 계층의 소득이 전체소득에서 차지하는 비중도 70%로 상승했음을 알 수 있다. 조세가 부과됨으로써 소득분배상태가 보다 평등하게 될 경우, 지니계수는 당연히 작아지게 된다. 즉, 조세가 부과된 후의 지니계수는 $OA'EO/OEC$로 표현될 것이며, $OA'EO/OEC < OAEO/OEC$인 것이다.

그러나 로렌즈곡선이나 지니계수에 의해서 소득분배상태의 변화를 판별하는 방법은 조세부과 후의 로렌즈곡선과 처음의 로렌즈곡선이 교차하는 경우 유용한 정보를 제공할 수 없다는 문제점을 안고 있다.

3. 조세귀착의 분석

(1) 종량세의 부과

조세의 경제적 귀착이 어떻게 이루어지는가를 분석하기 위하여 먼저 완전경쟁상태에 있는 시장에서 물품세가 종량세의 형태로 부과되는 경우를 보도록 하자. 앞의 제7장에서 설명한 바와 같이 종량세(specific tax *or* per unit tax)는 재화의 가격과는 상관없이 재화의 수량 등을 기준으로 일정한 금액이 부과되는 형태의 조세를 의미한다.

예를 들어 포도주에 물품세가 종량세 형태로 부과되었다고 가정하자. [그림 8-2]는 포도주에 대한 수요곡선과 공급곡선을 나타내고 있다. 포도주에 대해 조세가 부과되지 않았을 경우, 포도주의 판매량과 가격은 [그림 8-2]에 나타난 바와 같이 포도주에 대한 수요곡선 DD와 공급곡선 SS가 교차하는 점, 즉 포도주의 소비로부터 얻게 되는 한계편익과 포도주를 생산하는 데 소요되는 한계비용이 일치하는 점에서 결정된다. [그림 8-2]에서 거래량은 Q_0이며 균형가격은 P_0이다.

이때 포도주 한 병당 u원만큼의 물품세가 포도주의 생산자에게 부과되었다고 가정하자. 물품세가 부과될 경우 생산자가 소비자로부터 받는 가격 중 u원만큼은 정부에 조세로 납부해야 하기 때문에 포도주 한 병당 생산자가 소비자로부터 받는 시장가격과 생산자 자신의 몫으로 남는 가격 사이에는 괴리(wedge)가 나타나게 된다. 그런데 포도주 생산자의 입장에서는 오직 자신의 몫으로 남게 되는 가격만이 중요하므로, 생산자는 물품세 u원에 해당하는 만큼 포도주가격을 인상하게 될 것이다. 따라서 포도주의 소비자가 직면하게 되는 공급곡선은 SS에서 $S'S'$으로 상승하게 되며, 이때 SS

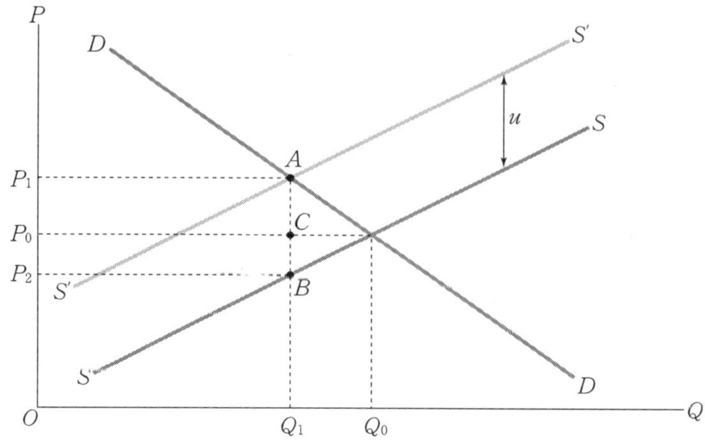

❙ 그림 8-2 ❙ 생산자에 대한 물품세의 부과

와 $S'S'$의 수직적 거리는 물품세 u원만큼이 되는 것이다.

결국 포도주에 대한 물품세가 생산자에게 부과되었을 경우 시장의 새로운 균형은 $S'S'$과 DD가 교차하는 점에서 이루어지며, 이때 포도주의 거래량은 세금부과 전의 Q_0에서 Q_1으로 줄어들며 포도주의 시장가격은 P_0에서 P_1으로 상승하게 된다. 이때 P_1은 포도주의 소비자가 지불하는 가격인 반면, 생산자의 몫으로 남게 되는 포도주의 가격은 소비자가 지불한 P_1에서 물품세 u원을 뺀 P_2이다. 즉, $P_1-P_2=u$라는 관계가 성립한다. 그리고 물품세를 부과함으로써 정부가 징수하게 된 물품세의 총액은 $(P_1-P_2)\times Q_1$만큼이 된다. [그림 8-2]에서 이는 P_1ABP_2로 표시된다.

이제 우리는 [그림 8-2]에서 대단히 중요한 사실을 발견하게 되는데, 그것은 물품세의 총액 P_1ABP_2 중 생산자가 부담하는 부분은 오직 P_0CBP_2이며 나머지 P_1ACP_0만큼은 소비자가 부담한다는 사실이다. 다시 말해서, 물품세가 법적으로 귀착되는 측은 포도주의 생산자였지만 물품세의 경제적 귀착은 생산자와 소비자 모두에게 이루어졌다는 것을 알 수

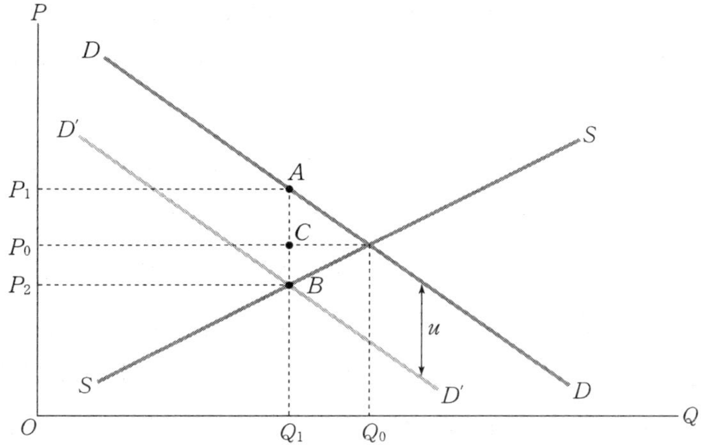

| 그림 8-3 | 소비자에 대한 물품세의 부과

있다.

그렇다면 포도주에 대한 물품세가 생산자가 아니라 소비자에게 부과된다면 누가 실질적으로 물품세를 부담하게 될 것인가? [그림 8-3]을 보도록 하자.

포도주의 소비자에게 물품세가 부과되었기 때문에 포도주의 생산비용은 전혀 영향을 받지 않으며, 이에 따라 포도주의 공급곡선은 조세부과 전과 마찬가지로 SS로 나타낼 수 있다. 또한 조세가 부과되더라도 소비자들이 포도주의 소비로부터 얻게 되는 한계편익이 변하는 것은 아니므로 소비자들의 입장에서는 동일한 양의 포도주에 대해서는 동일한 가격을 지불하려고 할 것이다. 그렇지만 조세가 부과될 경우 소비자가 지불한 가격 중 u원만큼은 정부에 귀속되고 그 나머지가 생산자에게 귀속된다. 따라서 생산자의 입장에서 바라본 수요곡선은 조세부과 전의 수요곡선에서 u원만큼이 차감된 $D'D'$이 될 것이다.

따라서 물품세가 소비자에게 부과된 경우 시장의 새로운 균형은 SS와

$D'D'$이 교차하는 점에서 이루어질 것이다. 이때 포도주의 거래량은 조세부과 이전의 Q_0에서 Q_1으로 감소하며, 포도주의 시장가격은 P_0에서 P_1으로 상승하게 된다.

여기서 [그림 8-3]이 시사하는 바는 세금이 부과된 후 소비자가 지불하는 포도주의 가격이 P_0에서 P_1으로 상승하긴 하지만 P_0와 P_1의 격차는 물품세 u보다는 작다는 사실이다. 즉, 물품세가 소비자에게 부과되었다고 해서 소비자가 지불하는 포도주의 가격이 물품세만큼 상승하는 것은 아니라는 사실이다. [그림 8-3]에서 볼 수 있는 바와 같이 소비자가 지불하는 가격이 조세부과 전의 P_0에서 P_1으로 상승하긴 하지만, 생산자가 받게 되는 포도주의 가격 또한 P_0에서 P_2로 감소한다. 이때 소비자가 지불하는 가격의 상승분 P_1-P_0와 생산자가 받게 되는 가격의 감소분 P_0-P_2를 합하면 물품세 u와 동일하게 된다. 다시 말해서, 비록 물품세가 소비자에게 부과되긴 했어도 소비자뿐만 아니라 생산자 또한 조세를 부담할 수밖에 없다는 것이다.

[그림 8-2]와 마찬가지로 [그림 8-3]에서도 정부가 징수하게 되는 물품세의 총액은 P_1ABP_2로 표시되며, 이 중 소비자가 부담하는 부분은 오직 P_1ACP_0만큼이며 나머지 P_0CBP_2만큼은 생산자가 부담하게 된다. 다시 말해서, 물품세가 법적으로 귀착되는 측은 포도주의 소비자였지만 물품세의 경제적 귀착은 생산자와 소비자 모두에게 이루어졌다는 것이다. 경제적 귀착에 관한 한 [그림 8-2]와 [그림 8-3]의 분석결과는 하등 차이가 없다. 결국 [그림 8-2]와 [그림 8-3]의 예를 통하여 우리가 얻을 수 있는 결론은 조세의 법적 귀착이 조세의 경제적 귀착에 대해 어떤 영향도 미치지 못한다는 사실이다.

(2) 수요 및 공급의 탄력성과 조세의 귀착

조세가 생산자에게 부과되는가 혹은 소비자에게 부과되는가에 상관없이 조세의 경제적 귀착이 이루어진다면, 궁극적으로 누가 조세를 부담할 것인가를 결정짓는 요인은 무엇인가? 다른 모든 조건이 동일하다면, 바로 수요와 공급의 탄력성이 조세의 경제적 귀착을 결정하게 된다. 조세가 부과된 재화에 대한 수요의 탄력성이 작으면 작을수록 소비자가 더 많은 조세를 부담하게 되는 반면, 조세가 부과된 재화의 공급탄력성이 작으면 작을수록 생산자가 더 많은 조세를 부담하게 된다.

수요의 탄력성이란 가격의 변화율에 대한 수요량의 변화율(즉, $\Delta Q/Q \div \Delta P/P$)을 의미하는 것으로서, 수요곡선이 수평에 가까우면 가까울수록 수요의 탄력성은 커지게 되며, 이와는 달리 수요곡선이 수직에 가까우면 가까울수록 수요의 탄력성은 작아지게 된다. 그리하여 수평의 수요곡선은 수요가 완전탄력적임을 나타내며, 수직의 수요곡선은 수요가 완전비탄력적임을 나타낸다. 공급의 탄력성이란 가격변화율에 대한 공급량의 변화율을 의미하는 것으로서, 공급곡선이 수평에 가까우면 가까울수록 공급의 탄력성은 커지게 되며, 이와는 달리 공급곡선이 수직에 가까우면 가까울수록 공급탄력성은 작아진다. 그리하여 수평의 공급곡선은 공급탄력성이 무한대임을, 그리고 수직의 공급곡선은 공급탄력성이 '0' 임을 나타낸다.

수요의 탄력성이 조세의 경제적 귀착에 미치는 영향은 다음의 [그림 8-4]를 보면 명확해진다. [그림 8-4]에서 DD로 표시된 수요곡선은 $D'D'$으로 표시된 수요곡선에 비해 보다 탄력적이다. 조세가 부과되기 전에는 DD와 $D'D'$ 모두 A점에서 공급곡선 SS와 교차하며 이때 거래량은 Q_0이고 균형가격은 P_0이다. 그런데 u원만큼의 물품세가 생산자에게 부과된다면 공급곡선은 $S'S'$으로 이동하게 될 것이다.

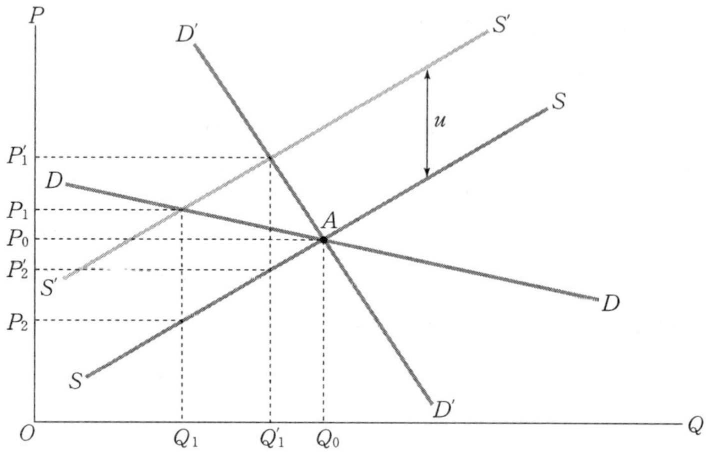

‖ 그림 8-4 ‖ 수요의 탄력성과 조세의 경제적 귀착

조세가 부과된 후 새로운 균형은 DD 혹은 $D'D'$과 $S'S'$이 교차하는 점에서 이루어질 것이다. 먼저 보다 탄력적인 DD 수요곡선의 경우를 보면, 조세부과 후 거래량은 Q_0에서 Q_1으로 줄어들며, 소비자가 지불하는 가격은 P_0에서 P_1으로 상승하는 반면 생산자의 몫으로 남게 되는 가격은 P_0에서 P_2로 하락하게 된다. 그리고 상대적으로 비탄력적인 $D'D'$ 수요곡선의 경우에는, 조세부과 후 거래량은 Q_0에서 Q_1'으로 줄어들며, 소비자가 지불하는 가격은 P_0에서 P_1'으로 상승하는 반면 생산자의 몫으로 남게 되는 가격은 P_0에서 P_2'으로 하락하게 된다.

이제 우리는 대단히 중요한 사실을 발견하게 되는데, 그것은 $(P_1'-P_0)>(P_1-P_0)$이며 $(P_0-P_2')<(P_0-P_2)$라는 사실이다. 다시 말해서, 수요가 탄력적인 경우와 비교해서 수요가 비탄력적인 경우 소비자가 지불하는 가격의 상승폭은 더 큰 반면, 생산자의 몫으로 남게 되는 가격의 하락폭은 더 작다는 것이다. 이는 곧 수요가 비탄력적이라면 생산자가 소비자에게 더 많은 조세부담을 떠넘길 수 있음을 의미하는 것이다.

또한 [그림 8-4]에서 $(Q_0-Q_1')<(Q_0-Q_1)$이다. 즉, 조세가 부과되어 시장가격이 상승한다고 할지라도 수요가 비탄력적이라면 수요량 자체가 별로 감소하지 않으며 이에 따라 소비자들이 상대적으로 많은 조세부담을 질 수밖에 없는 것이다. 이와는 달리 수요가 탄력적이라면 조세가 부과되어 시장가격이 상승할 경우 소비자들이 다른 재화를 구입하게 될 가능성이 높아지며, 이에 따라 생산자가 상대적으로 많은 조세부담을 질 수밖에 없게 된다.

결국 탄력성은 생산자나 소비자가 조세를 회피할 수 있는 가능성을 의미하는 것이라고 할 수 있다. 따라서 수요탄력성이 클수록 소비자가 조세를 회피할 수 있는 가능성이 높아지며 이에 따라 생산자에게 조세부담이 귀착될 수밖에 없다. 또한 공급탄력성이 클수록 생산자가 조세를 회피할 수 있는 가능성이 높아지며 이에 따라 소비자에게 조세부담이 귀착될 수밖에 없다고 할 것이다.

다음의 [그림 8-5]는 수요와 공급이 완전탄력적이거나 완전비탄력적인 극단적인 경우 조세의 귀착이 어떻게 이루어지는가를 나타내고 있다.

[그림 8-5] (a)는 공급이 완전비탄력적인 경우이다. 조세가 부과되기 전의 거래량은 Q_0이며 균형가격은 P_0이다. 이때 물품세 u가 부과되면 생산자의 입장에서 바라본 유효수요곡선은 D'이 되지만, 거래량은 전과 동일하다($Q_0=Q_1$). 또한 조세가 부과된 후 생산자의 몫으로 남게 되는 가격은 P_s로서 P_0와 P_s의 격차는 물품세 u와 같다. 반면, 소비자가 지불하는 가격은 P_c로서 전과 동일하다. 그러므로 공급이 완전비탄력적일 경우 생산자가 전적으로 조세부담을 지게 됨을 알 수 있다.

[그림 8-5] (b)는 공급이 완전탄력적인 경우이다. 조세가 부과될 경우 거래량은 Q_0에서 Q_1으로 줄어들며, 생산자의 몫으로 남게 되는 가격은 전과 동일하다($P_s=P_0$). 반면, 소비자가 지불하는 가격은 P_0에 u를 더한 P_c

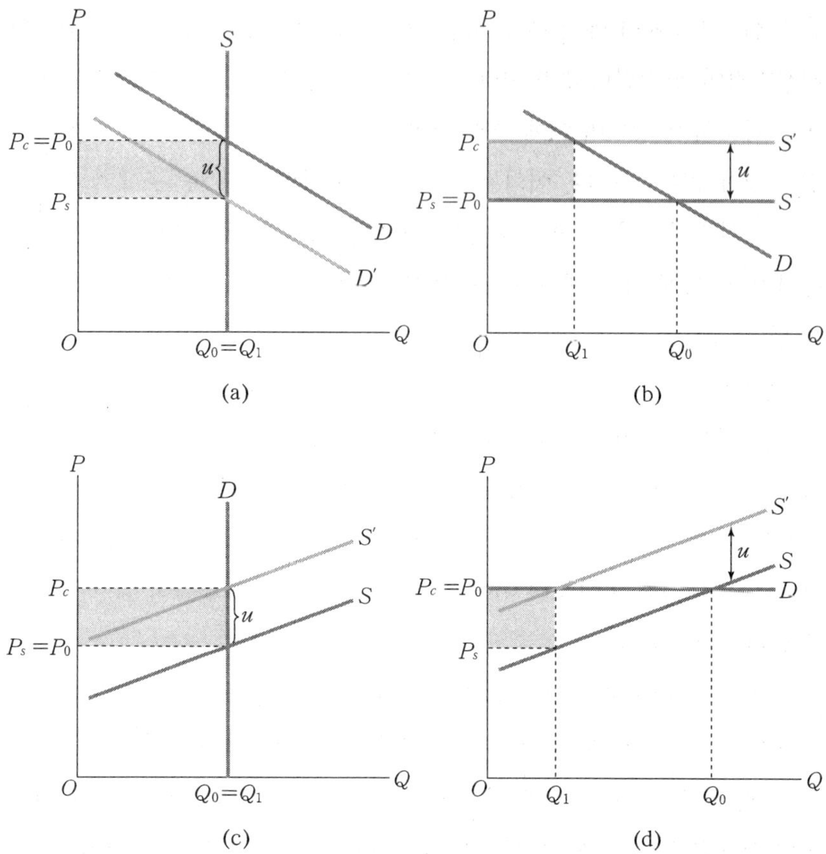

Ⅰ 그림 8-5 Ⅰ 수요와 공급이 완전탄력적이거나 완전비탄력적인 경우 조세의 귀착

로 상승하게 된다. 즉, 공급이 완전탄력적일 경우 소비자가 전적으로 조세부담을 지게 되는 것이다.

[그림 8-5] (c)는 수요의 탄력성이 '0' 인 경우이다. 조세가 부과되기 전의 거래량은 Q_0이며 균형가격은 P_0이다. 이때 물품세가 부과되더라도 거래량은 전혀 변화하지 않는다. 또한 조세부과 후에도 생산자가 받게 되는 가격은 전과 전혀 차이가 없는 반면, 소비자가 지불하는 가격은 P_c로서

$P_c - P_0 = u$인 것이다. 따라서 수요의 탄력성이 '0' 인 경우에는 조세의 부담이 전적으로 소비자에게 귀착됨을 알 수 있다.

[그림 8-5] (d)는 수요가 완전탄력적임을 나타내고 있다. 물품세가 u원만큼 부과될 경우 거래량은 Q_0에서 Q_1으로 줄어든다. 조세부과 후에도 소비자가 지불하는 가격은 전과 동일하지만($P_c = P_0$), 생산자가 받게 되는 가격은 P_0에서 u원만큼 하락한 P_s가 된다. 결국 수요가 완전탄력적일 경우 생산자가 모든 조세를 부담하게 됨을 알 수 있다.

(3) 종가세의 부과

우리는 지금까지 종량세가 부과될 경우의 경제적 귀착만을 분석하였는데, 이와는 달리 만일 종가세(ad valorem tax)가 부과된다면 조세의 귀착은 과연 어떻게 이루어질 것인가라는 의문이 제기될 수 있다. 종가세는 단위수량당 부과되는 종량세와는 달리 재화의 가격을 기준으로 부과되는 조

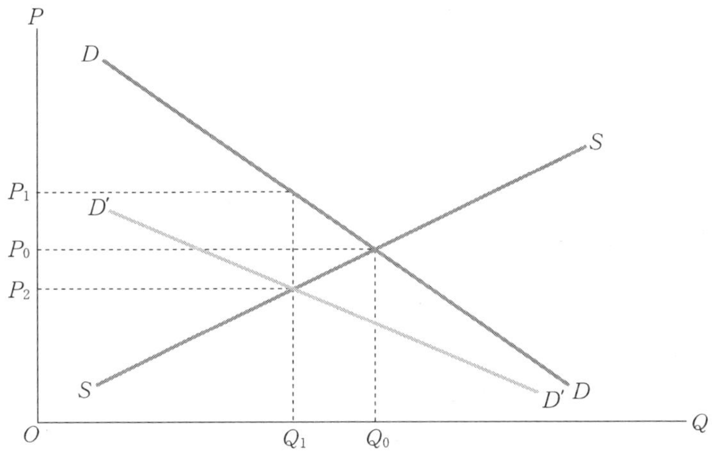

‖ 그림 8-6 ‖ 종가세의 경우 조세의 귀착

세이다. 따라서 종가세가 부과될 경우 수요곡선이 평행으로 이동하는 것이 아니라 다음의 [그림 8-6]에 제시된 바와 같이 가격의 일정비율만큼씩 수요곡선이 이동하게 된다. 즉, 재화의 가격이 높으면 높을수록 종가세가 부과될 경우 세액이 커지게 되는 것이다. 이 점을 제외하고는 조세의 경제적 귀착에 관한 한 종량세와 종가세는 전혀 차이가 없다. 종가세가 부과되었을 경우에도 수요와 공급의 탄력성에 따라 조세의 귀착이 결정되는 것이다.

(4) 조세부과의 범위에 따른 조세의 귀착

수요와 공급의 탄력성이 높다는 것은 그만큼 소비자나 생산자가 조세를 회피할 가능성이 높다는 것을 의미한다. 생산물에 조세를 부과할 경우 만일 수요가 비탄력적이고 공급이 탄력적이라면 그 생산물의 소비자가 상대적으로 더 많은 조세를 부담하게 될 것이다. 일반적으로 생필품의 경우 수요의 탄력성이 낮기 때문에 소비자에게 거의 모든 조세부담이 전가된다. 또한 어떤 재화에 대체재(substitute goods)가 존재할 경우 그 재화에 대한 수요의 탄력성은 높아지게 되므로 소비자가 아니라 생산자에게 조세가 귀착되게 된다.

이러한 이유로 조세부과의 범위가 넓으면 넓을수록 수요의 탄력성은 낮아지게 되며, 이에 따라 소비자에게 조세가 귀착될 가능성은 높아지게 되는 것이다. 예를 들어 A라는 회사에서 생산하는 승용차에 대해서만 조세를 부과할 경우 많은 소비자들이 다른 회사에서 생산하는 승용차를 구입하려고 할 것이며, 이에 따라 소비자들이 조세를 회피할 수 있는 여지가 커지게 된다. 반면, 모든 승용차에 대해서 조세를 부과할 경우에는 수요의 탄력성은 앞의 경우와 비교해서 낮아질 수밖에 없으며, 이에 따라 소비자들에게 조세가 귀착될 가능성이 더 커지게 된다.

조세부과의 범위가 넓어질수록 조세를 회피할 수 있는 가능성이 낮아지는 것은 생산요소시장에서도 마찬가지이다. 예를 들어 모든 종류의 소득에 대해서 부과하는 종합소득세가 시행될 경우 사람들이 자신의 직업을 바꾸거나 혹은 투자대상을 바꿈으로써 조세를 회피할 수 있는 가능성은 상당히 줄어들 수밖에 없을 것이다. 반면, 특정한 형태의 소득에 대해서만 조세를 부과할 경우에는 다른 경제적 활동에 참여함으로써 조세를 회피할 수 있을 것이다. 결국 생산요소에 대한 조세의 경우에도 부과의 범위가 넓다면 생산요소의 공급자에게 조세가 귀착될 가능성이 그만큼 높아지게 된다고 할 수 있다.

(5) 단기와 장기에서의 귀착

수요와 공급의 탄력성은 경제행위의 주체가 조세에 대해 반응할 수 있는 시간이 길고 짧음에 의해서도 영향을 받는다. 일반적으로 경제행위의 주체가 조세에 대해서 반응할 수 있는 시간이 길다면 수요와 공급의 탄력성은 높아지게 된다.

소비자의 선호는 단기간에는 거의 변화하지 않기 때문에 소비자가 현재 선호하는 재화에 대해 조세가 부과되더라도 다른 재화를 구입할 가능성은 별로 높지 않다. 이와는 달리 장기적으로는 소비자의 선호와 지출패턴이 크게 변할 수 있기 때문에 수요의 탄력성이 높아지게 되며, 이에 따라 소비자들이 조세를 회피할 수 있는 가능성이 그만큼 높아지게 된다.

조세에 대해 반응할 수 있는 시간이 길다면 공급의 탄력성 또한 높아진다. 현재 생산하고 있는 재화에 대해 조세가 부과될 경우 단기간에는 다른 재화를 생산하기 위해 자원을 이동시키기가 대단히 어렵지만, 장기적으로는 다른 용도로 자원을 재배분할 수 있는 가능성이 높아지게 된다. 따라서 장기적으로는 조세가 부과된 재화의 공급량이 줄어드는 동시에 가격은 상승함으로써 조세가 소비자에게 전가될 가능성이 그만큼 높아지게 되는 것이다.

(6) 폐쇄경제와 개방경제에서의 조세귀착

분석의 대상이 되고 있는 경제가 무역과 자원의 이동이 전혀 없는 폐쇄경제(closed economy)인가 혹은 인적 및 물적 자원의 이동성이 높은 개방경제(open economy)인가에 따라 조세의 귀착양상은 사뭇 달라지게 된다. 경제의 개방성이 조세귀착에 어떤 영향을 미치는가를 분석하기 위하여 자본(capital)에 대해 과세한 경우를 보도록 하자.

자본의 이동성이 매우 낮은 폐쇄경제의 경우에는 자본의 가격(즉, 이자율)이 상승하면 기업의 자본에 대한 수요는 감소하기 때문에 자본에 대한 수요곡선은 우하향하며, 자본의 가격이 상승하면 자본의 소유자는 공급을 늘리기 때문에 자본의 공급곡선은 우상향한다. 그러므로 폐쇄경제의 경우 자본과세가 실시된다면 수요와 공급의 탄력성에 따라 자본의 소유자도 어느 정도의 조세부담을 질 수밖에 없다.

이와는 달리 자본의 이동성이 매우 높은 개방경제하에서는 자본과세가 실시되어 자본의 수익률이 하락할 경우 자본이 대거 해외로 빠져 나가게 될 것이라고 예상할 수 있다. 즉, 개방경제하에서는 자본의 공급탄력성이 거의 무한대에 도달하게 되는 것이다. 따라서 [그림 8-7]에 나타난 바와 같이 자본의 공급이 완전탄력적인 상태에서 자본과세가 실시되면, 한 경제에 대한 자본의 공급량은 감소하게 되고($K_1 < K_0$), 자본소유자의 실질수익률은 자본과세에 상관없이 전혀 변화하지 않는 반면, 자본의 사용자가 지불하는 자본의 가격은 자본과세의 폭만큼 상승하게 된다. 결국 자본의 이동

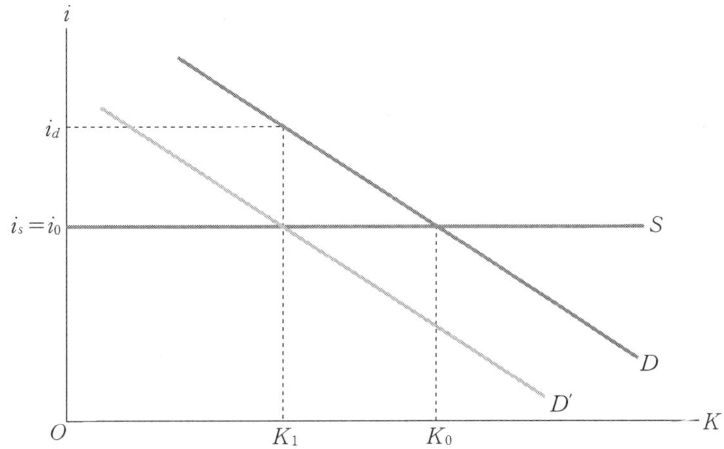

| 그림 8-7 | 개방경제하에서의 자본에 대한 과세

성이 높은 개방경제하에서는 자본에 대해 조세가 부과된다 하더라도 자본의 소유자는 아무런 부담을 지지 않게 되는 것이다.

경제의 개방성은 국제적인 차원에서만 문제가 되는 것은 아니다. 한 나라 경제 내에서도 과세의 주체가 되는 정부의 범위가 작을수록 자본의 이동성은 커지게 된다. 그리하여 중앙정부에 비해 자원의 이동성이 상대적으로 높은 지방정부 차원에서 자본에 대해 과세를 할 경우 기대하는 효과를 거두기란 대단히 어렵다고 할 수 있다.[4)]

4. 독점과 조세의 귀착

지금까지 우리는 완전경쟁상태에서 조세가 부과될 경우 조세부담의 귀

4) 이러한 문제는 지방재정을 다루는 제14 장에서 보다 자세하게 논의하게 될 것이다.

착만을 분석하였다. 그렇다면 시장이 완전경쟁상태가 아닐 경우 조세의 귀착은 어떻게 이루어질 것인가? 다시 말해서, 독점기업은 막강한 시장지배력을 행사할 수 있으므로 전혀 조세를 부담하지 않는다고 할 수 있는가? 다음의 [그림 8-8]은 독점하에서 조세의 귀착을 나타내고 있다.

제2장에서 설명한 바와 같이 이윤극대화를 추구하는 독점기업의 경우 최적생산량은 한계수입과 한계비용이 일치하는 점(Q_M)에서 결정되며, 이때 소비자가 지불하는 가격 P_M은 한계비용보다 높다. 이제 독점적으로 생산되는 재화에 대해 u원만큼의 물품세가 부과되었다고 가정하자. 이렇게 되면 독점기업의 한계비용은 물품세 u만큼 높아지게 될 것이며, 이에 따라 조세부과 후 최적생산량은 MR과 MC'이 일치하는 Q'_M에서 결정된다. 물품세가 부과된 후 소비자가 지불하는 가격은 P_M에서 P'_M으로 상승한다.

여기서 우리는 매우 중요한 사실을 발견하게 되는데, 그것은 $P'_M - P_M < u$라는 사실이다. 즉, 독점하에서 조세가 부과된다 하더라도 소비자가격의 상승폭은 물품세 u보다 작다. 이는 곧 독점기업이라 하더라도 조세부담을 소비자에게 완전히 전가시킬 수는 없으며, 어느 정도의 조세부담을 질 수밖에 없음을 뜻하는 것이다.

[그림 8-8]에서 우리는 흥미로운 사실을 또 하나 발견하게 되는데, 그것은 완전경쟁하에서 조세가 부과될 경우에 비해 독점하에서 조세가 부과되면 생산량의 하락폭과 소비자가 지불하는 가격의 상승폭이 모두 작다는 사실이다. [그림 8-8]에서 만약 이 시장이 완전경쟁시장이라면 조세가 부과되기 전의 거래량은 Q_0이며 균형가격은 P_0가 될 것이다. 이때 물품세 u가 부과되면, 거래량은 Q'_0으로 감소하고 소비자가 지불하는 가격은 P'_0으로 상승하게 된다. 그런데 [그림 8-8]에서 볼 수 있는 바와 같이 $(Q_0 - Q'_0) > (Q_M - Q'_M)$ 이며 $(P'_0 - P_0) > (P'_M - P_M)$이다. 즉, 독점이 존재하는

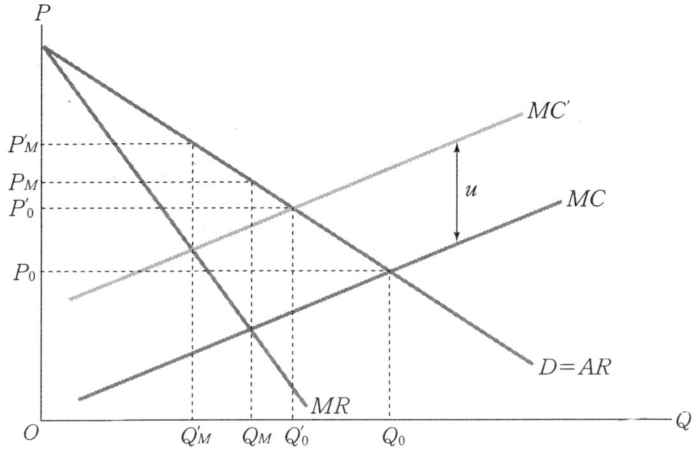

Ⅰ 그림 8-8 Ⅰ 독점과 조세의 귀착

경우 소비자에 대한 조세전가의 규모는 완전경쟁시장에서보다 작게 나타난다.

그러나 이러한 사실이 독점시장이 소비자에게 보다 유리하다는 것을 의미하는 것은 결코 아니다. 왜냐하면 완전경쟁시장에 비해 독점하에서 소비자는 애당초 더 높은 가격을 지불하고 있었을 뿐만 아니라($P_M > P_0$), 조세 부과 후에도 소비자가 지불하는 가격은 완전경쟁하에서 조세가 부과될 경우보다 높기 때문이다($P'_M > P'_0$).

5. 자본화와 조세부담의 귀착

조세부담의 귀착이 독특하게 이루어지는 특수한 사례로서 토지와 같이 공급이 고정되어 있고 내구적인 성격을 갖는 재화에 조세가 부과되는 경우를 들 수 있다. 이때 조세부담의 귀착을 설명하기 위해 사용되는 개념이

자본화(capitalization)이다.

먼저 토지의 가격이 어떻게 결정되는가를 보도록 하자. 토지의 가격은 토지로부터 발생하는 수익의 현재가치로 계산된다. 예를 들어 올해 토지로부터 발생하는 수익이 R_0이고, 내년에 발생하는 수익이 R_1이며, T년에 발생하는 수익이 R_T라면 토지의 가격(P_L)은 다음과 같이 결정된다.

$$P_L = R_0 + \frac{R_1}{(1+r)} + \frac{R_2}{(1+r)^2} + \cdots\cdots + \frac{R_T}{(1+r)^T}$$

이때 r은 할인율을 의미하며, T는 토지로부터 수익이 마지막으로 발생하는 해를 나타낸다.

그런데 만약 토지에 조세가 부과된다면 토지의 소유자에게 돌아오는 수익은 세액만큼 낮아지게 된다. 예를 들어 올해 토지에 대해 t_0만큼의 조세가 부과되고 내년에 t_1만큼의 조세가 부과되며 T년에 t_T만큼의 조세가 부과된다면, 조세부과 후의 토지가격(P_L)은 다음과 같이 변하게 될 것이다.

$$P_L' = (R_0 - t_0) + \frac{(R_1 - t_1)}{(1+r)} + \frac{(R_2 - t_2)}{(1+r)^2} + \cdots\cdots + \frac{(R_T - t_T)}{(1+r)^T}$$

따라서 조세부담액의 현재가치는 아래와 같이 계산할 수 있다.

$$t_0 + \frac{t_1}{(1+r)} + \frac{t_2}{(1+r)^2} + \cdots\cdots + \frac{t_T}{(1+r)^T}$$

결국 토지에 조세가 부과될 경우, 토지의 가격은 미래에 납부하게 될 모든 조세부담액의 현재가치만큼 하락하게 됨을 알 수 있다. 이와 같이 미래에 발생할 것으로 예상되는 조세부담액이 토지의 가격을 낮추게 되는 현상을 자본화라고 부른다.

자본화의 결과 토지에 대해 조세가 부과될 경우 그 부담을 전적으로 지게 되는 사람은 조세가 최초로 부과된 당시의 토지소유자가 된다. 물론 법적으로 조세를 납부하는 사람은 현재 토지를 소유하고 있는 사람이지만, 이 사람은 애당초 토지를 구입할 때 향후 예상되는 조세부담액만큼 가격을 낮추어서 토지를 구입했기 때문에 실제로는 아무런 부담도 지지 않는 것이다. 결국 자본화현상이 발생하는 경우 조세부담의 귀착을 분석하기 위해서는 현재의 토지소유자가 아니라 조세가 부과된 당시의 토지소유자를 파악하는 것이 필요하다고 할 것이다.

참/고/문/헌

Browning, Edgar K. and Jacquelene M. Browning.(1994). *Public Finance and the Price System*. 4th ed., New York : Macmillan, ch. 10.

Break, George F.(1974). "The Incidence and Economic Effects of Taxation." in A.S. Blinder *et al*.(eds.), *The Economics of Public Finance*. Washington, D.C. : The Brookings Institution.

Hyman, David N.(1999). *Public Finance : A Contemporary Application of Theory to Policy*. 6th ed., Fort Worth : The Dryden Press, ch. 11.

Mieszkowski, Peter.(1969). "Tax Incidence Theory : The Effects of Taxes on the Distribution of Income." *Journal of Economic Literature*. vol. 7, pp. 1103–24.

Musgrave, Richard A. and Peggy B. Musgrave.(1989). *Public*

Finance in Theory and Practice. 5th ed., New York : McGraw-Hill, chs. 14 & 15.

Rosen, Harvey S.(2002). *Public Finance*. 6th ed., Boston : McGraw-Hill, ch. 12.

Slemrod, Joel.(1990). "Tax Principles in an International Economy." in Michael J. Boskin and Charles E. McLure, Jr.(eds.), *World Tax Reform : Case Studies of Developed and Developing Countries*. San Francisco : ICS Press.

Stiglitz, Joshep E.(2000). *Economics of the Public Sector*. 3rd ed., New York : W.W. Norton & Co., ch. 18.

Tanzi, Vito(1995). *Taxation in an Integrating World*. Washington, D.C. : The Brookings Institution.

제 9 장
조세와 효율성

1. 조세와 경제적 효율

(1) 초과부담의 의미

민간부문에서 정부부문으로 자원을 이전시킴에 있어 조세는 시장에서 거래되는 재화와 서비스에 대한 수요와 공급에 영향을 미치게 되고 이에 따라 자원배분상태를 변화시키게 된다. 특히 외부효과가 전혀 존재하지 않는 완전경쟁상태에서의 조세부과는 파레토 최적의 자원배분으로부터의 이탈을 초래함으로써 비효율적인 자원배분을 야기할 수밖에 없다. 다시 말해서, 조세부과에 의해 왜곡된 시장가격은 더 이상 재화와 서비스의 사회적 한계비용과 사회적 한계편익을 일치시키지 못하게 되는 것이다.

조세가 부과되기 전 개인이나 가계 혹은 기업 등 경제행위의 주체들은 자신의 만족과 이윤을 극대화할 수 있도록 최선의 경제적 선택을 하게 되며, 이에 따라 효율적인 자원배분이 이루어지는 것이다.[1] 그러나 조세가 부과되면 경제행위의 주체들은 가능한 한 조세부담을 회피할 수 있는 방향으로 경제적 행위를 변화시키게 된다. 조세부담을 최소화하는 과정에서 이루어진 경제적 선택은 조세가 부과되기 전의 그것과 비교할 때 결코 최선의 선택이 되지 못하며, 이에 따라 조세의 부과로 인해 자원이 비효율적으로 배분되는 것이다.

조세부과에 의해 자원배분이 비효율적으로 이루어지게 되면 민간부문은 납세액을 초과하는 후생의 감소를 경험할 수밖에 없다. 이러한 자원배분의 왜곡에 따른 효율성의 손실을 조세의 초과부담(excess burden *or* deadweight loss)이라고 부른다. 그러므로 효율성의 측면에서 볼 때, 일정한 자원을 정부부문으로 이전시킴에 있어 민간부문에서 발생하는 초과부담을 최소화시킬 수 있는 조세가 보다 바람직한 조세라고 할 수 있다.

(2) 일괄세와 경제적 효율성

초과부담을 야기하지 않는 유일한 조세는 일괄세(lump-sum tax)이다. 앞의 제7장에서 설명한 바와 같이 일괄세는 각 개인의 소득이나 소비 혹은 부(wealth)와는 상관없이 모든 사람들이 일정액을 부담하는 조세이다. 따라서 일괄세를 부과할 경우에는 사람들이 경제적 행위를 변화시킨다고 하더라도 조세부담을 회피할 수가 없기 때문에 자원배분의 비효율성이 초래되지 않는 것이다.

물론 일괄세도 경제적 행위에 영향을 미친다. 일괄세가 부과되면 모든 사람들의 소득이 일괄세만큼 줄어들기 때문에 소비나 저축 혹은 투자를 줄

---

1) 물론 이것은 시장의 실패가 존재하지 않는 상태를 전제로 하는 것이다.

일 수밖에 없다. 그렇지만 이러한 효과는 단지 각 개인의 소득이 줄어들기 때문에 발생하는 것일 뿐, 재화나 서비스의 가격이 왜곡되기 때문에 발생하는 것은 아니다. 결국 후술하는 바와 같이 일괄세는 소득효과(income effect)만을 가질 뿐 대체효과(substitution effect)는 갖지 않기 때문에 자원배분의 왜곡이 초래되지 않는다.

그렇지만 일괄세는 공평성(equity)의 측면에서는 결코 바람직한 조세가 되지 못한다. 일괄세는 모든 사람들이 자신의 경제적 행위와는 상관없이 동일한 액수를 납부하는 조세로서, 소득이 증가할수록 전체소득에서 조세부담액이 차지하는 비중이 낮아지게 되는 조세부담의 역진성(regressivity)을 그 특징으로 하기 때문이다. 이러한 공평성의 문제로 말미암아 일괄세가 현실적으로 운용되는 예는 발견하기가 쉽지 않다. 결국 현실적으로 운용되는 모든 조세는 경제적 선택을 왜곡시킴으로써 초과부담을 야기하는 특징을 갖는다고 할 수 있다. 따라서 일괄세는 정부수입원으로서의 현실적 중요성보다는 현실의 조세가 야기하는 경제적 비효율성을 측정하는 준거로서 이론적 중요성이 강조되는 조세라고 할 수 있다.

2. 조세의 초과부담 : 무차별곡선을 이용한 분석

무차별곡선을 이용하여 동일한 세액을 징수하는 일괄세와 가격을 왜곡시키는 조세(price-distorting taxes)의 경제적 효과를 비교할 수 있다. 이를 위해 어떤 납세자(혹은 소비자)의 소득은 고정되어 있으며 오직 X와 Y라는 두 재화만 있다고 가정하자.

[그림 9-1]에서 종축은 Y재의 수량을 나타내고 횡축은 X재의 수량을 나타낸다. 그리고 예산선 AB는 주어진 소득으로 구입할 수 있는 X재와

Y재의 다양한 조합을 나타낸다. 어떤 사람이 자신의 소득을 Y재를 구입하는 데 모두 사용한다면 OA만큼의 Y재를 구입할 수 있으며, 반대로 모든 소득을 X재를 구입하는 데 사용한다면 OB만큼의 X재를 구입할 수 있다. 이때 이 사람의 효용을 극대화시킬 수 있는 X재와 Y재의 조합은 예산선 AB와 무차별 곡선 i_1이 접하는 E_1점에서 결정될 것이다. 따라서 OX_1만큼의 X재를 구입하고 OY_1만큼의 Y재를 구입함으로써 이 사람의 효용수준이 극대화됨을 알 수 있다.

이제 정부가 X재에 대해서 종가세의 형태로 조세를 부과했다고 가정하자. 또한 X재의 공급곡선은 수평임을 가정하자. 이럴 경우 X재의 가격은 세액만큼 상승하게 될 것이며, 이에 따라 이 사람은 자신의 모든 소득을 X재를 소비하는 데 사용한다 하더라도 OC만큼의 X재밖에는 구입하지 못한다. 그렇지만 조세의 부과에도 불구하고 Y재의 가격은 변동이 없기 때문에 Y재를 구입하는 데 모든 소득을 사용한다면 조세부과 전과 마찬가지로 OA만큼의 Y재를 소비할 수 있다. 따라서 X재에 대한 조세부과에 따라 예산선이 AC로 이동하게 될 것이다. 이제 새로운 균형은 E_3점에서 이루어지며, 이 사람의 효용은 i_1에서 i_3로 감소하게 된다. 새로운 균형점 E_3는 X재에 대한 조세부과에 따라 이 사람의 X재 소비량이 OX_1에서 OX_3로 줄어드는 대신 Y재의 소비량은 OY_1에서 OY_3로 늘어났음을 나타내고 있다.

이때 이 사람이 납부하는 세액은 Y재로 표시할 경우 AA'만큼이 될 것이다. 왜냐하면 X재에 조세가 부과되기 전에는 이 사람이 OX_3만큼의 X재를 소비했다면 당연히 OY_4만큼의 Y재를 소비할 수 있었지만, 조세부과 후에는 OX_3만큼의 X재를 소비할 경우 Y재를 OY_3 이상 소비할 수 없으므로 Y_3Y_4만큼이 조세로 징수되었다고 할 수 있기 때문이다. [그림 9-1]에서 $Y_3Y_4=AA'$이다.

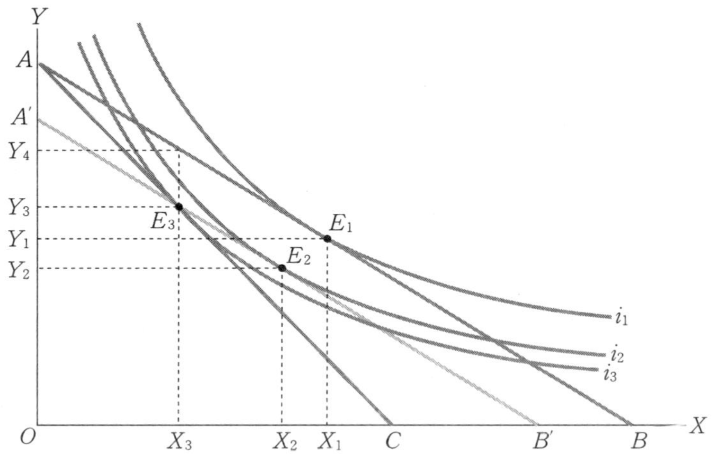

‖ 그림 9-1 ‖ 무차별곡선을 이용한 초과부담의 분석

이제 이 사람에게 X재에 대해 조세를 부과했을 경우와 동일한 정도의 세액을 징수할 수 있도록 일괄세가 부과되었다고 가정하자. 일괄세가 부과되면 이 사람의 소득은 감소하지만 X재와 Y재의 상대적 가격은 변화하지 않는다. 따라서 [그림 9-1]에서 새로운 예산선 $A'B'$은 일괄세액만큼 AB와 평행이 되게 안쪽으로 이동하게 될 것이다. 일괄세가 부과될 경우 새로운 균형은 예산선 $A'B'$과 무차별곡선 i_2가 접하는 E_2점에서 이루어진다. 이때 이 소비자는 OX_2만큼의 X재를, 그리고 OY_2만큼의 Y재를 소비하게 된다.

위의 예에서 우리는 대단히 중요한 사실을 발견하게 되는데, 그것은 동일한 세액 AA'만큼을 징수하지만 일괄세가 부과된 경우에 납세자가 경험하는 효용의 수준은 i_2인 데 반해 X재에 조세가 부과된 경우에 납세자가 경험하는 효용의 수준은 i_3에 불과하다는 점이다. X재에 대해 조세가 부과될 경우 납세자가 경험하는 부담은 동일한 세액을 징수하는 일괄세가 부과된 경우의 납세자의 부담보다 크다. i_2와 i_3의 효용의 차이가 바로 초과부담의 크기를 나타낸다.

왜 이러한 차이가 발생하는가? 그 이유는 일괄세는 소비자의 소득을 감소시키는 소득효과(income effect)만을 갖고 있지만, X재에 대한 조세는 이러한 소득효과에 더하여 대체효과(substitution effect)까지도 갖고 있기 때문이다. 어떤 재화에 조세가 부과되면 이 재화를 소비하는 사람은 조세가 부과되기 전과 비교할 때 실질소득이 감소하여 소비가 줄어들게 되는데, 이를 소득효과라고 부른다. 동시에 어떤 재화에 조세가 부과되면 다른 재화와 비교할 때 이 재화의 상대적 가격(relative price)이 비싸졌기 때문에 소비가 줄어들게 되는데, 이를 대체효과라고 부른다. [그림 9-1]에서 E_1에서 E_2로의 이동은 소득효과를, E_2에서 E_3로의 이동은 대체효과를 나타낸다.

일괄세가 부과되면 실질소득이 감소함에 따라 예산신이 안쪽으로 이동하긴 하지만 그 기울기는 변하지 않는다. 예산선의 기울기가 변하지 않는다는 사실은 X재와 Y재의 상대적 가격이 변하지 않았음을 의미하는 것으로서, 이는 곧 소비자의 선택이 왜곡되지 않는다는 것을 나타낸다. 그러나 일괄세가 부과되면 실질소득이 줄어들기 때문에 [그림 9-1]에서 볼 수 있는 바와 같이 X재의 소비가 OX_1에서 OX_2로 줄고 Y재의 소비가 OY_1에서 OY_2로 줄어드는 것은 불가피하다. 이는 곧 AA'만큼의 조세를 징수하기 위해서는 i_1에서 i_2만큼 효용이 감소(즉, E_1에서 E_2로 이동)하는 것은 불가피하다는 것을 보여주는 것이다. 그렇지만 i_2에서 i_3만큼 효용이 감소(즉, E_2에서 E_3로 이동)하는 것은 오직 X재에 조세가 부과되었을 경우에만 나타나는 현상이다. 이러한 현상은 조세부과로 말미암아 X재의 가격이 상대적으로 비싸졌기 때문에, X재를 대체하여 Y재를 소비함으로써 발생하는 것이다. 결국 조세의 초과부담은 대체효과에 의해서 발생하게 됨을 알 수 있다.

지금까지 우리는 동일한 세액을 징수하면서도 X재에 대한 조세보다 일괄세에 의한 조세징수가 후생을 덜 감소시킨다는 것을 보았다. X재에 대한 조세부과에 따른 추가적인 후생의 감소(즉, i_2와 i_3의 차이)를 초과부담이라고 정의했다. 그렇다면 이러한 초과부담의 크기는 어떻게 측정할 수 있을까? 소비자의 후생을 일정하게 유지한 상태에서 일괄세가 얼마만큼의 조세수입을 더 올릴 수 있는지를 측정함으로써 초과부담의 크기를 나타낼 수 있을 것이다.

[그림 9-2]에서 예산선 AB와 AC, 무차별곡선 i_1과 i_3는 [그림 9-1]과 동일하며, X재에 조세가 부과됨에 따라 새로운 균형이 E_3점에서 이루어져 X재를 OX_3만큼, Y재를 OY_3만큼 소비하고 있음을 볼 수 있다. 앞에서 설명한 바와 같이 X재에 대한 조세부과에 따라 이 사람의 후생은 i_1에서 i_3로 줄어들게 된다. 이때 조세수입은 GE_3로 표현할 수 있다. 이제 조세부과에 따라 줄어든 후생수준인 i_3를 유지하면서 X재에 대해 조세를 부과하는 대신 일괄세를 부과한다면 조세수입은 어떻게 변할 것인가? [그림 9-2]에서 원래의 예산선인 AB의 기울기가 변하지 않은 상태에서 안쪽으로 평행이동하여 무차별곡선 i_3와 접하는 예산선 A^*B^*를 그릴 수 있는데, 이 새로운 예산선은 후생수준 i_3를 유지한 상태에서 일괄세가 부과되었음을 나타내는 것이다. 이제 새로운 균형은 E_4에서 이루어지며, 예산선 AB와 예산선 A^*B^*의 수직적 거리(E_4F)는 일괄세에 의한 조세수입을 나타낸다. 두 예산선이 평행하므로 E_4F는 GH와 같다. 즉, 일괄세에 의한 조세수입은 GH만큼이 되는 것이다.

X재에 조세를 부과했을 경우 조세수입은 GE_3였지만 일괄세를 부과했을 경우 조세수입은 GH로서, 그 차이는 E_3H만큼이 된다. 다시 말해서, 동일한 후생수준을 유지하면서도 X재에 대한 조세의 부과는 E_3H만큼 조세수입을 덜 올리게 된다는 것을 뜻한다. 이 E_3H가 바로 X재에 부과

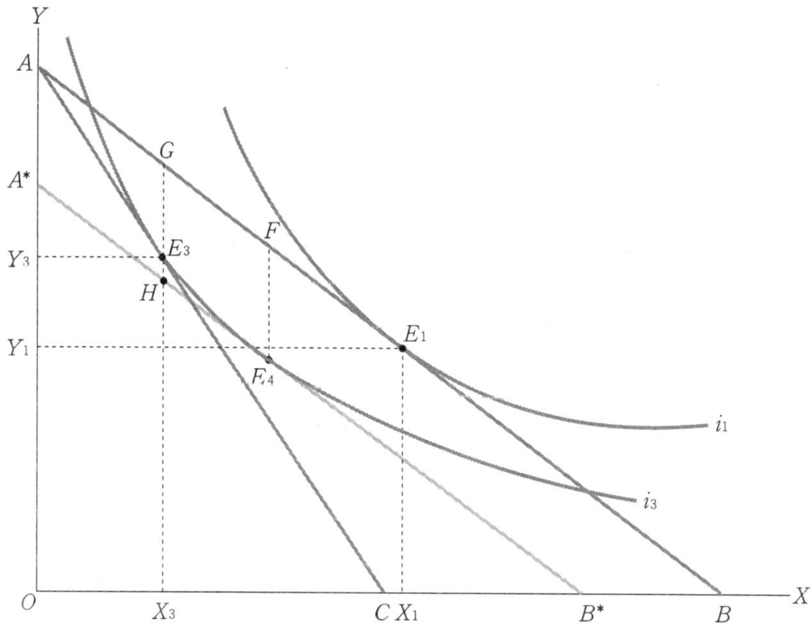

‖ 그림 9-2 ‖ 초과부담의 크기

된 조세의 초과부담이 되는 것이다.

3. 조세의 초과부담 : 소비자잉여를 이용한 분석

초과부담의 크기는 소비자잉여(consumer surplus)의 개념을 이용해서도 설명할 수 있다. 앞의 [그림 9-1]의 예와 마찬가지로 X재에 대해서 조세가 부과되며, 이때 X재의 공급은 완전탄력적이어서 조세부담이 전적으로 소비자에게 귀착된다고 가정하자. 다음의 [그림 9-3]은 이를 나타내고 있다.

조세가 부과되기 전 X재의 수요곡선은 D이고 공급곡선은 S이며, 균형은 E점에서 이루어진다. 균형가격은 P_1이며 거래량은 Q_1이다. 이때 소비자는 P_0EP_1만큼의 소비자잉여를 경험하게 된다. 수요곡선 D는 Q_1에 해당하는 마지막 X재를 구입할 경우 소비자가 지불할 용의가 있는 가격이 P_1일 뿐이며 Q_1 이전의 X재에 대해서는 소비자가 P_1보다 더 높은 가격을 지불할 용의가 있음을 나타내 주고 있다. 그렇지만 Q_1만큼의 X재를 구입할 경우 모든 X재에 대해서 소비자가 실제로 지불하는 가격은 P_1으로서, 이에 따라 소비자가 지불할 용의가 있는 가격과 실제 지불하는 가격의 차이라고 할 수 있는 P_0EP_1만큼의 소비자잉여가 발생하는 것이다.

그런데 생산자에게 T만큼의 조세가 부과되면 공급곡선은 S'으로 이동하게 되며, 새로운 균형은 E'점에서 이루어진다. [그림 9-3]은 조세부과에 따라 거래량은 Q_2로 줄어들며 가격은 P_2로 상승하게 됨을 보여주고 있다. 조세가 부과된 후 소비자잉여의 크기는 $P_0E'P_2$에 불과하며 조세부과에 따른 소비자잉여의 감소분은 $P_1P_2E'E$가 된다. 이 중 $P_1P_2E'F$는 정부가

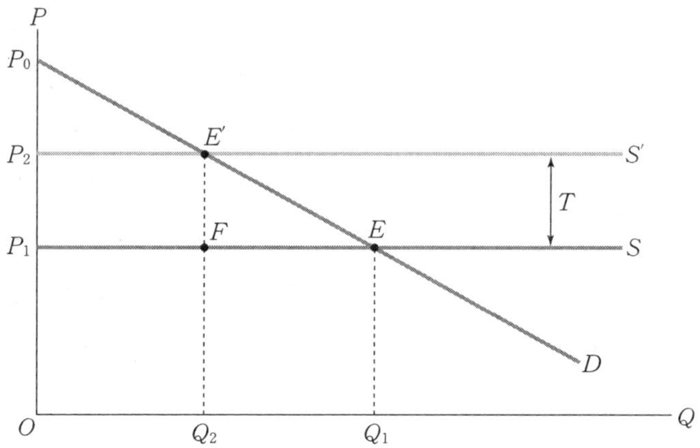

❙ 그림 9-3 ❙ 소비자잉여를 이용한 초과부담의 분석

조세로서 징수한 부분이며 $E'FE$에 해당하는 부분은 조세부과에 따라 사라진 소비자잉여를 나타낸다.

바로 $E'FE$가 조세부과에 따른 초과부담의 크기를 나타내는 것이다.

그런데 [그림 9-3]에 나타난 수요곡선 D를 이용하여 소비자잉여를 측정하면 조세부과에 따른 소비자잉여의 감소가 과대평가(overestimate)될 수 있다는 점에 주목할 필요가 있다. 재화의 가격이 상승해서 수요량이 감소하는 경우, 이 수요량의 감소는 단지 재화의 상대적 가격이 상승하기 때문에 나타나는 수요량의 감소뿐만 아니라 재화의 가격이 상승함에 따라 소비자의 실질소득이 감소함으로써 나타나는 수요량의 감소까지도 포함하는 것이다. 이러한 이유로 [그림 9-3]에 표시된 수요곡선은 상대적 가격이 변화할 경우 나타나는 대체효과뿐만 아니라 실질소득이 변화한 효과까지도 모두 포함한 수요량의 변화를 보여준다. 이러한 수요곡선을 보통수요곡선(ordinary demand curve)이라고 부른다.

보통수요곡선과는 달리 이른바 보상수요곡선(compensated demand curve)은 한 재화의 가격이 변화했을 때 그로부터 발생하는 실질소득의 변화는 없는 것으로 간주하고 단지 재화의 상대적 가격의 변화가 재화의 수요량을 어떻게 변화시키는가만을 보여준다. 재화의 가격이 상승할 경우 그에 따른 실질소득의 감소분만큼을 소비자에게 보상해 준다면 수요량의 감소는 보통수요곡선에 의해 측정할 때보다 작아질 것이다. 또한 재화의 가격이 하락할 경우에는 그에 따른 실질소득의 증가분만큼을 소비자로부터 뺏는다면 수요량의 증가는 보통수요곡선에 의해 측정할 때보다 작아질 것이다. 결국 [그림 9-4]에 나타난 것처럼 보상수요곡선은 보통수요곡선에 비해 가파른 모습을 띠게 된다.

소비자잉여를 측정하는 데 있어서 보통수요곡선을 사용하게 되면 재화의 가격이 상승하면서 발생하는 소비자잉여의 감소는 재화의 상대적 가격

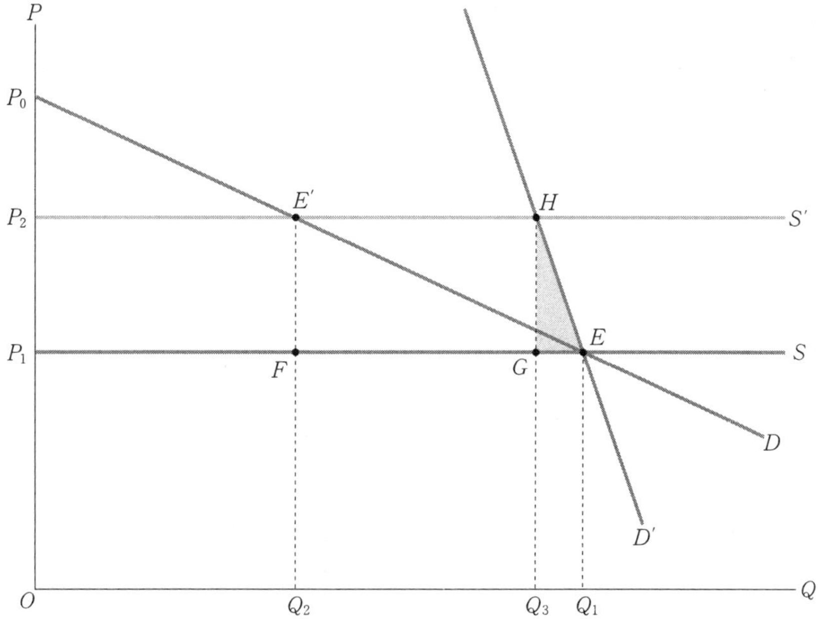

┃ 그림 9-4 ┃ 보통수요곡선과 보상수요곡선

의 상승에 따라 발생하는 소비자잉여의 감소에 실질소득의 감소에서 발생하는 소비자잉여의 감소를 더한 것과 같다. 따라서 보통수요곡선을 사용하게 되면 소득이 동일한 상태에서 단지 재화의 상대적 가격만이 상승했을 경우의 소비자잉여의 변화를 측정할 수 없게 된다. 이러한 문제점을 해결하기 위한 것이 바로 보상수요곡선으로서, 보상수요곡선을 이용하게 되면 소득효과는 배제한 채 단지 상대적 가격의 변화에 따른 소비자잉여의 변화만을 고찰할 수 있다는 장점이 있다. 조세부과가 야기하는 초과부담은 오직 대체효과에 의한 소비자후생의 감소만을 의미하므로 보상수요곡선을 이용해야만 조세부과에 의해 발생하는 초과부담의 크기를 정확하게 측정할 수 있다.

[그림 9-4]에서 X재에 대해 조세가 부과되어 X재의 가격이 P_1에서 P_2로 상승하면 X재에 대한 수요량은 Q_1에서 Q_2로 줄어든다. 이제 X재의 가격이 상승해서 실질소득이 줄어든 것을 상쇄할 수 있을 만큼 소비자의 소득을 보상하여 준다면, X재에 대한 수요가 Q_2까지 급격하게 감소하지는 않고 Q_3까지만 감소하게 될 것이다. 이렇게 도출한 수요곡선 D'이 이른바 보상수요곡선이며, 보상수요곡선상의 모든 점은 조세가 부과되기 전에 소비자가 경험하던 후생과 동일한 후생수준을 나타낸다. 보상수요곡선에 의해 측정한 초과부담은 오직 대체효과에 의한 소비자 후생의 감소만을 의미하므로 보통수요곡선에 의해 측정한 초과부담의 크기보다 작다. [그림 9-4]에서 보통수요곡선에 의해 측정한 초과부담의 크기는 $E'FE$로 나타낼 수 있는 반면, 보상수요곡선에 의해 측정한 초과부담의 크기는 EHG로 나타낼 수 있다.

그런데 가격하락에 따른 실질소득의 증가가 무시할 정도로 작다면 보상수요곡선과 보통수요곡선은 거의 일치하게 될 것이다. 일반적으로 보통수요곡선을 이용해서 측정한 소비자잉여의 크기와 보상수요곡선에 의해 측정한 소비자잉여의 크기는 큰 차이가 나지 않는다고 알려져 있다. 이러한 이유로 보통수요곡선과 보상수요곡선을 구별하지 않는 것이 상례이며, 앞으로의 설명에서도 가격의 변화에 따라 발생하는 소득효과는 무시할 정도로 작다고 가정하여 보통수요곡선과 보상수요곡선을 별도로 구별하지 않을 것이다.

4. 초과부담의 계산

지금까지는 초과부담의 개념과 그 크기에 대해서 개략적으로만 살펴보았는데, 이제는 초과부담을 구체적으로 계산하는 방법을 이해할 필요가 있다.

다음의 [그림 9-5]에서 볼 수 있는 바와 같이 조세부과에 따른 초과부담의 크기는 다음과 같이 구할 수 있다.

$$\frac{1}{2}\times\begin{pmatrix}\text{조세부과에 따른}\\\text{가격의 상승분}\end{pmatrix}\times\begin{pmatrix}\text{조세부과에 따른}\\\text{수요량의 감소분}\end{pmatrix}$$

즉, 초과부담을 W로 표시할 경우 다음과 같은 관계가 성립한다.

$$W=\frac{1}{2}\cdot\Delta P\cdot\Delta Q$$

여기서 가격의 상승분 ΔP는 원래의 가격에 세율(t)을 곱한 것이므로 다음과 같은 관계가 성립한다.

$$\Delta P=t\cdot P$$

또한 수요의 가격탄력성을 E라 할 때, $E=\Delta Q/Q\div\Delta P/P$이므로 $\Delta Q=(\Delta P\cdot E\cdot Q)/P$가 된다.

$\Delta P=t\cdot P$, $\Delta Q=(\Delta P\cdot E\cdot Q)/P$이므로 결국 초과부담의 크기는 다음과 같이 계산할 수 있다.

$$W=\frac{1}{2}\cdot\Delta P\cdot\Delta Q=\frac{1}{2}\cdot E\cdot t^2\cdot P\cdot Q$$

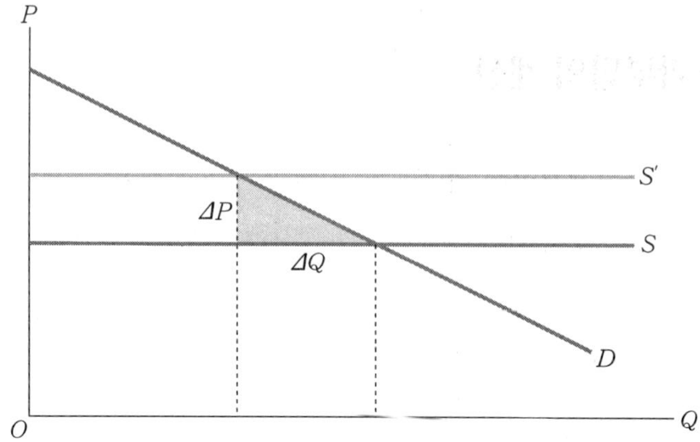

Ⅰ 그림 9-5 Ⅰ 초과부담의 계산

이러한 초과부담의 계산방법은 다음과 같은 중요한 의미를 지닌다.[2)]

첫째, 수요의 가격탄력성이 커지면 조세의 초과부담 또한 커진다. 다음의 [그림 9-6]은 세율이 일정하더라도 수요의 가격탄력성이 커짐에 따라 초과부담도 커진다는 것을 보여주고 있다. 수요곡선 D'은 수요곡선 D에 비해 탄력성이 작다. 따라서 수요곡선이 D'일 경우 조세부과에 따른 초과부담의 크기는 abc에 불과하지만, 수요곡선이 D일 경우 조세부과에 따른 초과부담의 크기는 ade로 늘어나게 되는 것이다.

둘째, 초과부담의 계산공식에서 $P \cdot Q$는 조세가 부과되기 전 재화의 소비에 지출된 금액의 총액을 나타낸다. 따라서 조세가 부과된 재화에 대해 애당초 지출이 많으면 많을수록 초과부담 또한 커진다는 것을 알 수 있다.

셋째, 초과부담의 계산공식에서 t^2은 세율이 인상될 경우 초과부담은 세율인상폭의 제곱에 비례해서 증가한다는 것을 의미한다. 예를 들어 세율

2) Harvey S. Rosen.(2002). *Public Finance*. 6th ed., Boston : McGraw-Hill, p. 292.

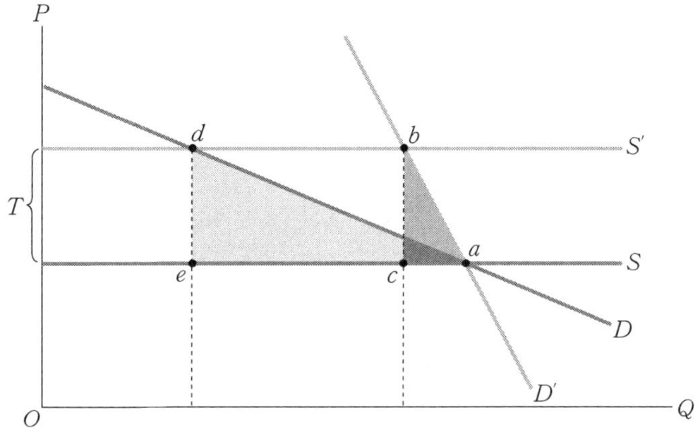

| 그림 9-6 | 수요의 가격탄력성과 초과부담

이 두 배 인상되면 초과부담은 4배 증가한다는 것이다. 다음의 [그림 9-7]은 이러한 관계를 보여주고 있다. 즉, t만큼의 조세가 부과될 경우 발생하는 초과부담의 크기는 abc이지만 $2t$만큼의 세금이 부과될 경우 초과부담의 크기는 ade가 되며, 이때 ade는 abc의 4배에 해당함을 볼 수 있다.

그런데 초과부담 계산식을 활용함에 있어서는 다음과 같은 주의를 요한다.

첫째, 위에서 제시한 초과부담 계산식은 수요곡선이 직선이며 초과부담이 삼각형으로 표현될 수 있을 때만이 유효성을 가진다.

둘째, 위에서 제시한 초과부담 계산식은 조세가 부과된 재화가 비용불변인 조건하에서 생산되어 공급곡선이 수평일 경우에만 유효성을 가진다. 공급곡선이 우상향하는 경우에는 다른 계산공식이 적용된다.[3)]

---

3) 공급곡선이 우상향하는 경우 초과부담 계산식은 다음과 같다.

$$W = \frac{1}{2}\left(\frac{E_d \cdot E_s}{E_d + E_s}\right) t^2 PQ$$

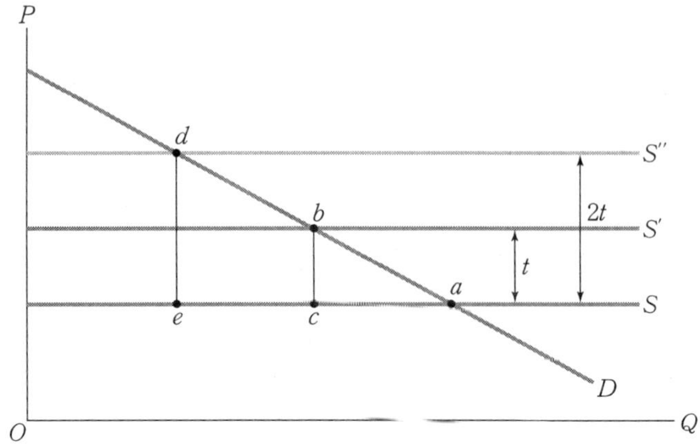

❙ 그림 9-7 ❙ 세율과 초과부담

셋째, 초과부담의 계산식은 수요의 가격탄력성이 '0'일 경우(즉, 수요가 완전 비탄력적이어서 수요곡선이 수직일 경우)에는 초과부담이 전혀 발생하지 않는다는 것을 시사한다. 그러나 이는 올바른 추론이 아니다. 지금 우리는 조세가 부과된 시장만을 분석대상으로 삼고 있기 때문에 다른 시장에서 소비자가 어떻게 행동할 것인가 하는 점은 고려하고 있지 않다. 그렇지만 조세가 부과된 재화의 가격이 상승했으므로 소비자들은 다른 시장에서 행동을 변화시킬 수 있으며(예를 들어 다른 재화를 덜 구입할 수 있다), 이렇게 되면 초과부담이 발생하게 되는 것이다.[4)]

여기서 E_d는 수요의 가격탄력성을, E_s는 공급의 가격탄력성을 의미한다.

4) Rosen. *ibid*., pp. 289-90 ; Ronald C. Fisher.(1996). *State and Local Public Finance*. 2nd ed., Chicago : Irwin, p. 310.

5. 생산자에 대한 조세귀착과 초과부담

지금까지 우리는 소비자에게 모든 조세부담이 귀착되는 경우만을 대상으로 조세의 초과부담을 설명하였다. 그렇지만 앞의 제8장에서 살펴본 바와 같이 조세의 부담은 소비자에게뿐만 아니라 생산자에게도 귀착된다. 그렇다면 과연 생산자에게 조세가 귀착될 경우에도 초과부담이 발생하게 된다고 할 수 있을 것인가? [그림 9–8]은 이를 보여주고 있다.

[그림 9–8]에서 조세가 부과되기 전 균형은 E점에서 이루어지며, 이때 균형가격은 P_1이고 생산량은 Q_1이다. 수요가 완전탄력적이기 때문에 조세가 부과된다 하더라도 소비자가 지불하는 가격은 P_1으로 불변이며 단지 생산자가 받는 가격만 세액만큼 P_1에서 P_2로 하락한다. 또한 조세부과 후 생산량은 Q_1에서 Q_2로 하락함을 볼 수 있다.

그런데 공급곡선은 재화를 생산하는 데 소요되는 한계비용을 나타내는 곡선으로서 Q_1만큼을 생산해서 판매할 경우 생산자는 OP_1EQ_1만큼의 수입을 얻지만 Q_1만큼을 생산하는 데 소요된 가변비용(variable costs)은 단지 OP_3EQ_1에 불과하기 때문에 P_3P_1E만큼의 생산자잉여(producer surplus)를 향유하게 된다.

이제 조세가 부과되어 균형이 E'점에서 이루어질 경우 생산자 잉여는 P_3P_1E에서 P_3P_2E'으로 감소하게 된다. 이때 생산자잉여의 감소분 P_2P_1EE' 중 P_2P_1FE'은 정부가 징수한 세액이며, 나머지 $E'FE$가 조세부과에 따라 사라진 생산자잉여가 된다. 결국 생산자에게 조세가 귀착되는 경우에도 생산자잉여의 감소분과 납세액의 차이만큼 초과부담이 발생하게 됨을 알 수 있다.

소비자에게 조세가 귀착되는 경우와 마찬가지로 초과부담의 크기는 공

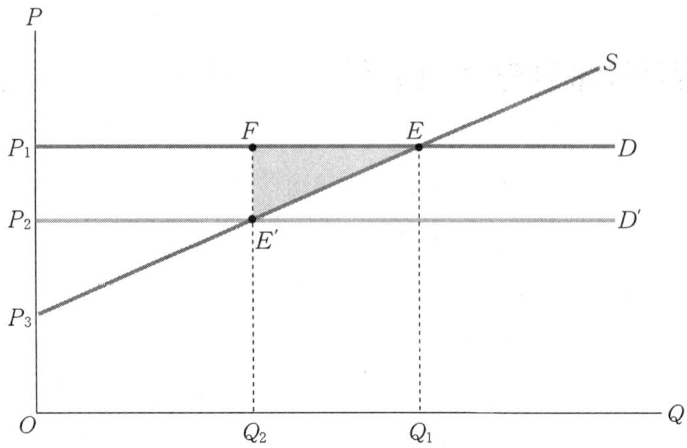

Ⅰ 그림 9-8 Ⅰ 생산자에 대한 조세의 귀착과 초과부담

급의 가격탄력성이 커질수록 증가하며, 세율의 제곱에 비례해서 증가하는 특징을 갖는다.

6. 소비자 및 생산자에 대한 조세귀착과 초과부담

소비자와 생산자 모두에게 조세가 귀착될 경우의 초과부담은 소비자잉여의 감소분과 생산자잉여의 감소분을 합한 것에서 납세액을 제한 것과 같다. [그림 9-9]에서 균형가격은 P_0이며 거래량은 Q_0이다. 이때 생산자에게 조세가 부과되면, 거래량은 Q_0에서 Q_1으로 감소하고 소비자가 지불하는 가격은 P_0에서 P_c로 상승하는 반면 생산자가 받는 가격은 P_0에서 P_s로 하락한다.

조세부과에 의한 소비자잉여의 감소분은 다음의 [그림 9-9]에서 P_0P_cBA이지만, 이 중 P_0P_cBD는 정부가 소비자로부터 징수한 세액이며 나머지 ABD가 조세부과에 따라 사라진 소비자잉여이다. 또한 조세부과에 의한 생산자잉여의 감소분은 P_0P_sCA이지만, 이 중 P_0P_sCD는 생산자가 부담하는 세액이며 나머지 ACD가 조세부과로 인해 사라진 생산자잉여이다. 결국 조세가 소비자와 생산자 모두에게 귀착될 경우 발생하는 초과부담은 소비자잉여의 감소분과 생산자잉여의 감소분을 합한 것에서 납세액을 제한 ABC가 되는 것이다. 소비자와 생산자 모두에게 조세가 귀착될 경우에도 초과부담의 크기는 수요와 공급의 탄력성에 따라 결정된다.

[그림 9-9]로부터 우리는 초과부담이 발생하는 이유를 쉽게 추론할 수 있다. 외부효과가 전혀 없는 완전경쟁시장에서 조세가 부과되기 이전에 형성된 균형가격 P_0는 재화를 소비함으로써 얻게 되는 사회적 한계편익(marginal social benefit)과 재화를 생산하는 데 소요되는 사회적 한계비용(marginal social cost)을 일치시키는 가격이다. 그런데 조세가 부과된다 하더라도 소비자는 가격과 한계편익이 일치되는 점에서 수요량을 결정하며 생산자 또한 가격과 한계비용이 일치되는 점에서 공급량을 결정한다는 사실에는 아무런 변화가 없다. 따라서 소비자의 입장에서는 조세부과 후 자신이 지불해야 하는 가격인 P_c와 한계편익이 일치하는 점에서 수요량을 결정하며, 생산자의 입장에서는 조세부과 후 자신의 몫으로 남는 가격인 P_s와 한계비용이 일치하는 점에서 공급량을 결정할 것이다.

이때 소비자가 지불하는 가격 P_c는 생산자가 받는 가격 P_s보다 크다. 이는 곧 Q_1에서 사회적 한계편익이 사회적 한계비용보다 큼을 의미하는 것이다. 다시 말해서, [그림 9-9]에서 볼 수 있는 바와 같이 Q_1과 Q_0 사이에서는 사회적 한계편익이 사회적 한계비용보다 크기 때문에($MSB > MSC$), 생산량을 Q_1에서 Q_0로 증가시키면 사회 전체적으로 후생이 증가하게 되는 것이다. 그러나 조세부과로 말미암아 효율적인 생산량 Q_0가 아니라 사회적 한계편익이 사회적 한계비용보다 큰 Q_1에서 생산이 이루어질

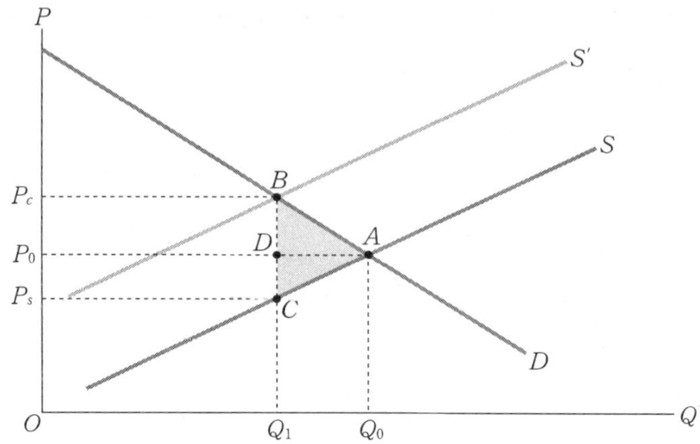

| 그림 9-9 | 소비자 및 생산자에 대한 조세귀착과 초과부담

수밖에 없기 때문에 초과부담이 발생하게 되는 것이다.

이와는 달리 일괄세가 부과될 경우에는 소비자가 지불하는 가격과 생산자가 받는 가격 간에 격차가 발생하지 않으며, 이에 따라 사회적 한계편익과 사회적 한계비용의 불일치도 발생하지 않는다. 이는 곧 일괄세가 부과될 경우에는 초과부담이 발생하지 않음을 의미하는 것이다. 결국 [그림 9-9]에서 초과부담을 나타내는 삼각형 ABC는 조세부과가 야기한 대체효과에 의해 발생한 소비자와 생산자의 후생감소를 의미하는 것이다.

7. 초과부담의 다른 예

지금까지 우리는 시장에서 거래되는 재화에 조세가 부과될 경우 발생하는 초과부담만을 살펴보았는데, 이 외에도 정부의 재정활동에 의해 초래되는 초과부담의 예는 대단히 많다. 그 중 이 절에서는 보조금을 지급할 경우 발생하는 초과부담과 조세가 부과되기 전 다른 왜곡요인이 이미 존재하고 있을 경우의 초과부담의 예만을 살펴보고자 한다.

(1) 보조금의 초과부담

조세를 징수하는 것과는 정반대로 정부가 민간부문에 보조금을 지급할 경우에도 초과부담이 발생한다. 한 가지 예로서 정부가 주택건설을 촉진하기 위하여 주택건설비용의 일부를 보조해 준다고 가정하자. 다음의 [그림 9-10]에서 보조금이 지급되기 전 주택가격은 P_0이며 주택공급량은 Q_0이다. 정부가 주택건설업자에게 보조금을 지급하게 되면 주택건설업자가 부담하는 비용이 하락하게 되므로 주택의 공급곡선은 아래쪽으로 이동하게 될 것이다. 그 결과 주택의 공급량이 Q_1으로 증가하며 주택가격은 P_1으로 하락하게 된다. 보조금을 지급함으로써 주택건설을 촉진하고 또 주택가격을 낮추겠다는 정부의 목표가 달성되었음을 알 수 있다.

그렇지만 이러한 목표의 달성이 곧 사회적 후생을 극대화시키는 것이 아니라는 사실에 주목할 필요가 있다. [그림 9-10]에서 보조금이 지급되기 전의 소비자잉여는 AGP_0로 나타낼 수 있다. 보조금이 지급된 후의 소비자잉여는 P_1GB이므로 보조금에 의한 소비자잉여의 순증가분은 P_1P_0AB라고 할 수 있다. 그런데 이러한 규모의 소비자잉여의 증가를 위해 정부가 지급한 보조금의 총규모는 "주택당 보조금×주택공급량"으로서 [그림 9-10]에서 P_1P_0CB에 달한다. 결국 삼각형 ABC는 보조금의 총지급액이 보조금에 의한 소비자잉여의 증가분을 초과하는 부분으로서, 바로 이 부분이 보조금의 초과부담이 되는 것이다.

보조금이 지급되기 전의 주택의 최적공급수준 Q_0를 상회하는 부분에서는 주택의 소비자들이 얻게 되는 한계편익이 주택을 공급하는 데 소요되는

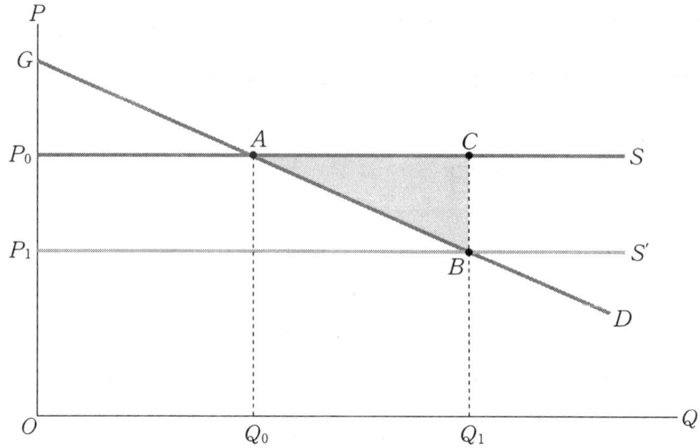

❙ 그림 9-10 ❙ 보조금의 초과부담

사회적 한계비용보다 작다. 결국 보조금에 의해 최적의 주택공급수준을 상회하는 주택이 공급됨으로써 자원배분의 비효율성이 발생하며, 이것이 초과부담으로 나타나는 것이다.[5)]

(2) 시장에 다른 왜곡이 존재하는 경우의 초과부담

지금까지 우리는 외부효과가 전혀 존재하지 않는 완전경쟁시장을 상정하고 조세의 부과가 자원의 배분에 어떤 영향을 미치는가를 중점적으로 살펴보았다. 그렇지만 현실적으로 새로운 조세가 부과되기 이전에도 자원의 효율적인 배분을 저해하는 여러 요인들이 시장에 존재하고 있는 경우가 많다. 독점시장, 외부효과, 혹은 기존의 다른 조세 등이 그 예가 될 것이다. 이렇게 다른 왜곡요인들이 시장에 존재하고 있을 경우에는 새로운 조세의

5) Rosen. *op. cit.*, pp. 293–95.

부과가 자원배분을 더욱 왜곡시키기보다는 오히려 자원배분의 효율성을 제고시킬 수도 있다. 그 단적인 예가 제4 장에서 설명한 바 있는 해로운 외부효과를 교정하기 위해 부과되는 피구세(Pigouvian tax)이다. 앞의 제7 장에서 우리는 이러한 조세를 교정과세(corrective tax)라고 한 바 있다.

또한 대체재(substitute goods)의 관계에 있는 두 재화 중 한 재화에 대해서만 이미 조세가 부과된 경우 다른 재화에 대한 새로운 조세의 부과가 오히려 전체적인 초과부담을 줄일 수도 있다. 예를 들어 일반적으로 대체재의 관계에 있다고 여겨지는 커피와 녹차 중 커피에 대해서만 이미 조세가 부과되고 있다고 가정하자. [그림 9-11]에서 볼 수 있는 바와 같이 커피에 대해서만 조세가 부과되고 있기 때문에 녹차시장에서는 초과부담이 전혀 발생하지 않으며 오직 커피시장에서만 ABC만큼의 초과부담이 발생하고 있다.

그런데 이제 녹차에 대해서도 조세가 부과되었다고 가정하자. 녹차에 대해서도 조세가 부과됨에 따라 녹차의 소비자가격이 상승하고 녹차의 수

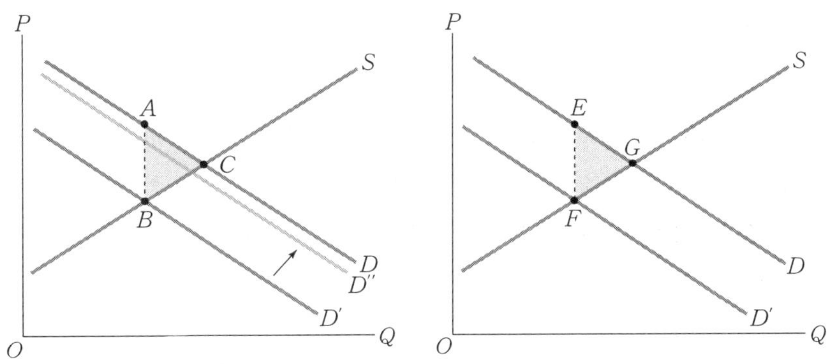

(a) 커　피　　　　(b) 녹　차

┃ 그림 9-11 ┃ 대체재의 관계에 있는 재화에 대한 조세의 부과

요량이 줄어들 뿐만 아니라 EFG만큼의 초과부담이 녹차시장에서도 발생할 것이라고 쉽게 예상할 수 있다. 그러나 녹차에 대한 조세부과의 경제적 효과는 여기서 끝나지 않는다.

녹차 대신 커피를 소비할 수도 있기 때문에 조세부과에 따라 녹차의 소비자가격이 상승하게 되면 많은 사람들이 녹차소비를 포기하는 대신 커피를 소비하려고 할 것이다. 즉, 녹차에 대해서 조세가 새롭게 부과되었기 때문에 커피에 대한 수요가 늘어나게 된 것이다. 이는 [그림 9-11] (a)에서 커피에 대한 수요곡선이 D'에서 D''으로 이동함을 의미한다. 이때 커피에 대한 수요의 증가는 커피소비를 효율적인 수준까지 증대시킬 수도 있다. 이렇게 되면 녹차에 대한 조세부과에 따라 커피시장에서의 초과부담이 완전히 사라질 수도 있으며, 커피와 녹차 시장 전체의 초과부담이 오히려 줄어들 수도 있다.

이렇게 시장이 상호연관되어 있는 경우 각 시장에서 발생하는 초과부담을 별도로 계산하여 합하게 되면 초과부담의 크기가 과대평가될 수 있음에 주의할 필요가 있다. 시장의 상호연관성이 강할 경우 조세부과로 인한 초과부담의 크기를 측정하기 위해서는 조세가 모든 시장에 미치는 영향을 일일이 파악하지 않으면 안 된다. 그러나 시장 사이의 상호연관성이 무시할 정도로 작다면 조세가 부과된 시장에서의 초과부담만을 고려한다 해도 별문제가 없을 것이다. 어쨌든 시장에 이미 다른 왜곡요인이 존재할 경우에는 조세부과에 의해 자원배분의 효율성이 제고될 수도 있음에 주목할 필요가 있다.

8. 최적과세론[6)]

일괄세를 제외한 모든 조세는 초과부담을 야기한다. 그러므로 일정한 세수를 확보해 주는 동시에 초과부담을 최소화시킬 수 있도록 조세체계가 운영된다면 효율성의 측면에서는 가장 바람직하다고 할 수 있다. 그렇다면 상이한 재화에 대해 조세를 부과할 경우 각 조세의 세율이 어떻게 정해져야만 초과부담이 최소화될 수 있을 것인가? 모든 재화에 대해 동일한 세율로 조세가 부과되어야만 초과부담이 최소화될 수 있다고 생각할 수도 있지만, 이러한 중립적인 조세(neutral taxation)가 가장 효율적인 조세가 되는 것은 극히 예외적인 현상이다.

X와 Y라는 두 재화에 대해 조세가 부과되는 경우를 예로 들어 보자. X에 대한 수요의 가격탄력성은 Y에 대한 수요의 가격탄력성보다 작으며 각 재화에 대한 수요는 다른 재화의 가격과는 상관없이 결정된다고 가정하자. 즉, X의 가격이 변화할지라도 Y의 수요곡선은 전혀 변하지 않는다. 또한 이 두 재화의 가격변화에 따라 발생하는 소득효과의 크기는 무시할 정도로 작아서 가격변화에 따른 수요량의 변화는 오직 대체효과만을 반영하는 것이라고 가정하자.

[그림 9-12]에서 볼 수 있는 바와 같이 조세가 부과되기 전 X재 시장에서의 균형가격은 P_{X1}이고 거래량은 Q_{X1}이며, Y재 시장에서의 균형가격은 P_{Y1}이고 거래량은 Q_{Y1}이다. 이때 X재와 Y재에 대해 100%의 세율로 물품세를 부과하여 X재와 Y재의 가격이 둘 다 2배 상승했다고 가정하자.

---

6) 이 책에서는 최적물품세(optimal commodity taxation)에 대해서만 논의를 국한시킨다.

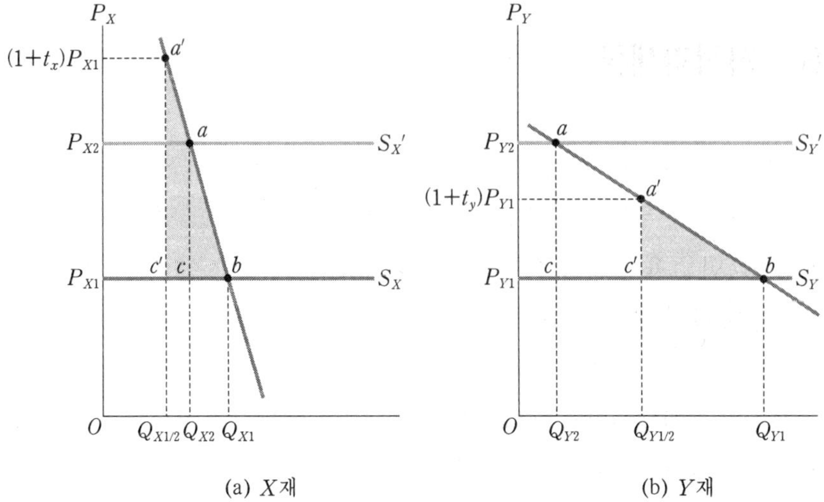

ㅣ 그림 9-12 ㅣ 수요의 탄력성과 효율적인 조세

조세부과에 의해 야기된 초과부담의 크기는 X재와 Y재 시장 모두에서 abc로 나타날 것이다. 비록 동일한 세율로 조세가 부과되었지만 Y재에 대한 수요가 X재에 대한 수요보다 더 탄력적이기 때문에 Y재 시장에서 발생하는 초과부담이 X재 시장에서 발생하는 초과부담보다 훨씬 큼을 알 수 있다.

이때 사회 전체적인 초과부담의 크기를 어떻게 하면 줄일 수 있을까? X재에 대한 조세의 세율을 높이는 동시에 Y재에 대한 조세의 세율을 낮추게 되면 사회 전체적인 초과부담을 줄일 수 있을 것이다. 다시 말해서, 수요의 가격탄력성이 높은 재화에 대해서는 낮은 세율로 과세하고 수요의 가격탄력성이 낮은 재화에 대해서는 높은 세율로 과세한다면 초과부담이 최소화될 수 있을 것이다. 이를 역탄력성규칙(inverse elasticity rule)이라고 부른다.

보다 정확하게는, 각 재화에 대한 가격을 비례적으로 상승시키는 대신에 각 재화에 대한 수요량을 비례적으로 감소시키는 조세를 부과하게 되면 사회 전체적인 초과부담을 최소화시킬 수 있다. [그림 9-12]에서 X재와 Y재의 수요량을 각각 절반씩으로 줄이는 조세를 부과하게 되면 사회 전체적인 초과부담을 최소화시킬 수 있다. X재의 수요량이 Q_{X1}에서 $Q_{X\frac{1}{2}}$, 그리고 Y재의 수요량이 Q_{Y1}에서 $Q_{Y\frac{1}{2}}$로 각각 줄어들도록 세율을 정하게 되면, X재 시장과 Y재 시장에서 발생하는 초과부담의 크기는 각각 $a'bc'$이 된다. X재에 대해서는 더 높은 세율로 부과함으로써 초과부담의 크기가 $a'acc'$만큼 늘어나게 되었지만, Y재에 대해서는 상대적으로 낮은 세율로 부과함으로써 초과부담의 크기가 $aa'c'c$만큼 줄어들게 된 것이다.[7] X재와 Y재에 대한 수요량을 동일한 비율로 감소시키는 조세를 부과함으로써 사회 전체적인 초과부담을 최소화할 수 있다는 것이다.

효율적인 조세는 소비자의 경제적 선택이 왜곡되는 것을 최소화시킬 수 있는 조세이다. 조세가 부과될 경우 경제적 선택의 왜곡은 대체효과에 의해 발생한다. 즉, 조세가 부과된 재화에 대한 수요가 감소함으로써 초과부담이 발생하는 것이다. 따라서 조세가 부과된 이후 수요의 감소폭이 크다면 초과부담도 커지며, 반대로 수요의 감소폭이 작다면 초과부담도 작아지게 된다. 그러므로 모든 재화에 있어서 대체효과로 인한 수요량의 감소율이 동일하다면 사회 전체적인 초과부담이 최소화되는 것이다. 이를 램지규칙(Ramsey rule)이라고 부른다.

그런데 현실적으로 수요의 가격탄력성이 낮은 재화는 생필품인 경우가 많고 수요의 가격탄력성이 높은 재화는 사치품인 경우가 많다. 따라서 역

7) John E. Anderson.(2003). *Public Finance : Principles and Policy*. New York : Houghton Mifflin Co., pp. 289-90.

탄력성규칙에 의해 조세를 부과하게 되면 생필품에 대해서는 고율로 세금을 부과하고 사치품에 대해서는 저율로 세금을 부과해야 한다는 결론에 이르게 된다. 이러한 조세체계는 소득분배를 더욱 불평등하게 만들 수밖에 없는 조세체계이다. 따라서 자원배분의 비효율성을 최소화시킬 수 있는 조세가 반드시 소득분배를 공평하게 할 수 있는 조세는 아니라고 할 수 있다.

결국 효율성뿐만 아니라 공평성까지도 고려한다면 현실의 조세체계는 역탄력성규칙에 의해 형성되는 조세체계와는 다를 수밖에 없을 것이다. 이때 현실의 조세체계가 얼마나 효율적인 조세체계로부터 벗어날 것인가를 결정함에 있어서는 각 소득계층의 소비행태와 소득의 사회적 한계효용에 대한 가치판단이 고려되어야 한다. 소득이 증가할수록 소득에서 생필품에 대한 지출이 차지하는 비중과 소득의 한계효용이 감소한다면, 공평성의 차원에서는 사치품에 대해서는 고율로, 그리고 생필품에 대해서는 저율로 과세하는 조세가 가장 바람직한 조세가 될 것이다. 결국 현실적으로 조세의 효율성과 공평성은 상충관계를 갖는 경우가 대부분이며, 이에 따라 최적의 조세제도와 초과부담을 최소화할 수 있는 조세체계는 다를 수밖에 없다고 할 것이다.

참 / 고 / 문 / 헌

Aaron, Henry J. and Joshep A. Pechman.(1981). "Introduction and Summary." in Henry J. Aaron and Joshep A. Pechman(eds.), *How Taxes Affect Economic Behavior*. Washington, D.C. : The Brookings Institution.

Anderson. John E.(2003). *Public Finance : Principles and Policy.* New York : Houghton Mifflin Co., ch. 10.

Boadway, Robin W. and David E. Wildasin.(1984). *Public Sector Economics*. 2nd ed., Boston : Little, Brown & Co., ch. 11.

Bradford, David F. and Harvey S. Rosen.(1976). "The Optimal Taxation of Commodities and Income." *American Economic Review*. vol. 66, pp. 94–101.

Browning, Edgar K.(1987). "On the Marginal Welfare Cost of Taxation." *American Economic Review*. vol. 77, pp. 11–23.

_____ **and Jacquelene M. Browning.**(1994). *Public Finance and the Price System*. 4th ed., New York : Macmillan, ch. 10.

Fisher, Ronald C.(1996). *State and Local Public Finance*. 2nd ed., Chicago : Irwin, ch. 12.

Haveman, Robert H.(1994). "Optimal Taxation and Public Policy." in John M. Quigley and Eugene Smolensky(eds.), *Modern Public Finance*. Cambridge : Harvard University Press.

Hyman, David N.(1999). *Public Finance : A Contemporary Application of Theory to Policy*. 6th ed., Fort Worth : The Dryden Press, ch. 11.

Musgrave, Richard A. and Peggy B. Musgrave.(1989). *Public Finance in Theory and Practice*. 5th ed., New York : McGraw-Hill, ch. 16.

Rosen, Harvey S.(2002). *Public Finance*. 6th ed., Boston : McGraw-Hill, chs. 13 & 14.

Sandmo, Agnar.(1976). "Optimal Taxation : An Introduction to the

Literature." *Journal of Public Economics*, vol. 6, pp. 37–54.

Slemrod, Joel.(1990). "Optimal Taxation and Optimal Tax Systems." *Journal of Economic Perspectives*, vol. 4, pp. 157–78.

Stiglitz, Joseph E.(2000). *Economics of the Public Sector*. 3rd ed., New York : W.W. Norton & Co., ch. 19.

Zee, Howell H.(1995). "Taxation and Efficiency." in Parthasarathi Shome(eds.), *Tax Policy Handbook*. Washington, D.C. : International Monetary Fund.

______. (1995). "Theory of Optimal Commodity Taxation." in Parthasarathi Shome(eds.), *Tax Policy Handbook*. Washington, D.C. : International Monetary Fund.

제 10 장
개인소득세

1. 개인소득세의 장점과 부과를 위한 전제조건

소득세는 원칙적으로 각 개인의 소득에 부과되는 개인소득세(individual income tax)와 법인의 소득에 부과되는 법인소득세(corporate income tax)로 나눌 수 있다. 이 중 개인소득세는 다음과 같은 장점을 갖추고 있는 것으로 평가되고 있다.[1)]

첫째, 소득이 각 개인의 담세능력을 측정할 수 있는 중요한 지표가 될 수 있기 때문에, 소득세에 의할 경우 능력원칙(ability-to-pay principle)에 입각한 조세부과가 가능해진다.

---

1) John L. Mikesell.(1999). *Fiscal Administration : Analysis and Applications for the Public Sector*. 5th ed., Fort Worth : Harcourt Brace College Publishers, pp. 319-20.

둘째, 다른 조세와는 달리 소득세에 의할 경우 개별 납세자의 경제적 상황을 고려하여 세액을 정할 수 있기 때문에, 보다 공평한 세부담 분포가 이루어질 가능성이 있다.

셋째, 개인소득세는 상대적으로 탄력적인(elastic) 조세라고 할 수 있다. 국민소득이 증가하게 되면 국민소득의 증가율 이상으로 개인소득세의 세수가 증가할 수 있기 때문에, 급격한 세율인상이나 세법의 개정 혹은 조세행정과정의 변화 없이도 충분한 세수입을 확보할 수 있다.

우리나라를 포함하여 많은 나라에서 개인소득세가 대단히 중요한 정부의 조세수입원이긴 하지만, 개인소득세가 제대로 부과되기 위해서는 다음과 같은 조건이 필요하다.

첫째, 소득세가 제 기능을 발휘할 수 있기 위해서는 소득이 화폐단위로 환산될 수 있어야 한다. 화폐경제가 발달하지 않은 상태에서는 개인이 얻는 소득에 대해 조세를 부과하기가 쉽지 않다. 따라서 일정한 정도의 화폐경제가 발달함과 동시에 산업화가 어느 정도 진척되어야만 소득세가 제대로 부과될 수 있는 것이다.

둘째, 재화나 서비스의 거래에 부과되는 조세와는 달리 개인소득세는 일 년간 개인이 벌어들인 모든 소득을 대상으로 부과되기 때문에, 이러한 모든 소득을 포착할 수 있는 조세행정체계가 구비되어야만 개인소득세가 제 기능을 발휘할 수 있다.

2. 소득의 개념

(1) 헤이그-사이먼즈의 소득정의

원칙적으로 개인소득세는 각 개인이 일 년간 벌어들인 소득에 대해 부과되는 조세라고 정의할 수 있다. 그런데 개인소득세를 현실적으로 운용함에 있어서 가장 심각하게 대두되는 문제는 과연 소득을 어떻게 정의할 것인가 하는 점이다.

소득에 관한 가장 포괄적인 정의로는 이른바 헤이그-사이먼즈의 소득에 대한 정의(Haig-Simons definition of income)를 들 수 있다. 이에 따르면, 소득이란 일정기간(주로 일년) 동안에 이루어진 개인 소비능력의 순증가를 화폐가치로 환산한 것이다. 이러한 개인 소비능력의 순증가는 일년 동안에 이루어진 개인의 실질적인 소비지출에 순가치(net worth)의 증가를 합한 것과 같다. 즉,

$$I = C + \Delta W$$

여기서 I는 소득을, C는 소비지출을, 그리고 ΔW는 순가치의 증가를 의미한다. 순가치는 어떤 개인이 소유하고 있는 자산의 가치에서 그 개인의 부채를 뺀 것과 같다. 따라서 순가치의 증가는 개인의 잠재적인 (potential) 소비능력의 증가를 의미하는 것이라고 할 수 있다.

이렇게 포괄적으로 소득을 정의할 경우에는 흔히 소득으로서 정의되고 있는 임금, 임대소득, 이자소득, 배당소득 등의 요소소득뿐만 아니라 자본이득, 이전지출, 부가급여 및 현물소득 등도 소득에 포함되어야 한다.

자본이득(capital gains)은 일정기간 동안에 발생한 자산(asset)가치의

증가분을 의미한다. 이때 실현된 자본이득(realized capital gains)뿐만 아니라 미실현 자본이득(unrealized capital gains)도 소득에 포함되어야 한다. 실현된 자본이득이란 어떤 개인이 소유하고 있던 자산을 매각함으로써 얻게 되는 소득을 의미한다. 예를 들어 어떤 사람이 자신의 집을 일 년 전에 1억원에 구입했다가 일 년 후 1억 2,000만원에 매각했다면 이 사람은 일 년 사이에 2,000만원의 자본이득을 실질적으로 얻게 되었다고 할 수 있다. 미실현 자본이득이란 자산이 실제 매각된 것은 아니지만 자산의 가치가 증가한 것을 의미한다. 예를 들어 어떤 사람이 소유하고 있는 주택의 가격이 일 년 동안에 3,000만원이 올랐다면 비록 그것이 매각되지는 않았다 할지라도 그 사람의 잠재적 소비능력은 3,000만원이 증가한 것으로 볼 수 있다. 따라서 헤이그-사이먼즈의 소득정의에서는 실현된 자본이득뿐만 아니라 미실현 자본이득도 소득에 포함시키고 있는 것이다.

이전지출(transfer payment)은 아무런 대가 없이 정부가 민간으로 이전시킨 소득을 의미한다. 가난한 사람들에게 정부가 제공하는 복지혜택이 이전지출의 대표적인 예라고 할 수 있는데, 이러한 이전지출도 그 수혜자의 소비능력을 증가시키는 것이므로 당연히 소득에 포함되어야 한다.

현물소득(income-in-kind)은 현금에 의한 소득이 아니라 재화나 서비스의 형태로 얻게 된 소득을 의미한다. 다시 말해서, 시장에서의 거래를 통하지 않는 동시에 화폐소득도 증가시키지 않지만 소비는 증가시키는 소득을 현물소득이라 한다. 예를 들어 집안에서 직접 채소를 재배하여 이를 소비한다면 채소의 가격만큼 돈을 아낄 수 있다. 따라서 소득도 그만큼 증가하게 된다고 할 수 있는데, 이에 따라 이러한 현물소득도 소득에 당연히 포함되어야 하는 것이다. 현물소득의 또 다른 예로서 들 수 있는 것이 이른바 부가급여(fringe benefits)이다. 부가급여는 구내식당에서의 무료식사 제공 등과 같이 정규적인 급료 이외에 고용인이 피고용인을 위하여 제공하는 여러 가지 금전적 · 비금전적 혜택을 의미한다. 부가급여 또한 개인의 소비능력을 증가시키므로 당연히 소득에 포함되어야 한다.

현물소득의 가장 대표적인 예로서는 귀속임대료(imputed rent)를 들 수 있다. 자신이 살고 있는 주택을 소유하고 있는 경우에는 사실상 그 주택의 임대료를 자기 자신에게 지불하고 있는 것과 마찬가지이기 때문에 소득이 그만큼 증가하게 된다고 할 수 있다. 예를 들어 A와 B라는 두 사람의 연봉이 동일하고 두 사람이 살고 있는 집 또한 비슷하지만 A는 자신의 집을 소유하고 있는 반면 B는 무주택자로서 일년에 500만원을 임대료로 내고 있다고 가정하자. 이럴 경우 B에 비해 A는 연간 500만원의 소득을 더 얻고 있는 것과 같다. 그러므로 귀속임대료 또한 헤이그-사이먼즈의 정의를 따를 경우 소득에 포함되어야 한다.

헤이그-사이먼즈의 소득정의에 따를 경우 개인의 실질적 및 잠재적 소비능력을 증가시키는 어떠한 형태의 소득도 예외가 될 수 없다. 소득이 이렇게 포괄적으로 정의되면 개인의 담세능력을 정확하게 측정할 수 있으며, 이에 따라 조세부담의 수평적 및 수직적 공평성을 제고시킬 수 있는 가능성이 높아지게 된다. 나아가 헤이그-사이먼즈의 소득정의에 입각해서 소득세가 부과되면 소득을 얻는 방법을 변경시킴으로써 소득세부담을 줄일 수 있는 방법도 없어지게 되므로 소득세에 의한 자원배분의 왜곡 또한 최소화될 수 있다.

(2) 소득측정의 문제와 현실의 소득정의

헤이그-사이먼즈의 소득정의야말로 소득에 대한 가장 이상적인 정의라고 할 수 있지만, 문제는 현실적으로 앞에서 열거한 다양한 소득을 측정하기가 결코 쉽지 않다는 것이다.

헤이그-사이먼즈의 소득정의 중 가장 문제가 되는 부분이 바로 미실현 자본이득에 관련된 부분이다. 실현된 자본이득은 거래가 성립한 다음 자산가치의 변동을 측정하는 것이므로 하등 문제될 것이 없다. 그러나 부동산, 골동품 혹은 보석 등이 전혀 거래되지 않고 있을 경우 이들의 가치변화를 정확히 측정한다는 것은 불가능에 가깝다. 이러한 문제 때문에 거의 모든 나라에서 미실현 자본이득은 제외하고 오직 실현된 자본이득만을 과세대상에 포함시키고 있다.

귀속임대료를 정확하게 측정하는 것도 결코 쉽지 않기 때문에 이 또한 대부분의 경우 과세대상에서 제외되고 있다. 주택의 소유로부터 발생하는 귀속임대료를 측정하는 것도 쉽지 않지만, 자동차나 TV 등 내구성 소비재로부터 발생하는 귀속임대료를 측정하는 것은 사실상 불가능하다고 할 수밖에 없다.

모든 종류의 현물소득을 과세대상에 포함시키는 것도 불가능하다. 고용주가 피고용인에게 제공하는 부가급여를 과세대상에 포함시키기는 그렇게 어렵지 않을 수도 있다. 그렇지만 주부가 가정에서 하는 일의 가치를 금전적으로 정확하게 측정하기란 불가능하기 때문에, 가사노동에 의한 현물소득은 일반적으로 과세대상에서 제외된다.

이전지출은 측정하기가 어렵기 때문이라기보다는 그 기능이 본질적으로 가난한 사람의 소득을 보조하는 것이기 때문에 과세대상에 포함시키지 않는다.

소득을 측정하는 데 있어서 제기되는 또 다른 문제는 소득을 얻는 데 소요되는 비용을 어떻게 측정할 것인가에 관련된 문제이다. 소득은 개인의 소비지출과 순가치의 증가를 의미하므로 소득을 얻는 데 소요된 비용은 당연히 소득에 포함되지 않아야 한다. 이러한 비용의 예로서는 직장에서 사용하는 여러 가지 물품들, 소득을 얻기 위해 지출하는 교통비, 작업복의 구입비 등을 들 수 있을 것이다. 그런데 예를 들어 어떤 사람이 자신의 사업을 위해 설치한 전화를 이용하여 친구와 잡담을 하게 되는 경우, 이 사람의 전화비는 소득을 얻기 위한 비용뿐만 아니라 소비지출도 포함하게 된다. 문제는 대부분의 경우 소득을 얻기 위해 소요되는 비용과 소비지출을 엄격하게 구분해서 측정하기가 결코 쉽지 않다는 것이다. 따라서 소득을 얻기 위해 소요된 비용을 산정하는 데 있어서도 어느 정도의 자의적인 구분이 불가피하다.

이러한 여러 가지 문제점 때문에 현실적으로 상당히 많은 소득이 소득세의 과세대상으로부터 제외되며, 이에 따라 소득세의 부담에 있어서 공평성의 문제와 자원배분의 왜곡이라는 문제가 발생하게 되는 것이다.

(3) 우리나라 소득세의 과세소득범위

소득을 측정하는 데 있어서 나타나는 여러 가지 문제점 때문에 현실적으로 소득세의 과세대상이 되는 소득은 매우 제한적일 수밖에 없다. 그렇지만 서구의 여러 나라들은 과세대상에서 명시적으로 제외되지 않는 모든 소득을 원칙적으로 과세범위에 포함시키는 포괄주의원칙을 따르고 있다. 반면 우리나라는 소득세법에 규정되지 않는 소득은 소득세의 과세대상에서 제외시키는 이른바 열거주의원칙을 따르고 있다.

우리나라 소득세 운용의 또 다른 특징으로 들 수 있는 것이 완벽한 종합소득과세가 아니라 분류과세가 이루어지고 있다는 것이다. 우리나라의 소득세법은 과세소득을 크게 종합소득, 퇴직소득, 양도소득으로 구분하고 있다. 이 중 종합소득은 이자소득, 배당소득, 사업소득, 근로소득, 연금소득, 기타소득의 여섯 가지 유형의 소득을 합산한 것이다. 반면, 퇴직소득, 양도소득은 종합소득과 합산해서 부과되지 않고 각 소득에 대해서 별도로 소득세가 부과되는 이른바 분류과세가 이루어지고 있다.

포괄적인 소득정의에 입각해서 소득세가 부과되지 않을 경우 소득유형에 따라 조세부담의 불공평성이 나타날 수 있다고 했는데, 우리나라의 경우에는 소득세법에 열거된 소득에 대해서조차도 분류과세가 이루어지고 있기 때문에 소득유형별로 조세부담의 불공평이 발생하고 있을 뿐만 아니라 담세능력에 따른 소득세납부도 제대로 이루어지지 않고 있는 실정이다.

3. 소득세의 산정방식

(1) 종합소득세의 과세체계

종합소득세의 경우 납부세액은 다음의 [그림 10-1]과 같은 방법에 의해 결정된다.

종합소득세의 과세표준은 종합소득으로 합산 · 과세되는 이자소득, 배당소득, 사업소득, 근로소득, 연금소득과 기타소득의 합계액, 즉 인별 합산에서 소득공제를 한 금액으로 정해진다. 이러한 과세표준에 세율을 곱하게 되면 산출세액이 산정되고, 다시 산출세액에서 세액공제를 한 금액이 개인이 납부해야 되는 개인소득세액이 되는 것이다.

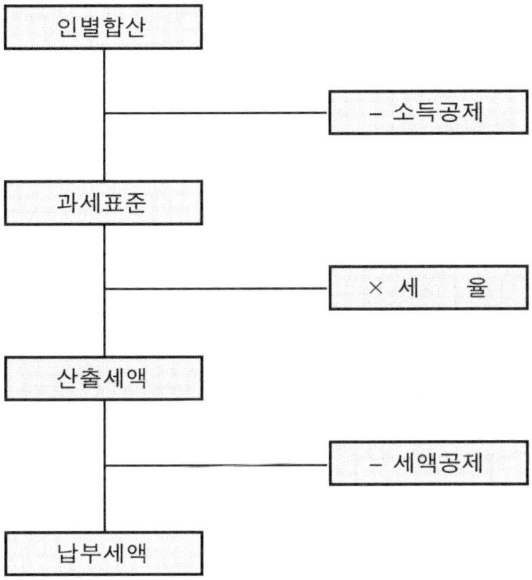

❙ 그림 10-1 ❙ 종합소득세의 산정방식

(2) 소득공제와 세액공제

앞에서도 지적한 바와 같이 소득을 얻기 위하여 지출한 비용은 개인의 소비지출이나 순가치를 증가시키는 것이 아니기 때문에 소득세의 과세대상에서 제외되어야 마땅하다. 그러나 이러한 비용을 각 개인별로 정확하게 계산할 수 없기 때문에 모든 납세자를 대상으로 일률적으로 일정한 금액을 비용으로 차감해 주는 방법을 사용하게 된다.

이와 함께 현실적으로 소득을 측정함에 있어 발생할 수 있는 모든 문제가 해결된다 하더라도 소득 이외의 기준에 따라 소득세 납부액을 조정해 주어야 하는 경우가 있다. 그 대표적인 예로서 부양가족의 수를 들 수 있을 것이다. 동일한 소득을 얻는 사람들이라 할지라도 부양가족이 많은 사람은 그만큼 담세능력이 떨어질 수밖에 없다. 이럴 경우 부양가족이 많은 사람에게 소득세액을 낮추어 주는 방법을 사용하게 된다.

조세정책적 목적에 따라 소득세액을 낮추어 주는 방법으로서는 소득공제(deduction)와 세액공제(tax credit)를 들 수 있다. 앞의 [그림 10-1]에서 볼 수 있듯이 소득공제는 일정 금액을 과세소득금액에서 공제하는 제도이다. 즉, 인별 합산한 금액에서 공제액만큼을 빼 준 후에 과세표준을 정하게 되는 것이다. 여기서 주의할 점은 소득공제가 허용될 경우 절세액은 소득공제의 절대액이 아니라는 사실이다. 납세자의 총소득에서 소득공제가 차감되어 과세표준이 정해지고, 이렇게 정해진 과세표준에 소득세율을 곱함으로써 산출세액이 계산되므로, 소득공제에 따른 절세액은 '소득공제액×한계세율'이 된다. 예를 들어 어떤 사람에게 적용되는 소득세의 한계세율이 35%일 때 300만원의 소득공제가 허용된다면, 이 사람의 절세액은 300만원×0.35=105만원이 되는 것이다. 반면, 소득세의 한계세율이 6%일 경우 300만원의 소득공제에 따른 절세액은 18만원에 불과하다.

반면, 세액공제는 산출세액에서 공제액의 절대액만큼을 직접 차감하는 것이므로 세액공제의 절대액이 바로 납세자의 절세액이 된다. 다시 말해서, 세액공제에 따른 절세액은 납세자에게 적용되는 한계세율과는 무관한 것이다. 그러므로 세액공제와는 달리 소득공제는 높은 한계세율을 적용받는 고소득층일수록 절세혜택이 커지는 특징을 지니고 있다.

(3) 세율구조

과세표준에 세율을 곱함으로써 소득세액이 산출되는데, 오늘날 거의 모든 나라의 소득세는 모든 납세자에게 동일한 세율을 적용하는 것이 아니라 소득이 높아질수록 고율로 과세하는 누진세율구조를 택하고 있는 것이 특징이다. 그렇지만 모든 소득수준에 대해서 그에 대응하는 상이한 세율을 일일이 적용할 수가 없기 때문에, 소득을 몇 개의 구간으로 구분하여 각 구간에 대해 차등세율을 적용하는 방식이 현실적으로 사용되고 있다. 그런데 이때 소득을 몇 개의 구간으로 구분하는가 그리고 각 구간에 적용되는 세율의 차이를 어떻게 하는가에 따라 소득세의 누진성이 결정되므로, 세율구조에 관한 선택은 소득세의 운용에 중대한 영향을 미치게 된다.

아래의 〈표 10-1〉은 우리나라 소득세의 과표구간과 세율을 보여주고 있다. 우리나라는 2014년 현재 5개로 소득구간을 구분하여, 1,200만원 이하의 소득에 대해서는 6%의 한계세율이, 그리고 1억 5천만원을 초과하는 소득에 대해서는 38%의 최고세율이 적용되고 있다. 각 소득구간에 따라 다른 한계세율이 적용될 경우, 납세자의 세액은 낮은 소득구간에 속하는 소득에 대해서는 낮은 소득구간의 한계세율이 적용되고 그를 상회하는 소득에 대해서만 높은 소득구간의 한계세율이 적용됨으로써 결정된다. 예를 들어 소득공제를 한 후 어떤 사람의 과세표준이 4,000만원이고 세액공제가 전혀 적용되지 않는다면, 이 사람의 소득세 납부액은 (1,200만원 ×0.06)+(2,800만원×0.15)=492만원이 되는 것이다.

한계세율(marginal tax rate)은 납부세액의 증가분을 과세표준의 증가분으로 나눔으로써 구할 수 있다. 즉, 앞의 예에서 이 사람의 과세표준이

‖ 표 10-1 ‖ 우리나라 소득세의 세율구조

과세표준	한계세율
1,200만원 이하	6%
1,200만원 초과~4,600만원 이하	15%
4,600만원 초과~8,800만원 이하	24%
8,800만원 초과~1억 5천만원 이하	35%
1억 5천만원 초과	38%

1,200만원이었다가 4,000만원으로 높아졌다면, 소득이 2,800만원 증가함에 따라 420만원의 소득세를 더 납부하게 된 것이므로, 한계세율은 420만원/2,800만원=0.15, 즉 15%라는 것이다. 한계세율과는 달리 평균세율(average tax rate)은 납부세액을 과세표준으로 나눔으로써 구할 수 있는데, 앞의 예에서 납세자의 평균세율은 492만원/4,000만원=0.123, 즉 12.3%가 되는 것이다. 이 예에서 볼 수 있는 바와 같이 누진세율이 적용되는 경우 평균세율은 한계세율보다 낮을 수밖에 없다. 소득공제와 세액공제가 전혀 존재하지 않는 동시에 모든 소득에 대해서 동일한 세율이 적용되는 비례적 소득세(proportional income tax)의 경우에만 한계세율과 평균세율이 일치하게 된다.

소득구간을 몇 개로 나누고 또한 얼마나 누진적으로 한계세율을 적용해야 소득세가 가장 바람직하게 운용될 것인가에 관한 의문에 대해서 일률적인 해답은 없다. 그렇지만 소득구간의 수와 세율을 정함에 있어서 다음과 같은 여러 가지 문제를 고려해야 할 것이다.

소득구간의 수가 많게 되면 그만큼 차등세율을 적용할 수 있는 기회가 많아지게 되므로 소득세제를 운용함에 있어서 누진성을 확보할 수 있는 장점이 있다. 반면 소득구간의 수가 지나치게 많게 되면 조세행정이 복잡해질 뿐만 아니라 후술하는 바와 같이 인플레이션이 발생할 경우 납세자의 명목소득이 빠른 속도로 상위 소득구간으로 진입하게 되어 세부담이 무거워지는 문제가 발생할 수도 있다. 이와는 달리 소득구간의 수가 적을 경우에는 한계세율의 격차가 커지게 되는 것이 일반적인데, 이렇게 되면 경제주체의 선택이 왜곡되는 문제가 발생할 수도 있다.

(4) 소득세의 실효세율

지금까지 살펴본 바와 같이 소득세액은 과세대상이 되는 소득에 대한 정의, 소득공제, 세율구조 및 세액공제에 의해 결정된다. 이러한 요소들이 다양하게 결합됨으로써 납세자가 부담해야 하는 소득세액이 결정되는 것이다.

그러므로 소득세법에 규정된 한계세율만을 가지고 소득세의 누진성을 평가하게 되면 현실을 정확하게 파악하지 못하게 될 가능성이 있다. 앞에서도 지적한 것처럼 누진세율이 적용되는 경우 소득세의 평균세율은 한계세율보다 낮다. 그런데 여기서 또 하나 주목해야 할 점은 한계세율이나 평균세율 모두 소득세의 과세표준을 기준으로 하여 산출되는 세율이라는 사실이다. 소득세의 과세표준은 납세자의 총소득에서 각종 공제를 차감한 것이므로 과세표준과 납세자의 총소득은 다를 수밖에 없다. 예를 들어 어떤 부유한 사람이 각종 공제제도를 십분 활용할 경우 이 사람의 소득 중 과세대상이 되는 소득은 상당히 작아질 수 있는데, 이렇게 되면 비록 높은 세율이 적용된다 할지라도 이 사람의 실질적인 조세부담은 그리 크지 않을 수도 있는 것이다.

이러한 이유로 개인소득세가 소득분배에 미치는 영향을 파악하기 위해서는 개인의 총소득에서 납세액이 차지하는 비중이 소득이 증가함에 따라 어떻게 변화하는지를 살펴볼 필요가 있다. 납세자의 총소득에서 소득세액이 차지하는 비중을 실효세율(effective tax rate)이라고 부르는데, 과세표준과 소득이 다를 수밖에 없는 한 실효세율과 한계세율 및 평균세율은 서로 다를 수밖에 없다.

4. 과세단위의 선택문제

소득세의 세율구조가 비례적(proportional)이라면 과세단위의 선택은 전혀 문제될 것이 없다. 소득세가 비례세일 경우에는 과세단위가 개인인가 혹은 집단인가에 상관없이 모든 소득에 대해서 동일한 세율이 적용될 뿐이다. 그러나 소득세의 세율구조가 누진적일 경우에는 과세단위가 어떻게 결정되는가에 따라 조세부담이 크게 달라질 수 있다.

예를 들어 오직 개인만이 과세단위로 규정될 경우에는 가족구성원 중 상대적으로 소득이 낮은 사람에게 다른 사람이 벌어들인 소득이 귀속되는 것처럼 조작함으로써 가족 전체의 소득세부담을 줄일 수 있는 가능성이 엄연히 존재하게 된다. 이러한 이유로 현재 우리나라에서는 개인별로 과세하는 것을 원칙으로 하고 있지만, 자산소득이라 할 수 있는 이자소득, 배당소득 및 부동산임대소득에 대해서는 부부단위로 합산하여 과세하고 있다.

과세단위를 선택하는 데 있어서 가장 어려운 문제는 부부가 모두 소득을 얻는 경우 각자가 버는 소득을 개인별로 과세할 것인가 혹은 부부의 소득을 합산하여 과세할 것인가에 관련된 결정이다. 한 가구를 대상으로 하여 과세를 할 경우 다음의 세 가지 조건이 동시에 만족될 수 있다면 가장 바람직한 조세라고 평가할 수 있을 것이다.

첫째, 소득세의 세율구조가 누진적이어야 한다. 즉, 소득이 올라가면 적용되는 한계세율도 높아져야 한다.

둘째, 수평적 공평성의 원칙이 지켜져야 한다. 즉, 두 가정이 동일한 소득을 얻고 있는 동시에 다른 조건까지 동일하다면 동일한 소득세액을 납부해야 할 것이다.

셋째, 소득세의 부과가 결혼에 대한 의사결정에 대해 중립적이어야 한다. 즉, 어떤 두 사람이 결혼한다고 해서 그들의 조세부담이 달라져서는 안

Ⅰ 표 10-2 Ⅰ 과세단위의 선택문제

(단위 : 만원)

	개인소득	개인소득세	가족합계	부부합산소득	합산소득세
이몽룡	4,000	800	900	5,000	1,100
성춘향	1,000	100			
김갑돌	2,500	350	700	5,000	1,100
박갑순	2,500	350			

될 것이다.

그런데 문제는 현실적으로 이러한 세 가지 조건을 동시에 모두 만족시킬 수 있도록 과세단위를 선택하는 것이 불가능하다는 점이다.[2)] 다음의 〈표 10-2〉에 제시된 예를 보면 과세단위의 선택에서 발생하는 딜레마의 성격이 명확해진다.

〈표 10-2〉에서 이몽룡과 성춘향이 한 가정을 이루고 있으며, 이몽룡의 연간 소득은 4,000만원이고 성춘향의 연간 소득은 1,000만원이다. 또 다른 가정은 김갑돌과 박갑순의 가정인데 이 두 사람의 연간 소득은 2,500만원으로 같다. 논의를 단순화하기 위하여 어떠한 공제도 적용되지 않아 이 네 사람의 연간 소득과 과세표준은 동일하다고 가정하자. 또한 연간 소득 2,000만원까지 적용되는 한계세율은 10%이며 2,000만원을 초과할 때는 30%의 한계세율이 적용된다고 가정하자.

과세단위를 개인으로 할 경우 이몽룡과 성춘향 부부가 납부하는 세액은 900만원으로서 김갑돌과 박갑순 부부의 소득세액 700만원보다 많다. 따라서 개인별로 과세할 경우에는 부부의 총소득이 동일하지만 소득세액은

2) Jonathan Gruber.(2005). *Public Finance and Public Policy*. New York : Worth Publishers, pp. 510-13.

다르게 되어 조세부담의 수평적 공평성이 저해되는 문제가 발생한다.

그런데 이러한 수평적 공평성의 문제를 해결하기 위하여 부부의 소득을 합산하여 소득세를 부과하게 되면, 이몽룡과 성춘향의 결혼 전 소득세액은 900만원이었지만 결혼 후에는 소득세부담이 1,100만원으로 증가하게 된다는 문제가 발생한다. 김갑돌과 박갑순 부부의 경우에도 결혼 전 700만원이었던 소득세액이 결혼 후에는 1,100만원으로 증가한다. 부부의 소득을 합산하여 과세함으로써 이봉룡－성춘향 부부와 김갑돌－박갑순 부부의 소득세액이 1,100만원으로 같아지게 되어 수평적 공평성의 원칙이 지켜지게 되었지만, 다른 한편으로는 두 부부의 소득세액이 모두 증가하는 문제가 발생하게 된 것이다. 따라서 누진세율이 적용되는 한 부부의 소득을 합산해서 소득세를 부과하게 되면 결혼이 세부담을 증가시키게 되는 문제가 발생한다.

이처럼 누진세율구조하에서는 과세단위의 선택에 있어서 위에서 제시한 두 번째와 세 번째 원칙을 동시에 만족시키는 것이 현실적으로 불가능하다는 점이 소득세제가 갖는 딜레마라고 할 것이다.

5. 소득세와 인플레이션

인플레이션이 발생하면 명목소득(nominal income)이 실질소득(real income)보다 빠른 속도로 증가하게 되는데, 개인소득세는 실질소득이 아니라 명목소득에 대해 부과되기 때문에 인플레이션은 소득세의 운용에 중대한 영향을 미치게 된다.

먼저, 인플레이션이 발생하게 되면 소득세법의 개정이 없더라도 소득세부담이 자동적으로 증가하는 현상이 나타난다. 예를 들어 어떤 사람의 소득증가율과 물가상승률이 동일할 경우 이 사람의 실질소득(실질구매력)은 전혀 변화하지 않지만, 이 사람의 명목소득은 증가하게 되므로 상위 소득구간으로 진입하게 되어 높은 한계세율을 적용받게 된다. 이럴 경우 실질소득은 전혀 변화하지 않았지만 소득세부담은 증가하는 현상이 나타나게 되는 것이다.

또한 소득세법에 규정된 각종 공제는 명목가치로 표현된 것이므로 인플레이션이 발생할 경우 증가된 명목소득에서 이들 공제를 빼준 과세표준이 자연히 증가하게 된다. 즉, 인플레이션에 따라 각종 공제의 실질적인 가치는 줄어들게 되는 것이다. 과세표준이 높아지므로 다시금 상위 소득구간으로 진입하게 되어 높은 한계세율을 적용받게 되고, 이에 따라 개인의 소득세부담이 자동으로 증가하는 현상이 나타나게 된다.

그런데 인플레이션이 발생할 경우 소득세부담이 자동으로 증가하는 현상은 소득세가 비례세로 운용될 경우에는 나타나지 않을 것이다. 또한 1985년부터 미국에서 실시하고 있는 것과 같은 물가연동제(indexation)가 운용될 경우에도 이러한 현상은 나타나지 않는다. 물가연동제란 소득구간의 경계액과 각종 공제액을 인플레이션율만큼 변동시키는 제도를 말한다. 물가연동제가 실시되면 명목소득의 증가율만큼 소득구간의 경계액도 상승하고 공제액의 크기도 동시에 커지기 때문에 인플레이션이 발생하더라도 소득세부담이 증가하지 않게 된다.

소득세가 비례세로서 운용되거나 물가연동제가 실시된다 하더라도 인플레이션이 소득세부담을 왜곡시키는 문제가 완전히 해소되지는 않는다. 물론 이러한 제도적 장치가 마련되어 있을 경우 근로소득에 대한 조세부담은 전혀 왜곡되지 않을 것이다. 그러나 자본이득과 이자소득에 대한 조세부담은 인플레이션에 의해 계속해서 왜곡되게 된다.

예를 들어 어떤 사람이 3년 전에 건물을 1억원에 구입했다가 올해 2억원에 팔았다고 가정하자. 이때 이 사람은 1억원의 자본이득을 얻은 것이 된다. 그런데 지난 3년 동안 물가가 100% 상승했다면 이 사람의 실질소득에는 전혀 변화가 없을 것이다. 그렇지만 자본이득에 대한 과세는 실질소득이 아니라 명목소득을 기준으로 이루어지므로, 이 사람은 명목소득인 1억원에 대해 조세를 부담하지 않으면 안 되는 결과가 나타난다.

이자소득을 얻는 경우에도 비슷한 결과가 나타난다. 어떤 사람이 다른 사람에게 100만원을 일 년간 빌려주고 일 년 후 105만원을 받았다면, 이 사람이 얻은 이자율은 5%이다. 그런데 지난 일 년 동안 물가가 10% 상승했다면, 이 사람은 실질적으로 5만원을 잃은 꼴이 된다. 그렇지만 이 경우에도 소득세는 실질소득이 아니라 명목소득에 대해 부과되므로, 이 사람은 5만원에 대한 소득세를 납부해야만 한다. 채무자의 입장에서는 정반대의 결과가 나타난다. 물가가 10% 상승했으므로 채무자는 돈을 빌림으로써 사실상 5만원을 얻게 되었다. 그런데 이에 더하여 채무자가 자신의 이자부담액을 과세표준을 산정할 때 공제받을 수 있다면, 명목적인 이자부담 5만원으로 절세혜택 또한 받을 수 있게 되는 것이다.

인플레이션이 전혀 발생하지 않아 명목소득과 실질소득이 동일하다면 이러한 문제는 나타나지 않을 것이다. 그렇지만 인플레이션이 발생할 경우 명목소득에 대해 과세하는 소득세의 특성상 조세부담의 왜곡문제는 계속해서 남게 됨을 알 수 있다.

6. 소득세의 경제적 효과

(1) 소득세와 노동공급

노동공급과 저축에 대해 개인소득세가 어떤 영향을 미치는가 하는 것이 소득세의 경제적 효과를 분석하는 데 있어 가장 중요한 문제이다. 논의의 단순화를 위하여 모든 소득에 대해 소득세가 부과되며 비례세율이 적용된다고 가정하자.

소득세가 노동공급에 어떤 영향을 미치는가를 분석하기 위해서는 먼저 노동공급수준이 어떻게 결정되는가를 살펴볼 필요가 있다. 아래의 [그림 10-2]에서 종축은 개인의 소득을, 그리고 횡축은 개인의 여가시간을 나타낸다. 여기서 여가란 소득을 얻게 되는 노동을 제외한 개인의 모든 활동을 총칭하는 개념이다. 따라서 개인이 활용할 수 있는 총시간 중(예를 들어 하루 24시간 중) 여가에 활용되지 않는 다른 모든 시간은 근로시간을 의미한다. 그러므로 [그림 10-2]에서 횡축은 개인의 여가시간과 근로시간을 동시에 나타낸다. 즉, 원점 O에서 H로 이동하는 방향은 여가시간을 나타내며, H에서 원점 O로 이동하는 방향은 근로시간을 나타낸다. 예를 들어 횡축의 H_0점은 어떤 사람이 HH_0만큼의 시간동안 일을 하고 OH_0만큼의 시간동안 여가를 즐기고 있음을 나타낸다.

[그림 10-2]에서 IH 선은 근로시간 혹은 여가시간과 소득의 다양한 결합을 나타내는 예산선이다. 비근로소득이 전혀 존재하지 않는다고 가정하면, 어떤 사람이 전혀 일을 하지 않을 경우 소득은 '0'이 된다. 그림에서 H는 이러한 상태를 나타낸다. IH 선상의 모든 점에서 한 개인의 소득은 다음과 같이 나타낼 수 있다.

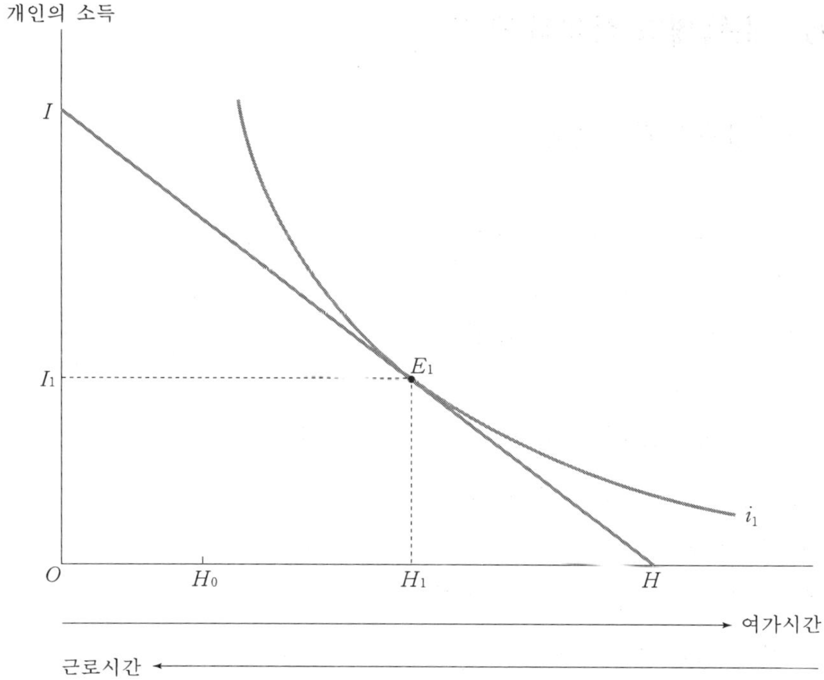

| 그림 10-2 | 노동공급수준의 결정

$$I = w(24 - L)$$

여기서 I는 소득, w는 시간당 임금, 그리고 L은 하루동안 여가에 소비하는 시간을 의미한다. 이때 한 개인이 얻을 수 있는 최대의 소득은 그림에서 OI로 표현할 수 있을 것이다. 이 소득은 하루 24시간 동안 일만 하고 여가는 전혀 활용하지 않을 때 얻을 수 있는 소득이다.

IH 선상의 어떤 점을 택하게 될 것인가를 알기 위해서는 개인의 선호를 파악해야 한다. 여가와 소득이 모두 정상재(normal goods)라면 여가와 소득에 대한 무차별곡선(indifference curve)은 [그림 10-2]에서 i_1과 같은 모습을 띠게 될 것이다. 무차별곡선 i_1과 예산선 IH가 접하는 점 E_1에서

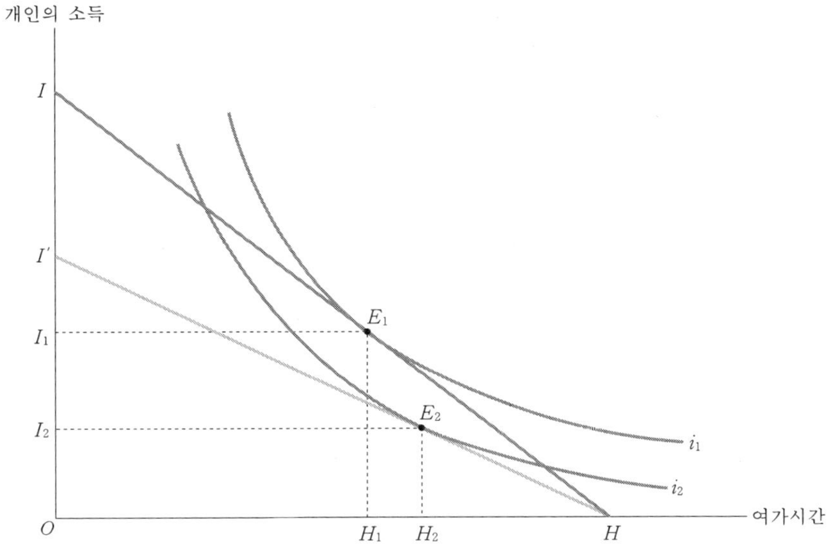

ǁ 그림 10-3 ǁ 소득세부과에 따른 노동공급수준의 변화

개인의 후생이 극대화될 것이며, 이때 이 사람은 HH_1시간 동안 일을 하고(혹은 OH_1시간 동안 여가를 활용하고) OI_1만큼의 소득을 얻게 될 것이다.

이제 이 사람에게 t의 세율로 소득세가 부과되었다고 가정하자. 소득세가 부과되면 노동자가 받는 시간당 임금이 w에서 $(1-t)w$로 낮아지게 될 것이기 때문에, 여가시간과 소득의 다양한 결합을 나타내는 예산선 IH도 [그림 10-3]에서와 같이 $I'H$로 이동하게 될 것이다. 이렇게 되면 소득세 부과 전 여가시간과 소득에 대한 선택을 나타내는 E_1점은 더 이상 도달할 수 없는 점이 되며, 새로운 선택은 E_2점에서 이루어지게 될 것이다.

결국 소득세가 부과되면 근로자가 받게 되는 소득이 I_1에서 I_2로 줄어들게 될 뿐만 아니라 여가시간도 OH_1에서 OH_2로 늘어나게 됨을 알 수 있다. 이는 곧 소득세의 부과로 말미암아 노동공급이 H_1H_2시간만큼 감소함을 의미하는 것이다.

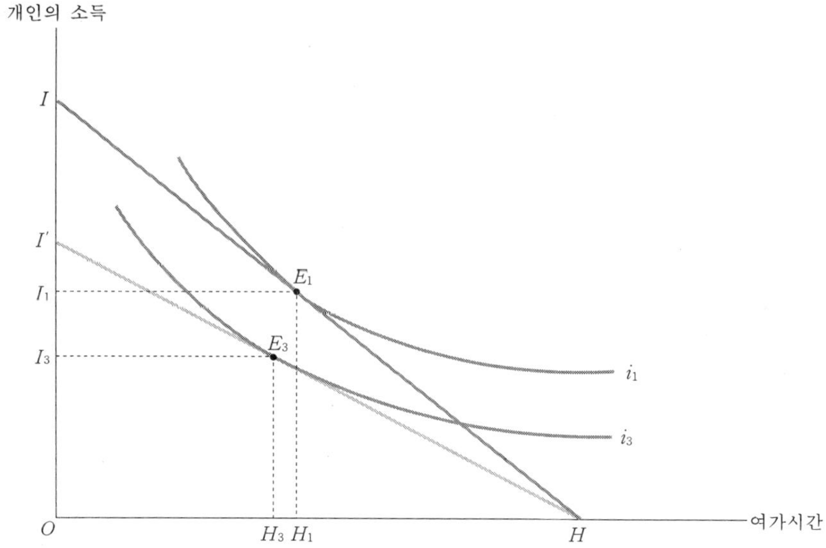

Ⅰ 그림 10-4 Ⅰ 소득세부과 후 노동공급의 증가 예

소득세가 부과될 경우 [그림 10-3]에 나타난 것처럼 반드시 근로시간이 줄어들 것인가? 꼭 그렇지만은 않다. 소득세가 부과되기 전에 소득과 근로시간이 동일했던 다른 사람의 경우를 보도록 하자. [그림 10-4]는 소득세 부과 후 이 사람의 새로운 선택은 E_3점에서 이루어지며, 이때 이 사람의 소득은 I_1에서 I_3로 줄어들지만 근로시간은 HH_1에서 HH_3로 오히려 늘어남을 보여주고 있다. 이 사람이 비합리적이기 때문에 이러한 결과가 나타나는 것이 아니다. 개인의 선호에 따라 소득세부과 후 근로시간이 줄어들 수도 있고 늘어날 수도 있으며 혹은 전혀 변화하지 않을 수도 있는 것이다.

노동공급에 대한 소득세의 이러한 불확실한 영향은 소득세가 갖는 상반된 효과에 기인하는 것이다. 소득세가 부과되어 시간당 임금이 하락하게 되면, 이는 곧 여가시간의 기회비용이 하락하는 것을 의미하므로 [그림 10-3]에서 볼 수 있는 바와 같이 소득세부과 후 여가시간이 늘어날 수 있는 것이다. 예컨대 어떤 사람의 시간당 임금이 10,000원이었을 경우 이 사람이 일을 하지 않고 여가를 즐긴다면, 이 사람이 한 시간의 여가를 즐기기 위해 포기하는 소득은 10,000원이 된다. 그런데 소득세가 부과되어 시간당 임금이 7,000원으로 하락하게 되면 여가를 즐기기 위해 포기하는 소득 또한 시간당 7,000원으로 낮아지게 되므로 이 사람은 더 많은 여가시간을 갖기를 원할 것이다. 소득세가 부과되어 여가의 기회비용이 낮아지므로 근로시간 대신 여가시간을 더 늘리는 현상을 소득세의 대체효과(substitution effect)라고 부른다.

그런데 소득세가 부과되어 시간당 임금이 하락하면 소득세부과 전과 비교하여 노동자가 더 가난해지는 결과가 나타난다. 이렇게 되면 더 많은 소득을 얻기 위해 더 많은 시간동안 일을 하려고 할 것인데, 이는 곧 소득세부과 후 노동공급이 늘어남을 의미하는 것이다. 이러한 현상을 소득세의 소득효과(income effect)라고 부른다. 앞의 [그림 10-4]는 소득효과가 대체효과보다 크게 나타나는 경우라고 할 것이다.

결론적으로 소득세가 부과됨에 따라 노동공급이 어떻게 변할 것인가는 소득세가 갖는 대체효과와 소득효과의 상대적 크기에 따라 결정된다고 할 수 있다. 소득효과가 대체효과보다 크면 노동공급이 늘어날 것이며, 반대로 대체효과가 소득효과보다 크다면 노동공급이 줄어들 것이다. 소득효과와 대체효과가 완벽하게 상쇄된다면, 소득세부과 후에도 노동공급수준은 전혀 변화하지 않을 것이다.

(2) 소득세의 귀착

소득세의 전가 가능성과 소득세의 귀착도 소득세가 갖는 대체효과와 소득효과의 상대적 크기에 의해 결정된다. [그림 10-5] (a)와 (b)에서 횡축은 근로시간을, 종축은 시간당 임금을 나타낸다. (a)와 (b)에서 AD선은 고용주의 입장에서 바라본 노동에 대한 수요곡선이며, $A'D$는 소득세부과 후 노동자의 입장에서 바라본 노동에 대한 수요곡선이다. 다시 말해서, AD선은 노동을 고용하기 위해서 고용주가 얼마만큼을 지급해야 하는가를 나타내며, $A'D$선은 소득세납부 후 근로자가 받는 임금을 나타내는 것이다.

그림 (a)에서 노동공급곡선은 완전비탄력적이다. 이는 곧 소득효과와 대체효과가 완벽하게 상쇄되어 소득세가 부과된다 하더라도 근로시간이 전혀 변하지 않음을 의미하는 것이다. 이럴 경우 소득세가 전가될 가능성은 전혀 존재하지 않으며, 노동자가 전적으로 소득세를 부담하게 된다. 그림 (a)에서 소득세가 부과되기 전에 근로자가 받던 시간당 임금은 w_1이었지만 세후 시간당 임금은 정확히 세액만큼 감소하여 w_2로 낮아지고 있음

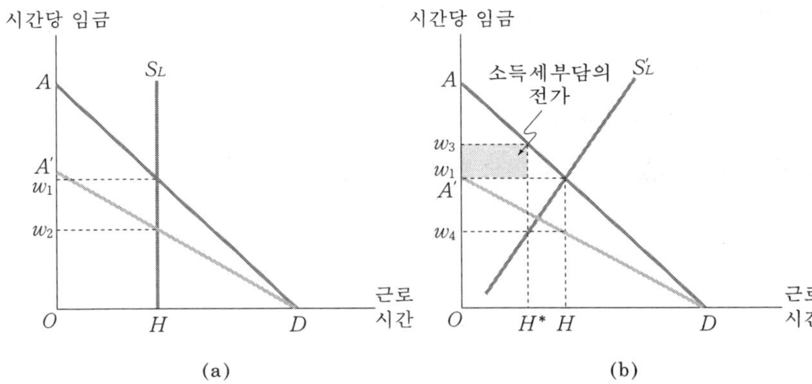

Ⅰ 그림 10-5 Ⅰ 소득세의 귀착

을 볼 수 있다.

그림 (b)에서는 노동공급이 탄력적이다. 즉, 대체효과가 소득효과보다 커서 시간당 임금이 하락하면 근로시간이 줄어듦을 보여주고 있다. 이 경우 소득세가 부과되면 근로시간은 OH에서 OH^*로 줄어들며, 근로자가 고용주에게 혹은 제품가격의 상승을 통해 소비자에게 소득세의 일부를 전가시키게 된다. 소득세는 w_3w_4만큼 부과되었지만 근로자가 부담하는 소득세는 w_1w_4만큼이며 나머지는 고용주나 소비자가 부담하는 것이다.

현실적으로 노동의 공급탄력성은 매우 낮은 것으로 알려져 있다. 특히, 단기적으로는 여러 가지 제약요인 때문에 시간당 임금이 하락했다고 해서 곧바로 근로시간을 줄이기는 대단히 어렵다. 이렇게 되면 노동자가 소득세의 부담을 거의 전적으로 떠맡게 된다. 그렇지만 장기적으로는 임금률의 하락에 따라 노동시간이 변화할 가능성이 높아지며, 이렇게 되면 소득세부담이 다른 사람에게로 전가될 가능성이 높아지게 된다.

(3) 소득세의 초과부담[3)]

조세부과는 효율적인 자원배분상태로부터의 이탈을 초래함으로써 비효율적인 자원배분을 야기하게 되며, 이때 발생하는 효율성의 손실을 초과부담이라고 정의했다. 근로소득에 조세가 부과될 경우에도 초과부담은 발생한다. 그런데 앞에서 살펴본 대로 노동공급곡선이 수직일 경우에는 근로시간이 전혀 변하지 않았기 때문에 소득세의 부과가 초과부담을 발생시키지 않는다고 추론할 수 있을 것이다. 그러나 이것은 옳은 추론이 아니다.

---

3) 이 부분의 설명은 Michael L. Marlow.(1995). *Public Finance : Theory and Practice*. Fort Worth : The Dryden Press, pp. 522-23에 주로 의존하고 있다.

앞의 제9 장에서 우리는 초과부담이 대체효과에 의해서 발생함을 보았다. 따라서 근로소득세에 의해 야기되는 초과부담을 분석하기 위해서도 소득효과와 대체효과를 엄격히 구분해 줄 필요가 있다. 노동공급곡선이 수직이라는 것은 대체효과가 아예 없다는 것을 의미하는 것이 아니라 소득효과가 대체효과를 정확히 상쇄하고 있다는 것을 의미한다. 그러므로 근로소득세 부과에 따라 발생하는 초과부담을 분석하기 위해서는 소득효과를 배제할 필요가 있다. 소득효과를 배제하고 대체효과만을 보여주는 공급곡선을 보상공급곡선(compensated supply curve)이라고 부른다. 근로소득세가 부과될 경우 대체효과는 여가시간이 늘고 근로시간이 줄어드는 것을 의미하므로 노동공급곡선이 수직이라 할지라도 그에 대응하는 노동의 보상공급곡선은 [그림 10-6]의 S_c처럼 우상향하는 모습을 보인다. 이제 근로소득세가 세후임금을 w_1에서 w_2로 떨어뜨리면 대체효과에 의해 근로시간은 OH_1에서 OH_2로 줄어들게 됨을 볼 수 있다.

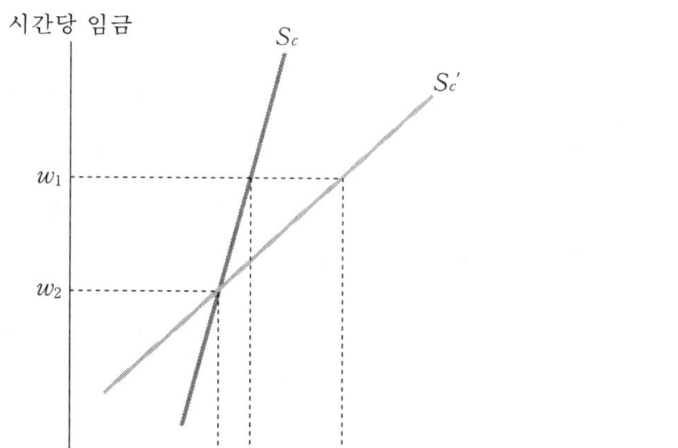

❙ 그림 10-6 ❙ 노동의 보상공급곡선

노동공급곡선이 우상향하는 경우에는 그에 대응하는 보상공급곡선은 보다 평평한 모습을 보이게 된다. 우상향하는 노동공급곡선은 소득효과보다 대체효과가 크다는 것을 의미하므로, 소득효과를 배제한 노동의 보상공급곡선은 더 탄력적일 수밖에 없다. [그림 10-6]에서 S_c'는 [그림 10-5] (b)의 S_L'에 대응하는 보상공급곡선으로서 S_L'보다 더 평평한 모습을 보이고 있다. 보다 더 평평한 공급곡선은 임금이 하락할 때 근로시간이 더 많이 줄어든다는 것을 의미하므로, 근로소득세 부과에 따른 초과부담은 보상공급곡선이 평평할수록 커진다. [그림 10-6]에서 세후임금이 w_1에서 w_2로 하락하면 S_c일 경우 근로시간이 OH_1에서 OH_2로 줄어들지만 S_c'일 경우에는 OH_3에서 OH_2로 대폭 줄어듦을 볼 수 있다.

(4) 소득세와 저축

이자소득에 대해 소득세가 부과될 경우 민간저축이 어떻게 변할 것인가에 관해서도 이론적인 차원에서는 명쾌한 해답이 제시되지 않는다. 이자소득에 대해 과세를 할 경우에도 대체효과와 소득효과가 동시에 나타나며, 이 두 가지 효과의 상대적 크기에 따라 민간저축수준의 변화방향이 결정되는 것이다.

현재소비(current consumption)와 미래소비(future consumption) 간의 선택과정을 살펴봄으로써 이자소득에 대한 소득세의 부과가 저축에 미치는 영향을 분석할 수 있다. 현재소비와 미래소비 간의 선택은 개인의 선호와 이자율에 따라 결정된다. 저축을 한다는 것은 곧 현재의 소비를 희생함으로써 미래에 더 많은 소비를 하겠다는 것을 의미한다. 미래의 소비를 위하여 현재의 소비를 얼마만큼 줄일 것인가는 이자율에 따라 달라지게 된다. 이자율이 r이라면 현재의 소비를 1원만큼 줄임으로써 미래의 소비를 $(1+r)$만큼 증가시킬 수 있다. 만약 어떤 사람의 미래소득이 전무하다면, 이 사람이 향유할 수 있는 미래의 소비는 다음과 같이 표현될 수 있을 것이다.

$$C_2=(1+r)S$$

여기서 C_2는 미래의 소비, r은 이자율, 그리고 S는 현재의 저축액을 의미한다. 예를 들어 이자율이 10%일 때 어떤 사람이 50만원을 저축한다면 1년 후 이 사람은 55만원을 소비할 수 있을 것이다. 그런데 저축은 현재의 소득과 현재의 소비 간의 차이를 의미하는 것이므로, 저축은 다음과 같이 표현할 수 있다.

$$S=I-C_1$$

여기서 I는 현재의 소득을, C_1은 현재의 소비를 나타낸다.

이를 앞의 식에 대입하면 다음과 같은 식을 도출할 수 있다.

$$C_2=(1+r)(I-C_1)$$

[그림 10-7]에서 예산선 AD는 어떤 개인의 소득이 OD이고 이자율이 r일 때, 이 사람이 선택할 수 있는 현재소비와 미래소비의 다양한 결합을 나타낸다. 저축이 전혀 없다면 이 사람의 현재소비액은 OD가 되며, 반면 현재의 소비를 전적으로 희생하고 모든 소득을 저축한다면 미래소비가 OA만큼이 될 것임을 볼 수 있다. 현재소비와 미래소비에 대한 개인의 선호는 무차별곡선으로 표현된다. 각 개인은 미래에 소비를 더 많이 하기 위해 현재의 소비를 줄일 용의가 있다. 그런데 현재의 소비가 줄어들면 들수록 미래의 소비를 위하여 포기할 용의가 있는 현재의 소비는 줄어들게 되며, 미래의 소비가 늘면 늘수록 미래의 소비로부터 얻게 되는 한계편익은

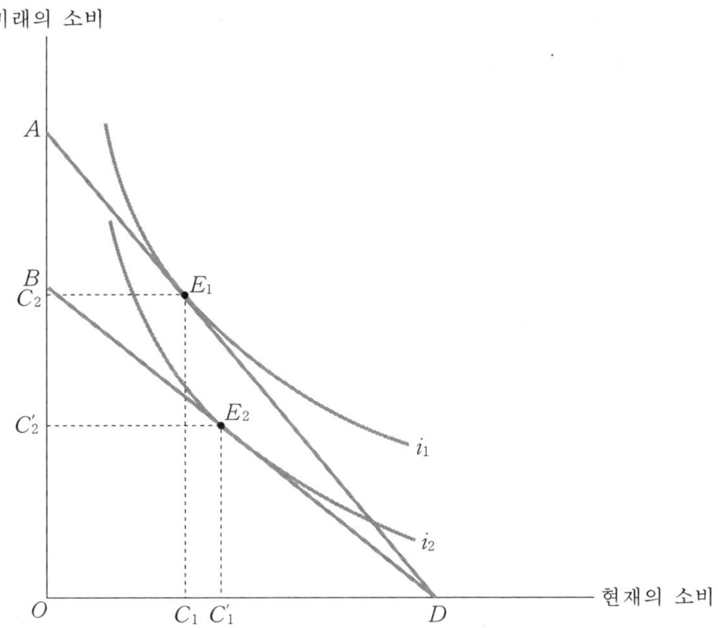

| 그림 10-7 | 소득세와 저축

점점 줄어들게 된다. 그리하여 어떤 개인이 동일한 효용수준을 유지할 수 있도록 하기 위해서는 현재의 소비를 한 단위 포기하는 대신 늘어나야 하는 미래소비의 양이 점점 커지게 된다. 바로 이러한 이유로 현재소비와 미래소비에 대한 무차별곡선은 원점에 대해 볼록한 것이다.

이제 개인의 후생이 극대화되는 점은 예산선 AD와 현재소비와 미래소비 간의 무차별곡선이 접하는 E_1점이 된다. E_1점에서 이 사람은 OC_1만큼의 현재소비를, 그리고 OC_2만큼의 미래소비를 향유하게 된다. 이는 곧 OC_2만큼의 미래소비를 얻기 위해 C_1D만큼 저축을 하게 됨을 의미한다.

이자소득에 대해 소득세가 부과되면 저축으로부터 얻을 수 있는 순수익이 그만큼 줄어들게 될 것이다. 예를 들어 이자소득세율이 t라면 이자율은

r에서 $r(1-t)$로 줄어들게 된다. 결국 소득세부과 후 현재소비와 미래소비의 다양한 결합을 나타내는 AD선이 BD로 이동하게 될 것이다. 새로운 균형은 BD선과 무차별곡선 i_2가 접하는 E_2점에서 이루어질 것이며, 이때 소득세부과로 말미암아 현재소비가 C_1C_1'만큼 늘어나게 됨을, 즉 저축이 C_1C_1'만큼 줄어들게 됨을 [그림 10-7]은 보여주고 있다.

이러한 결과는 이자율이 하락함에 따라 미래소비의 가격이 상승하기 때문에 나타나는 것이다. 다시 말해서, 이자율이 하락하게 되면 일정한 미래소비를 위해 포기해야 하는 현재의 소비가 증가하기 때문에 저축을 하고자 하는 유인이 그만큼 줄어들게 된다는 것이다. 이자소득에 대한 소득세의 부과에 따라 저축이 줄어드는 이러한 현상을 대체효과라고 부른다.

하지만 이자소득에 대한 소득세의 부과가 항상 저축을 감소시키는 것은 아니다. 왜냐하면 이자율이 하락하게 되면 종전과 같은 수준으로 저축을 한다고 하더라도 미래의 소비는 줄어들 수밖에 없으므로 일정한 미래소비를 유지하기 위해 더 많이 저축을 하게 될 가능성도 엄연히 존재하기 때문이다. 이자소득에 대한 과세로 이자율은 하락하지만 저축은 오히려 증가하는 이러한 현상을 소득효과라고 부른다.

대체효과가 소득효과를 압도할 경우 소득세의 부과로 인하여 저축이 줄어들게 되지만, 이와는 달리 소득효과가 대체효과를 압도할 경우에는 저축이 오히려 증가하게 된다. 대체효과와 소득효과가 서로 완벽하게 상쇄된다면 저축수준은 전혀 변화하지 않을 것이다. 결국 노동공급에 대한 소득세의 영향과 마찬가지로 저축에 대한 소득세의 영향 또한 이론적인 차원에서는 명쾌한 해답을 구하기 어렵다는 것을 알 수 있다.

참 / 고 / 문 / 헌

Aaron, Henry J.(1976). "Inflation and the Income Tax : An Introduction." in Henry J. Aaron(ed.), *Inflation and the Income Tax*. Washington, D.C. : The Brookings Institution.

Aronson, J. Richard.(1985). *Public Finance*. New York : McGraw-Hill, chs. 13 & 14.

Goode, Richard.(1977). "The Economic Definition of Income." in Joseph A. Pechman(ed.), *Comprehensive Income Taxation*. Washington, D.C. : The Brookings Institution.

______.(1980). "The Superiority of the Income Tax." in Joseph A. Pechman(ed.), *What Should Be Taxed : Income or Expenditure?* Washington, D.C. : The Brookings Institution.

Gruber, Jonathan.(2005). *Public Finance and Public Policy*. New York : Worth Publishers, ch. 18.

Hyman, David N.(1999). *Public Finance : A Contemporary Application of Theory to Policy*. 6th ed., Forth Worth : The Dryden Press, ch. 13.

Marlow, Michael L.(1995). *Public Finance : Theory and Practice*. Fort Worth : The Dryden Press, ch. 19.

Mikesell, John L.(1999). *Fiscal Administration : Analysis and Applications for the Public Sector*. 5th ed., Fort Worth : Harcourt Brace College Publishers, ch. 7.

Pechman, Joseph A.(1987). *Federal Tax Policy*. 5th ed., Washington, D.C. : The Brookings Institution.

Rosen, Harvey S.(2002). *Public Finance*. 6th ed., Boston : McGraw-Hill, chs. 15 & 16.

Stiglitz, Joseph E.(2000). *Economics of the Public Sector*. 3rd ed., New York : W.W. Norton & Co., ch. 19.

Stotsky, Janet.(1995). "The Base of the Personal Income Tax." in Parthasarathi Shome(eds.), *Tax Policy Handbook*. Washington, D.C. : International Monetary Fund.

제 11 장 법 인 세

1. 법인세의 의미와 존재이유

(1) 법인세의 특징

법인세는 자연인에게 부과되는 다른 일반적인 조세와는 달리 법적으로만 그 실체가 인정되는 법인에게 부과되는 조세라는 특징을 지니고 있다. 즉, 법인은 법적으로만 그 실체가 인정되는 가공의 존재이지만 조세부과에 있어서는 자연인처럼 취급되는 것이다. 그런데 앞에서 강조한 바와 같이 조세를 부담하는 것은 오직 자연인인 개인이기 때문에, 어떤 기업에 법인세가 부과되었을 경우 그 부담을 궁극적으로 지는 것은 기업의 주주(shareholders)나 그 기업의 생산물을 구입하는 소비자나 혹은 그 기업에 고용되어 있는 노동자일 뿐, 기업이 법인세를 직접 부담하는 것은 결코 아니다. 법인세가 궁극적으로 누구에게 귀착되는가는 법인세가 재화와 서비스의 가격, 투자수익 및 임금에 대해 어떤 영향을 미치는가에 따라 달라진다. 그러므로 개인의 소득에 부과하는 개인소득세가 엄연히 운용되고 있는 상황에서 법인의 소득에 대해 별도로 조세를 부과할 필요성이 있는가에 대해 상당한 논쟁이 전개되고 있는 실정이다.

(2) 법인세에 대한 반대의견

법인소득에 대해 별도로 조세를 부과할 필요가 없다고 주장하는 사람들에 따르면, 궁극적으로 조세부담을 지는 것은 자연인이기 때문에 법인에 대해 조세를 부과하는 것이 아무런 의미가 없으며, 이중과세(double taxation)의 문제 또한 발생하게 된다고 한다.

기업이 얻은 이윤을 처리하는 데는 두 가지 방법이 있다. 영업활동을 통해 발생한 이윤을 기업이 계속해서 보유함으로써 투자재원으로 활용할 수도 있고 혹은 이윤을 주주들에게 개인소득으로 배분할 수도 있다. 주주들에게 배분되는 기업의 이윤을 배당금(dividends)이라고 부르며, 이와는 달리 기업이 계속해서 이윤을 보유할 경우 이를 사내유보(retained earnings)라고 부른다. 그런데 법인부문에서 발생한 이윤을 주주들에게 배당할 경우, 법인세가 존재하면 일단 법인차원에서 이들 이윤에 대해 법인세가 부과된 후 다시 개인차원에서 배당금에 대해 개인소득세가 부과되므로 이중의 조세부담이 발생하게 된다는 것이다.

예를 들어 어떤 사람이 주식을 소유하고 있는 기업에서 이윤이 발생하여 이 사람에게 배당될 금액이 100만원이 되었다고 가정하자. 이 100만원에 대해서 25%의 세율로 법인세가 부과되면 일단 이 사람은 25만원을 법인세로 납부한 것과 같은 결과가 나타난다.[1] 이제 배당된 75만원에 대해

1) 2014년 현재 우리나라의 법인세율은 과세표준이 2억원 이하인 영리법인의 경우

35%의 세율로 개인소득세가 부과되면 이 사람의 개인소득세 부담은 262,500원이 된다. 결국 이 사람은 자신이 얻은 100만원의 소득에 대해 총 512,500원의 세부담을 지게 되는 것이다. 법인세가 없다면 이 사람의 개인소득세 부담은 35만원에 불과할 것이기 때문에, 법인세로 인하여 이 사람은 162,500원을 더 납부하게끔 된 것이다.

결국 법인세가 존재하면 다른 소득에 비해 배당소득이 중과세되는 결과가 나타나므로 조세부담의 공평성이 훼손된다. 이중과세로 인한 조세부담의 불공평성을 해소하기 위해서는 법인세가 폐지되어야 한다는 것이 법인세를 반대하는 사람들의 주요 논거이다.

(3) 법인세에 대한 찬성의견 : 법인세의 존재이유

이중과세의 문제로 말미암아 법인세가 폐지되어야 한다는 주장은 개인소득세가 완벽하게 운용된다면 충분한 설득력을 가질 수 있다. 그러나 제10장에서 설명한 바와 같이 현실적으로 개인소득세는 개인이 얻는 모든 소득에 대해 부과되고 있지 못하며 단지 개인의 실현된 소득에 대해서만 부과되고 있는 실정이다. 그러므로 법인소득에 대해서 조세를 부과하지 않을 경우, 기업이 얻은 이윤을 주주에게 배당하지 않고 기업내부에 유보시키게 되면 주주들은 배당금에 부과되는 개인소득세를 회피할 수 있게 된다. 이윤이 사내유보가 될 경우, 주주의 입장에서는 자본이득이 발생하지만 미실현된 상태이기 때문에 아무런 조세부담도 지지 않게 되는 것이다. 다시 말해서, 현실적으로 미실현 자본이득(unrealized capital gains)에 대해서는 부과되지 않는 개인소득세를 보완하기 위해서 법인세가 운용될

10%, 2억원 초과 200억원 이하의 경우 20%, 200억원을 초과하는 경우에는 22%이다.

필요가 있는 것이다.

또한 배당금에 대한 이중과세의 문제는 법인세가 오직 주주들에게 귀착된다고 가정할 경우에만 나타날 수 있다. 그러나 법인세의 부담이 임금하락을 통하여 기업의 근로자들에게 전가되거나 혹은 기업이 판매하는 재화의 가격을 상승시켜 소비자들에게 전가되는 경우 배당금에 대한 이중과세의 문제는 나타나지 않을 수도 있다. 이럴 경우 법인세가 별도로 운용되더라도 다른 소득에 비해 배당소득이 중과세되는 결과는 나타나지 않으므로 조세부담의 공평성이 훼손되지도 않는다.

2. 법인세의 구조

(1) 법인세의 과세표준

법인세의 과세대상이 되는 법인소득은 기본적으로 일 년 동안 기업이 얻은 총수입(gross revenue)에서 기업의 총비용을 차감한 것이다. 그러므로 개인소득세의 경우와 마찬가지로 법인세의 경우에도 법정세율만을 가지고 기업의 실질적인 조세부담을 측정할 수는 없으며, 기업의 총수입 중 법인세의 과세대상에서 제외되는 부분의 크기가 어느 정도인가를 파악해야만 법인세의 실효세율을 측정할 수 있다. 법인세의 과세표준에서 제외되는 기업의 비용에는 기본적으로 근로자들에게 지급한 임금, 이자부담, 재화 및 서비스 구입비, 그리고 일 년 동안 사용된 자본재의 비용 등이 포함된다.

(2) 이자부담의 처리

기업이 투자재원을 마련하는 방법에는 세 가지가 있다. 차입을 통해 재원을 마련할 수도 있고, 기업이 얻은 이윤을 주주들에게 배당하지 않고 사내에 유보시키는 방법이 있을 수도 있으며, 새로운 주식을 발행함으로써 투자재원을 마련할 수도 있다.

차입을 통해 기업이 투자재원을 마련했을 경우 기업의 이자부담(interest payments)은 기업활동을 위한 비용으로 인정되어 법인세의 과세표준에서 제외된다. 그렇지만 기업이 사내유보나 혹은 새로운 주식을 발행하여 투자재원을 마련했을 경우 자기자본(equity capital)에 대한 귀속이자(imputed interest)는 비용으로 인정받지 못한다. 즉, 어떤 기업이 자기자본을 이용하여 투자재원을 마련했을 경우, 그 기업은 자기자본을 다른 사람 혹은 다른 기업에 빌려줌으로써 얻을 수 있는 이자수입을 포기한 것과 마찬가지이기 때문에 그에 해당하는 만큼의 비용을 지불하는 것과 같은 결과가 나타난다. 그렇지만 이러한 귀속이자는 비용으로 인정받지 못하기 때문에 법인세부담을 줄이기 위하여 기업이 과도하게 차입에 의존하게 되는 문제가 발생하게 된다.

(3) 감가상각의 문제

기업의 생산활동을 위해 필요한 재화나 서비스의 구입비도 당연히 법인세의 과세대상에서 제외되어야 한다. 기업이 구입하는 재화가 연료나 사무용품 등과 같이 단기간에 소비되는 비내구적인 성격을 갖는 경우에는 비용의 계산이 하등 문제될 것이 없다. 그렇지만 기업이 구입하는 재화가 기계나 건물 등과 같이 내구적인 성격을 갖는 경우에는 비용을 계산하기가 쉽지 않다. 기계 등의 자본재는 그것을 구입한 해에 모두 소비되거나 소모되는 것이 아니라 장기간에 걸쳐서 사용되기 때문에 그 비용도 장기간에 걸쳐서 계산될 필요가 있다. 다시 말해서, 자본재는 내구연한이 다할 때까지 해마다 소모되기 때문에 매년 자본재가 소모되는 만큼만 자본재의 비용으로 간주해야 한다는 것이다. 이렇게 기업의 생산과정에서 자본재가 소모됨에 따라 하락하는 자본재의 가치를 경제적 감가상각(economic depreciation)이라고 부른다. 원칙적으로 자본재의 경우 경제적 감가상각만을 기업의 비용으로 간주해야 한다.

법인소득을 측정함에 있어서 경제적 감가상각만큼을 매년 자본재의 비용으로 계산하는 것이 원칙이지만 현실적으로 모든 자본재의 내구연한과 경제적 감가상각을 정확하게 측정하는 것은 불가능하다. 따라서 법인세에서 감가상각을 인정하는 방법은 경제적 감가상각과는 다를 수밖에 없다.

법인세에서 감가상각을 계산하는 한 가지 방법으로는 매년 동일한 비율로 자본재가 소모된다고 간주하는 방법이 있다. 예를 들어 어떤 기업이 1,000만원을 들여 기계를 구입했고 그 기계의 내구연한이 10년이라면, 매년 100만원씩 감가상각된다고 간주하는 방법이다. 이러한 감가상각방법을 직선감가상각(straight-line depreciation)이라고 부른다.

이 방법에 의하여 자본재의 비용을 계산할 경우, 기계를 구입한 첫 해에 기업은 감가상각으로 인정받은 100만원에 법인세의 세율을 곱한 만큼 절세를 할 수 있게 된다. 법인세율이 25%라면 기업의 절세액은 100만원×0.25=25만원에 달한다. 그렇지만 이 기업은 기계를 구입한 일 년 후에 이러한 혜택을 받는 것이므로 절세액의 현재가치는 25만원/$(1+r)$이 될 것이다. 이때 r은 자본의 기회비용, 즉 이자율을 의미한다.

동일한 방법으로 기계를 구입한 2년 후에도 25만원을 절세하지만, 절세액의 현재가치는 25만원/$(1+r)^2$이 된다. 따라서 내구연한이 10년인 기계로부터 감가상각에 의해 발생하는 절세액의 현재가치는 다음과 같이 구할 수 있다.

$$\frac{250{,}000}{(1+r)}+\frac{250{,}000}{(1+r)^2}+\frac{250{,}000}{(1+r)^3}+\cdots\cdots+\frac{250{,}000}{(1+r)^{10}}$$

이때 이자율(r)이 10%라면, 감가상각에 의한 절세액의 현재가치는 1,536,142원에 달한다. 결국 감가상각에 따라 기계의 실제 구입비가 1,000만원에서 8,463,858원으로 줄어든 것과 같은 결과가 나타나는 것이다.

그런데 감가상각의 현재가치를 계산하는 앞의 식을 자세히 관찰해 보면, 감가상각이 기계를 구입한 초반에 집중적으로 이루어지거나 혹은 초반에 허용되는 감가상각공제가 클 경우 감가상각에 의한 절세효과가 대단히 크게 나타날 것임을 알 수 있다. 이렇게 자본재의 경제적 감가상각보다 빠르게 감가상각을 인정해 주는 방법을 가속상각(accelerated depreciation)이라고 부르며, 장기적인 투자일수록 가속상각에 의한 절세혜택이 커지게 된다.

앞의 예에서 1,000만원에 구입한 기계의 내구연한이 10년이지만, 가속상각을 허용하여 기계를 구입한 후 첫 5년 동안에 매년 200만원씩 감가상각이 이루어지는 것으로 인정한다면, 가속상각에 의한 절세액의 현재가치는 다음과 같이 구할 수 있다.

$$\frac{500{,}000}{(1.1)}+\frac{500{,}000}{(1.1)^2}+\frac{500{,}000}{(1.1)^3}+\frac{500{,}000}{(1.1)^4}+\frac{500{,}000}{(1.1)^5}$$

즉, 가속상각에 의한 절세액의 현재가치는 1,895,393원에 해당한다. 직선감가상각에 의할 경우와 비교할 때 가속상각에 의해 기업이 359,251원을 더 절세할 수 있는 것이다. 이러한 이유로 정부가 기업의 투자를 촉진하기 위한 수단으로서 가속상각을 허용하는 사례를 흔히 볼 수 있다.

감가상각을 인정해 주는 극단적인 방법으로서 자본재를 구입한 첫 해에 자본재의 구입비용을 전액 비용으로 처리해 주는 방법이 있다. 이를 즉시경비처리(expensing)라고 부르는데, 즉시경비처리에 의할 경우 기업의 법인세 절세효과는 극대화된다.

(4) 투자세액공제

법인세가 투자유인으로 활용될 수 있는 다른 한 가지 방법이 투자세액공제(investment tax credit)이다. 투자세액공제는 자본재가 구입된 해에 자본재 구입비의 일정비율을 법인세액으로부터 차감해 주는 방법이다. 예를 들어 기계의 구입비가 1,000만원이고 10%의 투자세액공제가 허용된다면, 기계의 실제 구입비는 900만원으로 줄어들게 되는 것이다.

감가상각의 경우에는 "감가상각공제액×법인세율"이 기업의 절세액이 되지만, 투자세액공제는 산출된 세액에서 차감되는 것이기 때문에 법인세율과는 상관없이 그 절대액이 곧 기업의 절세액이 된다. 기업의 투자가 단기간에 자주 이루어진다면 투자세액공제에 따른 절세혜택은 그만큼 커지게 된다. 따라서 상대적으로 장기적인 투자에 유리한 가속상각과는 달리, 투자세액공제는 단기적인 투자에 상대적으로 더욱 유리한 투자유인방법이라고 할 수 있다.[2)]

---

2) Richard A. Musgrave and Peggy B. Musgrave.(1984). *Public Finance in Theory and Practice*. 4th ed., New York : McGraw-Hill, p. 424.

(5) 인플레이션과 법인세

인플레이션은 법인세에 대해 다음과 같은 세 가지 측면에서 중대한 영향을 미친다.

첫째, 인플레이션이 발생할 경우 감가상각의 실질가치(real value)가 줄어들기 때문에 기업의 실질적인 조세부담이 늘어나게 된다. 물가가 안정적일 경우에는 자본재의 원래 구입비용, 즉 역사적 비용(historic cost)과 자본재의 내구연한이 다하여 이를 다시 구입하는 데 소요되는 비용인 대체비용(replacement cost)이 전혀 차이가 없다. 그러나 인플레이션이 발생할 경우에는 자본재의 대체비용이 그만큼 늘어나게 되어 기업의 부담이 증가하게 된다. 감가상각은 자본재의 원래 구입비용을 기준으로 이루어지기 때문에, 인플레이션이 발생할 경우 자본재의 구입비용을 기준으로 계산된 감가상각은 자본재의 대체비용을 과소평가할 수밖에 없다. 따라서 기업의 이윤이 그만큼 과대평가되어 조세부담이 늘어나게 되는 것이다.[3)]

예를 들어 어떤 기업이 내구연한이 10년인 기계를 1,000만원에 구입하고, 직선감가상각법에 의해 감가상각을 할 경우 매년 감가상각되는 금액은 100만원이 된다. 그런데 기계를 구입한 후 물가가 두 배 상승했다면, 감가상각되는 총액은 1,000만원인 반면, 10년 후 기계를 다시 구입할 때 소요되는 비용은 2,000만원이 될 것이다. 다시 말해서, 인플레이션 때문에 매년 이루어지는 감가상각의 실질가치가 기계구입비의 1/10이 아니라 1/20인 50만원으로 줄어들게 되는 것이다. 결국 역사적 비용을 기준으로 계산한 감가상각의 실질가치는 그 자본재의 실질적인 가치상실분보다 작게 되

---

3) David N. Hyman.(1999). *Public Finance : A Contemporary Application of Theory to Policy*. 6th ed., Fort Worth : The Dryden Press, p. 546.

어 기업의 실질적인 조세부담이 그만큼 늘어나게 되는 것이다.

둘째, 기업이윤을 계산함에 있어 재고비용(inventory expenses)을 측정할 때에도 비슷한 문제가 발생한다. 기업이 이미 구입해서 재고로 축적해 놓은 물품을 생산과정에서 활용할 경우, 그 물품의 비용은 그것을 새로 구입하는 데 소요되는 비용, 즉 대체비용(replacement cost)이 아니라 기존의 구입가격으로 측정된다. 물가가 안정적이라면 원래의 구입비용과 대체비용이 전혀 차이가 없을 것이다. 그렇지만 인플레이션이 발생할 경우에는 원래의 구입비용이 대체비용보다 작아지게 되므로 기업의 이윤이 과대평가되는 결과가 나타난다.

재고의 회계처리방법은 크게 두 가지로 나눌 수 있는데, 한 가지 방법은 먼저 있던 재고가 우선적으로 사용된다고 보는 선입선출법(first-in, first-out : FIFO)이며, 다른 한 가지 방법은 나중에 재고로 추가된 것이 먼저 사용된다고 보는 후입선출법(last-in, first-out : LIFO)이다. 대부분의 기업이 사용하는 선입선출법은 인플레이션이 발생할 경우 원래의 구입비용과 대체비용 간의 격차를 늘리게 되어 재고비용을 과소평가하는 동시에 기업의 이윤을 과대평가함으로써 기업의 실질적인 조세부담을 늘리게 되는 문제점을 안고 있다.[4)]

셋째, 인플레이션이 항상 기업의 부담을 증가시키는 것만은 아니다. 기업이 차입에 의존하여 자금을 조달할 경우, 인플레이션이 발생하면 기업이 부담하는 이자비용의 실질가치는 하락하게 된다. 또한 인플레이션이 예상되어 명목이자율이 상승한다 하더라도 기업의 실질이자부담은 증가하는

---

4) 후입선출법을 채택하는 기업의 경우 이윤을 낮추어 세부담을 줄일 수 있지만, 이윤이 낮기 때문에 기업가치도 낮게 평가되는 문제가 발생한다. Dale Chua.(1995). "Inventory Valuation." in Parthasarathi Shome(eds.), *Tax Policy Handbook*. Washington, D.C. : International Monetary Fund, p. 140.

것이 아니지만, 비용으로 처리되어 법인소득의 과세대상에서 제외되는 기업의 이자부담은 실질가치가 아니라 명목가치에 의해 측정되기 때문에 해당 기업의 절세효과는 더욱 커지게 된다. 따라서 인플레이션이 발생하면 기업의 실질조세부담은 줄어들게 된다.

(6) 법인세의 실효세율

법인세의 실효세율(effective tax rate)은 $(r_b - r_a)/r_b$로서 정의할 수 있다. 여기서 r_b는 법인세부과 전의 기업의 수익률이며, r_a는 법인세납부 후의 기업의 수익률을 의미한다. 즉, 법인세의 실효세율은 조세에 의한 수익률의 감소비율을 의미한다.

지금까지의 논의를 종합해 보면, 법인세의 실효세율은 법인세의 명목세율, 이자비용의 처리, 감가상각방법, 투자세액공제에 대한 규정, 인플레이션율, 그리고 투자의 수익률 등에 의해 결정된다고 할 것이다.[5)]

3. 법인세의 귀착

법인세의 부담이 궁극적으로 누구에게 귀착될 것인가에 대해서는 다양한 견해가 존재한다. 법인세의 영향을 분석하는 시기가 단기(short-run)인가 혹은 장기(long-run)인가에 따라, 그리고 법인세가 부과된 기업의 행태에 따라 법인세의 귀착은 달라지게 된다. 일반적으로 단기라 함은 수요와 공급 조건의 변화에도 불구하고 기업이 자본의 공급수준을 변화시킬 수

---

5) Musgrave and Musgrave.(1984). *op. cit*., pp. 254–55.

없는 기간을 의미하며, 장기는 기업이 자본공급수준을 변화시킬 수 있는 기간을 의미한다.

(1) 법인세의 단기적 귀착

기업이 자본의 공급수준을 변화시킬 수 없으며 이윤극대화(profit maximization)를 추구하는 상황에서 법인세가 부과될 경우에는 그 부담이 전적으로 자본의 소유자에게 귀착된다. 법인세의 부담이 소비자에게 전가될 수 있기 위해서는 법인세가 부과된 후 기업이 생산량을 줄이고 이에 따라 자신이 판매하는 재화의 가격을 올릴 수 있어야 한다. 그런데 기업이 이윤극대화를 달성할 수 있는 생산수준은 그 기업이 완전경쟁기업인가 혹은 독점기업인가에 상관없이 법인세부과 전이나 법인세부과 후나 동일하다. 따라서 법인세가 부과된다 하더라도 이윤극대화를 추구할 수 있는 생산수준은 변화가 없기 때문에 생산량이 감소하지 않으며, 이에 따라 그 기업이 생산하는 재화의 소비자가격도 전혀 변화하지 않게 되는 것이다.

다음의 [그림 11-1]을 보면 이는 명확해진다. 한계수입(marginal revenue)과 한계비용(marginal cost)이 일치하는 점에서 생산수준이 결정될 때 기업은 자신의 이윤을 극대화시킬 수 있다. [그림 11-1]은 다행히 경제적 이윤을 얻고 있는 어떤 완전경쟁기업의 생산수준을 나타내고 있다. 완전경쟁기업의 수요곡선은 수평이며, 따라서 한계수입곡선 또한 수평이다. 이때 이윤극대화를 달성할 수 있는 생산수준은 한계수입과 한계비용이 일치하는 Q^*점에서 결정된다. Q^*만큼을 생산할 때 평균비용이 AC^*만큼 소요된다면, 이 기업은 $PEFG$만큼의 이윤을 얻게 됨을 알 수 있다.

이때 이 기업이 얻고 있는 경제적 이윤에 대해 법인세가 부과된다 하더라도 이 기업의 한계수입과 한계비용은 전혀 변화하지 않으며, 이에 따라

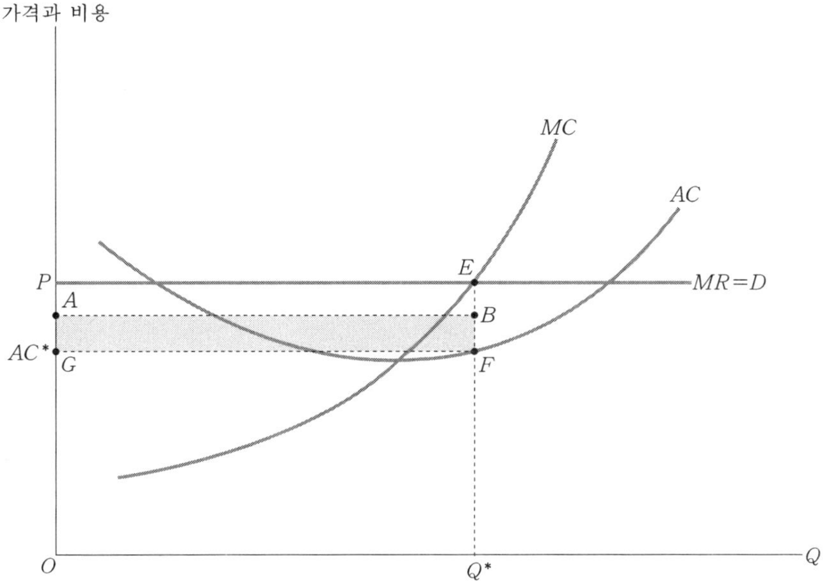

| 그림 11-1 | 완전경쟁기업에 대한 법인세의 부과

법인세부과 후에도 이윤극대화를 달성할 수 있는 생산수준은 여전히 Q^*가 된다. 생산량이 조세부과 전과 동일하기 때문에 법인세부과 후 이 기업이 판매하는 재화의 가격도 상승하지 않는다. 단지 법인세는 완전경쟁기업이 얻고 있는 이윤을 $PEFG$에서 $ABFG$로 감소시킬 뿐이다. 즉, 법인세 부담의 전가가 전혀 발생하지 않는 것이다.[6)]

법인세가 부과된 기업이 독점기업이라 할지라도 그 기업이 이윤극대화를 추구하고 있는 이상 결과는 마찬가지이다.[7)] 독점기업의 경우 한계수입이 평균수입, 즉 가격보다 낮기는 하지만, 이윤극대화가 달성되는 생산수

6) Hyman.(1999). *op. cit.*, pp. 555–56.

7) Musgrave and Musgrave.(1984). *op. cit.*, pp. 412–13.

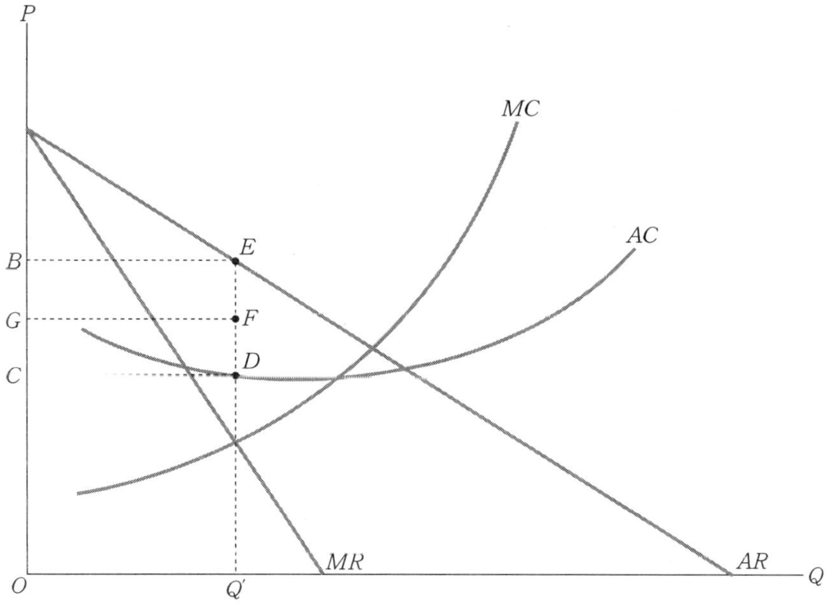

Ⅰ 그림 11-2 Ⅰ 독점기업에 대한 법인세의 부과

준은 한계수입과 한계비용이 일치하는 점에서 결정된다. [그림 11-2]에서 독점기업이 Q'만큼을 생산함으로써 극대화되는 이윤의 크기는 $BCDE$가 된다.

법인세가 부과된다 하더라도 독점기업의 한계수입과 한계비용은 전혀 변화하지 않으며, 이에 따라 이윤극대화를 달성할 수 있는 생산수준은 여전히 Q'이 된다. 생산량이 줄지 않으므로 독점기업이 판매하는 재화의 가격이 상승하지 않으며, 따라서 소비자에 대한 조세전가의 가능성도 전혀 없다. 단지 [그림 11-2]에서 볼 수 있는 바와 같이 독점기업의 이윤이 $BCDE$에서 $GCDF$로 줄어들 뿐이다.

이와는 달리 불완전경쟁상태에 있는 기업이 생산비용에 일정한 이윤을 더하는 식으로 재화의 가격을 설정한다면(mark-up pricing), 소비자에게 법인세의 부담이 전가될 가능성이 높아지게 된다. 즉, 시장지배력(market power)을 갖고 있는 기업이 한계수입과 한계비용이 일치하는 점에서 생산수준을 결정하고 그에 따라 재화의 가격을 설정하는 것이 아니라 생산비용에 더하여 일정한 수준의 이윤을 보장받을 수 있도록 재화의 가격을 설정한다면, 법인세부담은 기업의 비용으로 인식되어 법인세부과 전과 동일한 이윤을 얻기 위해 재화의 가격을 인상시키는 결과가 나타날 수 있다. 이럴 경우 법인세부담은 소비자에게 전가될 수밖에 없는 것이다.

그렇지만 장기적인 이윤극대화를 포기하면서까지 단기적인 이윤극대화에 집착하는 기업은 그리 많지 않을 것이다. 따라서 기업이 시장지배력을 가지고 있다 하더라도 법인세의 부담이 소비자에게 전가된다는 결론은 설득력이 매우 약할 수밖에 없다.[8)]

그런데 단기적으로 법인세의 부담이 소비자에게 전가될 수 있는 가능성뿐만 아니라 노동자에게 전가될 수 있는 가능성 또한 배제할 수 없다. 물론 노동시장이 완전경쟁상태하에 있다면 법인세의 부담이 노동자에게 전가될 가능성은 전혀 없다. 그렇지만 노동시장이 불완전경쟁상태에 있고 노동조합이 결성되어 있지 않아 노동자의 힘이 대단히 약할 경우, 법인세의 부과 후에도 기업이 이전과 동일한 수준의 이윤을 얻고자 한다면 노동자에게 지급하는 임금을 낮춤으로써 법인세부담을 후방으로 전가시킬 수 있는 가능성이 엄연히 존재하는 것이다.

---

8) James M. Buchanan and Marilyn R. Flowers.(1987). *The Public Finances : An Introductory Textbook*. 6th ed., Homewood, IL : Irwin, p. 253.

(2) 법인세의 장기적 귀착

법인세의 장기적 귀착을 분석하는 대표적인 모형으로서 들 수 있는 것이 하버거(Arnold Harberger)가 제시한 이른바 하버거모형이다.[9] 하버거모형에서는 경제가 크게 두 부문, 즉 법인부문(corporate sector)과 비법인부문(noncorporate sector)으로 나누어져 있으며 법인세는 오직 법인부문에만 부과되는 것으로 가정한다. 또한 법인부문과 비법인부문은 모두 완전경쟁상태에 있으며 자본의 공급수준과 다른 생산요소의 공급은 고정되어 있는 것으로 가정한다.

앞에서 살펴본 바와 같이 법인부문이 완전경쟁상태에 있을 경우 단기적으로 법인세는 전적으로 자본의 소유자에게 귀착되며 어떠한 조세전가도 발생하지 않는다. 그렇지만 법인세가 부과되어 법인부문의 투자수익률이 낮아지게 되면, 장기적으로는 자본이 법인부문으로부터 이탈하여 법인세가 부과되지 않는 비법인부문으로 이동하는 결과가 나타날 것이다. 그런데 비법인부문으로 자본이 이동하면 비법인부문에 고용된 자본의 양이 증가하게 되므로 결국 비법인부문에 투자된 자본의 수익률 또한 하락하는 결과가 초래된다. 그러므로 장기적으로는 법인세의 부과에 따라 법인부문뿐만 아니라 비법인부문에서도 순수익률(net rate of return)이 낮아짐으로써 모든 자본의 소유자에게 법인세의 부담이 귀착되는 결과가 나타나게 되는 것이다. 다음의 [그림 11-3]은 이를 보여주고 있다.

---

9) Arnold Harberger.(1962). "The Incidence of the Corporation Income Tax." *Journal of Political Economy*. vol. 70, pp. 215-40. 하버거모형에 대한 상세한 설명으로는 Charles E. McLure and Wayne R. Thirsk.(1975). "A Simplified Exposition of the Harberger Model Ⅰ : Tax Incidence." *National Tax Journal*. vol. 28, pp. 1-27을 들 수 있다.

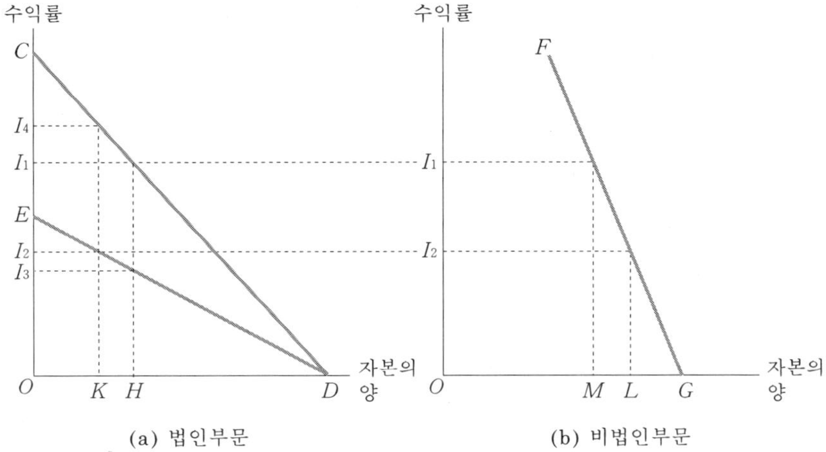

‖ 그림 11-3 ‖ 법인세의 장기적 귀착

[그림 11-3] (a)는 법인부문을, (b)는 비법인부문을 나타내며, (a)와 (b) 모두에서 종축은 수익률(rate of return)을, 횡축은 투자된 자본의 양(amount of capital)을 나타낸다. 그림 (a)의 CD와 그림 (b)의 FG는 자본의 한계효율성(marginal efficiency of capital)을 나타내는데, 자본의 양과 수익률 간에는 역관계(inverse relationship)가 존재하고 있음을 보여주고 있다.

자본의 총공급수준은 고정되어 있으며, 법인세부과 전 OH만큼의 자본이 법인부문에, 그리고 OM만큼의 자본이 비법인부문에 투자되고 있다. 두 부문 간 수익률이 일치하지 않는다면 수익률이 낮은 부문에서 수익률이 높은 부문으로 자본이 이동하게 될 것이므로, 두 부문 간 수익률이 동일해야만 균형이 달성된다고 할 수 있다. [그림 11-3]에서 양 부문의 수익률은 OI_1으로서 동일하며, 이에 따라 균형이 이루어지고 있음을 알 수 있다.

이제 법인부문에 법인세가 부과되었다고 가정하자. 법인세가 부과되면 법인부문의 순수익률(=세후수익률)은 r에서 $(1-t)r$로 하락하게 된다. 여기서 r은 총수익률(=세전수익률)을, 그리고 t는 법인세율을 의미한다. 법인세부과 후 법인부문에서 자본의 순수익률은 [그림 11-3]에서 ED로 표현되고 있다. 그런데 법인세는 법인부문에만 부과되는 것이므로 법인세부과 이후에도 비법인부문에서는 총수익률과 순수익률이 동일하다.

법인세가 부과되면 단기적으로는 법인부문에서 자본의 소유자가 자본을 이동시길 수가 없기 때문에 법인세 부담을 전적으로 떠안게 된다. 그림에서 단기적으로 자본의 순수익률이 OI_3로 하락함을 볼 수 있다. 법인세로 말미암아 낮아진 법인부문의 순수익률은 비법인부문의 수익률보다 낮다. 따라서 장기적으로는 자본이 수익률이 높은 비법인부문으로 이동하게 될 것이다. 이렇게 되면 비법인부문에 투자되는 자본의 양이 증가하게 되므로 비법인부문에서의 투자수익률도 낮아질 수밖에 없다. 또한 법인부문에 투자되는 자본의 양이 줄어들게 되므로 법인부문의 순수익률은 오히려 어느 정도 상승한다. 결국 법인부문에서의 자본의 순수익률과 비법인부문에서의 자본의 순수익률이 동일해질 때까지 자본이 법인부문에서 비법인부문으로 이동하게 될 것이다.

[그림 11-3]에서 법인부문에서의 자본의 감소량 KH는 비법인부문에서의 자본의 증가량 ML과 일치하며, 이에 따라 법인세부과 후 법인부문에서는 OK만큼의 자본이, 그리고 비법인부문에서는 OL만큼의 자본이 고용된다. 이때 법인부문과 비법인부문의 순수익률은 OI_2로 동일해짐을 알 수 있다. OI_2는 법인세부과 전의 균형수익률 OI_1보다 낮은데, 이에 따라 결국 법인세의 부담은 모든 자본의 소유자들에게 귀착됨을 알 수 있다.

그런데 부문 간 자본의 자유로운 이동이 제한된다면, 법인세의 부담은 모든 자본의 소유자에게 귀착되는 것이 아니라 법인부문에서 자본을 소유한 사람들, 즉 주주들에게 귀착된다고 할 수 있다. 예를 들어 법인의 형태로 기업활동을 영위하는 것이 대단히 유리하기 때문에 법인세의 부과 후에도 법인부문의 수익률이 비법인부문에 비해 상대적으로 높을 경우, 법인부문으로부터 비법인부문으로 자본이 이동하지 않게 될 것이다. 또한 법인부문에서의 투자재원이 거의 모두 차입에 의해 조달된다면, 이자부담은 비용으로 처리되기 때문에 법인세가 법인부문에서의 투자유인을 거의 저하시키기 않게 된다고 할 수 있다.[10] 가속상각이나 즉시경비처리 혹은 투자세액공제 등의 투자유인책이 상당히 많이 활용될 경우에도 법인부문의 세후 수익률이 비법인부문의 수익률보다 높을 수 있다. 이럴 경우에도 자본의 부문 간 이동은 거의 발생하지 않게 될 것이다.

(3) 법인세의 초과부담

법인세는 부문 간 투자패턴을 왜곡하게 된다. 즉, 법인세의 부과에 따라 법인부문에는 효율적인 투자수준보다 낮은 투자가 이루어지게 되는 반면, 비법인부문에서는 효율적인 투자수준 이상의 투자가 이루어지게 되는 것이다. 다시 [그림 11-3]을 보도록 하자. 법인세부과 후 법인부문에는 OK 만큼의 자본이 고용되며, 이때 자본의 순수익률은 OI_2이지만 자본의 총수익률은 OI_4에 달한다. 반면 법인세부과 후 비법인부문에는 OL만큼의 자본이 고용되면서 자본의 수익률은 OI_2가 된다. 자본 소유자의 입장에서는 순수익률이 중요하지만, 사회 전체적인 자원배분의 효율성 측면에서는 자본의 생산성을 의미하는 총수익률이 더욱 중요한 의미를 갖는다. 비법인부문에 비해 법인부문에서 자본의 총수익률이 더 높다는 것은 곧 법인부문에서 자본의 생산성이 더 높다는 것을 의미한다. 법인세부과 후 법인부문의

10) Jane G. Gravelle.(1995). "The Corporate Income Tax : Economic Issues and Policy Options." *National Tax Journal*. vol. 48, p. 273.

총수익률은 OI_4이지만 비법인부문의 수익률은 OI_2에 불과하므로 법인부문에는 너무 적은 양의 자본이, 비법인부문에는 너무 많은 양의 자본이 배분되어 있다고 할 수 있다. 이와 함께 전체적인 투자수익률이 저하함에 따라 저축과 투자가 감소한다면, 경제 전체의 성장이 저해되는 결과가 나타난다. 법인세로 인한 부문 간 투자패턴의 왜곡과 경제 전체의 효율성 저하가 바로 법인세의 초과부담이 되는 것이다.

(4) 법인세와 소득분배

하버거모형에서 가정하고 있는 것처럼 법인세의 부과에 따라 법인부문의 순수익률이 비법인부문의 수익률에 비해 하락할 때 자본의 전체 공급량이 불변이라면, 법인세의 부담은 모든 자본의 소유자들에게 귀착된다. 그러나 투자수익률의 하락으로 인해 자본의 공급이 감소한다면 법인세의 귀착은 달라지게 된다. 법인세의 부과에 따라 자본의 공급량이 감소하게 되면 노동생산성이 낮아질 수밖에 없기 때문에 노동자의 실질임금이 하락할 수밖에 없다. 결국 법인세의 부과에 따라 자본의 공급이 감소하게 되면, 법인세의 부담이 노동자에게도 전가됨을 알 수 있다.

이와 함께 법인세는 재화의 가격에도 영향을 미치게 된다. 법인세의 부과에 따라 법인부문의 생산량이 감소하고 비법인부문의 생산량이 증가하게 되면, 법인부문에서 생산하는 재화의 가격은 상승하는 반면 비법인부문에서 생산하는 재화의 가격은 하락하게 될 것이다. 따라서 법인부문에서 생산하는 재화를 상대적으로 많이 소비하는 사람들은 실질소득의 감소를 경험할 수밖에 없는 반면, 비법인부문에서 생산하는 재화를 상대적으로 더 많이 소비하는 사람들은 역으로 혜택을 보게 된다.

결국 법인세가 소득분배에 미치는 영향은 법인세가 궁극적으로 누구에게 귀착되는가에 따라 달라진다. 하버거는 법인세가 야기하는 가격효과가 대단히 중요하긴 하지만, 법인부문에서 생산하는 재화의 가격이 상승하는 동시에 비법인부문에서 생산하는 재화의 가격이 하락하므로 이 두 가지 가격효과는 상쇄된다고 보고 있다. 즉, 법인세가 소비자에게 미치는 영향은 미미하다는 것이다. 따라서 법인세가 자본의 소유자들에게 전적으로 귀착된다면, 부의 분배가 불평등하게 되어 있는 상황에서 법인세는 소득을 재분배하는 효과를 갖게 된다고 할 것이다. 그러나 만일 법인세의 부담이 임금하락의 형태로 노동자들에게 전가된다면 법인세의 소득재분배효과는 상당히 줄어들 수밖에 없을 것이다.

그런데 자본의 국제적 이동성이 대단히 높아진 오늘날에는 하버거모형에서 가정하고 있는 것처럼 법인세가 부과됨에 따라 자본이 법인부문에서 단지 비법인부문으로만 이동하는 것이 아니다. 오늘날에는 어떤 한 나라에서 고율로 법인세를 부과할 경우 자본은 국경을 넘어 다른 나라로 이동하게 된다. 이렇게 되면 법인세의 부담은 자본의 소유자들에게 귀착되는 것이 아니라 상대적으로 이동성이 낮은 생산요소의 소유자들에게 전가된다. 자본의 국제적 이동에 따라 고율로 법인세가 부과된 나라에서 자본의 공급량이 감소하게 되면 노동의 생산성이 하락할 수밖에 없으며, 이에 따라 실질임금이 하락하는 형태로 노동자들에게 법인세의 부담이 전가되는 것이다.[11] 결국 우리가 흔히 이야기하는 세계화는 법인세의 귀착과 소득분배에도 영향을 미치게 됨을 알 수 있다.

11) Joseph A. Pechman.(1987). *Federal Tax Policy*. 5th ed., Washington, D.C. : The Brookings Institution, p. 144.

참 / 고 / 문 / 헌

Aronson, J. Richard.(1985). *Public Finance*. New York : McGraw-Hill, ch. 15.

Browning, Edgar K. and Jacquelene M. Browning.(1994). *Public Finance and the Price System*. 4th ed., New York : Macmillan, ch. 12.

Buchanan, James M. and Marilyn R. Flowers.(1987). *The Public Finances : An Introductory Textbook*. 6th ed., Homewood, IL : Irwin, ch. 25.

Chua, Dale.(1995). "Inventory Valuation." in Parthasarathi Shome(eds.), *Tax Policy Handbook*. Washington, D.C. : International Monetary Fund.

Gravelle, Jane G.(1995). "The Corporate Income Tax : Economic Issues and Policy Options." *National Tax Journal*. vol. 48, pp. 267–77.

Harberger, Arnold.(1962). "The Incidence of the Corporation Income Tax." *Journal of Political Economy*. vol. 70, pp. 215–40.

Hyman, David N.(1999). *Public Finance : A Contemporary Application of Theory to Policy*. 6th ed., Fort Worth : The Dryden Press, ch. 15.

King, John R.(1995). "The Concepts of Business Income and Taxable Income." in Parthasarathi Shome(eds.), *Tax Policy Handbook*. Washington, D.C. : International Monetary Fund.

Marlow, Michael L.(1995). *Public Finance : Theory and Practice*.

Fort Worth : The Dryden Press, ch. 20.

McLure, Charles E. and Wayne R. Thirsk.(1975). "A Simplified Exposition of the Harberger Model I : Tax Incidence." *National Tax Journal*. vol. 28, pp. 1–27.

Mintz, Jack.(1995). "The Corporation Tax : A Survey." *Fiscal Studies*. vol. 16, no. 4, pp. 23–68.

Musgrave, Richard A. and Peggy B. Musgrave.(1984). *Public Finance in Theory and Practice*. 4th ed., New York : McGraw-Hill, chs. 18 & 19.

Pechman, Joseph A.(1987). *Federal Tax Policy*. 5th ed., Washington, D.C. : The Brookings Institution.

제 12 장
소 비 세

1. 소비세의 특징

소비세(consumption tax)는 재화 및 서비스의 생산, 판매, 소비 과정에 부과되는 조세이다. 소득세가 가계소득의 원천측면(sources side)에 부과되는 인세(personal tax)인 데 반하여, 소비세는 가계소득의 사용측면(uses side)에 부과되는 물세(in rem tax)라는 특징을 지니고 있다. 이러한 이유로 각종 공제제도와 누진세율 등이 활용될 수 있는 소득세와는 달리 소비세를 운용하는 데 있어서는 개별소비자의 경제적 상황이 고려되지 않는다. 따라서 소비세는 조세부담의 수평적 · 수직적 공평성이 훼손될 수 있는 조세라는 문제점을 지니고 있다.[1] 그러나 소비세는 재화와 서비스의 거

1) Richard A. Musgrave and Peggy B. Musgrave.(1989). *Public Finance in Theory and Practice*. 5th ed., New York : McGraw-Hill, p. 395.

래과정에 부과되는 조세이기 때문에 행정적으로 운용하기가 용이하다는 장점을 지니고 있다.

2. 소비세의 유형

소비세는 매우 다양한 형태로 운용되고 있는데, 이러한 다양한 소비세를 분류하는 대표적인 방법으로서는 과세의 범위(coverage)에 따른 분류와 과세단계(stage of imposition)에 따른 분류를 들 수 있다.

과세의 범위에 따른 소비세의 분류는 소비세가 특정한 재화와 서비스에만 부과되는가 혹은 모든 재화와 서비스에 대해 일률적으로 부과되는가에 따른 분류이다. 소비세가 특정한 재화와 서비스에만 부과될 경우 이를 개별소비세(selective consumption tax) 혹은 물품세(excise tax)라 부른다. 이와는 달리 모든 재화와 서비스에 대해 일률적으로 부과되는 소비세를 일반판매세(general sales tax)라 부른다.

어떤 재화가 소비자에 의해 최종소비될 때까지는 몇 가지 생산 및 유통단계를 거치게 된다. [그림 12-1]은 어떤 재화가 최종소비되기 위해서는 자원의 채취나 농작물의 재배 등의 과정을 거쳐 제조업체에서 제조되고, 다시 도매 및 소매 단계를 거쳐 최종소비자에게로 판매되는 단계를 거쳐야 함을 보여주고 있다. 각 단계 사이에는 거래행위가 이루어지며 이에 따라 판매자와 구매자가 있게 된다. 과세단계에 의한 소비세의 분류는 이러한 거래단계 중 어떤 단계에서 소비세가 부과되는가를 기준으로 소비세를 분류하는 방법이다.

소비세는 이러한 몇 가지 생산과정이나 유통과정의 어떤 한 단계에서만 부과될 수도 있고, 생산이나 유통의 모든 과정에 부과될 수도 있다. 단일단

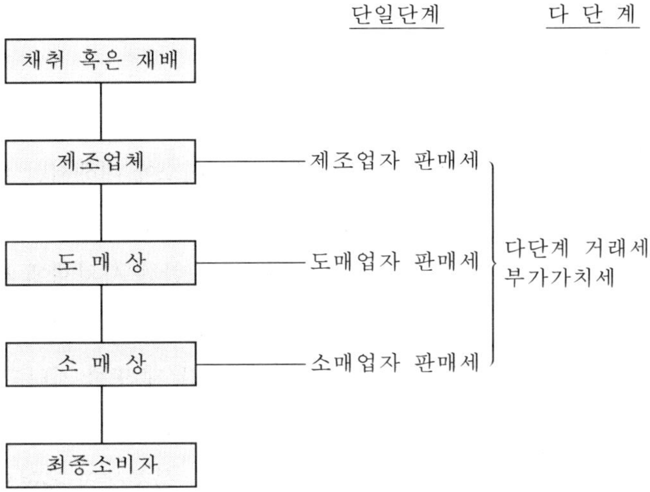

| 그림 12-1 | 생산 및 유통의 흐름과 과세단계에 따른 소비세의 분류

계 과세방법으로는 제조업체에서 도매상에게 생산물을 판매할 때 과세하는 제조업자 판매세(manufacturers' tax), 도매상이 소매상에게 재화를 판매할 때 과세하는 도매업자 판매세(wholesalers' tax), 그리고 소매상이 최종소비자에게 재화를 판매할 때 과세하는 소매업자 판매세(retail sales tax)가 있다. 이와는 달리 모든 생산 및 유통 과정에 부과되는 소비세로는 다단계 거래세(multistage sales tax, turnover tax *or* cascade tax)와 부가가치세(value-added tax)를 들 수 있다. 후술하는 바와 같이 다단계 거래세는 거래가 이루어지는 모든 단계에 부과되는 소비세인 반면, 부가가치세는 조세행정적인 측면에서만 차이가 있을 뿐 소매업자 판매세와 유사한 성격을 지닌 소비세라고 할 수 있다.

3. 물품세

개별소비세 혹은 물품세는 특정한 재화나 서비스에 대해서만 부과되는 소비세로서, 앞의 제9장에서 분석한 것처럼 자원의 효율적인 배분을 저해할 수 있는 대표적인 조세라고 할 수 있다. 이와 함께 사치재에 부과되는 물품세를 제외한 다른 물품세는 거의 대부분 대중적으로 소비되는 재화에 부과되기 때문에, 역진적인 조세부담을 초래하는 문제 또한 지니고 있다.

그런데 물품세는 조세수입의 증가라는 목적 이외에 다른 정책적 목적을 실현하기 위한 수단으로서 부과되는 경우가 많다. 물품세의 유형으로서는 다음의 다섯 가지를 들 수 있다.[2)]

(1) 사치재에 대한 물품세

조세부담의 누진성을 확보하기 위하여 물품세가 부과되는 경우가 있다. 그 대표적인 예가 사치재(luxury goods)에 대한 물품세의 부과이다. 일반적으로 사치재의 소비자는 고소득층이므로, 사치재에 대해 고율의 물품세를 부과함으로써 정부의 세수입을 증가시키는 동시에 조세부담의 누진성을 확보할 수 있다. 그렇지만 동일한 소득을 가진 사람들이라 하더라도 사치재에 대한 선호는 다를 수밖에 없기 때문에, 사치재에 대한 물품세(luxury excises)의 부과는 조세부담의 수평적 공평성을 저해하는 문제점을 지니고 있다.

---

2) John L. Mikesell.(1999). *Fiscal Administration : Analysis and Applications for the Public Sector*. 5th ed., Fort Worth : Harcourt Brace College Publishers, pp. 355–60.

(2) 지출억제 물품세

소비자나 일반국민의 건강이나 안전을 위협하는 재화의 소비를 억제하기 위하여 물품세가 부과되는 경우가 있다. 지출억제 물품세(sumptuary excises)의 대표적인 예로 들 수 있는 것이 바로 담배와 술에 대한 물품세의 부과이다. 사회 전체적인 차원에서 볼 때 바람직하지 않은 이러한 재화의 소비를 억제하기 위한 수단으로서 담배세와 주세가 부과되는 것이다.

그런데 흥미있는 사실은 사회적으로 바람직하지 않은 재화의 소비를 억제하기 위하여 물품세가 부과되긴 하지만, 이러한 재화들에 대한 수요가 대단히 비탄력적이라는 점이다. 물품세가 부과된다 하더라도 담배나 술 등에 대한 수요가 별로 감소하지 않음을 흔히 볼 수 있는데, 이는 이들 재화에 대한 수요의 가격탄력성이 매우 낮기 때문이다. 그러므로 실질적으로 이러한 재화의 소비를 억제하기 위해서는 대단히 높은 세율이 적용되지 않으면 안 된다. 그렇지만 대단히 높은 세율로 물품세가 부과되어 이러한 재화에 대한 소비가 급격히 감소할 경우, 정부의 조세수입 또한 급격히 줄어들 수밖에 없다. 이러한 이유로 어느 나라에서나 지출억제 물품세의 세율은 사실상 그리 높지 않다.

지출억제 물품세의 또 다른 문제점으로서는 조세부담의 수직적 공평성을 저해할 수 있다는 점을 들 수 있다. 주세나 담배세의 절대적 부담은 저소득층이 오히려 높을 수 있으며, 특히 물품세가 종가세가 아니라 종량세의 형태로 운용될 경우 값싼 상품을 소비하는 저소득층에게 상대적으로 높은 부담을 지우는 결과를 초래하게 된다.

(3) 편익에 기반한 물품세

조세의 편익원칙(benefit principle)을 달성하기 위해 물품세(benefit-base excises)가 부과될 수도 있다. 즉, 정부가 제공하는 공공재에 대한 의사가격(quasi-price)으로서 물품세가 부과되는 것이다. 그 대표적인 예로서 휘발유세를 들 수 있다. 자동차가 도로를 사용하는 데 대해 사용료를 직접 징수하기는 현실적으로 대단히 어렵다. 따라서 사용료를 부과하는 대신, 도로의 사용과 연료의 소비가 정비례한다는 가정하에 휘발유에 물품세를 부과함으로써 도로사용료를 징수하는 것과 같은 효과를 얻을 수 있다는 것이다.

(4) 규제적 물품세

자원배분의 효율성을 제고시키기 위한 수단으로서도 물품세가 부과될 수 있다. 제4 장에서 살펴본 것처럼 외부효과를 교정하기 위하여 부과되는 조세가 이러한 규제적 물품세(regulatory excises)의 대표적인 예라고 할 수 있다.

(5) 관 세

세수를 확보함과 동시에 국내 생산자를 보호하기 위한 목적으로 수입품에 대해 관세(customs duties)의 형태로 물품세가 부과될 수도 있다. 수입품에 대한 수요의 가격탄력성이 클수록 관세의 부과는 수입품에 대한 수요를 감소시키며, 이에 따라 국내 생산자를 보호하고자 하는 관세의 원래 목적이 쉽게 달성될 수 있다. 그러나 관세는 비효율적인 국내 생산자를 보조하는 것과 같은 효과를 갖기 때문에 자칫 경제 전체의 효율성을 저하시킬 수도 있다는 문제점을 지니고 있다.

4. 일반판매세

개별소비세 혹은 물품세의 가장 큰 문제점은 중립적인 과세(neutral taxation)가 이루어질 수 없다는 것이다. 다시 말해서, 물품세는 특정한 재화나 서비스에만 부과되기 때문에 소비자의 선택을 왜곡하게 되고 따라서 비효율적인 자원배분을 초래하게 된다는 것이다. 이러한 문제를 해결하기 위해서는 소비세가 모든 재화나 서비스에 부과될 필요가 있다.

앞에서 설명한 것처럼 일반판매세는 단일단계 거래세로 운영되어 제조업자에게 부과될 수도 있고, 도매업자에게 부과될 수도 있으며, 혹은 소매업자에게 부과될 수도 있다. 또한 일반판매세는 다단계 거래세의 형태로 운용될 수도 있다. 이러한 다양한 형태 중 어떤 형태로 일반판매세가 운용되는 것이 바람직한가를 판단하는 기준으로서는 과세의 일률성(uniformity)과 중립성(neutrality)을 들 수 있다.

과세의 일률성이란 다른 특별한 이유가 없다면 모든 소비지출에 대해 동일한 세율로 판매세가 부과되어야 할 뿐만 아니라 소비자가 실제 지출하는 금액에 대해서만 판매세가 부과되어야 함을 의미하는 것이다. 이러한 일률성이 지켜지지 않으면, 각 재화에 부과되는 소비세의 세율이 달라지게 되므로 소비자의 선택이 왜곡될 수밖에 없을 것이다. 과세의 중립성이란 소비세가 거래의 형태, 기업활동의 방법, 혹은 기업조직 형태의 선택에 영향을 미치지 않아야 한다는 것이다. 소비세가 부과됨으로써 이러한 선택이 왜곡된다면 그만큼 자원배분의 효율성이 저해될 수밖에 없기 때문이다.[3] 이러한 평가기준에 의할 경우, 다단계 거래세보다는 단일단계 거래세가, 그리고 단일단계 거래세 중에서도 소매업자 판매세가 다른 형태의 판매세에 비해 보다 바람직하다는 것이 일반적인 결론이다.[4]

(1) 다단계 거래세

다단계 거래세는 거래가 이루어지는 모든 단계에 부과되기 때문에 낮은 세율로도 높은 세수입을 올릴 수 있다는 장점이 있다. 그렇지만 일반적으로 다단계 거래세는 다음과 같은 문제점이 있는 것으로 지적되고 있다.

다단계 거래세의 첫 번째 문제점으로서 지적할 수 있는 것이 이른바 누적효과(pyramiding)이다. 도매상이나 소매상들은 주로 자신들의 재화 구입비용에 일정비율의 이윤을 더함으로써 재화의 판매가격을 정한다. 다단계 거래세가 운용될 경우 이전의 거래단계에서 부과된 소비세만큼 다음 단계 도매상이나 소매상의 구입비용이 상승하게 되는데, 이렇게 되면 최종소비자가 지불하는 재화의 가격은 이전 거래단계에서 징수된 소비세 이상으로 상승하게 된다. 이를 누적효과라고 부르는데, 누적효과가 발생하게 되면 재화의 가격이 대폭 상승하게 되므로 소비자의 선택이 왜곡되어 궁극적으로 자원배분의 효율성이 심각하게 저해되는 문제가 발생한다.

둘째, 제조업자에 의해 생산되어 최종소비자에게 판매될 때까지 경과

3) Mikesell. *ibid*., p. 365.

4) 소비세의 다양한 유형에 대한 포괄적인 비교 · 평가는 다음의 문헌을 참고할 것. John F. Due.(1970). *Indirect Taxation in Developing Countries : The Role and Structure of Customs Duties, Excises, and Sales Taxes*. Baltimore : Johns Hopkins University Press ; John F. Due.(1972), "Alternative Forms of Sales Taxation for a Developing Country." *Journal of Development Studies*. vol. 8, pp. 263–76.

하는 거래단계는 재화마다 다를 수밖에 없으므로 다단계 거래세가 운용될 경우 상대적으로 많은 거래단계를 경과하는 재화에 대해서는 더 많은 소비세가 부과된다. 따라서 단일세율로 다단계 거래세가 운용된다 하더라도 재화마다 실질적으로 부과되는 소비세율은 상이할 수밖에 없다. 이렇게 되면 물품세의 경우와 마찬가지로 소비자의 선택이 왜곡될 수밖에 없으며, 이에 따라 자원배분의 효율성이 저해되는 문제가 발생한다. 이와 함께 많은 수의 거래단계를 경과하는 재화를 선호하는 소비자는 더 많은 소비세를 부담할 수밖에 없으므로, 조세부담의 수평적 공평성이 저해되는 문제 또한 발생하게 된다.

셋째, 다단계 거래세가 운용될 경우 거래단계의 수를 줄이게 되면 소비세부담을 줄일 수 있게 된다. 따라서 한 기업이 제조과정과 도매과정 및 소매과정을 통합하게 되면 소비세의 부담을 대폭 줄일 수 있게 된다. 그렇지만 다단계 거래세는 생산과 유통의 통합, 즉 기업의 수직적 결합(vertical integration)에 대한 유인을 제공함으로써 거래의 형태, 기업활동의 방법, 혹은 기업조직의 형태에 대한 선택을 교란하게 된다. 또한 생산과 유통을 통합하기가 쉽지 않은 업종이나 기업은 상대적으로 불이익을 받을 수밖에 없는 문제가 초래된다.

넷째, 다단계 거래세가 운용될 경우 수입과 수출에 대한 과세에서 문제가 발생한다. 국가 간 교역에 대한 조세정책의 일반적인 원칙은 수입품에 대해서는 국내에서 생산된 물품과 동일하게 과세하고 수출품에 대해서는 조세를 부과하지 않는 것이다. 이를 목적지원칙(destination principle)이라고 하는데, 이는 자국민의 소비행위에 대해서만 소비세를 부과할 뿐 외국의 소비자들에게는 조세를 부과하지 않는다는 원칙이다. 그러나 다단계 거래세로는 이러한 목적지원칙을 준수하기가 대단히 어렵다.

국내에서 생산된 재화에 비해 수입품의 거래단계 수는 작을 수밖에 없다. 특히, 최종소비재의 형태로 어떤 재화가 수입되었을 경우에는 한두 단계의 거래를 거쳐 최종소비자에게 판매될 것이다. 이럴 경우 수입품에 부과되는 소비세의 총액은 상대적으로 작을 수밖에 없고, 이에 따라 수입품이 국내에서 생산된 재화에 비해 가격이 낮게 되는 문제가 발생한다.

수출품에 대해서 소비세가 부과되면 다른 나라의 소비자에게 조세부담이 전가되는 문제가 발생할 뿐만 아니라 수출의 가격경쟁력이 낮아지기 때문에, 수출품에 대해서는 면세혜택을 주는 것이 일반적이다. 그러나 다단계 거래세가 운용될 경우 누적효과로 인하여 수출품에 부과된 정확한 소비세액을 파악하기가 불가능하기 때문에, 소비세액의 환급(refund)이 어려워지는 문제가 발생한다.

(2) 제조업자 판매세와 도매업자 판매세

일반적으로 제조업체나 도매상의 규모는 소매상에 비해 클 뿐만 아니라 전체적인 수효 또한 상대적으로 작기 때문에, 소매업자에게 소비세를 부과하는 것보다 그 전 단계에서 소비세를 부과하면 조세행정이 간편해지는 장점이 있다. 그러나 소매의 전 단계에서 부과되는 판매세(pre-retail sales tax)는 다음과 같은 문제점을 지니고 있다.

첫째, 조세부담을 회피하기 위하여 조세가 부과되는 거래단계 이후에 상대적으로 많은 부가가치가 이루어질 수 있도록 생산이나 유통의 형태를 전환시키는 문제가 발생한다. 이는 곧 제조업자 판매세와 도매업자 판매세가 거래의 형태나 기업활동의 방법에 대한 선택을 왜곡시킬 수 있음을 뜻하는 것이다.

둘째, 소비행태와 자원배분이 왜곡되는 문제가 발생한다. 재화에 따라 제조단계, 도매단계 및 소매단계에서 이루어지는 부가가치가 다를 수밖에 없다. 그런데 예를 들어 제조업자에게 판매세가 부과되면, 도매단계 및 소매단계에서 이루어지는 부가가치가 낮은 재화는 상대적으로 중과세되는 반면, 도매 및 소매 단계에서 이루어지는 부가가치가 높은 재화는 상대적으로 경과세되는 문제가 발생한다. 이렇게 되면 소비자들은 상대적으로 중과세되어 가격이 높은 재화의 구입을 회피하고 상대적으로 경과세되어 가격이 낮은 재화를 구입하게 될 것이다. 이는 곧 소비자선택이 왜곡되고 이에 따라 자원배분의 효율성이 저해됨을 의미하는 것이다.

셋째, 도매업자에게 판매세가 부과될 경우에는 제조업체가 도매단계를 거치지 않고 소매상이나 혹은 최종소비자에게 생산물을 직판함으로써 조세부담을 회피할 수 있는 가능성이 있다. 이럴 경우 정부가 징수할 수 있는 소비세가 현저히 줄어들 수밖에 없을 것이다.

넷째, 제조단계나 도매단계에서 판매세가 부과되면 다단계 거래세와 마찬가지로 누적효과(pyramiding)가 발생하게 된다. 앞에서 설명한 것처럼 누적효과가 발생하면 소비자의 선택이 왜곡될 수밖에 없으며, 이에 따라 자원배분의 효율성이 저해되는 문제가 초래된다.

(3) 소매업자 판매세

단일단계 소비세의 가장 바람직한 형태는 소매업자에게 부과되는 판매세라고 할 수 있다. 소매단계에서 소비세가 부과되면 이전의 모든 거래 및 생산 단계에서 이루어진 부가가치가 과세대상에 포함된다. 따라서 제조업자 판매세나 도매업자 판매세처럼 거래의 형태나 기업활동의 방법에 대한 선택을 왜곡시키지 않게 된다. 또한 재화가 최종소비자에게 판매되는 단계에서 오직 한 번만 소비세가 부과되기 때문에 누적효과가 거의 발생하지 않는다. 따라서 소비세에 의한 소비자선택의 왜곡문제도 최소화될 수 있다.

조세행정의 측면에서 볼 때 소매업자 판매세는 장 · 단점을 동시에 지니고 있다. 소매단계에서 판매세가 부과될 경우 거래단계를 축소시킨다 하더라도 조세부담은 줄어들지 않는다. 따라서 다른 단계에서 판매세가 부과될 경우보다 소비세의 과세대상을 파악하기가 용이하다. 이와 함께 소매업자 판매세의 부과대상이 되는 거래는 광범위하기 때문에, 다른 단일단계 거래세에 비해 낮은 세율로도 높은 세수입을 기대할 수 있다는 것이 소매업자 판매세의 또 다른 장점이다. 그러나 소매상의 규모가 작은 동시에 그 수효가 대단히 많다면, 소매업자 판매세는 행정적으로 운용하기가 쉽지 않다는 단점을 지니고 있다.

소매업자 판매세를 운용하는 경우 발생하는 특수한 문제로서는 소매단계를 거쳐 판매된 재화가 최종소비되지 않고 기업의 생산과정에 자본재나 중간재의 형태로 투입되는 경우를 들 수 있다. 이 경우 비록 소매단계에서 소비세가 부과되지만, 제조단계나 도매단계에서 판매세가 부과된 것과 같은 경제적 효과가 나타나게 된다. 즉, 누적효과가 발생함으로써 모든 소비지출에 대해 동일한 세율이 적용되지 않는 문제가 발생하며, 이에 따라 소비자선택이 왜곡되는 것이다. 또한 기업은 생산과정에 소요되는 재화를 구입하지 않고 직접 생산함으로써 조세부담을 줄일 수 있을 것이다. 따라서 생산방법이나 기업의 조직형태를 왜곡시키는 문제가 발생한다. 이러한 이유로 소매업자 판매세를 운용하는 경우 생산과정에 자본재나 중간재의 형태로 투입되는 재화는 과세대상에서 제외하는 것이 일반적이다.

또한 소매업자 판매세가 운용된다 하더라도 조세부담의 역진성이라는 소비세의 본질적인 문제가 해소되는 것은 결코 아니다. 이러한 문제점을 해소하기 위하여 많은 경우 식료품이나 의약품 등의 생필품은 소매업자 판매세의 과세대상에서 제외하고 있음을 볼 수 있다.[5)]

5. 부가가치세

(1) 부가가치세의 의미

각 생산단계에서 이루어지는 부가가치란 일정한 기간 동안 기업이 생산활동에 필요한 재화와 서비스를 구입하면서 지불한 가격과 생산물을 판매하고 얻은 수입과의 차이라고 정의할 수 있다. 예를 들어 어떤 기업이 인형 한 개를 생산하는 데 들인 비용이 2,500원이지만 이를 3,000원에 판매했다면, 인형 한 개에 대해 500원의 부가가치가 이루어진 것이라고 할 수 있다. 부가가치세(value-added tax : *VAT*)는 각 생산단계나 유통단계에서 이루어진 부가가치에 대해 일정한 세율로 과세하는 소비세를 의미한다. 예를 들어 부가가치세의 세율이 10%라면, 인형을 생산하는 기업은 인형 한 개에 대해 500원×0.1＝50원의 부가가치세를 납부해야 하는 것이다.

모든 생산단계와 유통단계에서 이루어진 부가가치를 합하면 재화의 최종소매가격이 된다. 따라서 부가가치세의 과세대상과 소매업자 판매세의 과세대상은 사실상 동일하다. 단지 최종소매업자만이 아니라 모든 생산자와 유통업자가 소비세를 납부한다는 것이 소매업자 판매세와 부가가치세의 차이점이다. 그리고 부가가치세는 모든 생산과 유통 단계에 부과되긴 하지만, 각 단계에서의 총거래가격(total transaction price)이 아니라 오직 부가가치에 대해서만 부과되기 때문에 누적효과가 발생하지 않는다.

[그림 12-2]는 어떤 재화가 최종소비자에게 판매될 때까지 제조단계,

---

5) Joseph A. Pechman.(1987). *Federal Tax Policy*. 5th ed., Washington, D.C. : The Brookings Institution, pp. 203–204 ; Mikesell(1999). *op. cit.*, pp. 365–66.

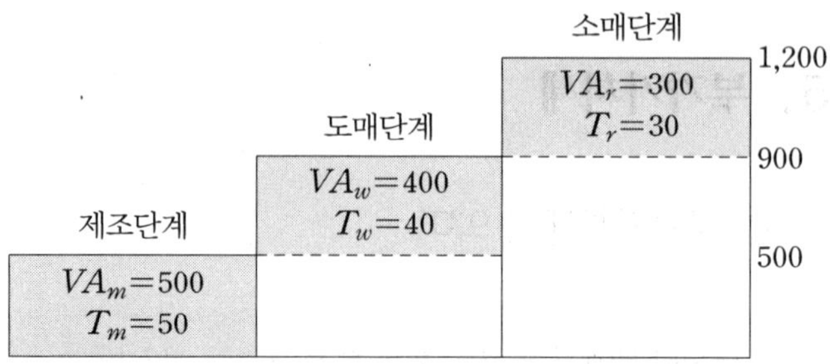

	제조단계	도매단계	소매단계
구입비용	0	00	900
판매가격	500	900	1,200
부가가치	500－0＝500	900－500＝400	1,200－900＝300
부가가치세액	50	40	30

총부가가치$=VA_m+VA_w+VA_r=500+400+300=1,200$
총부가가치세액$=T_m+T_w+T_r=50+40+30=120$

여기서 VA_m, VA_w 및 VA_r은 각각 제조단계, 도매단계 및 소매단계에서 이루어진 부가가치를 의미하며, T_m, T_w, T_r은 각각 제조단계, 도매단계 및 소매단계에서 납부한 부가가치세액을 의미한다.

| 그림 12-2 | 부가가치세 운용의 예

도매단계 및 소매단계의 세 과정을 거치게 되어 있음을 보여주고 있다. 각 단계에서의 부가가치는 재화의 판매가격에서 구입비용을 빼준 것이다. 또한 각 단계의 구입비용은 전 단계의 판매가격과 같다. 예를 들어 도매상은 생산기업으로부터 제품을 500원에 사들여 900원에 판매하므로, 도매단계에서 400원의 부가가치가 이루어지고 있음을 알 수 있다. 따라서 도매상이 납부하는 부가가치세액은 400원×0.1＝40원이 된다.

모든 단계에서 이루어진 부가가치를 합하면(500＋400＋300), 제품의 최종판매가격(1,200원)과 같게 된다. 또한 모든 단계에서 징수된 부가가치세를 합하면(50＋40＋30), 최종소매단계에서의 판매가(1,200원)에 10%의 세율로 소비세를 부과한 것과 같은 결과가 나타남을 알 수 있다.

(2) 부가가치세의 유형

부가가치세의 개념을 보다 분명히 하기 위하여 [그림 12-2]에서 든 인형공장의 예를 구체적으로 보도록 하자. 인형을 만들기 위해서는 일을 할 노동자, 옷감이나 실 등 인형을 만들기 위한 재료, 전기재봉틀 등의 자본재, 공장부지, 그리고 공장운영에 필요한 차입금 등이 필요하다. 인형의 제조업자는 인형을 만드는 데 필요한 이러한 각각의 생산요소에 대해 비용을 지불하지 않으면 안 된다. 〈표 12-1〉은 인형을 만드는 데 필요한 생산요소와 비용을 보여주고 있다.

이때 인형 제조업자의 수입은 다음과 같이 표현할 수 있다.

수입＝임금＋중간재 구입비용＋감가상각＋임대료＋이자＋이윤

그러므로 인형 제조단계에서의 부가가치는 다음과 같다.

부가가치＝수입－중간재 구입비용
＝임금＋감가상각＋임대료＋이자＋이윤

❙ 표 12-1 ❙ 인형 제조업자의 비용

생산의 구성요소	비 용
노동(종업원)	임금
원료 및 재료(옷감, 실 등)	중간재 구입비용
자본재(전기재봉틀)	감가상각
공간(공장부지)	임대료
차입(공장운영비용 차입)	이자

그런데 자본재는 다른 재화와는 달리 기업이 구입한 그 시점에서 바로 소비가 이루어지지 않는 특징을 가지고 있다. 부가가치세는 소비행위에 대해 과세하는 조세이기 때문에 이러한 자본재를 어떻게 처리할 것인가가 문제가 되며, 자본재를 부가가치세의 과세대상에 어떻게 포함시키는가에 따라 부가가치세를 〈표 12-2〉에서 볼 수 있는 바와 같이 세 가지 유형으로 분류할 수 있나.

첫째, 자본재의 감가상각비용이나 자본재의 구입비용은 제외하고 부가가치를 계산함에 있어서 중간재의 구입비용만을 총수입에서 빼는 방법이다. 이는 한 경제가 생산해 낸 모든 소비재와 자본재에 대해서 소비세가 부과되는 것과 마찬가지로서, 과세대상은 임금, 감가상각, 임대료, 이자, 이윤을 모두 합한 것이 된다. 이는 실질적으로 국내총생산(GDP)이 과세대상이 되는 것을 의미한다. 따라서 이러한 유형의 부가가치세를 총소득형 부가가치세(gross income-type *VAT*)라고 부르는데, 가장 포괄적인 부가가치세의 형태라고 할 수 있다.

둘째, 자본재의 감가상각만을 비용으로 인정하여, 부가가치를 계산함에 있어서 다른 중간재의 구입비용과 함께 자본재의 감가상각만을 총수입

| 표 12-2 | 부가가치세의 유형

유 형	계산방법	포함요소	과세대상
총소득형	수입－중간재 구입비용	임금＋감가상각＋임대료＋이자＋이윤	국내총생산(GDP)
순소득형	수입－중간재 구입비용－감가상각	임금＋임대료＋이자＋이윤	국민소득(National Income)
소 비 형	수입－중간재 구입비용－자본재 구입비용	임금＋임대료＋이자＋이윤－순투자	소비(Consumption)

출처 : Fisher.(2007), p. 441.

에서 빼는 방법이다. 총수입에서 중간재의 구입비용과 자본재의 감가상각 비용을 공제하면 순소득(net income)과 같게 된다. 따라서 이러한 유형의 부가가치세를 순소득형 부가가치세(net income-type *VAT*)라고 부른다. 순소득형 부가가치세의 과세대상은 국민소득(national income)과 같기 때문에, 부가가치세가 단일세율로 부과되면 비례적 소득세(proportional income tax)와 동일하게 되는 것이다.

셋째, 자본재와 중간재를 구별함이 없이 부가가치세를 계산함에 있어서 다른 모든 중간재의 구입비용과 함께 자본재의 구입비용을 총수입에서 빼는 방법이다. 각 기업의 부가가치를 계산함에 있어 자본재 구입비용의 공제를 허용함으로써, 부가가치세는 실질적으로 한 경제에서 생산된 소비재의 가치에 대해서만 부과되는 것과 같은 효과를 갖게 된다. 따라서 이러한 유형의 부가가치세를 소비형 부가가치세(consumption-type *VAT*)라고 부르는데, 소비형 부가가치세의 과세대상과 소매업자 판매세의 과세대상은 동일하다. 우리나라와 유럽의 여러 국가들에서 운용되고 있는 부가가치세는 모두 소비형 부가가치세이다.

(3) 부가가치세의 징수방법

부가가치세를 징수하는 방법은 크게 두 가지로 나눌 수 있다. 한 가지 방법은 어떤 기업의 총매출액에서 전 단계 생산자로부터의 총구입비용을 빼서 그 기업의 부가가치를 구한 다음, 여기에 부가가치세율을 곱함으로써 세액을 결정하는 방법이다. [그림 12-2]의 예에서 도매상은 500원에 재화를 구입하여 900원에 이를 판매하였으므로, 도매단계에서 이루어진 부가가치는 400원이 된다. 이 400원에 10%의 세율을 곱하면 40원의 세액이 계산되는 방법이다. 이러한 방법을 거래액공제방식(subtraction method *or* accounts method)이라고 부른다.

이와는 달리 일단 어떤 기업의 총매출액에 부가가치세율을 곱하여 세액을 결정한 다음, 이로부터 전 단계 생산업자가 납부한 세액을 공제함으로써 그 기업이 부담할 최종 부가가치세액을 정하는 방법이 있다. [그림 12-2]의 예에서 도매상의 판매액이 900원이므로 산출세액은 900원×0.1=90원이 된다. 이제 여기서 전 단계 제조업자가 납부한 부가가치세액 50원을 빼면 도매상이 최종적으로 납부해야 하는 세액이 결정되는 것이다. 이러한 방법을 매입세액공제방식(tax credit method *or* invoice method)이라고 부른다.

매입세액공제방식을 택하게 되면 전 단계 거래자가 부가가치세를 납부하지 않았을 경우 다음 단계의 납세자가 세액공제를 받을 수 없기 때문에, 전 단계 납세자가 납부해야 하는 부가가치세액까지 다음 단계의 납세자가 납부하지 않으면 안 된다. 따라서 매입세액공제방식은 납세자 간 상호견제를 통해 탈세를 방지할 수 있는 방식이라고 할 수 있다. 매입세액공제방식이 제대로 운영되기 위해서는 거래당사자간에 거래행위와 납부세액을 확인할 수 있는 세금계산서 혹은 송장(invoice)을 주고받지 않으면 안 된다. 이러한 세금계산서가 없을 경우 다음 단계의 거래자는 세액공제를 전혀 받을 수 없기 때문이다. 그러나 거래당사자 간의 합의에 의해 세금계산서를 아예 교부하지 않거나 세금계산서에 기입하는 거래액을 조작하게 되면, 거래규모를 정확하게 파악할 수 없기 때문에 탈세를 방지하기가 힘들어진다. 이러한 이유로 매입세액공제방식을 택한다 할지라도 탈세를 완전히 방지할 수는 없다. 그렇지만 거래당사자 간의 상호견제를 통해 탈세를 줄일 수 있다는 가능성 때문에 우리나라를 포함하여 부가가치세를 운용하고 있는 거의 모든 나라에서 이 방식을 채택하고 있다.

(4) 부가가치세의 세율구조

부가가치세가 도입된 거의 모든 나라에서 모든 소비재에 대해 동일한 세율로 부가가치세가 부과되고 있다. 우리나라의 현행 부가가치세율은 10%이다. 모든 재화에 대해 단일세율로 부가가치세가 부과되기 때문에 소비세의 부과로 인한 소비자선택의 왜곡문제는 최소화될 수 있다.

그러나 모든 재화에 대해 일률적으로 부가가치세가 부과되기 때문에, 전체소득 중 소비지출의 비중이 높을 수밖에 없는 저소득층의 조세부담이 상대적으로 무거워지는 문제가 발생하게 된다. 이러한 문제를 해소하기 위하여 소매업자 판매세의 경우와 마찬가지로 식료품과 의약품 등의 생필품에 대해서는 부가가치세가 면세(exemption)된다. 기장능력이 없는 영세기업, 의료서비스와 교육 등과 같이 공익성이 높은 재화나 서비스, 그리고 부가가치세를 부과하기가 쉽지 않은 금융서비스 등도 면세대상에 포함된다.[6] 그런데 이러한 면세혜택은 최종소비단계에만 적용될 뿐이며, 최종소비단계 이전의 거래행위에 부과된 부가가치세는 면세혜택이 주어진다 하더라도 환급되지 않는다는 사실에 주목할 필요가 있다.

소비형 부가가치세가 도입되어 있는 경우 국가 간 교역에 대해서는 목적지원칙이 적용되는 것이 일반적이다.[7] 즉, 수입품에 대해서는 국내에서 생산된 물품과 동일하게 과세하고 수출품에 대해서는 조세를 부과하지 않

---

6) Henry J. Aaron.(1981). "Introduction and Summary." in Henry J. Aaron(ed.), *The Value-Added Tax : Lessons from Europe*. Washington, D.C. : The Brookings Institution, p. 5.

7) Carl S. Shoup.(1990). "Choosing among Types of VATs." in Malcolm Gillis, Carl S. Shoup and Gerardo P. Sicat(eds.), *Value Added Taxation in Developing Countries*. Washington, D.C. : The World Bank, p. 7.

는다. 이러한 목표를 달성하기 위해 운영되는 것이 바로 부가가치세의 영세율(zero-rating)제도이다. 수출품에 대해 영세율을 적용할 경우 수출업자는 부가가치세를 납부할 아무런 의무가 없음은 물론 그 이전 거래단계에서 징수된 부가가치세도 모두 환급된다. 영세율제도는 최종소비단계에서만 부가가치세가 면제되는 면세와는 달리 어떤 재화의 생산과 유통 과정에서 징수된 모든 부가가치세가 면제되어 환급된다는 점에서 차이가 있다.

다른 형태의 소비세와는 달리 부가가치세가 운용될 경우 각 거래단계마다 송장이 교부되기 때문에 납세자와 그 납세액을 파악하기가 매우 용이하다. 따라서 행정적으로 별 어려움 없이 수출품에 부과된 부가가치세를 환급해 줄 수 있게 되는 것이다. 수출품에 부과된 모든 부가가치세를 환급해 주는 것과는 대조적으로 수입품에 대해서는 본국에서 전혀 소비세가 징수되지 않았다는 가정하에 수입가액 전체에 대해 부가가치세를 부과하는 것이 일반적이다. 물론 수입품이 이후에 수출될 제품의 중간재로서 사용될 경우에는 수입품에 부과된 모든 부가가치세가 다시 환급된다.

(5) 부가가치세의 장·단점

우리나라를 포함하여 거의 모든 나라에 도입되어 있는 부가가치세의 공통된 특징은 소비형 부가가치세가 단일세율로 부과되어 매입세액공제방식에 의해 징수된다는 것이다. 이러한 부가가치세는 다른 형태의 소비세와 비교할 때 다음과 같은 장점을 지니고 있다.

첫째, 단일세율로 부과되기 때문에 소비자선택을 교란하지 않는다.

둘째, 다단계 거래세나 제조단계 혹은 도매단계에서 부과되는 판매세와는 달리 이전 단계에서 납부한 세액에 대해서 공제가 이루어지기 때문에 누적효과가 발생하지 않으며, 이에 따라 자원배분의 왜곡 또한 최소화시킬 수 있다.

셋째, 기업의 부가가치에 대해서만 부과되기 때문에 생산방법의 선택 등을 왜곡시키지 않는 중립적인 조세이다.

넷째, 다른 형태의 소비세와는 달리 자본재를 과세대상에서 제외시키기가 용이하다.

다섯째, 납세자 간의 상호견제(cross-audit)를 통해 탈세를 최소화시킬 수 있다.

여섯째, 거래에 대한 기록이 체계적으로 유지되기 때문에 영세율을 적용하여 수출품에 부과된 소비세를 환급해 주기가 대단히 용이한 소비세이다. 이렇게 되면 수출품의 가격경쟁력이 제고될 수 있기 때문에 수출을 촉진하기 위한 수단으로서도 부가가치세가 활용될 수 있게 된다.[8)]

이러한 여러 가지 장점에도 불구하고 부가가치세는 소비세제가 갖는 본질적인 문제를 안고 있다. 즉, 조세부담의 역진성이 나타날 수밖에 없다는 것이다. 면세와 우리나라에 도입된 특별소비세 등의 방법으로 이러한 역진성을 어느 정도 완화시킬 수 있지만, 부가가치세 그 자체로는 조세부담의 수직적 불공평성을 야기할 수밖에 없다. 또한 부가가치세는 모든 거래에 대해 부과되기 때문에 단일단계 판매세에 비해 납세자의 수가 급격하게 증가하게 되어 조세행정이 복잡해지는 문제가 발생한다. 이와 함께 생산 및 유통 과정의 근대화, 지하경제의 양성화, 기장의 체계화, 그리고 건전한 납세의식의 정착 등이 이루어지지 않으면 부가가치세를 효율적으로 운용하기가 대단히 어려울 수밖에 없다.

---

8) Ronald I. McKinnon.(1966). "Export Expansion Through Tax Policy : The Case for a Value-Added Tax in Singapore." *Malayan Economic Review*. vol. 11, pp. 1–27.

참 / 고 / 문 / 헌

Aaron, Henry J.(1981). "Introduction and Summary." in Henry J. Aaron(ed.), *The Value-Added Tax : Lessons from Europe*. Washington, D.C. : The Brookings Institution.

Cnossen, Sijbren.(1977). *Excise Systems : A Global Study of the Selective Taxation of Goods and Services*. Baltimore : Johns Hopkins University Press.

Due, John F.(1970). *Indirect Taxation in Developing Countries : The Role and Structure of Customs Duties, Excises, and Sales Taxes*. Baltimore : Johns Hopkins University Press.

______.(1972). "Alternative Forms of Sales Taxation for a Developing Country." *Journal of Development Studies*. vol. 8, pp. 263-76.

______.(1976). "Value-Added Taxation in Developing Economies." in N.T. Wang(ed.), *Taxation and Development*. New York : Praeger.

______ **and John L. Mikesell.**(1983). *Sales Taxation : State and Local Structure and Administration*. Baltimore : Johns Hopkins University Press.

Fisher, Ronald C.(2007). *State and Local Public Finance*. 3rd ed., Mason, OH : Thomson South-Western.

Goode, Richard.(1984). *Government Finance in Developing Countries*. Washington, D.C. : The Brookings Institution.

Hyman, David N.(1999). *Public Finance : A Contemporary Application of Theory to Policy*. 6th ed., Fort Worth : The Dryden Press, ch. 16.

Lewis, Stephen R., Jr.(1984). *Taxation for Development : Principles and Applications*. New York : Oxford University Press.

McIntyre, Robert S.(1991). "An American VAT and the Unsolvable Problem of Regressivity." *Tax Notes International*. vol. 3, pp. 1039–45.

McKinnon, Ronald I.(1966). "Export Expansion Through Tax Policy : The Case for a Value-Added Tax in Singapore." *Malayan Economic Review*. vol. 11, pp. 1–27.

Metcalf, Gilbert E.(1995). "Value-Added Taxation : A Tax Whose Time Has Come?" *Journal of Economic Perspectives*. vol. 9, pp. 121–40.

Mikesell, John L.(1999). *Fiscal Administration : Analysis and Applications for the Public Sector*. 5th ed., Fort Worth : Harcourt Brace College Publishers, ch. 8.

Musgrave, Richard A. and Peggy B. Musgrave.(1989). *Public Finance in Theory and Practice*. 5th ed., New York : McGraw-Hill, ch. 23.

Pechman, Joseph A.(1987). *Federal Tax Policy*. 5th ed., Washington, D.C. : The Brookings Institution.

Rosen, Harvey S.(2002). *Public Finance*. 6th ed., Boston : McGraw-Hill, ch. 19.

Shoup, Carl S.(1990). "Choosing among Types of VATs." in Malcolm Gills, Carl S. Shoup, and Gerardo P. Sicat(eds.), *Value Added Taxation in Developing Countries*. Washington, D.C. : The World Bank.

Tait, Alan A.(1988). *Value Added Tax : International Practice and Problems*. Washington, D.C. : International Monetary Fund.

Zee, Howell H.(1995). "Value-Added Tax." in Parthasarathi Shome(eds.), *Tax Policy Handbook*. Washington, D.C. : International Monetary Fund.

제 IV 편 재정학의 다른 문제들

Understanding Public Finance

제 13 장
공채와 재정적자

1. 조세와 차입

정부의 재정활동을 위한 재원의 조달은 주로 국민들이 납부하는 세금에 의해 이루어지지만, 경우에 따라서는 정부가 민간으로부터 자금을 빌려오는 방법을 사용하기도 한다. 조세와 차입은 모두 국가수입의 한 형태이지만 양자는 어떠한 과정을 거쳐 자원이 정부부문으로 이전되는가에 그 차이점이 있다. 조세는 민간으로부터 정부부문으로 자원이 강제적으로 이전되는 것을 특징으로 한다. 따라서 정부가 조세에 의해 재원을 조달할 경우 납세자들은 자신들이 사적으로 향유할 수 있는 재화나 서비스를 포기하는 대신 정부가 제공하는 재화나 서비스를 사용하게 된다.

이와는 달리 차입에 의한 재원의 조달은 정부와 민간부문 간의 자발적인 교환에 의해서 정부부문으로 자원의 이전이 이루어지는 것을 특징으로 한다. 즉, 정부로부터 미래의 어떤 시점에 다시 소득을 보상받는다는 조건하에 각 개인은 자신이 사용할 수 있는 자원의 일부를 정부에 이전시키는 것이다. 따라서 차입에 의해 재원을 조달하는 경우 일정기간이 지난 후에는 정부가 채권자에게 이자와 원금을 상환하게 되는데, 이를 위한 재원의 조달은 미래의 어떤 시점에서의 세수입 증가에 의해서 이루어지게 된다. 결국 조세에 의한 재원조달방법은 정부지출이 이루어지는 바로 그 시점에서 각 개인들에게 재정적 부담이 지워지는 반면, 차입에 의한 재원조달방법은 정부지출이 이루어지는 시기와 부담이 지워지는 시기가 일치하지 않는다는 특징을 갖는다.[1)]

2. 재정적자와 국가채무의 차이점

재정적자(budget deficit)란 일정한 기간 동안, 주로 한 회계연도 동안에 정부수입을 상회하여 이루어진 정부지출을 의미한다. 반면 국가채무(debt)란 어떤 일정시점을 기준으로 하여 그때까지 발생한 재정적자의 총합을 의미한다. 즉, 국가채무는 과거에 발생한 정부수입과 정부지출의 격차를 모두 합한 것을 의미하는 것이다. 따라서 재정적자가 발생하게 되면 국가채무의 규모는 늘어나게 되고, 반대로 재정흑자가 발생하게 되면 국가채무는 줄어들게 된다. 그러므로 재정적자는 일정기간 동안에 발생한 국가채무의 증가액이라고도 할 수 있다.[2)]

---

1) James M. Buchanan and Marilyn R. Flowers.(1987). *The Public Finances : An Introductory Textbook*. 6th ed., Homewood, IL : Irwin, pp. 279–80.

2) Donald F. Kettl.(1992). *Deficit Politics : Public Budgeting in Its Institutional and Historical Context*. New York : Macmillan, p. 16.

3. 재정적자와 국가채무의 규모측정[3)]

(1) 총부채와 순부채

일정기간 동안에 발생한 국가채무의 증가액을 재정적자라고 정의할 경우, 재정적자의 규모는 국가채무를 어떻게 정의하느냐에 따라 달라지게 된다. 국가의 채무는 크게 총부채(gross debt)와 순부채(net debt)로 나눌 수 있다. 총부채는 국가의 모든 채무를 의미하는 반면, 순부채는 총부채 중 정부기관 상호 간에 존재하는 채무관계를 제외한 것을 의미한다. 다시 말해서, 순부채는 정부가 민간부문이나 혹은 외국에 대해 지고 있는 채무만을 의미한다고 할 수 있다. 따라서 국가채무가 민간의 소비나 투자에 어떤 영향을 미치는가를 파악하기 위해서는 총부채가 아닌 순부채의 개념을 사용하는 것이 필요하다.

(2) 국채와 지방채

국가의 채무는 차입의 주체에 따라, 즉 중앙정부의 채무인가 혹은 지방정부의 채무인가에 따라 국채(national debt)와 지방채(local debt)로 나눌 수 있다. 국가채무의 경제적 효과를 분석하기 위해서는 중앙정부에 의한 차입뿐만 아니라 지방정부에 의한 차입도 동시에 고려해야 한다.

---

3) 재정적자와 국가채무의 규모를 어떤 기준에 따라 측정할 것인가에 관한 보다 상세한 논의는 다음의 문헌을 참고하라. Robert Heilbroner and Peter Bernstein. (1989). *The Debt and the Deficit : False Alarms/Real Possibilities*. New York W.W. Norton & Co.

(3) 인플레이션과 국가채무

국가채무의 규모를 측정하는 데 있어 매우 중요한 문제는 인플레이션이 국가채무에 미치는 영향이다. 일반적으로 국가채무는 명목적인 화폐가치로는 고정되어 있기 때문에 물가가 상승할 경우 국가채무의 실질적인 규모는 줄어들게 된다. 예를 들어 2015년 말에 국가채무가 10조원에 달했고 그 후 3년 동안의 물가상승률이 100%에 달했다고 가정하자. 그렇다면 2015년 말의 10조원은 2018년 말에는 5조원의 실질적인 가치밖에는 갖지 못한다. 즉, 물가상승으로 인하여 정부의 실질적인 채무가 절반으로 줄어든 것이다. 이 경우 100%에 달하는 인플레이션이 실질적인 국가채무에 대해 갖는 효과는 정부가 5조원의 세금을 더 거두어들여서 원금을 상환한 것과 똑같은 효과를 갖는다. 이러한 이유로 인플레이션이 국가채무에 대해 갖는 효과를 인플레이션세(inflation tax)라고도 한다. 결국 인플레이션을 고려한 국가채무(inflation-adjusted debt)는 명목적인 국가채무보다 그 규모가 작게 된다.

인플레이션이 국가채무의 실질적인 규모에 미치는 영향은 정부차입이 이루어지는 시점에서 인플레이션율이 얼마나 정확하게 예측되며 그에 따라 명목이자율이 어떻게 결정되는가에 따라 달라진다. 즉, 정부의 차입이 이루어지는 시점에서 인플레이션이 충분히 예견된다면 정부가 지급해야 하는 명목이자율이 상승할 수밖에 없을 것이며, 이럴 경우 인플레이션이 국가채무에 미치는 영향은 미미하게 된다. 그러므로 정부의 차입이 원금을 상환해야 하는 기간이 짧은 단기부채로 대부분 구성되어 있을 경우에는 인플레이션세의 효과가 별로 발생하지 않는다. 반면 정부의 차입이 대부분 장기부채로 구성되어 있다면 인플레이션이 국가채무에 미치는 영향이 상대적으로 크게 나타날 것이다.

(4) 자본적 지출과 재정적자

재정적자나 국가채무의 규모를 측정하는 데 있어서 나타나는 또 다른 문제는 정부지출의 특성과 관련된 문제이다. 정부의 지출을 분류하는 방법으로는 여러 가지가 있지만, 정부지출의 경제적 효과를 기준으로 분류하는 경우에는 경상적 지출(operating expenditures)과 자본적 지출(capital expenditures)로 나눌 수 있다.

경상적 지출은 정부지출 중 비내구성 소비재(nondurable consumer goods)의 구입비용, 인건비 및 관리유지비 등을 의미한다. 반면 자본적 지출은 정부가 건물이나 기계와 같은 내구재를 취득하거나 토지 등을 구입하는 데 소요되는 비용을 의미한다. 경상적 지출로부터 발생하는 편익은 일정기간에 국한되지만, 내구재나 고정자산으로부터 발생하는 편익은 장기간에 걸쳐서 나타난다. 따라서 경상적 지출은 일정기간 동안에(주로 일년 동안) 이루어지는 정부의 소비행위를 의미하는 데 반해서 자본적 지출은 정부의 소비행위가 아니라 일종의 투자행위라는 특징을 갖는다. 즉, 자본적 지출의 경우에는 정부가 자금을 사용하는 대신 그 반대급부로서 내구재나 토지 등의 다른 자산(asset)을 취득하게 되는 것이다.

경상적 지출과 자본적 지출의 개념적 정의는 이렇게 단순하지만, 정부지출 중 어떤 항목이 경상적 지출에 포함되어야 하며 어떤 항목이 자본적 지출에 포함되어야 하는가를 명확하게 구분하기는 쉽지 않다. 예를 들어 타자기나 컴퓨터 등은 내구적 소비재로서 장기간에 걸쳐 편익이 발생하지만, 이러한 재화의 구입에 사용된 비용은 경상적 지출로 분류되는 것이 일반적이다. 또한 정부의 교육예산은 인적 자원에 대한 장기적인 투자로서 본질적으로 자본적 지출의 성격을 가지지만, 그 지출이 해마다 반복적으로 발생하기 때문에 경상적 지출로 분류되는 것이 일반적이다. 지출을 분류하는 데 이러한 현실적인 문제가 있긴 하지만, 자본적 지출은 정부의 투자행위를, 그리고 경상적 지출은 정부의 소비행위를 의미한다고 원칙적으로 정의할 수 있다.

이러한 맥락에서 볼 때 경상적 지출을 위한 재원을 마련하기 위해서 정부가 차입을 한 경우, 그 차입금액만큼은 당연히 국가채무의 증가를 의미한다고 할 수 있다. 그렇지만 자본적 지출을 위해서 정부가 차입을 한 경우라면 이를 곧 국가채무의 증가로 해석할 수는 없을 것이다. 왜냐하면 한편으로 정부의 부채가 증가하기는 하지만, 다른 한편으로는 이러한 차입에 따라 정부가 소유하는 자산이 증가하게 되므로 정부가 소유하는 순자산(net asset)의 규모는 전혀 변동이 없기 때문이다.

그러나 현실적으로 재정적자나 국가채무를 계산함에 있어서 자본적 지출과 경상적 지출을 구분하지 않는 것이 일반적인 관행이다. 따라서 정부의 지출이 자본적 지출인가 혹은 경상적 지출인가에 상관없이 정부의 지출이 수입을 상회하게 되면 이를 재정적자라고 정의한다. 결국 이러한 회계방식에 의하면 정부투자활동의 중요성이 무시되고 그에 따라 재정적자의 규모나 그 경제적 영향이 과대평가되는 결과가 나타나게 된다.

이러한 이유로 재정적자를 줄이기 위해 종종 정부가 토지나 건물 등을 매각하는 경우를 보게 된다. 토지나 건물 등을 매각하게 되면 당연히 정부의 경상수입이 증가하기 때문에 문서상으로는 재정적자나 국가채무가 줄어들게 될 것이다. 그렇지만 이러한 수입을 얻기 위하여 정부는 자산의 일부를 포기하는 것이므로 정부가 소유하는 순자산규모의 변동이라는 측면에서는 아무런 변화가 발생하지 않는다. 그러므로 정부지출을 자본적 지출과 경상적 지출로 구분하여 경상적 지출을 위한 정부의 차입만을 재정적자로 파악하는 것이 보다 합리적인 방법이라고 할 수 있다.

4. 국채의 부담과 경제적 효과

조세에 의한 재원조달방법과는 달리 차입에 의한 재원조달방법은 정부지출이 이루어지는 시점과 재정적 부담이 발생하는 시기가 일치하지 않는다는 특징을 갖는다. 그렇다면 과연 누가 국채의 실질적인 부담을 질 것인가? 그리고 국채는 경제에 어떤 영향을 미치는가?

(1) 전통적인 견해

국채의 부담에 대한 가장 전통적인 견해는 민간부문에서의 채무관계와 마찬가지로 국채의 부담도 당연히 미래세대에게로 전가될 수밖에 없다고 보는 입장이다. 예를 들어 어떤 사람이 빚을 진 상태에서 사망을 했다고 하면, 그 사람의 아들이 이 빚을 갚지 않으면 안 된다. 따라서 아버지의 빚이 많으면 많을수록, 아들의 부담은 늘어날 수밖에 없다. 이와 마찬가지로 국채의 부담도 고스란히 미래세대에게로 전가된다고 보는 입장이 국채의 부담에 관한 가장 고전적인 견해이다.

(2) 내채와 외채의 구분 및 국채의 부담 : 러너의 견해

전통적인 견해에서 국채의 부담이 미래세대로 전가된다고 본다면, 부담의 전가란 구체적으로 무엇을 의미하는가? 이는 미래세대의 실질적인 소비가 줄어든다는 것을 의미한다. 즉, 이전세대가 진 빚을 갚을 경우 그에 해당하는 만큼 미래세대의 실질적인 소비수준은 감소할 수밖에 없는 것이다.

그렇다면 국채는 민간에서의 채무관계와 마찬가지로 항상 미래세대의 소비수준을 감소시키는가? 꼭 그렇지만은 않을 것이다. 예를 들어 정부가 2010년에 1,000억원을 민간으로부터 차입하고 이를 30년 후에 상환한다고 가정하자. 이 경우 2040년에 이르면 정부는 이자지급과 원금의 상환을 위해 국민들로부터 더 많은 세금을 거두어들여야 할 것이다. 따라서 미래세대의 소비수준은 세금이 증가하는 만큼 감소하게 된다고도 할 수 있다. 그러나 다른 한편으로 2040년에 정부가 이자를 지급하고 원금을 상환하게 되면 채권자들의 소득은 그만큼 증가하게 된다. 따라서 이 사람들의 소비수준은 그만큼 증가하게 될 것이다.

결국 정부가 내국인으로부터 차입을 한 경우에는 국채의 부담이 미래세대에게로 전혀 전가되지 않는다. 다시 말해서, 국채가 전적으로 내채(internal debt)로 구성되어 있는 경우에는 부채를 상환하는 시점에서 일반 납세자로부터 채권자에게로 소득의 이전은 일어날지언정, 미래세대 전체의 소비수준은 전혀 감소하지 않는다고 할 수 있다.[4)]

이와는 달리 정부가 외국으로부터 차입을 한 경우에는 국채의 부담이 전혀 다른 양상을 띠게 된다. 왜냐하면 외채(external debt)의 경우에는 외국의 채권자에게 원금을 상환하기 위하여 미래세대의 세부담이 늘어날 수밖에 없으며, 이에 따라 미래세대의 실질소비수준은 감소할 수밖에 없기 때문이다. 결론적으로 내채의 경우에는 세대 간 부담의 전가가 전혀 일어나지 않지만 외채의 경우에는 국채의 부담이 미래세대에게로 전가된다고 할 수 있다.

내채와 외채를 구분하여 국채의 부담을 분석해야 한다고 주장한 대표적

4) 이러한 이유로 내채에 의할 경우 "자기 자신에게 빚을 진 것과 같다"(We owe the debt to ourselves)라고 표현한다.

인 학자로는 러너(Lerner)를 들 수 있는데, 이에 따라 국채의 부담에 관한 이러한 입장을 일반적으로 러너의 견해라고 부른다.[5] 그런데 러너의 주장에도 불구하고 내채에 의존할 경우에도 미래세대에게로 어느 정도의 부담이 전가될 수 있으며, 외채에 의존할 경우에도 미래세대의 실질소비수준이 오히려 증가하게 될 수도 있음에 주목할 필요가 있다.

앞의 제9장에서 우리는 일괄세(lump-sum tax)를 제외한 다른 모든 조세는 초과부담(excess burden)을 발생시킴을 보았다. 따라서 내채에 의존할 경우에도 원금을 상환하기 위하여 정부가 세수입을 증가시키게 되면 그만큼 초과부담이 증가할 수밖에 없을 것이며, 이에 따라 미래세대에게로 어느 정도의 부담이 전가된다고 할 수 있다.[6]

또한 외채의 경우에도 외채가 경상지출이 아닌 자본지출을 위한 재원으로 활용되어 그 결과 미래의 국민소득이 외채의 원리금을 상환하고도 남을 만큼 증가한다면 미래세대의 실질소비수준은 오히려 증가하게 된다. 따라서 외채의 경우에도 지출의 대상이 경상지출인가 혹은 자본지출인가에 따라, 그리고 자본지출의 경우에도 정부투자의 한계수익률에 따라 누가 국채의 부담을 지게 되는가가 달라지게 될 것이다.

(3) 중복세대의 경우 국채의 부담

조세징수에 따른 초과부담을 제외하면 내채의 경우에는 미래세대에게

---

5) A.P. Lerner.(1948). "The Burden of the National Debt." in L.A. Metzler *et al*.(eds.), *Income, Employment and Public Policy : Essays in Honor of Alvin H. Hansen*. New York : W.W. Norton.

6) Richard A. Musgrave and Peggy B. Musgrave.(1989). *Public Finance in Theory and Practice*. 5th ed., New York : McGraw-Hill, pp. 550-51.

로 재정적 부담이 전가되지 않는다는 결론은 세대(generation)를 어떤 시점에 살고 있는 사람들 모두를 포함한다고 정의할 경우에만 타당성을 갖는다. 그렇지만 세대를 동일한 시점에 살고 있는 사람들로 정의하기보다는 동일한 시점에 태어난 사람들로 정의하는 것이 보다 일반적인 경우라고 할 수 있다. 예를 들어 2010년에 살고 있는 모든 사람들을 같은 세대라고 정의하는 것보다는 이 사람들이 언제 태어났는가에 따라 2010년에 살고 있는 사람들도 몇 개의 세대로 구성되어 있다고 보는 것이 보다 합리적인 방법일 것이다. 그런데 이렇게 한 시점에 몇 세대가 동시에 중복해서 존재한다고 정의할 경우에는 내채의 부담양상도 달라지게 된다.[7]

다음의 [그림 13-1]에서 제시되어 있는 것처럼 제1세대, 제2세대, 제3세대가 중복되어 살고 있는 경우를 가정해 보자. 제1세대는 2000년에 태어난 세대, 제2세대는 2030년에 태어난 세대, 그리고 제3세대는 2060년에 태어난 세대를 의미하며, 각 세대의 평균수명은 70년이다. 이때 정부가 2050년에 500,000원을 차입하여 경상적 지출을 늘리고 이를 30년 후인 2080년에 상환한다고 가정하자. 또한 논의의 단순화를 위하여 정부차입에 대한 이자의 지급은 없고 이에 따라 2080년에 정부가 원금만을 상환한다고 가정하자.[8] 이 경우 누가 국채의 부담을 지게 될 것인가? 〈표 13-1〉은 이를 정리해 놓고 있다.

2050년에 정부가 500,000원을 차입할 경우 제3세대는 아직 태어나지 않은 세대이기 때문에 공채를 산다는 것 자체가 불가능하다. 그렇다면 제1세대나 제2세대만이 공채를 구입할 수 있는데, 이때 제1세대는 2080년까지 생존하여 원금을 상환받을 확률이 대단히 낮기 때문에 공채를 사려고

7) Harvey S. Rosen.(2002). *Public Finance*. 6th ed., Boston : McGraw-Hill, pp. 430-32.

8) 이러한 가정을 하지 않더라도 분석의 결과는 동일하다.

하지 않을 것이다. 결국 제2 세대만이 정부에 500,000원을 빌려주게 된다. 그런데 500,000원을 차입하여 정부가 더 많은 공공재를 공급한다면 제1 세대나 제 2세대의 실질소비수준이 그만큼 증가하게 된다. 〈표 13-1〉은 제1 세대와 제2 세대의 소비수준이 각각 250,000원 정도씩 증가했음을 보여주고 있다.

이제 2080년이 도래하여 정부가 500,000원을 상환하게 되었다. 이를 위하여 정부는 세금을 500,000원 더 거두어들여야 하는데 이때 제1 세대

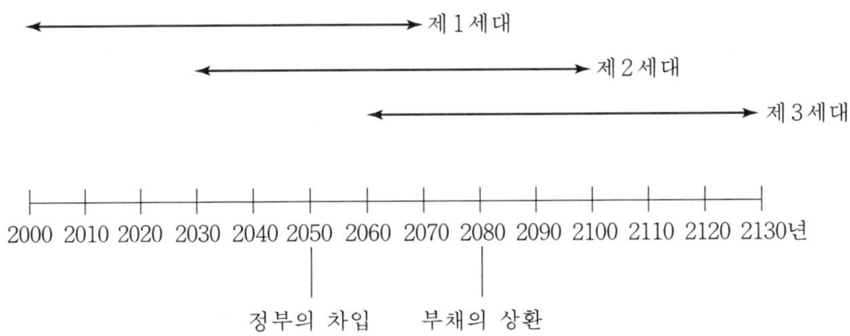

❙ 그림 13-1 ❙ 중복세대의 모형

❙ 표 13-1 ❙ 중복세대의 경우 국채부담의 전가

	제1 세대	제2 세대	제3 세대
2050년			
정부의 차입	0	−500,000	
소비의 증가	250,000	250,000	
2080년			
조세증가		−250,000	−250,000
정부의 상환		+500,000	0
실질소비의 변화	+250,000	0	−250,000

는 이미 사망한 이후이기 때문에 제2 세대와 제3 세대만이 조세를 납부해야 한다. 〈표 13-1〉에 제시된 것처럼 제2 세대와 제3 세대는 각각 250,000원씩의 세금을 더 납부해야 한다.

이제 문제는 누가 궁극적으로 국채의 부담을 지는가 하는 것이다. 〈표 13-1〉에서 볼 수 있는 것처럼 제1 세대는 정부의 차입에 따른 지출의 증가로 250,000원만큼 소비가 증가되었을 뿐 다른 재정적 부담은 전혀 지지 않는다. 제2 세대의 경우는 2050년에 500,000원을 정부에 빌려주었지만 30년 후에 이를 상환받는다. 또한 제1 세대와 마찬가지로 차입에 따른 정부지출의 증가로 2050년에 250,000원만큼 소비가 증가되었지만, 30년 후에는 국채의 상환을 위해 250,000원만큼의 조세를 납부해야만 한다. 결국 제2 세대가 일생동안 경험하는 실질소비수준의 변화는 전혀 없다. 그런데 제3 세대의 경우에는 2050년에는 아직 태어나지 않은 세대이기 때문에 정부지출의 증가에 따른 혜택을 전혀 받지 못했다. 그렇지만 2080년에는 납세자로서 국채의 상환을 위해 250,000원을 조세로 납부하지 않으면 안 된다. 결국 제1 세대의 소비증가를 위해 제3 세대가 재정적 부담을 지게 된 것이다.

따라서 중복세대(overlapping generations)의 경우에는 국채가 비록 내채의 형태를 띠고 있다 하더라도 세대 간 부담의 전가가 전혀 없는 것이 아니라, 미래세대에게로 국채의 부담이 전가됨을 알 수 있다.

(4) 리카도 등가정리

지금까지 조세에 의한 재원조달방법과는 달리 차입에 의한 재원조달방법은 정부지출에 대한 재정적 부담이 현세대에서 발생하지 않고 정부차입금을 상환하는 미래세대에서 발생한다고 가정했다. 그런데 이러한 가정은 현세대가 차입에 따른 미래세대의 부담증가를 전혀 고려하지 않고 경제적 행위를 하는 경우에만 타당성을 갖는다. 이와는 달리 정부가 차입을 통하여 재원을 조달하자 현세대의 사람들이 자손들의 부담증가를 우려하여 예상되는 부담의 증가액만큼 미래세대에게 더 많은 유산을 남기기로 결정했다고 가정해 보자. 이럴 경우 현세대는 유산의 규모를 증대시키기 위하여 자신의 소비를 감소시키는 대신 저축을 늘리게 될 것이다.

결국 현세대의 경우에는 정부지출에 따라 소비수준이 증가하는 반면 더 많은 유산을 남기기 위하여 자신의 사적인 소비수준을 감소시키기 때문에 실질적인 소비수준에서는 전혀 변화가 없다고 할 수 있다. 또한 미래세대의 경우에도 조세부담이 증가하여 소비가 줄어드는 대신 더 많은 유산을 받아서 소비를 증가시킬 수 있기 때문에 실질적인 소비수준에서는 전혀 변화를 경험하지 않게 된다. 따라서 미래세대를 고려하여 현세대가 합리적으로 행동할 경우에 세대 간 국채의 부담전가는 전혀 발생하지 않으므로 경제적 효과면에서 조세와 차입 간에는 전혀 차이가 없게 된다. 이를 리카도 등가정리(Ricardian Equivalence Theorem)라고 한다.[9)]

결국 리카도 등가정리에 의하면 국채가 증가할 경우 민간부문의 저축 또한 증가하게 된다. 그러나 이러한 가능성을 전적으로 무시할 수는 없다고 할지라도, 현실적으로 증가된 국채를 완전히 상쇄시킬 만큼 저축이 증가한 예는 찾아보기 힘들다. 따라서 리카도 등가정리가 주장하는 것처럼 조세와 차입 간에 아무런 차이가 없다고 주장할 수는 없다.

---

9) Robert J. Barro.(1989). "The Ricardian Approach to Budget Deficits." *Journal of Economic Perspectives*. vol. 3, pp. 37-54.

(5) 신고전파이론

재정적자의 경제적 효과에 대해 오늘날 지배적인 견해로 자리잡고 있는 것이 이른바 신고전파이론(neoclassical theory)이다. 신고전파이론에서는 재원조달의 두 방법 중 조세는 민간의 소비를 감소시키지만, 차입은 민간의 저축을 감소시키는 것으로 인식되고 있다. 왜냐하면 각 개인은 저축의 한 형태로서 정부의 공채를 매입하기 때문이다. 그리하여 정부가 차입을 할 경우 민간의 저축이 상대적으로 줄어들게 되어 민간의 이자율이 상승하게 된다. 이자율의 상승은 민간투자의 위축으로 이어지며, 민간투자의 위축은 곧 미래세대에게 넘겨 줄 고정자본이 줄어들게 됨을 의미한다. 결국 정부의 차입이 자본지출을 위해 사용되지 않고 경상지출을 위해 사용되는 경우 미래세대는 감소된 자본형성으로 말미암아 실질소비수준의 감소를 경험할 수밖에 없다는 것이다. 따라서 신고전파이론에서는 자본형성의 감소로 말미암아 미래세대가 국채의 부담을 지게 된다는 결론에 이르게 된다.

신고전파이론의 가장 기본적인 전제는 정부의 차입은 곧 민간의 투자를 감소시킨다는 것인데, 이를 구축효과(crowding-out effect)라고 한다. 신고전파이론에서는 구축효과가 발생하는 근본적인 이유로서 정부차입에 따른 이자율의 상승을 들고 있다. 사실 동일한 가용재원을 놓고 개인과 민간기업 그리고 정부가 경쟁함으로써 이자율이 상승할 경우 자원의 사용을 포기해야 하는 쪽은 언제나 개인이나 기업일 수밖에 없다. 왜냐하면 조세징수권과 화폐발행권을 가진 정부는 이자율이 아무리 높아지더라도 이를 감당할 수 있기 때문이다.

그런데 이자율의 상승에 따른 민간투자의 감소는 폐쇄경제를 가정했을 경우에만 나타나는 현상이다. 다른 나라와 교역 및 자본의 이전이 자유롭게 이루어지는 개방경제하에서는 국내저축의 감소와 그에 따른 이자율의 상승이 곧바로 민간투자의 감소를 초래하지는 않는다. 왜냐하면 개방경제일 경우에는 이자율이 상승하게 되면 높은 이자수입을 확보하기 위하여 외국의 자본이 유입될 것이고, 이러한 외국자본의 유입이 국내저축의 감소분을 상쇄할 것이기 때문이다. 그렇지만 변동환율제하에서 외국자본의 유입은 곧바로 환율을 하락시키게 된다.[10] 환율이 하락하게 되면 수입가격이 싸지기 때문에 수입이 늘어나게 되지만, 수출가격은 상승함으로써 수출은 줄어들 수밖에 없다. 수입의 증가와 수출의 감소는 곧바로 무역적자를 발생시키게 될 것이다.

결론적으로, 신고전파이론에 의하면 개방경제하에서는 재정적자가 국내투자를 감소시키는 것이 아니라 순수출(net exports)을 감소시킴으로써 무역적자를 증가시키게 된다. 그리고 이에 따른 외채의 증가는 앞에서 살펴본 바와 같이 미래세대에게 상환을 위한 부담을 전가시키게 되는 것이다.

재정적자의 경제적 효과에 대한 이러한 신고전파적 해석은 사실 오늘날 지배적인 견해로 자리잡고 있다. 그렇지만 신고전파적 해석 및 재정적자의 실제적 영향에 관해서는 아직도 치열한 논쟁이 계속되고 있으며 이러한 논쟁은 신고전파이론의 기본적 가정에 대한 비판에서부터 출발한다.

첫째, 신고전파이론에서 주장하는 재정적자의 투자나 순수출에 대한 구축효과는 자원의 완전고용상태를 가정할 때에만 유효성을 갖는다는 점이다. 자원이 완전고용되어 있을 경우 차입에 의한 정부지출의 증가는 이자율을 상승시켜 투자나 순수출을 감소시킬 수밖에 없다. 그러나 만약 자원이 불완전고용상태에 있다면, 차입에 따른 정부지출의 증가는 오히려 경

10) 환율이 하락한다는 것은 자국통화의 가치가 상승하는 것을 뜻한다.

기를 부양하는 효과를 가질 수도 있다.

둘째, 신고전파이론은 정부지출을 위한 재원이 조세에 의해서가 아니라 차입에 의해서 조달된다면 민간소비가 아니라 민간의 저축이 감소하게 된다고 가정한다. 그러나 앞에서 살펴본 이른바 리카도 등가정리에 의하면 조세나 차입에 의한 재원조달방식은 경제적인 효과면에서 동일하다. 리카도 등가정리에 의하면 정부가 차입에 의하여 재원을 조달할 경우 현세대가 정부차입금 상환을 위한 미래세대의 소세부담 상승을 고려하여 보다 많은 유산을 남길 목적으로 오히려 저축을 증가시킨다고 한다. 따라서 이 경우에는 정부의 재정적자가 증가하는 만큼 민간의 저축이 증가하게 되므로 구축효과는 전혀 발생하지 않게 된다.[11)]

끝으로 신고전파이론에서는 정부의 차입이 자본지출, 즉 정부투자를 위해서는 거의 활용되지 않는다고 가정한다. 설령 정부차입이 투자재원으로 사용되는 것을 인정한다 할지라도 신고전파이론의 기본적인 전제는 정부투자의 생산성이 민간투자의 생산성보다는 언제나 낮다는 것이다. 따라서 정부차입의 결과 정부투자가 증가한다 할지라도 이는 민간투자와 비교해 볼 때 자본형성에 대한 기여도가 낮을 수밖에 없다는 것이다. 그러나 정부가 민간부문과 비교해서 비효율적일 수밖에 없는 필연적인 이유는 존재하지 않는다. 정부투자의 생산성이 민간의 생산성을 상회한다면 구축효과가 아니라 경제의 성장을 촉진하는 부양효과(crowding-in effect)가 발생할 수 있으며, 이에 따라 미래세대의 후생은 오히려 증가할 수도 있다.[12)]

---

11) 그러나 재정적자가 증가한 만큼 민간저축이 증가한 현실적인 예는 존재하지 않는다. 따라서 리카도 등가정리에서 주장하는 것처럼 정부차입이 구축효과를 전혀 발생시키지 않는다고 주장할 수는 없을 것이다.

12) 이러한 측면에서 신고전파이론에 대해 통렬한 비판을 가하고 있는 대표적인 학자로는 헤일브로너와 번스타인을 들 수 있다. Heilbroner and Bernstein.(1989). *op. cit*.

국채의 부담을 누가 지며 또한 재정적자의 경제적 영향을 어떻게 해석하는가 하는 문제는 분석을 위한 기본전제가 무엇인가에 따라 그 결과가 판이하게 달라질 수밖에 없다. 자원이 완전고용상태에 있지 않고 또한 정부의 차입이 경상지출이 아니라 자본지출을 위해 사용된다면 정부차입의 증가는 오히려 경제의 장기적 성장을 위한 기반을 조성하는 역할을 담당할 수 있을 것이다. 그렇지만 경상지출을 위해 정부차입이 증가하고 또한 국채의 규모가 대단히 커서 정부차입에 대한 이자부담을 위해 정부의 차입이 계속 증가하는 악순환이 되풀이된다면, 신고전학파에서 주장하는 바와 같이 구축효과가 현실화될 수밖에 없을 것이다.

5. 재정적자와 소득분배

이상에서 우리는 국채의 부담을 누가 질 것인가 하는 문제를 세대 간 부담의 전가에 초점을 맞추어 살펴보았다. 그러면 이번에는 재정적자가 소득분배에 대해서는 어떤 영향을 미치는가를 살펴보기로 하자.

일반적으로 재정적자의 누적 및 정부차입에 대한 이자부담의 증가는 소득분배를 더욱 불평등하게 만드는 요인으로 인식되고 있다. 이자부담의 상승은 본질적으로 일반납세자들의 부담에 의해 채권자들의 이자소득을 보장해 주는 결과를 낳는다. 그런데 공채를 매입할 수 있는 사람들은 주로 고소득층이므로, 결국 국채의 증가는 임금소득과 이자소득의 격차를 더욱 확대시킴으로써 계층 간 소득격차를 더욱 확대시키는 결과를 낳게 되는 것이다.[13)]

---

13) Joseph White and Aaron Wildavsky.(1989). *The Deficit and the Public*

또한 정부차입의 증대에 따라 이자율이 상승하는 경우 고소득층에 속한 채권자들의 소득은 이자율이 상승하는 만큼 증가하겠지만, 저소득층으로서 차입에 의존하고 있는 사람들의 경우에는 이자율이 상승하는 만큼 실질 소비수준이 줄어들 수밖에 없다고 할 것이다.

6. 재원조달방법의 선택

(1) 자본지출과 경상지출 및 재원조달의 방법

정부지출을 위한 부담의 배분에 있어서 편익원칙(benefit principle)을 확보하기 위해서는 경상지출을 위한 재원은 조세수입으로, 그리고 자본지출을 위한 재원은 차입을 통해 마련하는 것이 필요하다.

일정기간에 이루어지는 정부의 소비행위라고 할 수 있는 경상지출과는 달리 자본지출은 그 편익이 장기간에 걸쳐 나타나며, 비용의 규모가 대단히 클 뿐만 아니라 비용의 발생이 반복적이지 않다는 특징을 갖는다. 또한 조세와 차입의 기본적인 차이점은 조세에 의한 재원조달방법은 정부지출이 이루어지는 시점과 부담이 발생하는 시점이 일치하지만 차입의 경우에는 지출을 위한 재정적 부담이 미래로 연기된다는 데에 있다. 이러한 경상지출과 자본지출 그리고 조세와 차입의 차이점을 고려할 때, 경상지출을 위한 재원은 조세수입을 통해 그리고 자본지출을 위한 재원은 차입을 통해 확보하는 것이 재원조달방법의 기본적인 원칙이 된다.

Interest : The Search for Responsible Budgeting in the 1980*s*. Berkeley : University of California Press, pp. 348–50.

조세수입에 의해 자본지출을 위한 재원을 마련하게 되면 재정적 부담의 배분에 있어서 세대 간의 불공평성이 야기된다. 경상지출로부터 발생하는 편익은 현세대에게 돌아가지만 자본지출로부터 발생하는 편익은 미래세대에게 귀속되는데, 자본지출을 위해 조세를 징수할 경우에는 미래세대가 향유할 편익을 위해 현세대가 재정적 부담을 지게 되는 상황이 발생하게 되는 것이다. 따라서 부담배분에 있어 세대 간 공평성(intergenera-tional equity)을 확보하기 위해서는 자본지출을 위한 재원은 차입을 통해 조달할 필요가 있다고 할 것이다.

(2) 효율성의 측면

조세와 차입 간의 선택문제는 효율성의 측면에서도 고려할 수 있다.[14) 일괄세를 제외한 모든 조세는 초과부담을 발생시킨다. 차입의 경우에도 언젠가는 정부차입금의 상환을 위해 조세를 부과해야 하기 때문에 정부지출이 이루어지는 시점은 아니지만 미래의 어떤 시점에서 초과부담을 발생시키지 않을 수 없다. 그렇다면 결국 두 가지 재원조달방법 중 어떤 방법이 초과부담을 덜 발생시키게 되는가가 선택의 기준이 된다고 할 것이다.

앞의 제9장에서 우리는 조세의 초과부담이 세율의 제곱에 비례하는 것을 보았다. 따라서 정부지출을 위한 모든 재원을 조세수입을 통하여 마련할 경우에는 세율이 매우 높게 상승할 수밖에 없는데, 이때 초과부담은 대단히 큰 규모로 발생할 것이다. 반면 차입의 경우에는 이를 상환하기 위한 조세징수가 장기간에 걸쳐 나누어 이루어질 수 있기 때문에 일정시기에 있

---

14) 차입과 조세를 효율성의 측면에서 비교한 대표적인 논문으로는 Martin Feldstein. (1985). "Debt and Taxes in the Theory of Public Finance." *Journal of Public Economics*. vol. 28, pp. 233-46을 들 수 있다.

어서의 세율은 소폭으로만 상승할 것이다. 초과부담이 세율의 제곱에 비례하는 성질을 갖는 한, 한번에 이루어지는 대규모 세율인상에 따라 발생하는 초과부담의 크기는 몇 차례에 걸친 소폭의 세율인상에 따라 발생하는 초과부담의 크기보다 클 수밖에 없다. 따라서 초과부담이라는 측면에서 볼 때 조세보다 차입이 더 효율적인 재원조달방법이라고 할 수 있다.

그런데 신고전파이론에서 주장하는 바와 같이 조세와는 달리 차입은 구축효과를 발생시키기도 한다. 경우에 따라서는 이러한 구축효과의 크기가 대단히 클 수도 있다. 이렇게 되면 상대적으로 작은 초과부담이라는 차입의 장점이 오히려 완전히 상쇄되고 경제의 전반적인 효율성은 더 낮아질 수도 있을 것이다. 따라서 효율성의 측면에서 재원조달을 차입에 의존할 것인가 혹은 조세에 의존할 것인가하는 물음에 대한 답은 구축효과의 크기가 어느 정도인가에 따라 달라질 수밖에 없다고 할 것이다.

참 / 고 / 문 / 헌

하연섭.(1994). "예산위기의 정치경제 : 미국 연방정부 재정적자를 중심으로." 「한국행정학보」 제28권 제2호, pp. 417-35.

Barro, Robert J.(1989). "The Ricardian Approach to Budget Deficits." *Journal of Economic Perspectives*. vol. 3, pp. 37-54.

Bernheim, B. Douglas.(1989). "A Neoclassical Perspective on Budget Deficits." *Journal of Economic Perspectives*. vol. 3, pp. 55-72.

Buchanan, James M. and Marilyn R. Flowers.(1987). *The Public*

Economics : An Introductory Textbook. 6th ed., Homewood, IL : Irwin, ch. 28.

Eisner, Robert.(1986). "The Real Federal Deficit : What It is, How It Matters, and What It Should Be." *Quarterly Review of Economics and Business*. vol. 26, pp. 6–21.

______.(1989). "Budget Deficits : Rhetoric and Reality." *Journal of Economic Perspectives*. vol. 3, pp. 73–93.

______ **and Paul J. Pieper.**(1984). "A New View of the Federal Debt and Budget Deficits." *American Economic Review*. vol. 74, pp. 11–29.

Feldstein, Martin.(1985). "Debt and Taxes in the Theory of Public Finance." *Journal of Public Economics*. vol. 28, pp. 233–46.

Gramlich, Edward M.(1989). "Budget Deficits and National Saving : Are Politicians Exogenous?" *Journal of Economic Perspectives*. vol. 3, pp. 23–35.

Heilbroner, Robert and Peter Bernstein.(1989). *The Debt and the Deficit : False Alarms/Real Possibilities*. New York : W.W. Norton & Co.

Kettl, Donald F.(1992). *Deficit Politics : Public Budgeting in Its Institutional and Historical Context*. New York : Macmillan.

Lerner, A. P.(1948). "The Burden of the National Debt." in L.A. Metzler *et al.*(eds.), *Income, Employment and Public Policy : Essays in Honor of Alvin H. Hansen*. New York : W.W. Norton.

Miner, Jerry.(1989). "The Reagan Deficit." *Public Budgeting & Finance*. vol. 9, pp. 15–32.

Musgrave, Richard A. and Peggy B. Musgrave.(1989). *Public Finance in Theory and Practice*. 5th ed., New York : McGraw-Hill, ch. 32.

Rosen, Harvey S.(2002). *Public Finance*. 6th ed., Boston : McGraw-Hill, ch. 18.

White, Joseph and Aaron Wildavsky.(1989). *The Deficit and the Public Interest : The Search for Responsible Budgeting in the 1980s*. Berkeley : University of California Press.

제 14 장
지방재정론

지방재정론은 지방정부의 재정활동을 연구하는 재정학의 한 분야이다. 지방재정론에 관한 이러한 정의로부터 당연히 제기될 수 있는 의문이 있는데, 그것은 지방정부의 재정활동이 갖는 어떠한 특징 때문에 이를 분석하기 위한 독립적인 분야가 필요한가 하는 것이다. 그런데 이보다 더욱 본질적인 질문은 왜 중앙정부에 의한 일률적인 재정활동이 아니라 각 지방정부의 자율적인 판단에 입각한 분권화된 재정활동이 필요한가 하는 의문일 것이다.

무엇보다도 재정적인 측면에서 지방자치제가 강조되는 이유는 중앙정부에 의한 일률적인 재화나 서비스의 공급만으로는 각 지역주민들의 다양한 선호나 기호를 모두 만족시킬 수 없기 때문에, 주민의 선호에 제대로 대응할 수 있는 공공서비스의 제공을 통해서 사회 전체적인 후생을 증가시키고자 하는 데에 있다. 그리고 국가경제와 비교할 때 지역경제는 자본과 노동력의 이동이 자유롭다는 개방성(openness)을 특징으로 한다. 이러한 개방성은 각 지방정부의 자율적 재정활동에 따른 사회후생의 증대를 가능케 하는 조건인 동시에 각 지방정부가 담당할 수 있는 재정활동을 제약하는 요인이 되기도 한다.

이러한 측면에서 이 장에서는 먼저 중앙정부와 지방정부가 담당해야 하는 재정적 기능이 어떻게, 그리고 왜 다른가를 살펴보고자 한다. 이러한 기본적인 논의에 이어 자율적인 지방재정의 필요성에 관한 가장 강력한 이론적 기반을 제시하고 있는 이른바 티부모형(Tiebout Model)의 내용과 그 한계를 분석함으로써 재정분권화의 장섬과 문제점을 논의하고자 한다. 또한 중앙정부와 비교하여 지방정부 재정수입은 어떠한 원칙에 의해 확보되어야 하는가를 검토함으로써 지방재정의 특징을 보다 명확히 하고자 한다. 끝으로, 지방정부의 자율적인 재정활동에 따른 문제점을 시정하기 위해서 중앙정부가 어떠한 재정적 기능을 어떻게 수행해야 하는가를 지방재정조정제도를 중심으로 하여 논의하고자 한다.

1. 재정기능의 정부 간 배분

제1장에서 살펴본 대로 머스그레이브(Musgrave)에 의하면 정부의 재정기능은 크게 경제안정 및 성장, 소득분배 및 자원배분의 3대 기능으로 나눌 수 있다. 이러한 재정의 3대 기능 가운데 지방정부의 역할이 강조되는 부분은 자원배분기능이며, 소득분배 및 경제안정에 관련된 기능은 중앙정부가 담당하는 것이 보다 바람직하다고 일반적으로 인식되고 있다. 물론 이러한 재정기능의 배분이론(The Theory of Fiscal Assignment *or* Optimal Federalism)은 재정기능의 분할에 관한 일반적인 논의일 뿐이며, 재정분권화의 최적수준은 각국의 역사적, 제도적 맥락에 의해서 결정

되어질 수밖에 없을 것이다. 그럼에도 불구하고 재정이론적 차원에서 지방정부 재정기능의 범위와 한계를 논의하는 이유는 사회 전체적인 효율성의 증대라는 차원에서 지방자치의 제도화 문제를 논의할 수 있는 기초가 되기 때문이다.[1)]

(1) 경제안정 및 성장기능

지방정부는 중앙정부와는 달리 화폐발행권을 갖고 있지 않기 때문에 통화정책을 이용하여 경제안정 및 성장정책을 추구할 수 없다. 그러므로 지방정부 차원에서 경제안정 및 성장정책을 추진하기 위해서는 오로지 재정정책에 의존할 수밖에 없다. 그러나 자본과 노동력의 자유로운 이동으로 인한 지방정부의 개방성(openness) 때문에 각 지방정부의 독자적 판단에 따른 유효수요 및 고용창출 정책의 집행은 그 효과가 대단히 미미할 수밖에 없는 것이 사실이다. 다시 말해서, 지역경제의 개방성으로 말미암아 어떤 한 지역의 주민들이 구입하는 재화나 서비스 중 상당부분은 다른 지역에서 생산한 것들인 경우가 많다. 이러한 상황에서 지방정부의 독자적인 판단에 따라 고용확대나 유효수요창출을 위한 조세 혹은 지출 정책을 활용할 경우 그 효과가 다른 지역으로 유출될 수밖에 없다는 것이다.

또한 국가 전체적인 차원에서 적자재정을 활용하는 것과는 달리 한 지역의 경제성장을 촉진하기 위해 지방정부가 차입에 의존할 경우 실질적인 재정부담이 그 지역주민들에게 귀속될 수밖에 없다. 개방성이라는 지방정부의 특징으로 말미암아 지방정부에서 발행하는 공채의 대부분은 다른 지

1) 재정기능의 정부 간 배분에 관한 기본적인 논의는 Wallace E. Oates.(1972). *Fiscal Federalism*. New York : Harcourt Brace Jovanovich, ch. 1을 참고할 것.

역의 주민들이 보유하게 된다. 즉, 제13장에서 논의한 바와 같이 지방정부의 차입은 대부분 내채(internal debt)가 아니라 외채(external debt)로 구성될 수밖에 없는 것이다. 이렇게 되면 원리금을 상환하는 경우 그 지역주민의 실질소득이 다른 지역의 주민에게 이전되는 결과가 나타나게 된다.[2)]

결국 자본과 노동력의 자유로운 이동이라는 개방성으로 말미암아 지방정부 차원에서 경제안정 및 성장을 촉진하기 위한 재정정책의 활용은 바람직하지 않으며, 오직 중앙정부만이 이러한 재정적 기능을 담당해야 한다고 할 수 있다.

(2) 소득분배기능

개방성 혹은 사회적 이동성의 문제는 지방정부의 소득분배기능을 제약하는 요인이 되기도 한다. 예를 들어 한 지방정부가 조세수입의 증대를 통하여 복지정책을 추진한다고 가정하자. 이 경우 그 지역에 거주하는 부유층들의 세부담은 당연히 무거워질 것이며, 반면 가난한 사람들의 소득수준은 증가할 것이라고 예상할 수 있다. 이때 부유한 사람들은 조세부담을 회피하기 위하여 세부담이 낮은 다른 지역으로 이주를 하게 되는 반면, 복지정책의 수혜대상이 되는 가난한 사람들은 다른 지역에서 이 지역으로 전입해 오게 될 것이다. 이렇게 되면 복지정책을 추진하기 위해 세부담을 증가시킨 지역은 종국적으로 전반적인 소득수준이 낮아지게 되어 그 결과 복지정책을 더 이상 제대로 추진할 수 없게 되는 문제가 발생한다. 이러한 문제는 지방정부의 규모가 작으면 작을수록 그리고 사회적 이동성이 크면 클수

---

2) 그런데 후술하는 바와 같이 바로 이러한 이유로 지방정부의 자본지출을 위해서는 차입이 가장 바람직한 재원조달형태가 된다. Oates. *ibid*, p. 154.

록 더 심각해질 수밖에 없다. 바로 이러한 이유로 중앙정부에 의한 통일적인 소득분배정책만이 소기의 목적을 달성할 수 있는 것이다.[3] 이러한 측면에서 머스그레이브는 집권화는 누진적인 조세정책과 소득재분배정책의 시행을 가능케 하는 반면, 분권화는 이를 저해한다고 주장하고 있다.[4]

소득분배기능과 연관된 것으로서 지역 간 불균형을 해소하기 위해서도 중앙정부의 역할이 필요하다. 지역 간 소득 및 부의 불균형이 심화된 상태에서 재정분권화가 이루어지게 되면 지방정부 간 재정력의 불균형은 더욱 심화될 수밖에 없다. 이는 곧 지역 간 소득 및 부의 불균형이 "지역불균형을 해소할 수 있는 지방정부 능력의 불균형"의 심화로 이어질 수밖에 없음을 의미하는 것이다. 따라서 지역 간 소득 및 부의 불균형을 해소하기 위해서도 중앙정부의 재정적 역할이 강조될 수밖에 없다고 할 것이다.

(3) 자원배분기능

제3장에서 공공재의 편익이 사회구성원 전체에게 미치는 것이 아니라 특정 지역에 살고 있는 주민들에게만 미치는 경우, 이를 지역공공재(local

---

3) 그렇지만 이것이 곧 소득분배 혹은 복지정책에 있어서 지방정부의 역할이 필요 없음을 의미하는 것은 아니다. 물론 위에서 설명한 바와 같이 각 지방정부가 나름대로의 소득재분배정책을 추구하는 것이 바람직하지 않다 할지라도, 복지정책의 수혜계층에 대한 정보의 획득과 그들의 욕구에 부응하는 정책의 집행은 중앙정부보다 지방정부 차원에서 보다 효율적으로 행해질 수 있을 것이다. 그러므로 소득재분배정책이나 복지정책에 관한 전반적인 정책들은 중앙정부에서 결정되어야 하나, 그 구체적인 집행은 지방정부에 위임하는 것이 바람직하다고 할 수 있다.

4) Richard A. Musgrave.(1999). "Fiscal Federalism." in James M. Buchanan and Richard A. Musgrave. *Public Finance and Public Choice : Two Contrasting Visions of the State*. Cambridge, MA : The MIT Press, p. 161.

public goods)라고 부른다고 한 바 있다. 지역공공재의 대표적인 예로서는 치안과 소방서비스, 교통통제, 쓰레기처리, 그리고 상·하수도 시설 등을 들 수 있다.

지역공공재의 공급수준에 대한 주민들의 선호는 지역마다 다를 수밖에 없기 때문에, 이러한 재화나 서비스를 중앙정부가 일률적으로 공급하게 되면 주민들의 다양한 선호나 기호에 대응할 수 없는 문제가 발생한다. 따라서 지역공공재의 공급과 관련된 자원배분기능은 지방정부에서 담당하는 것이 사회 전체적인 효율성의 제고라는 측면에서 보다 바람직하다고 할 수 있다.[5] 이것이 이른바 오츠(Oates)의 분권화정리(The Decentralization Theorem)이다. 즉, 지역공공재를 중앙정부에서 공급함으로써 비용이 절약되거나 혹은 지역 간 외부효과가 존재하지 않는 한, 각 지역별로 파레토 효율적인 수준의 공공재가 공급되는 것이 모든 지역에서 일률적인 수준의 공공재가 공급되는 것에 비해 적어도 후생수준을 같게 하거나 그 이상이 되도록 한다는 것이다.[6]

2. 티부모형

(1) 티부모형의 주요내용 : '발에 의한 투표'

자원배분기능의 수행에 있어서 왜 지방정부의 역할이 중앙정부보다 강

---

5) 공공재의 편익이 전국민에게 미치는 경우에는 중앙정부에서 공급하는 것이 바람직하다.

6) Wallace Oates.(1982). op. cit, p. 54.

조되어야만 하는가에 대한 보다 체계적인 논의는 티부모형에서 찾아볼 수 있다. 티부(Tiebout)에 의하면 사람들이 어떠한 제약도 없이 자유롭게 이동할 수 있다면, 사람들은 자신이 가장 선호하는 재화와 용역을 제공할 뿐만 아니라 그들이 가장 바람직하다고 생각하는 조세가 존재하는 지역에서 거주하게 될 것이라고 한다.[7] 다시 말해서, 각 개인은 자신이 원치 않는 재정정책이 실시되는 지역에서는 더 이상 살지 않으려고 할 것이며, 자신의 선호에 가장 부합하는 재정정책이 실시되는 지역으로 이동함으로써 자신의 후생수준을 극대화하려 한다는 것이다. 이를 '발에 의한 투표'(voting with foot)라고 표현한다.

만약 '발에 의한 투표'가 가능하기만 하다면 사람들은 지방정부가 제공하는 재화와 서비스에 대해 자신의 선호를 완벽하게 표현할 수 있을 것이다. 이렇게 되면 결국 지역공공재의 공급과 조세부담 수준에 대해 비슷한 선호를 가진 사람들끼리 동일한 지역에 모여 살게 될 것인데, 이 경우 형성되는 공동체는 뷰캐넌(Buchanan)이 이야기하는 클럽(club)과 동일한 의미를 갖는다고 할 수 있다.

티부에 의하면 '발에 의한 투표'가 가능하기만 하다면, 공공재의 최적공급수준을 결정하는 데 있어서 가장 심각한 제약요인이라 할 수 있는 무임승차자의 문제(the free rider problem)가 해결될 수 있을 뿐만 아니라, 공공재의 공급에 따른 조세부담의 문제도 동시에 해결될 수 있다는 것이다. 즉, 가격기제가 사적재의 생산과 소비에 있어서의 효율적인 자원배분을 가능하게 하듯이 '발에 의한 투표'야말로 공공재의 최적공급수준을 결정해 줄 수 있는 유일한 방법이라는 것이다. 이러한 이유로 티부모형을 유

---

7) Charles M. Tiebout.(1956). "A Pure Theory of Local Expenditures." *Journal of Political Economy*. vol. 64, pp. 416-24.

사시장적 해결책(market-like solution)이라고도 한다.

티부모형에 의하면 더 이상의 이동이 없는 균형상태에서는 각 개인의 후생을 더욱 증가시킬 수 있는 어떠한 방법도 존재하지 않는다. 이는 곧 지역공공재의 공급에 있어서 파레토 효율성이 달성된 것이라고도 할 수 있다. 결국 완전한 이동성이 존재하여 '발에 의한 투표'가 가능하기만 하다면 최적의 자원배분이 달성될 수 있다는 것이다. 티부모형은 정부의 역할에 대해서도 대단히 중요한 의미를 갖는다. 즉, 완전한 이동성만 존재한다면 자원배분에 있어서의 효율성을 제고하기 위한 정부의 역할이 거의 필요하지 않다는 것이다.

티부모형이 현실적으로 적용될 수만 있다면, 각 지방정부의 자율적인 판단에 따른 재정운용이 사회 전체적인 후생을 극대화시킬 수 있다는 주장에 대해서는 의문을 제기할 여지가 없다. 그러나 다음에 보는 바와 같이 티부모형은 몇 가지 엄격한 가정을 전제로 하고 있다. 따라서 티부모형의 현실적용 가능성은 현실적으로 이러한 가정들이 과연 충족될 수 있는가에 달려 있다고 할 수 있다.

(2) 티부모형의 가정

티부모형은 다음과 같은 가정에 근거하고 있다.

첫째, 다수의 마을(a large number of communities)이 존재해야 한다. 각 개인이 자신의 선호에 가장 부합하는 재정정책이 실시되는 지역으로 이동할 수 있기 위해서는 상이한 재정정책을 추구하는 대단히 많은 수의 지방정부가 존재해야만 하는 것이다.

둘째, 완전한 정보(perfect information)가 존재해야 한다. 어떤 지역으로 이동할 것인가를 결정하기 위해서는 각 지방정부가 제공하는 재화와 용역, 그리고 각 지방정부의 조세정책에 대한 완벽한 정보가 존재하지 않으면 안 된다.

셋째, 완벽한 이동성(perfect mobility)이 존재하여야 한다. 각 개인이 자신이 가장 선호하는 재정정책이 실시되는 지역으로 이동하는 데 있어서 어떠한 비용도 소요되지 않는다는 것이다. 특히 티부모형에서는 고용기회가 거주지역의 결정에 어떠한 영향도 미치지 않는다고 가정한다.

넷째, 외부효과(externalities)가 존재하지 않아야 한다. 즉, 각 지방정부가 공공서비스를 제공하는 경우 이로부터 어떠한 이로운 외부효과나 해로운 외부효과도 발생하지 않는다고 가정한다. 다시 말해서, 한 지방정부가 제공하는 공공서비스는 그 지역에 거주하는 주민들의 후생에만 영향을 미칠 뿐 다른 지역에 살고 있는 사람들의 후생에는 어떠한 영향도 미치지 않는다는 것이다.

다섯째, 규모의 경제(economies of scale)가 존재하지 않아야 한다. 규모의 경제가 존재하지 않는다는 것은 지방정부가 제공하는 공공서비스의 양이 두 배로 증가한다면, 그 공급비용도 두 배로 증가한다는 의미이다. 동시에 이는 한 지역에 거주하는 사람들의 수가 두 배로 증가한다면 공공서비스의 양도 두 배로 증가해야 함을 의미한다. 이와는 달리 공공서비스 공급에 있어서 규모의 경제가 존재하는 경우에는 한 지역에 거주하는 사람들의 수가 많아지면 많아질수록 공공서비스를 제공하는 데 소요되는 비용이 감소할 수밖에 없게 된다. 이렇게 되면 한 지방정부의 규모가 커질수록 공공서비스의 공급비용이 낮아지게 되므로 각 개인이 선택할 수 있는 지방정부의 수는 대단히 제약될 수밖에 없게 될 것이다.

(3) 티부모형의 문제점

위에서 제시한 티부모형의 가정들이 현실적으로 충족될 수만 있다면 각 지방정부의 자율적인 판단에 따른 재정운용이 사회 전체적인 후생을 극대화시킬 수 있을 것이다. 그러나 문제는 이러한 티부모형의 기본가정들이 현실적으로 만족되지 않는다는 점이다.

제2장에서 우리는 완전경쟁시장이 현실적으로 가능하기 위해서는 다수의 생산자와 소비자가 존재해야 하고, 완벽한 정보와 자원의 완벽한 이동성이 존재해야 할 뿐만 아니라 규모의 경제와 외부효과가 존재하지 않아야 함을 보았다. 그렇지만 우리는 또한 이러한 조건들이 현실적으로 만족되기가 사실상 불가능하기 때문에 시장의 실패가 필연적으로 발생할 수밖에 없음을 보았다. 다수의 마을이 존재해야 한다는 티부모형의 가정을 다양한 생산자가 존재해야 한다는 가정으로 재해석한다면, 앞에서 살펴본 티부모형의 기본적인 가정들은 완전경쟁시장이 성립하기 위한 기본적인 가정들과 전혀 다르지 않다. 따라서 시장의 실패가 현실적으로 발생하지 않을 수 없는 것처럼 티부모형이 현실적으로 적용되기는 거의 불가능하다고 할 수밖에 없다.

예를 들어 티부모형에서는 고용기회가 거주지역의 결정에 아무런 영향을 미치지 않는다고 가정하지만, 현실적으로 고용기회는 거주지역의 선택에 있어 대단히 중요한 제약요인이 된다. 이는 곧 사람들이 완벽한 이동성을 갖지 못한다는 것을 의미한다. 또한 티부모형에서는 사람들이 각각의 지방정부로부터 얻을 수 있는 편익과 자신들이 납부해야 하는 세금에 대해 완벽한 정보를 갖고 있는 것으로 가정하고 있지만, 이는 현실적으로 성립되기 대단히 어려운 가정이다. 그리고 티부모형에서는 어떤 지방정부가 제공하는 재화나 서비스의 편익이 다른 지역에 살고 있는 사람들의 후생에는 전혀 영향을 미치지 않을 뿐만 아니라 지역공공재의 공급에 있어서 규모의 경제도 존재하지 않는다고 가정하고 있는데, 현실적으로 이러한 예를 찾기는 쉽지 않다. 특히, 공공재의 공급을 둘러싸고 지방정부 간 상당한 정도의 외부효과가 존재하는 경우에는 개별 지방정부가 아니라 상위정부가 공공재를 공급하는 것이 외부효과의 내부화라는 측면에서 훨씬 더 바람직할 수 있다.

나아가 티부모형이 현실적으로 적용되어 사회 전체적인 효율성이 극대화된다고 해도 그것이 꼭 바람직한가에 대해서는 이론의 여지가 대단히 많다고 할 수 있다. 왜냐하면 소득과 공공서비스에 대한 수요가 정(+)의 관계를 보이는 경우, 티부모형에서의 균형상태는 소득이 비슷한 사람들끼리 동일한 지역에 모여 살 때에만 도달할 수 있는 것이기 때문이다. 다시 말해서, 한 쪽에서는 부유한 사람들끼리만 모여 살면서 높은 수준의 공공서비스를 향유하고, 다른 한 쪽에서는 가난한 사람들끼리 모여 살면서 열악한 공공서비스에 만족할 때에만 티부모형에서 이야기하는 균형상태에 도달할 수 있을 뿐만 아니라 사회 전체적인 효율성이 극대화될 수 있는 것이다. 결국 제2장에서 논의한 바와 같이 효율성과 사회적 형평성이라는 두 가지 목표는 상충관계(trade-off relationship)를 갖는 경우가 많은데, 티부모형의 경우 이러한 상충관계가 극명하게 표출되고 있다.

그러나 이러한 문제점에도 불구하고 티부모형은 이동성(mobility)에 초점을 맞추어, 사회적 효율성의 제고라는 측면에서 지방정부의 재정적 역할을 강조하고 있다는 점에서 지방재정연구를 위한 가장 기초적인 분석틀을 제시하고 있다고 평가할 수 있다.

3. 재정분권화의 장점과 문제점

(1) 재정분권화의 이론적 근거

각 지방정부에 의한 독립적이고 자율적인 재정운용이 강조되는 이유로서는 크게 다음의 네 가지를 들 수 있다.

(가) 각 지역주민의 선호에 대한 대응성 제고

티부모형에서 시사하는 바와 같이 분권화된 제도하에서는 공공서비스에 대한 선호가 비슷한 사람들끼리 동일한 지역에 모여 살게 될 것이다. 이렇게 되면 각 지방정부는 그 지역의 주민들이 가장 선호하는 공공서비스를 제공할 수 있게 된다. 또한 앞에서 언급한 바와 같이 중앙정부에 의한 일률적인 재화와 서비스의 공급은 각 지역주민들의 다양한 선호와 기호에 대응할 수 없다는 문제를 갖고 있다. 그러므로 각 지역마다 서로 다른 공공서비스에 대한 선호와 기호에 민감하게 대응할 수 있도록 다양한 공공서비스를 제공하는 다수의 지방정부가 존재한다면 자원배분에 있어 사회 전체적인 효율성이 제고될 수 있을 것이다.

(나) 지방정부 간 경쟁의 촉진

시장과 비교하여 정부부문의 가장 큰 문제점은 경쟁이 존재하지 않기 때문에 재화와 서비스의 제공에 있어서 효율성을 제고시키고자 하는 유인이 존재하지 않는다는 점이다. 그러나 다수의 지방정부가 존재하게 되면 시장에서 기업 간의 경쟁이 궁극적으로 자원이용에 있어서의 효율성을 제고시키는 것과 마찬가지의 효과를 갖게 된다. 즉, 다수의 지방정부가 존재하게 되면 공공서비스의 제공에 있어 상호비교가 불가피해지며 이렇게 되면 효율적인 행정이 이루어지는 지역으로 사람들이 이동할 것이라는 것은 자명하다. 경쟁에 따른 이러한 잠재적인 위협은 지방정부로 하여금 주민의 선호에 부응하는 서비스의 제공뿐만 아니라 생산성의 향상과 비용절감을 기하도록 유도함으로써 궁극적으로 자원이용의 효율성을 높일 수 있다고 할 것이다.

(다) 공공서비스 공급에 있어 실험과 혁신의 촉진

다수의 지방정부가 존재하게 되면 결과적으로 공공재를 공급하는 다양한 생산자가 나타나게 된다. 다양한 생산자가 존재하게 되면 공공재를 생산하는 데 있어 대담한 실험이나 혁신을 시도할 수 있을 것이며, 이는 장기적으로 공공서비스를 제공하는 데 있어 기술적 향상을 가져오게 된다.

(라) 자원배분의 효율성 제고

지방정부의 지출이 주로 지방세 수입에 의존하는 경우에는 공공서비스의 비용에 대한 지역주민들의 의식이 높아지게 된다. 이렇게 되면 정부지출에 대한 결정이 보다 신중하게 이루어질 것이며, 이는 궁극적으로 자원배분의 효율성을 제고시키는 효과를 갖게 될 것이다.

(2) 재정집권화의 이론적 근거

재정기능의 정부 간 배분을 논의하면서 우리는 경제안정 및 성장기능과 소득분배기능은 중앙정부에서 담당하고, 자원배분기능만을 지방정부가 담당하는 것이 바람직함을 보았다. 그런데 자원배분기능에 있어서도 지방정부가 아니라 중앙정부의 재정적 역할이 강조되는 경우가 있다. 이는 크게 다음의 네 가지 경우로 정리할 수 있다.

(가) 외부효과의 내부화

지방정부가 제공하는 공공서비스의 편익이 그 지역에만 국한되는 것이 아니라 다른 지역에 살고 있는 주민들의 후생에도 영향을 미치는 경우가 있다. 이렇게 공공서비스의 편익이 다른 지역으로 누출되는 외부효과(benefit spillovers)가 존재하는 경우, 공공서비스를 공급하는 지역에서 인식되는 지출의 편익은 사회 전체적인 편익보다 작아지게 된다. 따라서 사회 전체적인 시각에서 보면 공공서비스의 과소공급이라는 문제가 발생하며, 이는 자원이 비효율적으로 배분되고 있음을 의미하는 것이다. 이럴 경우에는 개별적인 지방정부가 아니라 중앙정부가 그러한 서비스나 재화를 공급함으로써 외부효과를 내부화시킬 필요가 있는 것이다.

(나) 공공재 공급에 있어서의 규모의 경제

공공재에 따라서는 사용자의 수가 증가하고 공급규모가 늘게 되면, 규모의 경제에 의해 1인당 공급비용이 하락하는 경우가 있다. 이러한 경우에는 다수의 지방정부가 공동으로 공공서비스를 생산 · 공급하거나 중앙정부가 이를 통합적으로 생산 · 공급함으로써 공공재 생산비용을 절감할 수 있을 것이다.

(다) 조세경쟁과 조세수출의 문제

효율적인 조세정책은 자원배분의 왜곡을 최소화하기 위하여 비탄력적으로 공급되거나 수요되는 재화에 대해서는 고율의 세금을, 그리고 탄력적으로 공급되거나 수요되는 재화에 대해서는 저율의 세금을 부과하는 것을 원칙으로 한다. 그런데 지방정부 간 자원의 높은 이동성으로 말미암아, 사회 전체적인 시각에서는 공급탄력성이 낮지만 개별 지방정부의 시각에서는 공급탄력성이 대단히 높은 재화가 있다. 자본이 그 대표적인 예가 될 것이다.

한 지방정부에서 자본에 대해 고율의 세금을 부과하게 되면, 이때 자본은 상대적으로 세율이 낮은 다른 지역으로 이동할 것이 명백하다. 그러나 지역경제의 활성화를 위해서는 더 많은 자본을 자기 지역으로 유치할 필요가 있다. 따라서 모든 지방정부들은 더 많은 자본을 유치하기 위하여 자본에 대해서는 서로 더 낮은 세율로 세금을 부과하려고 할 것이다. 지방정부간의 이러한 조세경쟁(tax competition)은 지방세 부과능력을 저하시킴으로써 궁극적으로 지방정부가 공급하는 공공서비스의 수준이 저하될 위험성을 대단히 크게 만든다. 따라서 이러한 문제를 해결하기 위해서는 중앙정부의 재정적 역할이 강조될 수밖에 없는 것이다.

역으로 지방정부가 부과한 지방세의 부담이 다른 지역으로 전가되는 경우가 있다. 예를 들어 한 지역에서 생산하는 재화를 다른 지역의 주민들이 구입할 경우, 그 재화에 부과된 조세는 다른 지역의 주민들이 부담할 수밖에 없게 된다. 이러한 조세수출(tax exporting)의 가능성이 존재한다면, 개별 지방정부의 입장에서는 재원을 확충하면서도 그 지역에 거주하는 주민들의 세부담은 낮출 수 있다는 일석이조의 효과를 가지게 되므로 이를 가능한 한 많이 활용하기를 원할 것이다.

그러나 조세수출이 발생하게 되면, 당해 지역에서 인식되는 공공서비스 공급의 한계비용은 사회적 한계비용보다 작아질 수밖에 없기 때문에 당해 지방정부는 사회 전체적인 차원에서 가장 효율적인 공공재의 공급수준보다 더 많은 공공재를 공급하게 될 것이다. 이러한 공공재의 과다공급은 곧 자원의 비효율적 배분으로 이어지게 된다. 결국 조세수출로 인한 자원배분에 있어서 비효율성의 문제를 해결하기 위해서도 중앙정부의 재정적 역할이 강조되는 것이다.

(라) 징세에 있어서의 규모의 경제

지방세의 징수를 반드시 당해 지방정부가 담당해야 할 이유는 없다. 어느 나라든지 지방정부와 비교하여 중앙정부는 징세를 위한 대규모의 조직과 인력을 보유하고 있기 때문에 징세에 있어서 규모의 경제를 누릴 수 있다. 그러므로 지방정부가 지방세의 징수를 위해 별도의 조직과 인력을 활용할 경우에는 조직 및 인력의 중복이라는 자원배분의 비효율성의 문제가 나타날 수 있다. 따라서 지방세의 징수를 중앙정부가 담당하는 것이 효율성의 측면에서 보다 바람직하다고 할 수 있다.

4. 지방정부수입의 유형과 기준

(1) 지방정부 재원조달의 방법 : 효율성의 기준

지방정부의 수입은 크게 지방세 수입, 사용자 부담금, 차입(혹은 지방채), 그리고 중앙정부로부터의 이전재원 등으로 구성된다. 이러한 여러 가지 방법들 중 효율성의 측면에서 가장 바람직한 재원조달방법을 선택하는 기준은 다음과 같다.

첫째, 공공서비스의 편익이 개별화될 수 있고 또한 배제(exclusion)의 원칙이 적용될 수 있는 경우에는 사용자 부담금(user charges)의 활용이 가장 효율적인 재원조달방법이라고 할 수 있다. 대표적인 예로서 상·하수도 등을 들 수 있다.

둘째, 배제의 원칙이 적용될 수 없고 따라서 개별적인 가격책정이 불가능한 일반행정비용 및 기타 지역공공재의 경우에는 지방세가 가장 바람직한 재원조달방법이 된다.

셋째, 장기적인 자본투자가 필요한 공공사업의 경우에는 차입 혹은 지방채에 의존하는 것이 보다 바람직하다.

끝으로, 교육이나 보건 등 공공서비스의 편익이 다른 지역에까지 미치는 경우에는 지방세나 사용자 부담금에 의한 재원조달방법은 공공재의 과소공급을 초래할 수 있으므로 중앙정부에 의한 이전재원이 가장 적절한 방법이라고 할 수 있다.

물론 이러한 기준에 의한 지방정부 재원조달의 방법은 자원배분에 있어서의 효율성을 제고시키기 위한 최적의 방안이기는 하나, 실질적인 재원조달 패턴은 이와 상당한 괴리를 보이고 있는 것이 모든 나라에 공통된 현상이다.[8)]

(2) 사용자 부담금

지방정부 재원조달에 있어서 첫째 원칙은 버드(Bird)가 표현한 바와 같이, "가능한 한 수익자가 부담토록 하라"(wherever possible, charge)는 것이다.[9)] 이는 편익원칙(benefit principle)에 의해서 지방정부가 재원조달을 할 수 있을 때만이 재정운용의 효율성과 책임성을 동시에 제고시킬 수 있다는 것을 의미한다.

---

8) Roy W. Bahl and Johannes F. Linn.(1992). *Urban Public Finance in Developing Countries*. New York : Oxford University Press, pp. 472–73.

9) Richard M. Bird.(1993). "Threading the Fiscal Labyrinth : Some Issues in Fiscal Decentralization." *National Tax Journal*, vol. 46, p. 212.

지방정부가 제공하는 공공서비스나 재화의 공급비용을 그 서비스나 재화의 소비자로 하여금 부담케 하는 사용자 부담금은 다음과 같은 이점을 지니고 있다.

첫째, 사용자 부담금은 중앙정부의 세원과 중복되지 않으며, 또한 일반 지방세와는 달리 조세수출의 가능성이 거의 존재하지 않는다.

둘째, 지방정부가 제공하는 서비스에 대해 금전적 부담을 지지 않는 사람을 서비스의 혜택으로부터 배제할 수 있는 경우 사용자 부담금은 행정적으로 운용이 용이하다. 그리고 사용자 부담금을 활용하게 되면 지방세수입을 급격히 증가시키거나 혹은 공공서비스의 제공을 위한 재원을 지방세수입으로부터 전용할 필요성이 낮아지기 때문에 궁극적으로 지방재정의 건전화에 도움이 된다고 할 수 있다.

셋째, 지방정부가 제공하는 서비스의 비용을 직접적인 수혜자로 하여금 부담케 함으로써 공공서비스의 비용에 대한 지역주민들의 인식을 높일 수 있고 이에 따라 지방정부 운영의 효율성을 제고할 수 있다.

넷째, 일반세입에 의해서 공공서비스가 제공되는 경우와는 달리 사용자 부담금은 공공서비스의 공급비용을 직접적으로 반영하게 된다. 즉, 사용자 부담금은 공공서비스에 대한 가격의 역할을 하게 되는 것이다. 따라서 사용자 부담금은 자원배분의 효율성을 제고시킬 수 있는 방법이 된다.

다섯째, 요금이라는 가격기제를 통하여 지역주민의 공공서비스에 대한 선호와 수요가 표현될 수 있기 때문에 사용자 부담금은 지방정부에 대한 투자 가이드의 역할도 수행할 수 있다.

여섯째, 사용자 부담금은 지방정부가 제공하는 공공서비스의 비용부담에 있어서 수평적 공평성을 제고할 수 있다. 배제의 원칙이 적용될 수 있는 공공서비스의 비용이 일반지방세로 충당되는 경우에는 비사용자가 사용자에게 보조금을 지불하는 것과 같은 효과가 나타나게 되는데, 사용자 부담금의 활용은 이러한 수평적 공평성의 문제를 해결할 수 있는 방법인 것이다. 특히 타지역의 주민들과 지방세 감면혜택을 받는 단체가 지방정부가 제공하는 공공서비스를 소비하는 경우, 지방세에 의한 재원조달방식은 타지역 주민과 지방세 감면혜택을 받는 단체에게 무임승차를 허락하는 것과 같은 결과를 낳게 된다.

물론 이러한 사용자 부담금은 지방정부가 제공하는 서비스의 성격이 공공재에 가까울수록 그 활용가능성이 줄어들 수밖에 없으며, 저소득층에 대한 사용료의 과도한 징수는 수직적 형평성의 차원에서 바람직하지 못한 결과를 낳을 수도 있다. 따라서 사용자 부담금이 지방세나 중앙정부로부터의 이전재원 등을 완전히 대체할 수는 없다. 그렇지만 지방재정의 효율적인 운영을 위해서는 사용자 부담금의 적극적인 활용이 필요하다는 점 또한 부정할 수 없는 사실이다.[10)]

(3) 지방세

앞에서 살펴본 재정기능의 정부 간 배분은 지출기능의 수직적 배분과 관련된 것이었다. 이러한 지출기능의 정부 간 배분과 마찬가지로 조세 또한 중앙정부에서 운용하는 것이 바람직한 것과 지방정부에서 운용하는 것이 보다 적합한 것으로 나누어 볼 수 있다. 머스그레이브는 조세의 정부 간

---

10) John L. Mikesell.(1999), *Fiscal Administration : Analysis and Applications for the Public Sector*. 5th ed., Fort Worth : Harcourt Brace College Publishers, pp. 436–41 ; C. Kurt Zorn.(1991). "User Charges and Fees." in John E. Petersen and Dennis R. Strachota(eds.), *Local Government Finance : Concepts and Practices*. Chicago : Government Finance Officers Association, pp. 144–47.

배분에 대해서 다음과 같은 원칙을 제시하고 있다.[11)]

첫째, 개인소득세와 같이 소득재분배기능을 담당할 수 있는 누진적인 조세는 중앙정부에서 운용하는 것이 바람직하다. 왜냐하면 소득재분배기능을 담당할 수 있는 누진적인 조세를 어떤 특정한 지방정부에서 운용할 경우 조세부담을 회피하기 위하여 고소득층은 다른 지역으로 이주를 하는 반면 저소득층은 그 지역으로 전입해 올 것이므로, 조세가 거주지선택을 교란할 뿐만 아니라 소득재분배효과조차 제대로 달성할 수 없도록 만들기 때문이다.

둘째, 이동성이 높은 세원(tax base)에 대해서는 지방정부 차원에서 과세하는 것이 바람직하지 않다. 지방정부는 토지와 같은 이동성이 낮은 세원에 대해 과세함으로써 경제적 선택의 왜곡을 최소화시킬 수 있다.

셋째, 지역적으로 불균등하게 분포되어 있는 세원에 대해서는 중앙정부에서 과세하는 것이 보다 바람직하다. 예를 들어 천연자원에 대한 과세는 중앙정부 차원에서 이루어져야만 지역 간 재정력의 불균등이 발생하지 않을 뿐만 아니라 자원배분의 왜곡도 최소화시킬 수 있을 것이다.

넷째, 편익원칙을 충족시킬 수 있는 조세와 사용자 부담금 등은 중앙정부와 지방정부에서 모두 활용할 수 있지만, 지방정부의 세원으로서 그 중요성이 더욱 부각된다. 편익원칙을 충족시킬 수 있는 조세는 공공서비스의 공급비용을 그 사용자가 부담하는 결과를 낳기 때문에, 거주지선택과 자원배분의 왜곡을 최소화시킬 수 있게 된다. 그리고 위의 두 번째 원칙, 즉 이동성이 높은 세원에 대해서는 지방정부 차원에서 과세하는 것이 바람직하

11) Richard Musgrave.(1983). "Who Should Tax, Where, and What?" in Charles McLure(ed.), *Tax Assignment in Federal Countries*. Canberra : Centre for Research on Federal Financial Relations, the Australian National University.

지 않다라는 원칙이 실질적으로 의미하는 바는 이동성이 높은 세원에 대해서는 절대로 과세하지 말라는 것이 아니라 이들에 대해서는 편익원칙에 따라 과세해야 한다는 것이다. 즉, 이동성이 높은 세원이라 할지라도 이들이 지방정부로부터 제공받은 서비스의 편익에 대해서는 그 대가를 지불해야 한다는 것이다.[12)]

머스그레이브가 제시한 조세의 정부 간 배분원칙에 의할 경우, 지방세제가 갖추어야 할 요건에 가장 근접한 조세로는 재산세(property tax)를 들 수 있으며, 이러한 이유로 현실적으로도 거의 모든 나라에서 재산세가 지방정부의 가장 중요한 세원이 되고 있다.

재산세, 특히 재산보유과세가 지방세로서 적합한 이유는 다음과 같다.

첫째, 세원이 지역적으로 골고루 분포되어 있기 때문에 세수의 충분성과 안정성을 확보할 수 있다는 점을 들 수 있다. 세수의 충분성과 탄력성을 충족시킬 수 있는 대표적인 조세로는 소득과세와 소비과세를 들 수 있지만, 이 경우 중앙정부와 세원의 중복성이 문제가 된다. 따라서 재산세야말로 지방정부의 입장에서 충분한 세수를 확보할 수 있는 거의 유일한 조세라고 할 수 있다.

둘째, 토지나 건물 등 재산가치의 상승은 주로 지방정부의 투자사업과 토지이용계획 등에 기인하는 경우가 많다. 따라서 재산세의 부담은 재산소유자가 지방정부로부터 받은 편익과 밀접한 연관을 가지게 되므로 조세부담에 있어서의 편익원칙(benefit principle)이 충족될 수 있는 것이다.

셋째, 토지나 건물 등은 다른 재화와는 달리 이동성이 대단히 낮다. 특히 토지의 경우에는 공급탄력성이 '0'이라고 해도 과언이 아니다. 따라서

---

12) Wallace E. Oates.(1999). "An Essay on Fiscal Federalism." *Journal of Economic Literature*. vol. 37. p. 1125.

재산에 대해 조세를 부과할 경우 조세수출의 가능성은 거의 존재하지 않는다. 또한 자원배분의 왜곡을 초래할 가능성도 거의 존재하지 않는다.

넷째, 소득보다 부의 분배가 더욱 불균등하게 분포되어 있는 경우 토지 등 부동산에 대해 부과되는 재산세가 조세의 수직적 공평성을 제고시킬 수 있다는 점을 들 수 있다.

그러나 재산세는 재산의 소유자에게 유동성의 문제(liquidity problem)를 초래할 뿐만 아니라,[13] 거래행위나 실현된 소득 등에 대해 부과되는 일반조세와는 달리 재산가치에 대한 평가(assessment)에 의존해서 부과되기 때문에 행정적 자의성이 개입될 소지가 많다는 것이 치명적인 약점으로 지적되고 있다. 그러므로 재산세제의 성공여부는 재산세체계의 구조보다는 조세행정의 질(the quality of tax administration)에 크게 의존할 수밖에 없다.

다시 말해서, 재산세의 실질부담은 과표에 명목세율을 곱함으로써 결정되는데, 이때 과표현실화율(즉, 재산의 시장가치에 대한 평가가치의 비율)이 지나치게 낮게 되면 충분한 세수를 확보할 수 없게 된다. 또한 재산평가의 전문성이 부족하거나 과표현실화율이 재산에 따라 상이할 경우 조세의 수평적 혹은 수직적 공평성이 저해될 수도 있다. 그러므로 재산세 행정이 얼마나 전문적이고 공정하게 이루어지는가에 재산세제의 성패가 달려 있다고 해도 과언이 아니다.

재산세는 재산보유에 대한 과세만을 의미하는 것이 일반적이다. 그러나 우리나라의 경우는 다른 나라와 비교하여 매우 예외적으로 재산보유에 대한 조세보다 재산의 거래에 부과되는 조세가 지방정부의 주요세원이 되

---

13) 유동성의 문제란 재산세의 경우 통상적으로 1년에 한두 차례 납부하기 때문에, 이를 위해 개별납세자의 입장에서는 상당한 정도의 현금을 보유하고 있어야 함을 의미하는 것이다.

고 있는 것이 특징이다.[14] 우리나라에서 재산거래과세가 이렇게 높은 비중을 차지하고 있는 이유로서는 세수확보의 용이성과 행정적 편의성을 들 수 있을 것이다. 그러나 재산의 거래에 대한 중과세는 부동산의 소유자가 상대적으로 경과세됨으로써 조세부담의 공평성 증진이라는 목적을 거의 달성하지 못하는 문제점을 내포하고 있다. 더욱이 부동산거래에 대한 중과세는 조세부담을 회피하기 위한 수단으로서 부동산의 거래를 위축시키게 되어 생산요소로서의 부동산의 이동성을 저하시켜 자원배분의 효율성을 저하시키는, 즉 초과부담(excess burden)을 야기하게 되는 문제점을 지니고 있는 것으로 지적되고 있다. 또한 재산거래에 부과되는 조세의 수입은 부동산경기에 크게 영향을 받기 때문에 세수의 안정성이 낮을 뿐만 아니라, 조세행정에 자의성과 비리가 개입할 수 있는 여지가 크다는 문제점이 있다.

(4) 차입에 의한 방법

장기적인 자본투자를 요구하는 공공사업의 경우에는 차입(borrowing) 혹은 지방채를 활용하는 것이 세대 간 공평한 부담과 수익자부담원칙의 확보라는 측면에서 바람직하다고 할 수 있다.

제13장에서 설명한 바와 같이 차입을 통해 자본지출을 위한 재원을 마련하는 것은 무엇보다도 세대 간 공평성을 확보하기 위해서 필요하다. 경상지출로부터 발생하는 편익은 현세대에게 돌아가지만 자본지출로부터 발생하는 편익은 미래의 세대에게 귀속된다. 따라서 자본지출을 위해 조세를 징수하게 되면 미래세대가 향유할 편익을 위해 현세대가 재정적 부담을 지

14) 현재 우리나라에서 부과되고 있는 재산보유과세로서는 종합부동산세와 재산세를 들 수 있으며, 재산거래에 대한 조세로는 등록세와 취득세가 대표적인 예이다.

게 되는 상황이 발생하게 된다.

지방정부의 자본지출을 위해 조세가 부과되는 경우에는 또 다른 불공평성의 문제가 야기된다. 국가 전체와 비교하여 지방정부는 주민의 이동성(mobility)이 대단히 높다는 특징을 갖는다. 따라서 자본지출이 이루어지는 시점에서 조세를 납부한 사람이 그 지출로부터 편익이 발생하는 시점에는 다른 지역으로 이사를 가고 반대로 다른 지역에 살던 사람이 편익이 발생하는 시점에 이 지역으로 이사를 왔다면, 이 경우 다른 지역으로 이사를 간 사람이 이후 그 지역으로 이사를 온 사람을 위해 재정적 부담을 진 것과 같은 결과가 나타나게 되는 것이다.

막대한 비용이 소요되는 자본지출을 위한 재원을 조세수입에만 의존하여 조달할 경우에는 자원의 제약으로 인해서 정부예산 중 자본지출이 상대적으로 소홀해질 우려도 있다. 설령 조세수입으로 자본지출을 위한 비용을 충당한다 하더라도, 이 경우에는 정부지출이 매년 대단히 큰 폭으로 변화하게 될 뿐만 아니라 납세자의 입장에서도 조세부담률이 매년 큰 폭으로 변화할 수밖에 없다는 문제점이 있다.[15)]

결국 자본지출을 위한 재원을 차입을 통해 마련하는 방법은 중앙정부보다 지방정부 차원에서 그 중요성이 강조된다. 그리고 이를 가능케 하기 위해서는 적어도 지방정부 차원에서는 경상예산과 자본예산을 분리하여 편성하는 것이 필요할 것이다.

---

15) B. J. Reed and John W. Swain.(1997). *Public Finance Administration*. 2nd ed., Thousand Oaks : Sage Publications, pp. 241–43.

5. 지방재정조정제도

(1) 지방재정조정제도의 필요성과 그 유형

재정분권화가 가능하기 위해서는 지방정부의 재정자율성 향상과 자체수입의 확대가 필요하지만, 이것이 곧 지방정부의 재정활동을 위한 모든 재원이 자체수입에 의해서 조달되어야 함을 의미하는 것은 결코 아니다. 오히려 지방정부의 재정지출이 낳는 외부효과의 교정, 지역 간 수평적 재정불균형의 해소, 그리고 중앙정부와 지방정부 간 수직적 재정불균형을 해소하기 위해서 중앙정부가 재원의 일정수준을 지방정부에게 이전해 주는 것이 계속적으로 필요할 수밖에 없다.

(가) 외부효과의 교정

앞에서 설명한 바와 같이 지방정부가 제공하는 공공서비스의 편익이 그 지역에만 국한되는 것이 아니라 다른 지역에 살고 있는 주민들의 후생에도 영향을 미칠 경우, 개별적인 지방정부가 아니라 중앙정부가 그러한 서비스나 재화를 공급함으로써 외부효과를 내부화시킬 필요가 있다. 그러나 외부효과를 교정하기 위하여 재정집권화가 이루어지게 되면 일률적으로 공공서비스가 제공될 수밖에 없기 때문에, 다시금 지역주민의 다양한 선호와 기호에 대응할 수 없다는 문제가 발생하게 된다. 그러므로 재정분권화의 기본원칙을 훼손하지 않으면서 외부효과를 교정할 수 있는 방법이 필요한데, 이를 가능케 하는 것이 곧 중앙정부로부터의 이전재원이다.

특히, 외부효과를 교정하기 위한 이전재원은 이른바 조건부 교부금(conditional grants)의 형태를 띠게 된다. 이는 공공서비스로부터 발생하는 모든 편익 중 타지역에 미치는 편익의 비율만큼 중앙정부가 공공재의 공급비용을 보조해 주는 것을 의미한다. 물론 현실적으로 정확한 보조율(matching rate)을 산출하기는 대단히 어렵지만, 이러한 방법을 통해서 중앙정부는 지방정부로 하여금 사회 전체적인 시각에서 바람직한 공공서비스를 공급하도록 유도하게 된다.

(나) 수평적 재정불균형의 해소

중앙정부로부터의 이전재원은 지방정부 간 수평적 재정불균형을 해소하기 위해서도 필요하다. 각 지방정부의 재정력(fiscal capacity)은 서로 다르기 때문에 지방정부들이 제공하는 공공서비스의 수준 또한 서로 다를 수밖에 없다. 예를 들어 재정력이 낮은 지역에서는 지역주민들의 새성부담이 급격히 상승하지 않는 한, 주민들이 최소한도로 만족할 만한 공공서비스도 제공받지 못하는 경우가 발생할 수 있다. 따라서 지역 간 재정력을 균등화하기 위하여 중앙정부로부터의 이전재원이 필요하게 되는 것이다.

이러한 목표를 달성하기 위한 이전재원의 형태는 비조건부 교부금(unconditional grants)이 바람직하다. 왜냐하면 재정력을 균등화하기 위해 조건부 교부금을 활용할 경우에는 재정력이 풍부한 지방정부에게 더 많은 교부금이 지급될 수밖에 없기 때문이다. 따라서 지역 간 수평적 재정불균형을 해소하기 위한 이전재원의 형태는 지방정부의 재정력이나 재정수요에 따라 차등지급되는 형태를 띠어야만 한다.

(다) 효율적인 조세체계의 유지와 수직적 재정불균형의 해소

중앙정부로부터의 이전재원은 사회 전체적으로 가장 효율적이고 공평한 조세체계를 유지하기 위해서도 필요하다. 앞에서 우리는 조세경쟁과 조세수출의 가능성 때문에 지방세가 자원의 효율적인 배분을 저해할 수도 있음을 보았다. 또한 중앙정부 차원에서 과세해야만 조세체계의 누진성이 확보될 수 있다. 더욱이 규모의 경제를 통한 징세비용의 절감을 위해서는 개별 지방정부가 지방세를 징수하는 것보다는 중앙정부가 이를 대행하는 것이 바람직하다고 할 것이다. 따라서 효율적인 조세체계를 유지하기 위해서는 조세체계가 국세 중심으로 편성될 필요가 있다.

그렇지만 지역주민들의 다양한 선호에 적절히 대응하기 위해서는 지출에 대한 직접적인 책임은 지방정부에 귀속되는 것이 보다 바람직하다. 그러나 이렇게 되면 중앙정부와 지방정부 간에는 심각한 재정력의 격차가 발생하게 되므로 이를 해소하기 위해서 중앙으로부터의 이전재원이 필요하게 되는 것이다. 이러한 수직적 재정불균형을 해소하기 위한 이전재원의 형태도 비조건부 교부금(unconditional grants)으로 운영되는 것이 바람직하다.

(2) 조건부 및 비조건부 교부금과 자원배분

위에서 지적한 바와 같이 이전재원을 통해 중앙정부가 달성하고자 하는 목표에 따라 교부금의 유형이 달라질 필요가 있다. 그런데 중앙정부로부터 지방정부로 재원이 이전된다고 하더라도 지방정부가 공공재 공급수준을 늘리지 않고 대신 교부금의 규모에 해당하는 만큼 조세수입을 줄일 수 있는 가능성이 존재하기 때문에, 조건부 교부금과 비조건부 교부금의 구분이 별의미가 없을 수도 있다. 다시 말해서, 지방정부는 중앙정부로부터 이전된 교부금의 규모에 해당하는 만큼 지방정부의 재원을 다른 목적으로 전용시킬 가능성이 얼마든지 존재한다는 것이다. 그러나 이러한 가능성에도 불구하고 아래의 분석에서 볼 수 있는 바와 같이 비조건부 교부금에 비해 조건부 교부금은 지방정부의 지출을 중앙정부가 의도하는 방향으로 증가시킬 수 있는 가능성이 더욱 높다고 할 수 있다.

조건부 및 비조건부 교부금이 지방정부의 지출에 어떤 영향을 미치는가를 분석하기 위해서는 교부금이 존재하지 않을 경우 지방정부의 공공재 최적공급수준이 어떻게 결정되는가를 먼저 살펴볼 필요가 있다. [그림 14-1]에서 예산선 AB는 지방정부가 공급하는 공공재의 양과 지역주민들이 선호하는 사적재 소비량의 다양한 조합을 나타내는 것이다. [그림 14-1]에서 OA는 한 지역주민들이 모든 소득을 사적재의 소비에만 사용할 경우 소비할 수 있는 사적재의 최대량을 나타내는 것이다. 반면 OB는 한 지역주민들의 소득이 모두 지방정부에 조세로서 납부되어 공공재의 공급을 위해 활용될 경우, 지방정부가 공급할 수 있는 공공재의 최대량을 나타내는 것이다.

최적의 공공재 공급수준과 사적재 소비수준은 예산선 AB와 공공재와 사적재에 대한 지역주민들의 선호를 나타내는 무차별곡선 I_1이 접하는 점

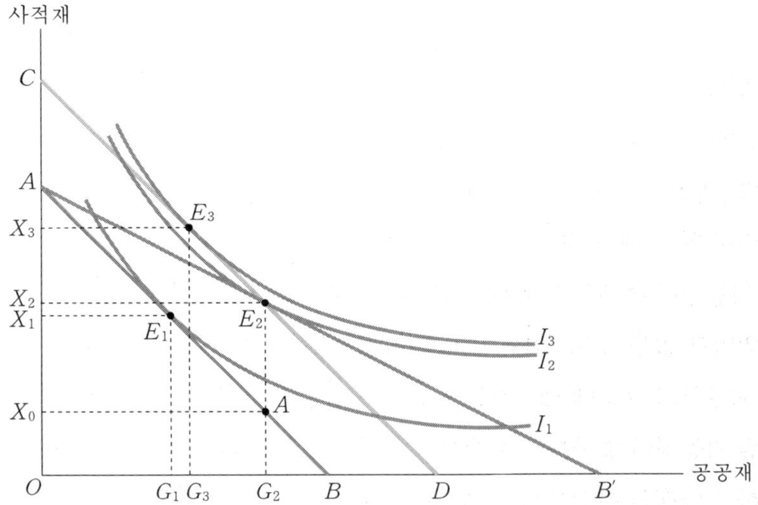

Ⅰ 그림 14-1 Ⅰ 조건부 및 비조건부 교부금

에서 결정될 것이다. [그림 14-1]의 E_1은 OG_1만큼의 지역공공재가 공급되고 OX_1만큼의 사적재가 소비됨으로써 지역주민들의 후생이 극대화됨을 나타내는 점이다.

이제 중앙정부에서 이 지방정부로 교부금을 제공한다면 자원배분상태가 어떻게 변화하게 될 것인가를 살펴보자. 먼저 지방정부의 지출로부터 발생하는 외부효과를 교정하기 위하여 중앙정부가 1 : 1의 보조율로 조건부 교부금을 제공했다고 가정하자. 1 : 1의 보조율이란 지역공공재를 공급하는 데 소요되는 경비의 절반을 중앙정부가, 그리고 나머지 절반을 지방정부가 부담함을 의미하는 것이다. 이렇게 1 : 1의 비율로 중앙정부가 교부금을 제공하게 되면, 지방정부의 입장에서는 공공재의 공급비용이 절반으로 줄어들게 된다. 따라서 [그림 14-1]에서 예산선이 AB에서 AB'으로 이동하게 될 것이며, 새로운 예산선 AB'과 무차별곡선 I_2가 접하는 E_2에서 새로운 균형이 달성될 것이다. E_1과 비교할 때 E_2에서는 공공재의 공급수준이 OG_1에서 OG_2로 증가하는 동시에 사적재의 소비수준 또한 OX_1에서 OX_2로 증가함을 볼 수 있다. 결국 조건부 교부금이 제공되었을 경우, 공공재의 공급수준만 증가하는 것이 아니라 사적재의 소비수준 또한 증가하게 됨을 알 수 있다.

이와는 달리 중앙정부가 비조건부 교부금을 제공하였을 경우에는 지역 전체의 소득이 그만큼 증가한 것과 마찬가지이기 때문에, 예산선 AB가 교부금의 규모만큼($E_2A=X_2X_0$) 바깥쪽으로 평행이동하게 될 것이다. 비조건부 교부금이 제공되었을 경우 새로운 예산선은 [그림 14-1]에서 CD로 나타나 있다. 이 경우 예산선 CD와 무차별곡선 I_3가 접하는 E_3에서 새로운 균형이 달성되며, OG_3만큼의 공공재가 공급되고 OX_3만큼의 사적재가 소비된다.

[그림 14-1]은 비조건부 교부금이 제공되었을 경우 공공재의 공급수준

이 교부금이 제공되지 않았을 경우에 비해서는 증가하지만($OG_3 > OG_1$), 조건부 교부금이 제공되었을 경우의 공공재 공급수준에는 미치지 못함을 보여주고 있다($OG_3 < OG_2$). 반면, 사적재의 소비수준은 조건부 교부금이 제공되었을 경우에는 OX_2였지만, 비조건부 교부금이 제공되었을 경우에는 OX_3로 더욱 늘어남을 볼 수 있다. 결국 비조건부 교부금보다는 조건부 교부금이 중앙정부가 원하는 방향으로 지방정부의 지출을 증가시키는 데에 더욱 효과적이라는 것을 알 수 있다.

이러한 차이가 나타나는 이유는 비조건부 교부금의 경우에는 단지 교부금을 제공받는 지역의 전체소득이 증가하는 이른바 소득효과(income effect)만을 낳지만, 조건부 교부금의 경우에는 소득효과뿐만 아니라 사적재에 비해 공공재의 상대적 가격을 떨어뜨리는 이른바 대체효과(substitution effect)까지도 낳기 때문이다. 다시 말해서, 조건부 교부금의 경우 공공재의 공급비용이 상대적으로 싸졌기 때문에 공공재의 공급수준이 당연히 큰 폭으로 증가하게 된다는 것이다.

소득효과만을 발생시키는 비조건부 교부금의 경우, 만약 공공재가 열등재(inferior goods)여서 소득이 증가할수록 공공재에 대한 수요가 감소한다면 [그림 14-1]에 나타난 것과는 달리 교부금이 제공되기 전과 비교하여 공공재의 공급수준이 오히려 더 줄어들 수도 있다. 물론 이러한 결과가 나타나는 것은 대단히 예외적인 경우이겠지만, 어쨌든 비조건부 교부금이 활용될 경우 지역공공재의 공급수준을 중앙정부가 원하는 방향으로 증가시키는 데는 상대적으로 그 효과가 미미할 수밖에 없음을 알 수 있다.

[그림 14-1]에서 발견할 수 있는 또 하나의 흥미로운 사실은 비조건부 교부금이 제공될 경우 지역주민들의 후생이 조건부 교부금이 제공될 경우에 비해 더 증가하게 된다는 점이다($I_3 > I_2$). 이러한 현상이 나타나는 이유는 비조건부 교부금의 경우 공공재와 사적재의 선택에 대해 아무런 제약도

가해지지 않기 때문에, 공공재의 공급수준과 사적재의 소비수준이 지역주민들의 후생을 극대화시키는 방향으로 결정되기 때문이라고 할 수 있다.

위에서 설명한 것처럼 교부금이 제공될 경우에는 그 형태에 상관없이 지역의 실질소득이 증가한 것과 마찬가지의 효과가 나타난다. 따라서 이론적인 차원에서는 교부금의 일정부분에 해당하는 만큼 지역주민의 조세부담이 줄어듦으로써 공공재의 공급수준뿐만 아니라 사적재의 소비수준도 상당히 증가하게 될 것이다. 그러나 경험적인 연구들에 의하면, 이러한 이론적인 예측과는 달리 지역주민의 소득이 증가하는 경우에 비해 교부금이 제공되었을 경우 정부지출이 상대적으로 더 증가하는 것이 일반적이라고 한다. 다시 말해서, 교부금이 제공될 경우 그 일부가 주민들의 조세부담을 감소시키는 데에 전용되기보다는 중앙정부가 의도하는 대로 지방정부의 공공재 공급수준이 증가하게 된다는 것이다. 이렇게 교부금이 원래 의도하는 방향으로 지방정부의 지출이 이루어지는 현상을 파리가 끈끈이에 붙었을 경우 바로 그 지점에서 움직이지 못하는 현상에 비유하여 끈끈이효과(flypaper effect)라고 부른다.

끈끈이효과가 나타나는 이유로서는 지방정부 관료들의 행태가 주로 거론된다. 즉, 니스카넨(Niskanen)이 주장하는 바와 같이 지방정부의 관료들 또한 예산극대화(budget maximization)를 추구하기 때문에, 중앙정부로부터의 이전재원규모 등에 관한 정보를 지역주민들에게 정확하게 전달하지 않음으로써 관료들에게 유리한 방향으로 지역주민들의 예산선택을 왜곡시킨다는 것이다.

(3) 지방재정조정제도 운용에 있어서의 고려사항[16)]

재정분권화에도 불구하고 지방재정조정제도를 통한 중앙정부의 재정적 역할이 이론적인 차원에서 강조되기는 하지만, 실제적 차원에서의 심각한 문제는 어떤 지방재정조정제도도 최적의 제도가 되기 어렵다는 점이다. 일반적으로 거론되는 바람직한 지방재정조정제도의 요건은 다음과 같이 정리될 수 있다.

첫째, 중앙과 지방 간 수직적 재정불균형을 해소할 수 있어야 한다.

둘째, 중앙정부로부터의 재원이전에도 불구하고 지방정부가 보다 책임있는 재정운영을 할 수 있어야 한다.

셋째, 지방정부의 징세노력을 약화시키지 않아야 한다.

넷째, 지방정부 간 수평적 재정불균형을 완화시킬 수 있어야 한다.

다섯째, 지방정부의 재정적 자율성을 훼손시키지 않아야 한다.

여섯째, 지방정부의 행정비용을 절감시킬 수 있어야 한다.

끝으로, 자원배분의 효율성을 제고시킬 수 있어야 한다.

그러나 지방재정조정제도의 이러한 요건들 간에는 뚜렷한 갈등관계가 존재한다. 예를 들어, 중앙정부로부터의 이전재원은 지방정부의 재정력을 보완해 줄 뿐만 아니라 조세의 부과와 징수에 따르는 행정비용을 절감시킬 수 있다는 장점이 있는 반면, 이전재원의 비중이 커질수록 지방정부의 책임 있는 재정운용을 기대하기가 어렵다는 단점이 있다. 다시 말해서, 지방정부의 수입에서 이전재원이 차지하는 비중이 증가할수록 재정운용의 효율성을 향상시키고자 하는 노력과 공공서비스 제공에 있어서 혁신적인 방법을 개발하고자 하는 유인은 줄어들 수밖에 없는 것이다. 특히, 이전재원의 비중이 커질수록 지방정부의 징세노력은 줄어들 수밖에 없는 것이 사실이다.

---

16) 이에 대한 보다 상세한 논의는 Bahl and Linn(1992). *op. cit.*, ch. 13을 참조할 것.

또한 이전재원의 규모가 중앙정부의 자의적인 판단에 의해 결정되면 지방정부의 예산운용이 예측 불가능해지게 된다. 반대로 이전재원의 규모가 법정화되어 중앙정부의 자율적 판단의 폭이 작아지게 되면 지방정부 수입의 예측성 및 충분성은 확보될 수 있으나 중앙정부 예산운용의 신축성이 그만큼 줄어들 수밖에 없다는 문제가 발생한다. 이와 함께 이전재원의 용도에 대한 중앙정부의 통제가 증가하게 되면 지방정부의 재정적 자율성이 줄어들 수밖에 없고 이에 따라 지방정부의 예산선택(budgetary choices)이 왜곡될 수밖에 없지만, 역으로 이러한 통제의 증가를 통해서만 국가적인 목표를 달성할 수 있다는 상충관계도 존재한다.

그리고 중앙과 지방 간 수직적 재정불균형을 해소하기 위해서는 지방의 인구수, 시설 등의 증가에 따라 자동적으로 이전재원의 규모가 증대되어야만 한다. 그런데 이렇게 인구 및 시설 증가 등에 따라 이전재원의 규모가 증대하게 되면, 인구수 및 시설규모 등과 지역경제력이 대단히 높은 상관관계를 보이는 경우에는 지방정부 간 수평적 재정불균형은 오히려 심화될 수밖에 없다는 문제가 발생한다. 나아가 지방정부의 징세노력을 강화시키기 위해 징세노력지수 등을 이전재원의 산정방식에 포함시키게 되면 지방정부의 징세노력을 증가시킬 수 있을지 모르지만, 재정력이 충분한 지방정부일수록 징세노력을 증대시킬 수 있는 가능성은 그만큼 클 수밖에 없기 때문에, 징세노력을 강화시키기 위한 유인이 자칫 지방정부 간 수평적 재정불균형을 심화시킬 가능성 또한 크다.

결론적으로, 바람직한 지방재정조정제도가 갖는 모든 요건을 동시에 만족시킬 수 있는 현실의 지방재정조정제도를 찾는다는 것은 불가능하다. 따라서 지방재정조정제도를 운용하는 데 있어서 가장 우선적으로 고려해야 할 사항은 이를 통해서 실현하고자 하는 구체적인 목표는 과연 무엇이며, 이에 따라 희생될 수밖에 없는 다른 목표들을 가능한 한 어떻게 덜 희생시키는가 하는 것이다.

참 / 고 / 문 / 헌

Bahl, Roy W. and Johannes F. Linn.(1992). *Urban Public Finance in Developing Countries*. New York : Oxford University Press.

Bird, Richard M.(1993). "Threading the Fiscal Labyrinth : Some Issues in Fiscal Decentralization." *National Tax Journal*. vol. 46, pp. 207–27.

Buchanan, James M. and Richard A. Musgrave.(1999). *Public Finance and Public Choice : Two Contrasting Visions of the State*. Cambridge, MA : The MIT Press.

Fisher, Ronald C.(1996). *State and Local Public Finance*. 2nd ed., Chicago : Irwin.

Gramlich, Edward M.(1993). "A Policymaker's Guide to Fiscal Decentralization." *National Tax Journal*. vol. 46, pp. 229–35.

Groenewegen, Peter.(1990). "Taxation and Decentralization : A Reconsideration of the Costs and Benefits of a Decentralized Tax System." in Robert J. Bennett(ed.), *Decentralization, Local Governments, and Markets : Towards a Post-Welfare Agenda*. Oxford : Clarendon Press.

King, David.(1992). "Issues in Multi-Level Government." in Peter M. Jackson(ed.), *Current Issues in Public Sector Economics*. New York : St. Martin's Press.

McLure, Charles E.(1986). "Tax Competition : Is What's Good for the Private Goose also Good for the Public Gander?" *National Tax Journal*. vol. 39, pp. 341–48.

Mikesell, John L.(1999). *Fiscal Administration : Analysis and Applications for the Public Sector*. 5th ed., Fort Worth : Harcourt Brace College Publishers, chs. 9 & 10.

Musgrave, Richard A.(1983). "Who Should Tax, Where, and What?" in Charles E. McLure, Jr.(ed.), *Tax Assignment in Federal Countries*. Canberra : Centre for Research on Federal Financial Relations, the Australian National University.

______.(1999). "Fiscal Federalism." in James M. Buchanan and Richard A. Musgrave(eds.), *Public Finance and Public Choice : Two Contrasting Visions of the State*. pp. 155–76. Cambridge, MA : The MIT Press.

Oates, Wallace E.(1972). *Fiscal Federalism*. New York : Harcourt Brace Jovanovich.

______.(1990). "Decentralization of the Public Sector : An Overview." in Robert J. Bennett(ed.), *Decentralization, Local Governments, and Markets : Towards a Post-Welfare Agenda*. Oxford : Clarendon Press.

______.(1991). "Fiscal Federalism : An Overview." in Remy Prud'homme (ed.), *Public Finance with Several Levels of Government*. The Hague, Netherlands : Foundation Journal Public Finance.

______.(1993). "Fiscal Decentralization and Economic Development." *National Tax Journal*. vol. 46 : pp. 237–43.

______.(1994). "Federalism and Government Finance." in John M.

Quigley and Eugene Smolensky(eds.), *Modern Public Finance*. Cambridge : Harvard University Press.

_____. (1966). "Fiscal Structure in the Federal System." in J. Richard Aronson and Eli Schwartz(eds.), *Management Policies in Local Government Finance*. 4th ed., *Washington*, D.C. : International City/County Management Association.

_____. (1999). "An Essay on Fiscal Federalism." *Journal of Economic Literature*. vol. 37 : pp. 1120–49.

Reed, B.J. and John W. Swain.(1997). *Public Finance Administration*. 2nd ed.,Thousand Oaks : Sage Publications.

Rosen, Harvey S.(2002). *Public Finance*. 6th ed., Boston : McGraw-Hill, ch. 20.

Shah, Anwar.(1994). *The Reform of Intergovernmental Fiscal Relations in Developing and Emerging Market Economies*. Washington, D.C. : The World Bank.

Shin, Roy W. and Yeon-Seob Ha.(1998). "In Search of Decentralization and Deconcentration : Local Autonomy and Fiscal Reform in South Korea." *Journal of Public Budgeting, Accounting & Financial Management*. vol. 10, no. 2, pp. 149–75.

Tiebout, Charles M.(1956). "A Pure Theory of Local Expenditures." *Journal of Political Economy*. vol. 64, pp. 416–24.

Zorn, C. Kurt.(1991). "User Charges and Fees." in John E. Petersen and Dennis R. Strachota(eds.), *Local Government Finance : Concepts and Practices*. Chicago : Government Finance Officers Association.

찾아보기

ㅅ

ㅇ

ㅈ

[저자 약력]

하연섭은 연세대학교 사회과학대학 행정학과를 졸업하고 미국 인디애나대학교에서 행정학 석사와 정책학 박사 학위를 취득하였으며, 현재 연세대학교 사회과학대학 행정학과 교수로 재직 중이다. 재무행정, 제도분석, 비교정책이 주요 관심 분야이며, 저서로 「제도분석 : 이론과 쟁점」, 「정부예산과 재무행정」 등이 있다. *Public Budgeting & Finance, Journal of Public Budgeting, Accounting & Financial Management, International Review of Administrative Sciences, Policy Studies Review, International Review of Public Administration*, 한국행정학보, 한국정책학회보, 행정논총, 한국행정연구, 한국정치학회보 등에 논문을 발표한 바 있다. 교육부총리 정책보좌관, 한국행정학회 편집이사 등을 역임했다. 미국 인디애나대학교 School of Public and Environmental Affairs 우등상(Academic Award), 미국 National Association of Schools of Public Affairs and Administration의 우등상(*Pi Alpha Alpha*), 한국행정학회 학술상, 연세학술상, 연세대학교 우수업적교수표창, 연세대학교 우수강의교수상을 각각 수상한 바 있다.

제2판
재정학의 이해

2008년 8월 30일 제1판 1쇄 발행
2015년 2월 10일 제2판 1쇄 발행
2017년 7월 25일 제2판 2쇄 발행

저 자 하 연 섭
발행인 강 희 일 · 박 은 자
발행처 **다 산 출 판 사**

서울특별시 마포구 용강동 494 - 85
등 록 1979. 6. 5. 제 3–86 호(윤)
전 화 717-3661~2
FAX 716-9945
조 판 (주) 동 국 문 화

정가 25,000원 파본은 바꾸어 드립니다.

http://www.dasanbooks.co.kr
ISBN 978-89-7110-475-0 93320